本书系教育部2017年人文社会科学研究规划基金项目"最后手段原则规则化研究"（17YJA820038）的最终成果，同时受中央高校基本科研业务费专项资金资助（18CX05026B）

最后手段原则
规则化研究

杨春然 ◎ 著

ZUIHOU SHOUDUAN YUANZE
GUIZEHUA YANJIU

人民出版社

目　　录

引　言

　　在现有的法律框架下，刑法禁止一些行为的发生，作为公民权利"清单"的民法又允许人们实施某种行为，这样，成文法实际上记述的是一个非黑即白的二元世界。但是，现实生活却是五颜六色、丰富多彩的，这就意味着，法律不可能、也没有给现实生活中出现的纠纷都提供一套现成的答案。这就需要执法人员从自己的法律"良心"出发，探寻相应的答案，并借助现有的法律资源"证成"其正当性。亚当·斯密指出，"不管某人如何自私，这个人总是存在着怜悯或同情的本性。他看到别人幸福时，哪怕他自己实际上一无所得，也会感到高兴。这种本性使他关心别人的命运，把别人的幸福看成是自己的事情。同情绝不只是品行高尚的人才具备，即便是最残忍的恶棍，严重违犯社会法律的人，也不会丧失全部同情心"。孟子说，"恻隐之心，人皆有之"。而这种恻隐之心其实就是一种价值，就像美感一样，对人的行为，其能做出一种逻辑自洽的判断。当然，这种恻隐之心，或称之为"良心"，或称之为"理性"，抑或者"宪法精神"。比如，托克维尔在《论美国的民主》一书中指出，"美国人认为法官之有权对公民进行判决是根据宪法，而不是根据法律，应当允许法官可以不应用在他看来是违宪的法律"。这样，对于法律领域内的这种灰色地带，学界不应有试图将其消灭的野心，而应给作为理性人的代表的法官，提供尽可能多的理论或者方法，帮助其以现有的立法为凭，追求以及实现其自己内心的正义。

1

然而,刑法却将罪刑法定原则奉为圭臬,之所以如此,是因为刑事正义区别于普通正义,其更重视形式性,强调刑法的形式价值,追求形式正义,理由是软弱的个体无法对抗强大的国家机器,即限制公权力是刑法的第一要义,也是其区别于行政法的主要方面。罪刑法定原则一旦被刑法或者宪法接受,其通常会产生两个结果:第一,国家制定的刑法以及其他刑事法规等同于"法",排斥其他规范性文件的构成"法"的可能;第二,刑事法规具有了形式价值,其本身就成了研究的对象,即其会与产生它的社会土壤发生分离。从形式上看,这会使得人们的良心无地可容,这就产生了一个无法回避的问题,作为"良心"代名词的刑法的实质价值,如何体现? 其与刑法的形式价值如何协调? 在协调的过程中,如何既坚持刑法的可预测性(确定性),又坚持刑法的妥当性? 这是我国长期以来追求"实质解释"的学界所忽视的问题,本书试图以"刑法是最后手段"为原则,揭示罪刑法定原则所追求的形式价值与实质价值的适用范围,从而澄清宪法对刑法的基本要求。

讨论刑法是最后手段原则,有一前提,即其是理性人处理问题的原则。这里的"理性人"应当是现实的理想主义者或者有现实感的理想主义者,而不是庸俗的现实主义者或者非现实的理想主义者(即乌托邦幻想者)。后者要么以"没有永远的朋友只有永远的利益"、"不是你撞的你为什么去扶(摔倒的老人)"为其信条,要么脱离现实或者忽视现实,向他人提出过高的行为标准;前者却不同,其不会脱离目前的利益而追求理想,其同时兼顾现实利益与理想,或者说,其主张通过谈判、沟通或者寻求人们的价值公约数,实现自己的人生目标,强调"手段"与"目的"的不同。当然,现实的理想主义者,应是上天赐予人类的礼物,他们不仅先知先觉,而且为了明天的现实,甘愿付出今天的幸福乃至生命,古之圣贤孔孟等人就是适例。对于这些人,我们只能高山仰止,心向往之。不管现实的理想主义者还是有现实感的理想主义者,他们在现代社会都弥足珍贵,都有"今天的你,就是明天的我"的

信念,都能以较为公允、客观的标准评判社会上发生的一切。所以,法院的
审判其实就是人类的自我反省。

对于法律的灰色地带而言,以法律间的冲突为甚,也就是说,一个部门
法对某种行为持肯定的态度,而另外一个法律部门(以刑法为代表)持否定
的态度,此时,应当如何处理? 学界往往就有很多不同的看法。比如,2003
年帅英因伪造母亲的年龄投保而涉嫌保险诈骗罪,被警方立案,在全国引
起了广泛的争议。一种观点认为,犯罪嫌疑人虽然实施了欺诈,但保险公
司知道被保险人的真实年龄后,在法定的期限内,不行使撤销权,根据当
时的保险法第 53 条和合同法第 54 条、第 55(1)条的规定,保险合同有
效。帅英不仅不构成保险诈骗罪,还应当有权获得保险金。另一种观点
认为,根据我国刑法第 198 条,帅英不仅不应当获得保险金,还应当受到
刑罚处罚。

在我国对帅英案的处理尚未达成共识之际,德国出现了包皮环切手术
案。2010 年,德国科隆的一名外科医生凯泽接受了一个 4 岁小男孩父母
(穆斯林)的请求,出于宗教上的考虑,对小男孩生殖器的包皮进行了割除
(即实施了割礼)。手术是按照正常的操作规程实施的,并无不当,手术也
很顺利,当天小孩随其父母出院回家。然而,回家后,小孩的母亲取下了医
生包扎伤口的纱布。结果手术的第二天,小孩的伤口突然大量出血,因得到
及时抢救而安然无恙。当医院工作人员问及小孩的母亲为什么会出现这种
事故以及出于何种原因而做该手术时,由于其母是刚移民于此,对德语不
熟,交流困难,于是,医院向警方报案。该德国医生因此受到伤害罪的指控。
被告人辩护说,根据德国民法典第 1627 条的规定,父母双方可以为了未成
年子女的利益而行使监护权(即亲权)。在本案中,被害人的父母为了使被
害人成为穆斯林而为其割除包皮,属于行使亲权的行为,民法是允许的(有
争议),所以,不能被评价为德国刑法上的伤害罪。控方认为,这种行为很
难为民法所认可,而且,即使被民法允许,被告人也构成伤害罪,因为刑法对

此是禁止的。① 显然,其与帅英案所遇到的问题非常相似,即当刑法与民法发生冲突时,应当如何选择?

在德国,一般认为,相对于民法,刑法是保护法益的最后的手段。然而,这一原则的法律根据是什么? 其如何适用? 都是不得不面对的问题。为此,就在该案终审判决作出后的第二年,即2013年,德国宪法学界与刑法学界对"最后手段原则"进行了专题讨论。② 问题涉及:最后手段原则究竟是道德原则,还是宪法原则? 如果是后者,其规范根据是什么? 其与比例原则有何关系? 其是如何被适用的? 等等。本书结合我国现有的法律规定,借鉴这些研究成果,通过探讨最后手段原则的规范根据、规范构成、适用障碍以及获得司法适用力的条件,揭示在我国非刑事法律(主要是民法)限制刑法禁止适用范围的路径,并由此表明犯罪构成要件要素与正当化事由不能合并的法律原因,以及三阶层犯罪论体系对法院充分利用现有的法律资源,控制刑法的不当扩张等方面的优势。

在前面提到的包皮环切手术案中,一审法院认为,被告人割除被害人包皮的行为,符合伤害罪的构成要件,即符合德国刑法典第223(1)条的规定。但是,被告人的行为是基于被害人父母双方的同意,且是为了被害人的利益,根据德国民法典第1627条关于父母对未成年子女的亲权的规定,这属于民事合法行为,或者说,这是民法典授予未成年人父母的权利,该权利构成伤害罪的阻却违法事由,否定行为的违法性。③ 二审法院否定了一审法院的判决,主要理由是:父母委托的事项超过了德国民法典第1627条和第1629条规定的监护权的范围,因为监护权的行使须是非暴力性的,但被告

① LG,Köln,Beschneidung,2012,No.151 Ns 169/11,Neue Juristische Wochenschrift(NJW),2128＝LG,Köln,Beschneidung,2012,No.151 Ns 169/11,Juristenzeitung(JZ),805.
② 相关的文献大部分发表在 *Oñati Socio-legal Series* 2013年第3期上。
③ Fateh-Moghadam B.,"Criminalizing Male Circumcision?",Case Note:Landgericht Cologne Judgment of 7 May 2012,*German L. J.*,--No.151 Ns 169/11,Vol.13,No.9(2012),pp.1131-1145.

人的行为具有暴力性,所以,这种行为不属于行使监护权的行为。这样,被告人的手术行为符合伤害禁止,且没有正当化事由,所以具有违法性。不过,由于被告人误认为被害人的父母有"同意"的权利,且此认识具有合理性,此应评价为德国刑法典第17条规定的"不可避免的法律错误",阻却责任。尽管一审法院和二审法院的判决不同,但是,他们有一点是相同的:当民法与刑法发生冲突时,民法优先,理由就是刑法是最后的手段。① 因为根据最后手段原则,法秩序的统一性是指刑法不得违背民法和行政法等法律,而不是后者服从前者。

近几年来,民刑交叉案件日益增多,很多案件既可以用民法进行调整,也可以用刑法或者行政法进行规制。在这种情况下,通常应当按照最后手段原则,选择所应当适用的法律。但是,在我国:

一则,在现实中,最后手段原则往往是一个"口号",并没有一个具体实施的路径,司法机构要原谅或者宽恕被告人时,经常打着"刑法的谦抑性"或者"宽严相济"的旗号,为自己的行为进行辩解,但是,其根本没有客观的外在标准,如何限制司法机关的这种自由裁量权,如何避免其"看人下菜碟"而进行选择性司法? 换言之,如何缓解或者降低刑法领域内的威权主义? 这都需要从最后手段原则入手。

二则,我国刑法第3条第一句话,即"法律明文规定为犯罪行为的,依照法律定罪处刑",在形式上,这显然对最后手段原则有持排斥态度的嫌疑,理由是该条的第二句话规定为"法律没有明文规定为犯罪行为的,不得定罪处刑",即这里的"法律"是指刑法,这也就意味着,第一句话实际上是说"刑法明文规定为犯罪的,依照刑法定罪处罚",这样,其他法的态度,就不问了。所以,这表明刑法相对于其他非刑事法律,并不具有谦抑性,即在

---

① Bengoetxea,"Ultima Ratio and the Judicial Application of Law",*Oñati Socio-legal Series*,Vol. 3,No.1(2013),pp.107-124.

法秩序统一化的背景下,刑法具有优先的地位,即刑法与民法等发生冲突,刑法优先,这显然是对最后手段原则的彻底否定。

三则,我国刑事附带民事诉讼制度的存在,从形式上看,刑法与民法实际上在同一个层面上工作,那么,相对于民法,刑法有无特殊性? 对于某一具体的概念而言,刑法与民法是否表达同一个含义? 则很容易得出一个肯定答案。然而,这种答案会否定法律体系的立体性,将其作为一个平面看待,这必然会影响法律解决复杂的现实问题的能力,导致法律对社会的适应能力大大降低。而最后手段原则,则从规范的角度,揭示法律体系内部的逻辑关系,避免刑法"冒进"的现象。其实,王力军贩卖玉米被判刑,就是刑法冒进、未适用最后手段原则的一个典型的反面例证。

本书从法教义学的角度出发,通过在民法与刑法的适用中出现的各种案件,揭示该原则的法律根据,并结合当前的法律条文,探寻其被规则化的具体立法体现以及其适用的现实路径。研究这个课题的意义有:

首先,对于民刑交叉案件,"最后手段原则"应当作为认定案件性质的标准,这是法律共同体的基本要求,根据就是我国刑法第 1 条的规定:"为了惩罚犯罪,保护人民,根据宪法,结合我国同犯罪作斗争的具体经验及实际情况,制定本法。"民法总则第 1 条:"为了保护民事主体的合法权益,调整民事关系,维护社会和经济秩序,适应中国特色社会主义发展要求,弘扬社会主义核心价值观,根据宪法,制定本法。"既然刑法与民法都是根据宪法制定的,在理论上它们不应当发生冲突。然而,它们的目的又不相同,所以,又很容易出现矛盾的现象,最典型的例证是本书前面提到的帅英诈骗案。因此,两者一旦发生冲突,应当有一个解决该法律冲突的法则,或者冲突法则,而该法则的根据只能源自宪法,而不能是别的法律。本课题的研究表明,最后手段原则就是解决两者冲突的重要法则之一。

其次,在现有的体制下,立法机关与司法机关是分离的,从形式上看,立法与司法也应当分离,其实不然,司法是立法的延续,尽管其要尊重立法者的选择,但是,司法过程本身不仅是对当前法律的检讨,更是对立法正当性的证明,即其表明立法者制定的法律是否符合其原来的立法初衷。换言之,司法不是立法的奴隶,尽管在形式上,司法机关要做立法机关最忠实的"奴仆",时刻体现自己对立法者的尊重。但是,毕竟立法是民主的产物,其可能包含着很多非理性的成分甚至有些个人成见,司法人员则要理性地站在立法者的立场上,用立法者的"话语",表达立法者原本想表达而未表达出来的规则,即要求司法做一个"聪明的奴仆",给"主子"分担忧愁,而不是"愚忠",或者是给"主子"添乱之人。

再次,本研究还有利于揭示最后手段原则规则化的路径,使其从"僵尸法条"变成一个"活"的规则,这对节省我国的司法资源有重要的现实意义。当然,这更有利于保护"人权"。特别是,充分发挥最后手段原则的规范价值,还有利于保护和发展市场经济,因为严格按照最后手段原则处理案件,可以将很大一部分案件交给民法或者行政法调整,缩小刑法打击的范围,这实际上会使人们的自治权大大扩张,当然有利于经济创新和市场培育。

最后,本研究也有一定的立法价值。由于最后手段原则调整的是刑法与民法甚至行政法之间的关系,即其有基本法的地位,也就是说,在理论上,其属于宪法的范畴。这个原则既是司法原则,更是立法原则。所以,本课题的研究,有助于从宪法的角度,审查当前的刑事立法,限制一些具有"冒进性"或者"模糊性"的条文适用,这无疑也提高了宪法的可操作性。这同时也表明,最后手段原则调整的是国家机关(立法机关、司法机关和政府)与公民之间的关系,而不是公民与公民之间的关系。

本书的理论价值主要体现为:

其一,本研究可以从另外一个角度揭示我国"人权"入宪的刑法价值。"人权"入宪,会导致整个法律体系的变化,而绝不是单纯地增加一个或者几个条文的问题。也就是说,所有相关的法条都应当受到该宪法规定的检讨,或者"人权"的检讨。就拿刑法为例,"人权"入宪后,至少刑罚所剥夺法益的内容,应当受到该宪法规定的限制,即刑罚的剥夺、刑罚的适用和实施,应当遵守该原则。

其二,"人权"入宪,还使罪刑法定原则有了本质的诉求,即其是对罪刑法定原则的一种宣誓、补充,甚至是解释,具言之,其从本质上回答了罪刑法定原则的诉求。我国 1979 年刑法未接受"罪刑法定原则",1997 年刑法接受了该原则,也为我国 1998 年签署《公民权利与政治权利国际公约》奠定了一定的法律基础,因为该公约第 9.1 条规定:"人人有权享有人身自由和安全。任何人不得加以任意逮捕或拘禁。除非依照法律所确定的根据和程序,任何人不得被剥夺自由。"这种诉求至少要符合一个要求,即刑法要遵守明确性原则,其应当明确告诉人们,其禁止的范围是什么,而不能存在着模糊性的规定。否则,这种立法是无效的,道理很简单,法律是国家制定的,且重复适用的条款,其相当于契约或者合同,即全社会形成的一种合同或者国家与公民达成的一种合同,而我国合同法第 41 条规定:"对格式条款的理解发生争议的,应当按照通常理解予以解释。对格式条款有两种以上解释的,应当作出不利于提供格式条款一方的解释。"即应当做有利于公民的解释。然而,我国刑法第 293 条规定的寻衅滋事罪、第 115 条规定的以其他方法危害社会安全罪,等等,它们的外延显然有很大模糊性。一般来说,刑法(在我国,应当把治安管理处罚法视为刑法)的边界就是警察权的边界,如果刑法的边界不清晰,则意味着警察可以随意盘问他人,即警察权会遍及社会的各个角落,这不仅会影响公民的生活,而且,还会严重影响一个国家的国际声誉。因此,不管是"人权"入宪,还是"罪刑法定原则"入刑法,都应当带动整个法律的变化,不能像"田氏代齐"或者"三家分晋"那样,脑袋变了,身子还是原来的样子。于是,只能是新瓶装旧酒,虽然有了一定的意义,但是其价值却受到了极大的限制,也就是说,其价值并未充分地发掘出来,致使原来法律存在的问题,仍未得到解决。

其三,有助于揭示坚持三阶层犯罪论体系,否定两阶层,彻底摈弃四要件理论的规范原因。具言之,除了要坚持违法与责任分离的理论外,还要坚持刑法禁止条文与民法授权条文的分离。虽然在宪法的框架下,刑法与民法是一对双胞胎,但是,由于它们的任务不同,一个是为了保护法益,一个是为了解决当前出现的损失分配问题,故两者通常很难和平共处,即一个是为了禁止,一个是为了定价,两者的追求目标不统一,其间很难保持逻辑上的一致。比如,14 岁的小孩将自家珍藏的古画让成人甲撕坏,被害人的同意是否有效,在民法与刑法上就很难得出一致的结论。也就是说,由于遵守不同的评价规则,虽然它们之间可以比较,却无法放在一起,这就是刑法禁止与民事授权无法直接融在一起的原因。既然如此,他们的评价应当遵守不同的标准或者规则,如果将两者放在一起,很容易忽视刑法与民法在品性上的不同,而这一点恰恰是当前两阶层犯罪论体系的最大缺陷之处。

对最后手段原则,我国很多学者从"谦抑原则"的角度,揭示最后手段原则的诉求、地位以及其对具体刑事案件的指导价值,比如,马克昌教授的《危险社会与刑法谦抑原则》,王世洲教授的《刑法的辅助原则与谦抑原则的概念》,胡云腾法官的《谈谈谦抑原则在办案中的运用》,姜雯副教授的《刑法的最后手段原则之解读》,等等。这些研究成果,无疑为本课题的研究,奠定了坚实的基础。这些研究的不足之处,主要表现在:他们更强调该原则的地位(刑法的基本理念)及对立法、司法的意义,但对最后手段原则的宪法根据是什么,如何以"规则的形式"适用于具体的案件,其立法表现和法律障碍有哪些,最后手段原则如何具体地应用于刑法、民法与行政法划分,等等,缺乏更深入的研究。

在国外法学界,特别是在德国和美国,近几年来对最后手段原则进行了深入而广泛的研究。这种研究主要表现在三个方面:

第一,最后手段原则的性质。围绕着最后手段原则的性质,实际上存在着三种不同的观点:其一,宪法原则说,其代表人物是卡洛·图奥里(Kaarlo Tuori),他认为,最后手段属于宪法原则,因为其根据是宪法有关人权的规定;其二,刑法原则说,其代表人物是帕努·明基宁(Panu Minkkinen),理由是,刑罚剥夺后果的多样性和过剩性,必然会导致最后手段原则的存在;其三,道德说,其代表人物是斯纳肯(Snacken),他认为,最后手段原则是出于保护伦理的需要而产生的一种法律原则。

第二,最后手段原则如何变成具有法律约束力的规则,即最后手段原则规则化。法律原则记述的是伦理事实,规则记述的是类型化的客观事实,由于前者离客观事实较远,其之适用包含着适用者的价值判断,故其适用结果一般缺乏应有的可预测性。要实现最后手段原则对刑法适用的限制,该原则必须被规则化或事实化。就该原则的具体化或者规则化问题,在国外,学界主要有三种不同的观点:

其一,否定说。其代表人物是道格拉斯·胡萨克(Douglas Husak),他认为该原则仅仅是一句空话,对立法者根本没有什么作用;但对司法者而言,是否也如此,他没有回答。

其二,经济说。其又分成三种不同的理论:① 理查德·波斯纳(Rechard Posner)提出了交易框架理论,即通过效益和威慑力,将该原则规则化;②圭多·卡拉布雷西(Guido Calabresi)和道格拉斯·梅拉米德(Douglas Melamed)把法律规则区分为权利规则和责任规则,结合所保护法益的特性,将最后手段原则具体化;③史蒂芬·夏威尔(Steven Shavell)将该原则解析为五个要素,通过成本与收益的考量将其规则化。

其三,伦理说。其也分成三个不同的学派。其中,影响较大的是以杰尔姆·霍尔(Jerome Hall)为代表的行为可谴责性说,他主张应通过行为的道德可非难性将最后手段原则具体化。然而,这些研究都是围绕着刑法与侵权法的边界展开的,即在当对绝对权进行保护时,最后手段原则如何被具体化,但对于合同债权,上述研究只是简单地说刑法应当坚持谦抑原则,没有进行规范上的分析,这是其不足之处,本书试图回答这个问题。

第三,从个案研究的角度看,探讨最后手段原则如何划分刑法与民法、行政法的边界。其中,最典型的例证是欺诈性质的认定。目前,甚至在国际的范围内,基本上都认为诈骗罪是一个口袋罪。这样,对于欺诈行为而言,何时应当被评价为违约、侵权甚至是犯罪,学界通常以最后手段原则作为区分的标准,但是,这种标准在具体化时,却存在着分歧,主要的观点有三个:其一,穷尽民事救济说;其二,违法性意识说;其三,一般恐惧理论。在司法实践中,英美国家主要通过惩罚性赔偿制度,解决欺诈的问题,其背后的根据就是最后手段原则。

第一章　规范根据篇

第一节　最后手段原则的历史根据

最后手段是指实现特定目的的、最后的或者最终的措施和方法。[①] 然而,由于从教义法的角度看,不管宪法抑或刑法,都未明确规定刑法是最后的手段。那么,将刑法视为保护法益的最后的手段,或者视为刑事立法或刑事司法必须遵守的原则,首先遇到的问题是,为什么要坚持该原则? 或者说,其存在的根据是什么? 因为在现代社会,总不能强制让人们遵守法律未曾认可的原则或者规则;否则,违反法治原则。

其实,由于自身的模糊性,最后手段原则能否有法律约束力,一直被人所怀疑,问题的关键就是这个原则的表述过于修辞化。有人认为,其原本就不是一个法律原则,因为其之表述充满了很多夸张的成分,因此,即使在理论上接受这种观点,也无法改变其很难成为具有法律约束力的规则的事实。[②] 这就是说,如果要反对这种观点,有一个问题恐怕无法避免,即最后手段原则是否曾以及如何对现行的法律或者法律实践产生影响? 面对这个问题,支持者通常会提及死刑的适用,因为当前的法律基本上都坚持这样一

[①] Georges, K.E., "Lateinisch-Deutsches Wörterbuch Leipzig: Hahn Sche Verlags-Buchhandlung", Vol.4(1887), pp.614–765.

[②] Husak D., "Applying Ultima Ratio: A Skeptical Assessment", *Ohio St. J. Crim. L.*, 2004.

种观点,即尽可能避免适用死刑,只有在万不得已时,才能突破这种限制,或者说,死刑是保护社会的最后的手段。然而,一方面,当前法律制度下,死刑一直处于不断萎缩的状态,即使在当前保留死刑的国家,死刑的适用范围也非常狭窄;另一方面,随着死刑废除论在理论和实践上的影响越来越大,特别是在废除死刑本身已没有异议的情况下(在我国,主要分歧在于何时应当废除死刑),支撑刑法要坚持最后手段原则的重要根据,越来越依靠自由刑了。自由刑与死刑一样,也是一种干扰个人生命的、具有强制力的手段。这种刑罚处罚手段是否也能支撑刑法是最后的手段这一假设,则显得特别重要。不过,从现实的角度看,自由刑的实施后果远远超过原来的设想。有研究报告显示:

一则,在自由刑的实施过程中,酷刑现象具有一定的普遍性,或者说很难避免。

二则,绝大多数国家的刑事司法制度,都存在着错误运行的现象。这主要表现为入罪错误,即未犯罪或者犯罪较轻的人被认定为有罪或者重罪。

三则,不管是被判刑的犯罪人,还是受到监管的犯罪嫌疑人,他们成为最容易受到侵害的人,社会甚至将其完全忘却。一旦有人被关起来,不管是基于正当的理由,还是不正当的理由,社会一般对其命运就失去了兴趣,因为人们经常想起这样一句表面上似乎有道理,但实质上却是极为荒唐的言语:苍蝇不叮无缝蛋,被抓的人肯定有问题。

四则,对于绝大多数国家而言,监禁的条件令人吃惊,完全可以被视为残酷的、不人道的待遇或者羞辱。即使在被称为开放的国家,也是如此(联合国人权理事会 2010 年的报告第 28 段)。由此可以看出,在原则上,最后手段原则并不单纯地依赖于死刑,只要自由刑存在,则意味着最后手段原则仍然应当是一个重要的法律原则,毕竟身陷囹圄之人,也是人,人类社会善待他们,是现代文明的典型特征或者标志。如何从现行实证法的角度,论证其正当性,就显得特别重要。

一、最后手段原则的起源

最后手段(ultima ratio)中的"ultima"来自拉丁文"ultimus",意思是最后一个,最远的一个,"ratio"是指推理,①两者联系在一起,是指实现特定目的的、最后的或者最终的措施和方法。这里的"最后"不是时间上的顺序,而是为了达到既定效果,最后的一个选择。

在人类社会存续期间,社会惩罚获得正当化的主要根据,按照时间顺序,先后经历三个:上帝的旨意、统治者的要求和人民的希望。但是,拉德布鲁赫曾经说过,只要刑事司法制度以上帝或者习惯法的名义进行实施,我们在惩罚时,就应当按良心行事。②

从历史的角度看,最后手段限制的最初的对象并非刑法。根据目前的文献显示,它最早出现在法国著名的政治家阿尔芒·让·迪普莱西(Armand-Jean du Plessis)和黎塞留公爵(Duke of Richelieu)的著作《三十年代的战争》一书中。该书记载,法国皇家加农炮上刻着"王之最后手段"之语,③意思是说,面对政治冲突,当国王穷尽了其他可能的手段之后,问题仍不能解决的,才可以使用大炮,即大炮是最后的手段。后来,西班牙诗人巴尔卡在剧本中写道:"生命充满了真实与虚伪,炸药才是王的最后手段。"④在德国,这个概念最早出现在普鲁士,据说1742年的腓特烈大帝的巨型铜制的加农炮上刻着"ultima ratio regis",意思是说,只有当国王说"ultima ratio regum"时,炮弹才能发射。⑤

---

① Georges,K.E.,"Lateinisch-Deutsches Wörterbuch Leipzig:Hahn Sche Verlags-Buchhandlung", Vol.4(1887),pp.614-765.

② Gustav Radbruch,"Einf ÜHrung in die Rechtswissenschaft",1958,p.132.

③ Prantl 2004,p.31 et seq.

④ A.Hettner,"Meyers Großes Konversations-Lexikon.6. Aufl.",*Geographische Zeitschrift*,1904,p. 884.

⑤ Brockhaus Konversationslexikon,"Neu revidierte Jubiläumsausgabe 1908",*Angewandte Chemie International Edition*,Vol.22,No.8(2010),p.53.

学界一般认为,将刑法作为最后手段的思想移植到法律领域内,是 19 世纪的事了,至于其被理论界作为一项法律原则看待,却肇始于 20 世纪的卡尔·宾丁。宾丁在论证刑法的碎片性特征时指出,刑法在保护法益的过程中,要始终坚持不得已性,刑法正是受到了最后手段原则的限制,其才具有碎片性的特征。① 但是,这种观点当时并没有法律上的根据。因此,从历史的角度看,最后手段原则在一开始所表达的,仅仅是当时最致命武器(比如大炮或者炸药)的使用条件,后来才演变成为刑法的适用条件,即只有在穷尽了其他所有的方法(比如道德、民法或者行政法等手段)后,仍不能解决问题,刑法的适用才有正当性。由此看出,最后手段原则原本是权利(力)主体自设的底线,并非是外在的限制,因此,其属于道德范畴,而非法律原则。更确切地说,其表达的是权利(力)者以上帝或者习惯法的名义实施惩罚时,所应秉持的良心,故属于道德原则。② 也就是说,该原则原本就是权力者的自我裁量权,天生就不具有外在的约束性。

正是基于这些原因,很多学者认为最后手段原则是一项道德原则,并非法律原则。这种观点主要被以胡萨克为代表的普通法系的学者所倡导。他们认为,刑法是保护法益的最后手段,并不是法律的规定,而是源自习惯法,其实质上是一种道德原则,并非法律原则,具体理由有:③

首先,当前社会,法治国的理念已获得人们的普遍认可,而法治国理念的规范构成,除了宪法和条约之外,还有刑事司法道德。④ 这种刑事司法道

---

① "Zum Verständnis dieses ganzen Baues［systematischer Ausbau unserer Strafgesetzbücher］aber und zum Verständnis derer, die darin wohnen sollen, ist eine Beobachtung vom größten Werte:die des fragmentarischen Characters aller Strafgesetze."(Binding 1902:20).

② Gustav Radbruch, EinfÜHrung in die Rechtswissenschaft 132(Konrad Zweigert ed., 9th ed. 1958).

③ Husak D., "Applying Ultima Ratio:A Skeptical Assessment", *Ohio St.J.Crim.L.*,2004.

④ Lech Gardocki, Das Problem des Umfangs der Strafbarkeit in der polnischen Gesetzgebung, Rechtsprechung und Strafrechtslehre, in Modernes Strafrecht und Ultima-Ratio-Prinzip 17, 17(Lüderssen et al. eds.,1990).

德又被称为理性道德,其源自生活伦理,所以,将行为入罪纳入道德的范畴。但是,道德是动态的,并非静止不变,随时都有可能出现例外,所以,将特定种类的行为入罪或者用刑法惩罚该类行为,具有临时性。这样,一旦将特定的行为入罪,出现道德冲突,则需要平衡诸道德原则之间的关系,而最后手段原则就是解决道德冲突的标准。所以,最后手段原则属于道德的范畴。①

其次,刑罚会给被告人带来艰难的处遇,即其通常会造成严重的损害。根据法治国的理念,过去的习惯不能构成适用刑罚的正当理由。如果刑法存在的原因是国家保护公民利益的需要,那么,刑罚制度的设计和适用必须建立在令人信服的理性基础之上,而这种理性就是道德,其本身与公益的理念是完全一致的。最后手段原则是给立法者科处的一项义务,即要求立法者"不可以"做某些事,或者说,立法者"不应当"做这种事,这种义务不是法律义务,而是道德义务。②

最后,最后手段原则作为政治和法律领域中的一个重要的概念,其所指向的并非具体的事实,而是对控制加害行为的诸措施的综合评价,故存在着含义模糊的特征,且很难澄清其具体的内涵,这是因为在法律领域内,一般认为,最后手段原则是指对于特定的加害行为,首先应当选择其他的法律手段进行控制,只有在其他法律不能或者无法控制特定的加害行为时,才需要刑法出面干预。这样,由于最后手段原则涉及很多不同的法律部门,再加上各个部门法的特殊性,特别是各个部门法领域的学者的自负心理,导致很难跨学科地对控制加害行为的诸措施进行综合评估,这造成该原则(或者思想)在现实中根本得不到尊重,导致犯罪化通常作为第一个手段来使用,这也是当前国际社会"刑法急剧膨胀"的主要原因。③ 事实上,在现实中根本

---

① Jareborg N.,"Criminalization as Last Resort(Ultima Ratio)",2005.
② Jareborg N.,"Criminalization as Last Resort(Ultima Ratio)",2005,pp.521–534.
③ Rudolf Wendt,"Principle of'Ultima Ratio' And/Or the Principle of Proportionality",*Oñati Socio-Legal Series*,Vol.3,No.1(2013),pp.81–94.

看不到有立法者对第一手段、第二手段等进行过对比研究,如果将其视为法律原则,则是很难想象的。[1] 所以,最后手段原则完全成了立法者的一种道德,而并非法律的强制要求。

二、最后手段原则的发展

在法治的背景下,面对传统遗留给人们的各种处罚措施,或者所谓的对付"坏人"的方法,人们不仅不能随意而为,而且,也不能打着上帝的旗号或者穿着传统的马甲,一直这样做下去,最重要的原因是被处罚者也是我们人类自己,即刑罚本身所蕴含的艰难处遇,通常会给被处罚者造成严重的损害,也会给其实施者(即执行人)甚至旁观者造成难以恢复的伤害,正是这个原因,对于刑讯逼供而言,一般认为,第一被害人是受到刑讯逼供的犯罪嫌疑人,第二被害人就是实施刑讯的警察或者其他司法人员。同理,刑罚的过度实施,第一被害人为犯罪人,而刑事执行人员则很容易成为第二被害人。这样,国家在适用刑罚时,只有出于保护公民法益,在不得已的情况下,才能拿起刑罚这个武器,对违法者进行惩罚。出于尊重人类自身的需要,首先,刑罚的设计和内容必须建立在令人信服的、理性(道德)基础之上,与其所保护法益的理念保持一致;其次,对刑事立法权要进行限制,避免出现所谓的"多数人的暴政"。不过,这种限制绝不能仅仅局限于道德,即不能单纯地依靠权力者的自律而存在,而是必须要有一定的形式的客观诉求,且由相应的司法制度保障,比如,其不仅要有宪法根据(包括国际承诺),而且,还要有一定的司法制度,比如法院或者其他相应的机构,尽可能地确保立法者不会超越宪法的规定而制定刑法。比如,刑法对刑法溯及力禁止的规定以及对被告人不利类推的禁止规定。

这方面最典型的例证是罪刑法定原则和责任主义原则,其不仅适用于

---

[1] Husak D., "Applying Ultima Ratio: A Skeptical Assessment", *Ohio St. J. Crim. L.*, 2004.

司法机关的司法,而且,也构成对权力机关的限制。然而,在形式上,似乎只有第一个原则才对立法者有法律约束力,尽管肖永灵案的判决和前面提到的刑法禁止条文的存在,表明这种约束力并不像理论上那样完美,但是,毕竟在台面上,这个原则是必须遵守的。但是,对于后一个原则而言,情况就不同了,其更像是一个道德原则或者说是道德义务。比如,刑法经常出现一些客观处罚条件的规定,这显然有承认严格责任的嫌疑,但是,目前却没有法律限制。① 其实,最后手段原则的现实命运与责任主义原则相似,其仅仅作为一种口号或者原则而存在,并没有变成现实或者具有拘束力的规则的路径,人们只能离开了具体的案件,抽象地讨论其价值,并不能结合具体的现实、有针对性地探讨其法律拘束力或者其规范价值。

从立法的层面上看,犯罪化是立法者的最后手段,即用刑罚惩罚特定的加害行为,应当看作"极端情况下的极端做法"②。在实践中,这种原则(或者思想)很难得到应有的尊重,事实上,犯罪化通常被用作第一个手段,主要原因有:其一,新罪产生时或者在进行刑事立法之时,将特定的行为入罪,很明显不会产生即时成本,也就是说,这种新罪的实施所需要的刑事成本,是当局未来所要考虑的事项,在立法时,往往忽视这一点,这也是国际社会刑法"急剧膨胀"的主要原因;其二,在民主体制下,立法极易受到社会情绪或者社会舆论的影响,比如,一旦出现人们感到愤怒的行为,就有不用刑法

---

① Lech Gardocki, Das Problem des Umfangs der Strafbarkeit in der polnischen Gesetzgebung, Rechtsprechung und Strafrechtslehre, in Modernes Strafrecht und Ultima-Ratio-Prinzip 17, 17 (Lüderssen et al. eds., 1990).

② Wolfgang Frisch, An den Grenzen des Strafrechts, in BeitrÄGe zur Rechtswissenschaft: Festschrift Für Walter Stree Und Johannes Wessels 69(1993);Winfried Hassemer, Gründe und Grenzen des Strafens, in DIE STRAFRECHTSWISSENSCHAFTEN IM 21;Manfred Maiwald, Zum fragmentarischen Charakter des Strafrechts, in FESTSCHRIFT FÜR REINHART MAURACH 9(1972);Heinz Müller-Dietz, Aspekte und Konzepte der Strafrechtsbegrenzung, in Festschrift Für Rudolf Schmitt 95 (1992);Thomas Vormbaum, "Politisches" Strafrecht, in Zeitschrift Für die Gesamte Strafrechtswissenschaft 734(1995).

打击,便有放纵其发生或者感到不痛快的想法,于是,人们就选择用刑法控制这种行为的发生;而在威权国家里,立法很难摆脱政治寡头的控制,这样,政治寡头的偶然、不理智的感情冲动,都有可能变成具体的刑法条文,或者说,刑法很容易率先走到其他社会管控措施之前,成为控制社会的主要手段;其三,立法程序并非由专家控制,而是民主的结果。也就是说,刑法是立法的结果,而立法者本身是由议员组成,他们通常并非法律专家,当然,刑事法专家更少,所以,他们很难意识到刑法本身的缺陷,而更多看到的是刑法控制社会的效果,因此,即使他们承认这一原则,也很难将其具体地应用到现实的立法实践之中。此外,在立法时,强调的是刑罚的一般预防,而非特殊预防,即有重刑主义的倾向,所以,最后手段原则很难控制刑法过度化的倾向。然而,随着法学的发展,人们很难容忍最后手段原则局限于此,希望其能变成具有现实约束力的原则。

(一)法治国的理念:比例原则的产生

最后手段原则在刚开始,隐身于比例原则之中,或者说,其是比例原则应用于刑事处罚后所得出的必然结论,因此,要探讨最后手段原则的发展,必须从比例原则着手。

比例原则是个人权利在威权法律制度中得以存在并进行发展的重要手段,其诞生地为德国,最早出现在德国警察法中。比例原则要求政府在选择规制的措施或者手段时,应当以对个人权利造成最小的危害为条件,故比例原则的适用构成了对警察权的形式限制。其最大的法律意义是为德国的教义法(即警察法)导入了公民权利的理念。

其实,比例原则的历史渊源最早可以追溯到18世纪和19世纪的普鲁士法。在1882年到1914年间,比例原则得到了普鲁士行政法院的广泛认可。因此,要解读最后手段原则的规范史,需要从普鲁士的行政法入手。

从18世纪后期开始,普鲁士逐渐由一个专制的、将德国皇帝视为最高首领、也是权力的唯一渊源的封建国家,发展成为一个法治国。与此同时,普鲁士的军事和经济仍然掌握在腓特烈大帝手中。腓特烈大帝由于受到自由主义、社会契约论和理性主义的影响,主张实行开明的专制主义。他认为,国王是国家的第一公仆,其权力并不是无限的。① 因此,其根据理性主义、宗教容忍(即宽容主义)和个人自由等原则,建立了普鲁士的法律体系。其继承者威廉三世制定了普鲁士法典。根据1794年《普鲁士联邦普通法》第10条第2款的规定,政府有权为了维护公共和平而行使警察权,同时,其也构成政府为了实现这一目的所采取措施之权力的限制。该条规定,为了维护公共和平、安全和秩序,公权力的行使应当遵守比例原则。② 这是对比例原则的第一次明确表述,即不管从法条用语上,还是从背后的逻辑看,其很明显推翻了这样一个默认规则:根据德国公法所实施的行为都是合法的。也就是说,在过去,德国一般认为,国家行为都是合法有效的,即使国家的行为没有明确的法律根据,也是如此。该法制定后,国家行为的有效性不再具有天然性,如果缺乏法律明确的授权,国家权力的行使就是违法的。这就是今天德国公法中法治国原则的核心内容。

尽管法治国的准确含义与内容,目前仍然有很大的争议,但是,这种原则在德国法中的地位,与英国法中的"法治"非常相似,其构成对政府行为的有效限制,因而也为公民提供了大量的自由。这几乎改变了当时德国的法律理念。不过,法治国的理念并不等同于法治原则,尽管它们都有自由主义的一些倾向。区别在于,在普通法中,自然权的概念意味着人们的权利,不管是男是女,都先于国家而存在,或者并非国家的产物,而是先验的权利。

---

① Carlyle Thomas, "History of Friedrich II, of Prussia, called Frederick the Great", *Works of Thomas Carlyle*, Vol.22, No.5(1974), pp.573-577.

② Alec Stone Sweet & Jud Mathews, Proportionality, "Balancing and Global Constitutionalism", *COLUM. J. TRANSNAT'L L.* 19 (forthcoming, 2008) (available at http://works.bepress.com/cgi/viewcontent.cgi? article = 1010&context = alec_stone_sweet, last visited May 20, 2008). at 19.

与之不同,德国的法治国的理念,主要以国家为中心展开,或者说,公民的权利是国家法律措施实施的结果,或者说其是法律的产物。换言之,在法治的背景下,公民权利是法治运行的前提,而在法治国的背景下,公民权利是法律运行的结果。①

从功能上看,公民的权利源自比例原则的规定(警察权力的使用必须与法律规定的目的成比例性)与法治国的规定。在过去,由于国家对警察权的形式限制太少,而这两个原则出现后,则出现了很大的变化。根据法治国的理念,政府可以"侵犯"公民的人权,但是,必须符合两个条件:其一,存在着明确的法律授权,而不能源自习惯或者政府的良好意愿;其二,这种"侵犯"公民权的行为,应当符合比例原则,即侵犯公民权的行为受到比例原则的限制。具言之,对实现法定的目的,所采取的措施只有在必要的情况下才能使用。这样,警察权的存在及其适用,必须遵守法定原则(即明确授权原则)和比例原则的规定。显然,这两种原则的对立面,就是公民的权利,或者说,这两个法律原则实际上承认了法律规定的、尚未被宪法认可的个人自由。由此导致了德国由过去的警察之国向现代国家的转变。

(二)司法实践:比例原则的审查

法治国的理念和比例原则都要求建立相应的机制,来确保其实施,并因此赢得社会的尊重。于是,19世纪后期,德国开始建立行政法院。在此之前,由于普鲁士实行了威权政治,故议会非常保守,完全听从政府的命令,再加上,警察未实行首长负责制,导致警察权滥用的现象极为常见,根本没有相应的预防措施。到了19世纪中前期,德国法益保护论者曾经想建立一个民主体制,并为此付出了很大的努力,但最终未成功。在失去了建立真正有效的民主政府的希望之后,他们开始将目光转向了行政主体的司法责任。

---

① See Leonard Krieger, *The German Idea of Freedon*, Chicago, 1957, p.460.

易言之,不再主张行政首长负责制,也不要求政府向议会负责,而是要求公务员向法院负责。① 他们认为在当时的政治框架下,法官是保护个人权利、限制行政权滥用的最佳保护人。最后,独立的行政法院被建立起来。② 这种法院有权对警察权的实施进行审查。在 1882 年到 1914 年间,普鲁士最高行政法院(PSAC)以比例原则为根据,对政府行为进行了广泛的干预,其范围涉及经济和社会生活等方面。该法院还通过大量的判决指出,由于警察权的行使会对公民的政治权和经济权构成严重的侵犯,故其必须要遵守比例原则,或者说,对相应的授权规则,必须进行限制性的解释。

比如,柏林政府曾规定,在国家纪念碑的南侧,不得有过高的建筑物,否则,会挡住人们观看到国家纪念碑。而原告人却要在此地建一所较高的大楼,于是,政府向原告人发出了行政禁令,禁止其这么做。原告人不服,将政府告到法院,这就是著名的 1882 年克罗伊茨贝格的判决。在该判决中,普鲁士最高行政法院撤销了柏林政府发布的这个禁止行政命令,根据是,政府限制公民的行为,只能是出于保护他人的法益或者避免公众免受不当的危险,不能基于美观而限制人们的权利。③ 这个判决表明,政府的任务在于法益的保护,而不能基于与公共安全无关的原因,限制公民的权利。

另外一个很有影响的案件是所谓的《织布工》案。《织布工》是一部话剧,其反映的是织布工人的艰难生活,其中,整个剧情充斥着对资本家的不满和挖苦。警方认为,如果允许上演这部话剧,很容易引起社会对资本家的仇恨,有可能造成社会动乱,所以,禁止该话剧演出。演出方起诉。法院认为,警察禁止这部话剧上演,根据的是一种抽象的可能,即其会导致公共秩序的混乱。警方要想证明其审查结果是正当的,则必须证明这种危险是现

---

① Ledford K.F., "Formalizing the Rule of Law in Prussia:The Supreme Administrative Law Court, 1876-1914", *Central European History*, Vol.37, No.2(2004), pp.203-224.

② Ledford K.F., "Formalizing the Rule of Law in Prussia:The Supreme Administrative Law Court, 1876-1914", *Central European History*, Vol.37, No.2(2004), p.212.

③ Decisions of the Prussians Administrative Law Court, 9(1882)353.

实的、紧迫的,而不能是假想的。由于警方无法证明这些,于是,法院驳回了警方的禁令。通过该案的判决不难发现,抽象的危险犯不能成为使用警察权的根据。在另外一起案件中,当地工人对政府不满,要进行集会和游行示威,警察也进行了禁止,理由是,这些参加集会和游行示威的人,每天都会喝很多酒,如果允许他们集会或者游行示威,很有可能危及社会公共秩序。法院也推翻了该禁令,理由相同,作为警察权行使的根据,即行为人对公共法益造成侵害,必须有具体的事实根据,而不能建立在抽象的假设的基础之上。

由此可见,比例原则限制公权力(主要是警察权)的根据,当时主要强调警察权目的的正当性,即其必须出于保护法益的需要,才能限制或者剥夺公民的一些权利。同时,其将法益的理念仅仅局限于国家排除危害上,即政府不能为了追求某种幸福观念或者避免抽象的危险,而限制或者剥夺公民的权利。

(三)理论诠释:自然法和形式主义

虽然从限制警察权的角度,很多公民的权利都得到了法律的回应,但是,当时的宪法并没有将这种权利以概念的方式明示出来,或者说,其是以公权力道德的方式而存在的,即其原则上缺乏外在的限制。当法律未宣誓某种权利的存在时,如何证明这种权利的存在及其正当性呢?于是,很多法益保护论者诉诸作为修辞学上的自然权利,以此证明在德国公法中导入权利是正当的(即公民应当作为公法的主体,而不能仅仅是客体),因为从法律修辞的角度看,自然权利在当时的普鲁士学界非常流行。

在用自然权利解释比例原则(更准确地讲是法益保护原则)时,有两个代表性的人物必须提及,即迈耶和冯·伯格,他们率先将比例原则与自然权利直接联系在一起,或者说,他们从自然权利的角度论证,比例原则应当成为限制公权力的外部根据。比如,冯·伯格指出,警察法虽然规定了很多剥夺公民自然权利的方法或者情况,但是,这只能基于合法目的之需要,具言之,公民这种自然权利虽然未予规定,不过,其是的确存在的。① 迈耶认为,自然权利的诉求是,政府所使用的警察权应当符合比例原则。② 在当时,他们所说的自然权利主要是自由权,其构成对政府权力行使的限制,也成为扩大对公民政治和经济自由保护的工具。

德国法的这种变化,是自由资本主义不断发展的产物,即其既有一定的经济根据,也有一定的政治原因。不过,在形式上,比例原则却与自然法和司法激进主义的再度兴起有着密切的联系。当时,普鲁士行政法官秉承德国公法的传统,在本质上,使用的方法仍然属于形式主义的范畴,从未演变为现实主义和实用主义。比如,德国最高行政法院的法官认为,在德国,其实早已存在着一个自治的、完整的、逻辑自洽的概念和规则体系,法官审理案件,其实,是要从这个概念或者规则体系中,去寻找相关案件的解决方案,也就是说,在这个规则体系中,早已存在着所有案件解决的方案,其并不会因为法官的不同而不同,也就是说,法官审理案件,应当坚持形式主义,不应当进行所谓的实质判断。③ 一般来说,普鲁士行政法不允许法官根据自己的生活常识,进行所谓的成本和收益分析。

然而,比例原则所追求的是手段与目的之间的合理性,德国的形式主义法学如何才能容忍其存在,或者如何包容这一原则呢? 需要注意的是,普鲁士法院当时并不将比例原则的规定解构为三种标准(即合理性原则、必要性原则和均衡性原则),在当前的德国公法中,仍然坚持这一习惯。不过,他们认为,就比例原则而言,其指导案件裁判的主要表现形式是,坚持形式上的手段与形式上的目的分析(理性联系以及极端性较小的手段)结合,而

---

① Stone Sweet A., "Mathews J. Proportionality Balancing and Global Constitutionalism", *Social Science Electronic Publishing*, Vol.47, No.1(2008), pp.72–164.

② Otto Mayer, "Deutsches Verwaltungsrecht", *1. BD.*, 1895, p.267.

③ Reimann M., "Nineteenth Century German Legal Science", *Private Law Review*, Vol.31, No.4 (2005), p.83.

不是实质(平衡)审查,这与当前对比例原则的理解是不相同的。①

20 世纪早期的德国法益保护论学者,比如韦伯和凯尔森等人都坚持认为,法院审理案件,应当进行形式分析,否则,不利于两个任务的实现:

其一,实质审查不利于确保政府体系的有效运行,或者说,形式主义是确保政府顺利运行的关键手段。

其二,形式审查更能保护个人自由,让其免于公权力的干扰,理由是,形式主义更能清楚地明确国家的行为范围,从而才能更为有效地限制国家行为,为个人的活动提供广泛的空间,防止公权力的滥用。②

这就是说,在当时,普鲁士行政法院就主张对比例原则进行形式分析,这与当前德国公法学界的主流立场是一致的。③ 主要原因是,在当时,德国法学界以萨维尼为首,他们经常借助自然科学,证明法律的逻辑性、法律规则产生和运行的体系性。他们认为,在数学领域内,人们可以根据三角形的两个边长,推导出另外一个边长,所以,在法学领域内,人们完全可以根据当前的法律规则,推导出任何遗漏掉的规则。④ 就是按照这样的逻辑,学者们将法律与化学相比较:如果在化学领域内,人们既然根据一些特定的元素可以创制出一个新的东西,那么,在法律领域内,人们也可以根据法律的基本规则,创制出新的规则。这样,在法律领域内,就没有所谓的"法律空白"问题了。甚至还有学者引进了达尔文的进化论,即在他们看来,根据既有的法律规则或者原则,创制出新的法律,就像是生物体的发展变化一样,是非常正常的事情。因此,尽管德国行政法院是近代社会的产物,但是,其所秉承

---

① Jurgen Schwarze,European Administrative Law,Ch.Ⅴ,C5(2006).

② 韦伯几乎将形式理性视为"自由的孪生兄弟",因为只有形式理性才能防止政府行为的恣意性。M.Weber,"Diskussionerede zu dem Vortag von H.Kantorowicz Rechtswissenschaft und Soziologie",*GESAMMELTE AUFSÄTZE ZUR SOZIOLOGIE UND SOZIALPOLITIK*,1924,pp.477-481。

③ Mathias W.Reimann,"Free Law School",*Encyclopedia of Law and Society*,2007,p.605.

④ Mathias W.Reimann,"Free Law School",*Encyclopedia of Law and Society*,2007,pp.876-883.

的逻辑判断却是古典的刑法传统。

德国最高行政法院强调比例原则的形式价值,这与另外一个概念,即"利益平衡"形成了明显的对比。除了美国法比较重视"利益平衡"外,其实,这也是德国法中的一个概念。这个概念产生后,德国法曾在一个阶段产生了一个极端的反形式主义的运动,即自由法学派(Freirechtschule)兴起。自由法学派对传统的形式主义法学和概念主义法学进行了严厉的批评,不过,这主要发生在私法领域内。① 自由法学派的主要代表人物是冯·耶林,他指出,法律的主要目的,是通过平衡的方式,解决利益冲突。因此,在自由法学派看来,裁判是法官的创新性活动,其不仅离不开法官本身,而且,其之结果(即法院的裁判)主要取决于法官的人格。② 即对于同一案件而言,法官不同,其之审判结果很可能不一样。这与德国原有的法治国的理念恰恰是背离的。

从表面上看,在德国法中,平衡原则与比例原则没有直接的联系,因为它们产生于两个对立的学派。利益平衡理论与20世纪的美国法学相似,极为重视成本与收益分析,然而,这却源自德国公法,故其严重背离了当时的德国形式法学的传统,因此,该学说对德国的司法实践没有产生太大的影响。德国行政法院和刑事法院很明显地将自己置身于这种极端的运动之外,相反,他们更强调德国主流的形式主义思维。

后来,德国出现了自由形式主义法学,其代表人物是韦伯,他认为,这种自由法学的思想,会对法益保护论和民主制度构成实质威胁。道理很简单,这种自由法学的立场,主张从实质的角度或者成本收益的角度判断案件,这必然意味着以概念为表现形式的成文法的价值大大降低,或者说,当前成文的法律很难再成为裁判的唯一根据了,于是,法官可以超越成文法的表达或

---

① Herget J.E., Wallace S., "The German Free Law Movement as the Source of American Legal Realism", *Virginia Law Review*, Vol.73, No.2(1987), p.399.

② Mathias W. Reimann, "Free Law School", *Encyclopedia of Law and Society*, 2007, p.605.

者语义,裁判案件。根据当前的民法法系的传统,成文法不仅是公民行为的根据,也是司法裁判的根据,因为其是民主制度的成果,否定其价值,一则,导致公民自由失去了明确的边界;二则,也导致民主的成果被虚置。因此,自由法学的理念有悖于形式主义原则和当前的民主制度,而这两个恰恰是法治国和比例原则产生的根据,即根据自由主义法学,法治国的理念和比例原则就成了无源之水、无本之木。正是这个原因,导致比例原则一直停在理论的领域内,法院并没有找到该原则进入德国行政审判实践的路径,因为其一旦变成具有可操作性的规则,即刻与其产生的根源发生矛盾。从这个角度看,我国学界曾经流行的经济分析法,或许可以应用于民法等领域,但是,在公法领域内,特别是在刑法与行政法的范畴内,其适用性是有问题的。

根据上述探讨,从19世纪德国公法中的比例原则的发展,可以得出很多的结论:

首先,比例原则是权利理念进入德国法的一种重要的工具或者手段,正是由于比例原则,原本处于被支配地位的行为人或者被告人,才获得了法律关系主体的地位,因为其此时开始享有了权利。而德国法中的比例原则,正是为了保护这种权利才具有了存在的必要性。

其次,比例原则会提高公民政治和经济的地位,使之相应权利得以保护,这种权利通常被赋予"自然法"的地位,其属于"自然正义权"的范畴。理由是,由于比例原则强调国家权力的边界性,且将国家的这种权力不仅从实质上,而且还从形式上,给予了严格的限制,故这种法律理念的形成并贯之于现实,有助于市场的形成和发展,这对自由经济非常有益,这也是当时德国自由资本主义得以迅速发展的重要原因。

再次,比例原则与现实主义理论或者实用主义理论缺乏关联性,而这些领域通常被冠名以自由法学和美国的立法现实主义学派。也就是说,比例原则原本来自形式主义,或者源自德国法的传统。比例原则的原始目的是为了提高行政的效率,这种提高是通过关注手段与目的的联系实现的,而不是通过特别平衡冲突的利益。

最后,比例原则源自行政法,而不是私法。由于这里的行政法与刑法适用的对象和遵守的规则基本相同,特别需要强调的是,如后所述,在德国违反行政法的结果,通常是刑事处罚,而没有所谓的行政处罚,这就是平常所说的行政犯。因此,刑法适用最后手段原则是没有任何障碍的。

总之,正是比例原则并不否定公法的形式价值,所以,在德国法经济学并不像在美国那样流行。

第二节　最后手段原则的哲学基础

从字面上看,最后手段原则是指针对实现特定的任务,相比于其他的法律或者非法律手段,刑法具有必要性的一种逻辑判断。那么,这种方法的哲学根据是什么呢? 从行为无价值论的角度看,最后手段原则很难干预司法的运行,或者说,最后手段原则无法发挥其应有的规范价值;与之不同,如果从结果无价值论的角度看,则会容易激活该原则,然而,在实用主义几乎滥觞的普通法系中,在司法实践中也很难见到该规则的适用。① 这样,两者结果相同,都似乎将最后手段原则束之高阁了。

一、功利主义

在刑法的范畴内,比例原则必须要与特定犯罪所对应的刑罚的上限和下限联系起来。一般认为,刑罚的下限反映的是刑法的目的,即入罪的原因,而上限体现的则是多种价值诉求,比如,刑罚的效用、人道主义、人权理念和人格尊严等。② 这就产生了以下问题,比例原则在刑法的范畴中,其具

---

① Husak D.,"Applying Ultima Ratio:A Skeptical Assessment",*Ohio St.J.Crim.L.*,2004.

② Ristroph A.,"Proportionality as a Principle of Limited Government",*Duke Law Journal*,Vol. 55,No.2(2005),pp.263-331.

体有何规范诉求？这种规范诉求的哲学根据是什么呢？要回答这些问题，需先考察比例原则的产生和发展。

（一）比例原则的提出：贝卡里亚的比例原则

从实用主义的角度论证比例原则对刑罚限制的思想，肇始于意大利著名刑法学家贝卡里亚。他认为，行政权和司法权的分立与使用，应追求最大多数人的最大幸福。[①] 由于"欢乐与痛苦"是"所有有知觉之人的动力来源"，所以，要实现上述目标，则需要借助这两个手段。[②] 至于为什么要这么做，贝卡里亚认为有两个哲学基础，即刑罚目的论和权力制度。然而，相对而言，贝氏显然更喜欢后者，尽管其并不否定前者的存在。

首先，贝卡里亚反对刑罚上的报应论，其理由有：第一，公开制定的刑罚体系，更有威慑效果，刑罚是为了制止犯罪的发生，不是为了报应；第二，刑罚的目的既不是虐待犯罪人，给其带来痛苦，也不是消灭已经发生的犯罪，而是预防未来有可能危害国民的新犯罪，避免他人也这样做，即为了保护社会。正是基于这两个原因，给被告人科处的刑罚（即痛苦）及其方法，应当与犯罪呈比例关系，也只有这样，才能使刑罚具有最大的功效：一方面，其会在人们的大脑中镌刻上不得如此行为的永久印象；另一方面，给犯罪人的身体带来最小的痛苦。但是，无论如何，国家都没有必要、也没有权力使刑罚变成酷刑。

其次，最轻的刑罚或者刑罚的下限，由刑罚的威慑效果决定。贝氏指出，人们长期以来将刑罚的实施，总是视为道德的、有建设性的活动，但是，这通常忽视了这样一种事实，即每个刑罚的实施，不管正当与否，都是对个人自由的粗暴干涉。所以，缺乏威慑之必要性的刑罚，都是多余的，因此也是专横的。

贝氏还指出，不同的犯罪必须要进行不同的处罚，因此设置旨在于威

---

① 　［意］贝卡里亚：《论犯罪与刑罚》，黄风译，中国大百科全书出版社 1993 年版，第 5 页。
② 　［意］贝卡里亚：《论犯罪与刑罚》，黄风译，中国大百科全书出版社 1993 年版，第 65 页。

慑,改变犯罪动机的刑罚,应当遵守比例原则,只有这样,才能有效地改变潜在违法行为人的行为,实现社会的一般预防。具言之,打死一只鸟、剥夺一个人的生命或者伪造一份重要的文件,三者绝不能适用相同的刑罚。①

再次,刑罚的上限受制于反酷刑原则,其哲学根据是人道主义,而不是单纯的威慑效果。正是为了反对残虐的、不人道的酷刑,才要求国家为刑罚设置上限,以体现对人格尊严和个人自由等一般原则的尊重。② 由此可以看出,效用的最大化并非贝卡里亚唯一考量的要素。在贝卡里亚看来,即使刑罚可能产生非常好的社会效果,但是,如果其缺乏必要性,也是不正当的。在《论犯罪与刑罚》一书中,充斥着他对当时刑罚之残虐性的批评,因为这种残虐的刑罚不仅"没有必要",而且还极易引起人们的"恐惧与厌恶"。

最后,为刑罚设置合理的上限,防止刑罚权的滥用,因为刑罚权本身具有专横性的倾向,极易扩张适用。贝卡里亚认为,比例原则至少有部分划分刑罚与不正当暴力的功能:为了使刑罚永远不会成为君主(或者多数人)对具体公民(或者少数人)实施暴力的工具,国家应当通过法律的方式,限制刑罚权,使其务必遵守比例原则,而且,还必须使刑罚的上限建立在可接受的基础之上。正是因为死刑过于残忍,处于社会不可接受的状态,故其不适用于任何犯罪,所以应予废除。总之,在他看来,比例原则具有政治性,或者说建立在分权制度的基础之上,其并不单纯地依赖于刑罚的威慑功能。

按照贝卡里亚的上述观点,为了坚持比例原则,立法者需要建立一个从低到高的刑罚体系,并为这个等级有序的刑罚体系设置相应的适用标准,只有这样,才能切实地落实比例原则,反映国家权力结构的内在诉求。

(二)比例原则的发展

其实,边沁有关比例原则的思想源自贝卡里亚。在贝氏发表《论犯罪

---

① [意]贝卡里亚:《论犯罪与刑罚》,黄风译,中国大百科全书出版社1993年版,第65页。
② 对贝卡里亚而言,人格尊严、个人自由和实用主义都不是孤立的。死刑既是无用的,也是没有必要的,所以,是过度的。

与刑罚》时,年仅 16 岁的边沁已从牛津大学毕业,他极度欣赏贝卡里亚的上述主张。不过,他没有重复贝氏的观点,而是以快乐和痛苦为两个支点,从强度、长度(时间的跨度)、确定性(或者不确定性)和及时性(或者不及时性)等四个方面(除此之外,还有两个辅助性的指标:生产力和纯洁性,即道德),建立一个所谓的道德指标体系。他通过以痛苦等同于刑罚的方式,对犯罪行为及其预防进行了实用主义分析,这比贝卡里亚所描述的比例原则更为明确、具体。正是在边沁的带动下,实用主义流派开始兴起,并形成了自己的一套概念、话语和逻辑体系。对于刑法上的比例原则而言,实用主义的主要观点有:

首先,刑罚的价值不能低于犯罪所带来的收益。① 边沁指出,在评估比例原则时,必须考虑刑罚的"价值",这里是指刑罚的"质",而不是"量",因为"量"无法反映加害行为的性质,只有刑罚的"质",才能体现加害行为的特殊性以及不同犯罪之间的类似性等内容。②

边沁认为,刑罚的量由两个独立的要素构成,即刑罚的强度和刑罚实施的时间长度。加害行为的社会"危害"越大,相应的刑罚也就会越重;刑罚的有序的加重,可以促使潜在犯罪人尽可能地不危害社会;刑罚不能超过其威慑犯罪所需的必要的程度;对于相似的犯罪,其之刑罚应当大致相当,当然,这还要结合具体的犯罪人的特殊情况进行确定。③ 刑罚超过必要性的程度时,才能进行一定的限制。④ 因此,在这里,比例原则不仅要求限制刑罚的下限,而且,还要求限制刑罚的上限,尽管其理由不同。⑤

边沁认为,之所以要这样做,原因是,不管如何设计,刑罚本身都是一种

---

① Jeremy Bentham,"Principles of Morals and Legislation",*Harvard University*,2011,p.179.

② Jeremy Bentham,"Principles of Morals and Legislation",*Harvard University*,2011,p.183.

③ Jeremy Bentham,"Principles of Morals and Legislation",*Harvard University*,2011,p.182.

④ Jeremy Bentham,"Principles of Morals and Legislation",*Harvard University*,2011,p.182.

⑤ Jeremy Bentham,"Principles of Penal Law",*University of Adelaide Library*,2012,p.399.

"恶",①所以,在理论上对刑罚权进行限制,是没有问题的。不过,他还指出,一般来说,立法者制定的刑罚,一旦低于其应然的标准时,则不得依据比例原则加重处罚。② 理由是,立法者和一般人都存在着"重刑主义"的倾向,他们对特定的加害行为,通常会选择更严厉的刑罚,而不是相反。所以,在刑罚的下限方面,是很难出现立法错误的,这也是"法无明文规定不为罪"的根据。③ 但是,刑罚的上限却与之截然相反,极易出现刑罚滥用的问题,故法官根据立法在处理案件时,应当受到比例原则的限制,即立法者所采取的最大预防措施,应当遵守比例原则。④

其次,剥夺犯罪能力自身不足以支撑刑罚,即其不足以证明所适用的刑罚的正当性。在当前的刑罚论中,威慑论、功利主义和特殊预防论,都已经广泛地接受了比例原则,主张以此限制刑罚的适用。⑤ 然而,这些学说有一个共同特点,即主张对犯罪能力的剥夺。如果刑罚追求这个目的,很容易忽视比例原则的存在。比如,就剥夺犯罪能力而言,由于其指向的对象是具体的违法行为人,所以,其是预防未来犯罪的最佳路径。由于这种预防是通过使罪犯身体上的不可能来实现的,而不是在结果上使犯罪不具有吸引力,所以,死刑是其最佳的选择。据此,会得出这样一个结论,即应当对所有的犯罪都适用极刑。这种结论显然是不会被人接受的,所以,剥夺犯罪能力很难成为支撑刑罚唯一的根据,因为相对于剥夺犯罪能力而言,当前刑法学界通常更强调其他价值(包括其他实用价值)的意义。⑥ 特别是极端的实用主

① Jeremy Bentham,"Principles of Penal Law",*University of Adelaide Library*,2012,p.399.
② Jeremy Bentham,"Principles of Morals and Legislation",*Harvard University*,2011,p.182.
③ Jeremy Bentham,"Principles of Morals and Legislation",*Harvard University*,2011,p.401.
④ Jeremy Bentham,"Principles of Penal Law",*University of Adelaide Library*,2012,p.401.
⑤ Zimring F.E.,"Principles of Criminal Sentencing",*Plain and Fancy*,*Nw.u.l.rev*,Vol.82,No.1(1987),pp.73-78.
⑥ Hamdi v.Rumsfeld,124 S.Ct.2633(2004);Robinson P.H.,"Punishing Dangerousness:Cloaking Preventive Detention as Criminal Justice",*Harvard Law Review*,Vol.114,No.5(2001),pp.1429-1456.

义,尤其不主张通过剥夺犯罪能力来预防犯罪,不过,其根据并不是人权或者人格尊严这样的价值,而是认为死刑所需的社会成本(其中主要是错误成本)太高,故其不应当成为预防犯罪的司法选项。

最后,改造罪犯也不足以"证成"刑罚权的正当性。① 罪犯改造说(即刑罚的目的在于改造犯罪人)认为,刑罚的目的不是给犯罪人带来痛苦,而是对其进行改造,所以,死刑具有不正当性。然而,对于监禁刑而言,只要能实现这个目的,即将犯罪改造成为正常的社会成员,国家应当尽可能地减少所剥夺的自由的程度。② 按照这种逻辑,比例原则也失去了应有的限制作用,因为改造罪犯的可能性受制于犯罪人自身,特别是,重犯或者累犯率表明,比例原则其实是没有任何的限制作用的。为此,很多改造论的支持者,转而强调其他刑罚原则,比如刑罚的报应功能对刑罚权的限制意义。③ 这导致该刑罚论对比例原则的支撑价值大大降低。

从根据上看,贝卡里亚的比例原则不同于边沁,前者是从国家权力组成结构的层面上,而后者则是从刑法的规定及其习惯上,论证比例原则的正当性。刑法及其习惯仅仅是这种权力结构运作的一个子集或者下位概念,即两者的视角明显不同。但是,他们有很多的共同点:其一,边沁实用主义的基本格言,即"最大多数人的最大幸福",其实来自贝卡里亚,两者都承认这是比例原则的根据;其二,刑罚的正当性并非来自本身,而是社会的需要,或者说,其是社会的一种管控手段;其三,两者都强调刑罚不仅受制于犯罪行为本身,而且还受制于人的价值;其四,也是最重要的,在他们看来,比例原则的最终目的是为了保护个人自由(包括被告人与被害人),而不是为了实

---

① Epstein L.,"The Decline of the Rehabilitative Ideal:Penal Policy and Social Purpose by Francis A.Allen",*American Journal of Legal History*,Vol.27,No.3(1983),p.312.

② Rubin E.,"Just Say No to Retribution",*Buffalo Criminal Law Review*,Vol.7,No.1(2003),pp. 17-83.

③ Brink D.O.,"Immaturity,Normative Competence,and Juvenile Transfer:How(Not)to Punish Minors for Major Crimes",*Texas Law Review*,Vol.82,No.6(2004),pp.1555-1585.

现平等原则。当然,如前所述,边沁的实用主义也有很大的问题,但是,其毕竟为比例原则的具体化提供了一个路径。此外,其创立的道德指标体系既适用于刑罚上的比例原则,也适用于一般层面上的实用主义,从而为功利主义的形成和发展,奠定了基础。

二、报应论:报复法则

在过去,人们其实一直将比例原则与报应联系在一起。[①] 比如,斯卡利亚(Scalia)法官曾指出,由于刑罚的目的就是为了报应,所以,报应论也支持比例原则,即与刑罚呈比例关系的应当是犯罪本身。[②] 然而,这种观点目前存在的最大问题乃在于其缺乏实证法上的根据,特别是美国第八宪法修正案明确禁止对犯罪人施以残酷和异常的刑罚,即使犯罪人多么可恶,也不能例外,而且,这种立法理念还得到了《国际刑事法院罗马规约》的支持,该规约将"酷刑"定义为"故意致使被羁押或控制下的被告人的身体或精神遭受重大痛苦",规定不管被告人实施了何种行为,都不能对其施以酷刑。[③] 不过,与实用主义不同,报应论对比例原则的支持,更倾向于平等原则。

(一)康德的报复法则

在报应论中,最有影响的是报复法则,即所谓的"以牙还牙、以眼还眼"规则。[④] 根据这种报复法则,比例原则不仅要求刑罚与行为造成的危害呈比例关系,而且,还要与犯罪的性质、实施的方法和刑罚对违法者带来的影响等呈比例关系。[⑤] 作为报应论的主要代表,康德指出,比例原则源自"对

[①] Hyman Gross, "Proportional Punishment and Justifiable Sentences", *Hyman Gross & Andrew Von Hirsch*, 1981, p.272.

[②] Harmelin v.Michigan, 501 U.S.957, 985(1983); Ewing v.California, 538 U.S.11, 31(2003); Ewing v.California, 538 U.S.11(2003).

[③] Harmelin v.Michigan, 501 U.S.957, 999(1991).

[④] Exodus 21:23-25.

[⑤] Waldron J., "Lex Talionis", *Ariz.l.rev*, 2010.

等"或者平等原则。他认为,从规范的角度看,司法机关采用何种刑罚以及何种程度的刑罚,应当根据平等原则进行处理。只有这样才能实现被告人伤害了被害人,就等于被告人伤害了自己的效果。用康德的话就是"你侮辱他人,就等于侮辱自己;抢劫他人,就等于抢劫自己"。① 这样,报复法则准确地表达了比例原则,具体地规定了特定的犯罪所对应的刑罚的质和量。

当然,康德并不是说,被告人抢劫了被害人,应当允许被害人在现实中抢劫被告人,如果是这样的话,这就变成原始的同态复仇了,建立在国家概念基础之上的刑罚就失去了必要性,因为每个犯罪行为都会自动招致相同的报应。康德指出,这种报复法则虽然以被告人的行为为基础,但其却是由法院决定的,而被害人并没有决定权。康德解释说,社会存在着一种绝对的命令,其通常以法律的方式指导人们的行为,即变成具有普适性的法律。行为人违反法律,就是违反这种绝对命令。② 用刑罚处罚这种行为,实际上向社会表明刑罚在本质上也有"普适性"。国家通过向罪犯科处刑罚,向违法人表明,如果每个人都像他那样实施这种行为,将会出现怎样令人难以容忍的结果。

康德认为,根据"以牙还牙、以眼还眼"法则,刑罚必须与犯罪之间,不仅在规模上,而且还在方法上相当,只有这样,才能实现"以纵火对纵火"的社会效果,即犯罪与刑罚应在方法上具有相似性。③ 主要理由是:通过这种方式表明刑罚本身是行为人自己选择的结果,是犯罪人自己行为规则的现实化,这与国家或者他人无关。行为人通过感受刑罚之痛,就会清楚其所选择的行为的生活体验是什么,或者说其就知道了被害人的感受。康德指出,

① Immanuel Kant, "The Metaphysics of Morals", *In Kant Political Writings*, Cambridge University Press, 1991, p.155.

② Immanuel Kant, "Grounding for the Metaphysics of Morals", James W.Ellington trans., *Hackett Publishing*, 1981, p.30; Kant I., "Groundwork for the Metaphysics of Morals", *British Journal for the History of Philosophy*, Vol.21, No.3(2002), pp.616-619.

③ Bentham, *Penal Law*, p.381.

在一定的程度上,犯罪与刑罚之间呈比例关系是一种自身的要求,或者说是刑法的诉求,即比例原则在本质上与刑罚的目的有密切的联系,这与政治无关。然而,康德主张刑罚的内容和方式与犯罪相当,实际上是要求法官或者国家向犯罪人学习,这有点荒唐!① 因此,刑法很难容忍这种绝对的报复法则。

不同于刑法上的比例原则,康德是否在宪法上支持比例原则呢? 固然,他也提出了对刑罚的限制,但是,这并非基于宪法理论,而是建立在广泛的正义原则基础之上的。正是基于这些原则,违法行为人受到的处罚才不能过度,而这些原则与刑罚的目的无关。② 根据这种观点,违反了绝对命令、实施了犯罪的事实,并不会使国家对犯罪人享有无限的权力。康德认为,只有公正的刑罚才会产生正当的痛苦,反映被处罚人的道德可责性。超过了其可责性,则构成了对个人人格的侵犯,即没有按照绝对命令的要求,将其作为目的对待。③

（二）莫里斯的道德可责性说

与康德的看法不同,还有一种报应论认为,刑罚为违法者"罪有应得"的结果。他们强调违法者的责任与刑罚之间相适应,而不是犯罪（行为）与刑罚呈比例关系。④ 这里的责任是指违法行为人的道德可非难性或者可谴责性。由行为人的主观恶性而不是行为自身规定"罪",所以,这种观点对大多数人的道德直觉有严重的依赖,故其充满了浓厚的伦理色彩。于是,根据这种报应论,人们最终关注的是具体违规者的个人品行。这样,如果被告人之所以实施违法行为,是因为被挑逗或者执行公务、源自心理上的疾病,

---

① Immanuel Kant,"Grounding for the Metaphysics of Morals",James W.Ellington trans.,*Hackett Publishing*,1981,p.156.

② Immanuel Kant,"Grounding for the Metaphysics of Morals",James W.Ellington trans.,*Hackett Publishing*,1981,pp.154-155.

③ Scheid D.E.,"Kant's Retributivism",*Ethics*,Vol.93,No.2(1983),pp.262-282.

④ Huigens K.,"Rethinking the penalty phase",*Ariz.St.L.J.*,Vol.32(2002),p.1195.

或者犯罪后其感到非常后悔,则会受到谅解,即使处罚,也比较轻;相反,当被告人故意而为时,则会受到严厉的处罚,即处罚的结果与行为之间没有多大的联系。至于这种比例原则的根据,他们并不认为是出于刑罚论上的原因,而是一些宪法原则的要求。

这种道德可责性理论的根据是宪法上的平等原则。① 其认为,当宪法中的平等原则对犯罪的报应进行限制时,则需要遵守比例原则。② 比如,著名的学者赫伯特·莫里斯(Herbert Morris)认为,违法行为人有免于刑罚处罚的天然权利,但是,其对于其行为造成的社会不良后果,有进行恢复的义务,而这恰恰是给其科处刑罚的根据所在。③ 而科处的刑罚,应当遵守比例原则,这是平等报应论的必然要求:既然刑罚恢复了正当的分配,在范围上,刑罚必须与不公平的负担和违法行为产生的收益相适应。④ 平等报应论既包含刑法上特有的比例原则之规定(是恢复平等任务的一个内在手段),也包含宪法上的广义规定,即作为剥夺,其严厉性不能超过实现恢复平等之目的必要性的程度。⑤

(三)黑格尔的自然正义原则

这种观点以黑格尔为主要代表。他认为,刑罚之所以要遵守比例原则,

---

① Morris N., "Future of Imprisonment", *Bureau of Justice Statistics*, 1974, pp.36-41.

② Dripps D.A., "The Constitutional Status of the Reasonable Doubt Rule", *California Law Review*, Vol.75, No.5(1987), pp.1665-1698; Robert Nozick, Anarchy, *State and Utopia*, ANARCHY, STATE AND UTOPIA, 1999, pp.26-35.

③ Morris H., "Persons and Punishment", *Monist*, Vol. 52, No. 4 (1968), pp. 475 - 501; Also Wojciech Sadurski, *Giving Desert its Due : Social Justice and Legal Theory*, 1985, pp.225-227.

④ Wojciech Sadurski, *Giving Desert its Due : Social Justice and Legal Theory*, 1985, p.221; Also Wojciech Sadurski, *Giving Desert its Due : Social Justice and Legal Theory*, 1985, p.229.(刑法所反映的是一个具有等级性法益:法益越重要,通过犯罪所得的收益越高。如果重罪的处罚不高,则会违反了刑罚的比例性)。

⑤ Muller E.L., "Virtue of Mercy in Criminal Sentencing", *The Seton Hall L.Rev*, 1993, p.288; Muller E.L., "Virtue of Mercy in Criminal Sentencing", *The Seton Hall L.Rev*, 1993, pp.296-297; Muller E.L., "Virtue of Mercy in Criminal Sentencing", *The Seton Hall L.Rev*, 1993, p.340.

与刑罚的目的有关,即为了实现否定之否定的社会效果。黑格尔认为,犯罪或者违法即使在行为人看来已实施完毕,但其实际上仍然处于持续之中。刑罚的目的就是为了否定犯罪,使其恢复到违法之前的社会状态。也就是说,犯罪是对已有社会秩序的否定,而刑罚则是对犯罪行为的否定,社会通过刑罚的否定之否定,才能恢复到犯罪以前的状态。因此,黑格尔支持比例原则,理由并非源自报复,而是基于社会正义,所以,刑罚方法无须与犯罪方法相对应,但是,刑罚的范围必须与被害人损害的范围相一致。之所以将黑格尔的上述主张视为报应论,因为其与其他的报应论者相似,他认为,各种危害之间具有可比较性,而这恰恰构成处罚的基础,即刑罚造成的痛苦与犯罪造成的危害相当,至于如何评估两种损害相当,其并没有提供一个具体的方法。

黑格尔指出,"罪有应得"中的"应得",其实是指根据正义而处罚行为,只有这么做才是正当的。具言之,对行为进行的处罚,只能以犯罪行为的道德可非难性为凭,不能超过之;否则,就失去正当性。之所以超过犯罪行为道德可非难性的处罚是不正当的,理由是其侵犯他人的人格尊严或者个人权利,这与刑罚的目的无关,毕竟行为人不应当为立法者设置的刑罚目的负责,因为犯罪行为的道德可非难性是证明刑罚正当性的唯一根据,而其作用也仅限于此。

然而,根据报应论,道德可非难性只能解释刑罚的下限,而无法解释其上限。对于下限而言,过低的刑罚之所以是不能接受的,原因是其过低的刑罚无法给违法行为人带来与犯罪被害人相似种类和程度的伤害,从而使其无法感受到犯罪之痛;高于刑罚上限的刑罚之所以不能接受,而需要超越刑罚理论本身进行解释,康德认为,这是对人的尊重之需要,或者说,其违反了将人当作目的的观念,而是把其当成了手段。① 这种主张又违反了其原来倡导的报应的理念。报应论显然更强调刑罚适用的平等原则,只是对这种

---

① G.W.F.Hegel, *Elements of the Philosophy of Right*, Allen W.Wood ed.& H.B.Nisbet trans., Cambridge Univ.Press, 1991, p.123.

平等原则的实现方式,内部存在着分歧。康德强调以犯罪行为,莫里斯主张以道德可非难性,黑格尔以危害结果为媒介,实现刑罚适用的平等性。

三、宪制理论

然而,刑罚的存在和适用很明显与现代社会所倡导的"人永远是目的,而不是手段"的信条相悖,这意味着,刑罚与现代社会所倡导的自由理念,存在着固有的冲突,因此,国家对犯罪的刑罚权,不仅需要进行原则性的限制(即立法限制),还要进行具体的限制(即司法限制),而比例原则的限制就是典型的代表。具言之,刑罚权的行使应遵守比例原则,是源自宪法的需要,故其又被称为政治层面上的比例原则。[①] 至于当前宪法为什么要求刑罚权的行使须遵守比例原则,其根据主要有以下三个方面。

(一)有限政府论

这种观点的代表人物是罗伯特·诺奇克。他认为,政府是国家的天然代表,因此,人们在创制国家时,总有一个绕不开的问题,即,是否应当存在权力?[②] 对此问题,社会上一直存在着三种不同的观点:

其一,否定说。这种观点由于对权力持绝对怀疑的态度,于是,公开否定权力的存在价值,而强调个人权利或者自由的意义。在这些人看来,所有的国家都没有正当性,或者说都应当废除,这就是所谓的无政府主义论。

其二,肯定说。与上述看法截然相反,这种观点过分强调权力的社会意义,他们对权力保持绝对的信任,没有任何的怀疑,即确信绝对权力的正当性,由此则会得出专制主义或者威权主义具有正当性的结论。

其三,有条件的肯定说。目前大多数人反对上述两种观点,而是坚持折

---

① Beale S.S., "Still Tough on Crime? Prospects for Restorative Justice in the United States", *SSRN Electronic Journal*, 2003, p.413, 433; Braithwaite J., "Future Where Punishment is Marginalized: Realistic or Utopian", *Ucla Law Review*, university of California Los Angeles. school of Law, Vol.46, No.6(1999), pp.1727–1750.

② Robert Nozick, *Anarchy, State and Utopia*, 1974, p.4.

中的立场。这种观点认为,一方面,公权力具有必要性,是不能否定其价值的;另一方面,任何权力都有被怀疑和限制的特点,即,要不惮以最大的恶意揣测公权力,要以最大的善意去理解公民个体。在这种理念的指导下,权力的享有者要想行使其手中的权力,必须向社会证明其是正当的,否则不得行使,因为个人的自由具有先天的政治正确性。这就是处在无政府主义和专制主义之间的所谓的有限政府论。

事实上,世界各国基本上都采用第三种学说,即有限政府论。在这种政治体制下,调整个人与国家之间关系的宪法,通常需要包含以下的内容:第一,确认个人权利具有先天的不可侵犯性;第二,国家只有在特定的条件下,才有权对个人的自由进行干涉,甚至是剥夺;第三,国家对个人的强制或者权利剥夺,必须受到严格的审查和证明,即须符合事前规定的、正当的条件,绝对的权利永远是不允许存在的;第四,对公民权利的剥夺或者对公民的强制,必须与其所追求的正当的目的成比例,即坚持所谓的比例原则。

因此,根据有限政府论,公权力的存在和行使遵守比例原则是政府获得正当性的前提条件之一,即这种观点认为,比例原则并非源自刑罚论或者预防、打击犯罪的需要,而是源于政治学上的原因,或者说,其是宪制理论的必然结论。

(二)社会价值的多元化理论

与有限政府论不同,哈特认为,比例原则并非源自现代宪法,而是源自自然法上的自然正义权,即人权的理念。他认为,固然比例原则与刑罚的目的有一定的联系,但是,比例原则并不单纯地依赖于刑罚的目的,其是自然正义和平等原则等基本价值的要求。如果仅仅从刑罚论的角度探讨比例原则,则无法反映社会目的的多元性,从而也就很难全面地认识和贯彻比例原则,导致比例原则的适用有可能牺牲或者忽视其他非常重要的价值。[①]

[①] Hart H.M.,"The Aims of the Criminal Law", *Law & Contemporary Problems*, Vol. 23, No. 3 (1958),pp.401-441.

哈特指出,比如自由、效用和人权等价值,与刑罚的目的是没有任何的关系的,但是,这些却构成国家刑罚权的重要限制。具言之,在确认法律所声明保护一般的目的或者价值之后,还要看是否存在着其他的、限制追求这些目的的价值或者原则,如果有的话,应当对其进行规定或者适用。正是因为社会不能追求单一的社会目的,所以,实现某种社会目的的手段总是受到限制,否则有悖于社会的多元化的特点。于是,刑罚的实施具有实现各种不同的原则(或者价值)的功能,或者说,其是他们之间相互妥协的结果。① 因此,作为指导分配刑罚的比例原则,既受制于刑罚的目的,还受制于其他的正当性原则,所以,比例原则是一个独立的问题。②

哈特认为,作为刑罚的目的,通常对社会都是有益的,而作为手段,刑罚又以牺牲人的重要价值为内容,因此,对刑罚目的的追求会受到刑罚分配原则(即刑罚只能基于犯罪而对犯罪人适用)之外的要素的限制,而这种限制,刑罚论却是无法解释的,只能在宪法所倡导的价值上寻找根据。

刑罚并非存在于真空之中,故其不应当无视其他有价值的要素而被理论化、正当化,具言之,刑罚不能仅仅与其目的呈比例关系,而是应当放到更大的政治背景中,考察其适用,因此,单纯的刑罚论是有缺陷的,其无法从根本上解释一些限制国家暴力做法的正当性,比如废除死刑。宪法上的比例原则关注的仅仅是限制刑法的各种诉求及其根据,这不属于刑罚论的范畴,而是一种关于国家权力与个人权利关系的理论。与行政法不同,在刑法领域内,法院通常极为排斥比例原则,或者仅仅把其当作一个口号对待,原因乃在于避免政治风险。总之,作为刑罚主要形式的自由刑和死刑,是国家或政府对特定的违法行为人实施的、直接的人身强制或者剥夺,其正当性,现

---

① H.L. A. Hart, *Punishment and Responsibility*: *Essays in the Philosophy of Law 10*, Clarendon Press, 1968.

② H.L. A. Hart, *Punishment and Responsibility*: *Essays in the Philosophy of Law 10*, Clarendon Press, 1968, pp.4, 8–12.

代社会不再归因于国家在武力上的强大或者掌握着社会的主要暴力手段，而是宣称这是保护法益的需要。

（三）人民主权理论

宪制理论认为，只要一个人的权力来自他人，这种权力就不能是绝对的或者任意的，而是有限制的，权力享有者不能根据自己的感情冲动，随意使用。而现代国家，奉行的是人民主权原则，即国家的权力来自人民，其是人民通过法定的形式授权的结果，因此，国家权力的存在以及使用，应当服务于人民、受制于人民。

刑罚权是国家权力的一种，其之存在以及使用尽管是出于保护法益的需要，但是也总意味着对人民权利的剥夺，所以，法官应当基于正当的理由（法律规定的条件）和自己的良心，行使这种权力，即有比例地处理违法行为，修复被违法行为破坏了的社会关系和观念。[1]

总之，宪法在强调对公民基本权利的保护之外，还有很多的价值诉求，比如追求效用最大化原则、人权保护原则以及平等原则等。尽管这些原则之间有时会发生冲突，但它们有一点是相同的，即都构成对国家刑罚权的限制，而这种限制包括两个方面：人权保护原则（或者人道主义）对比例原则的限制和平等原则对比例原则的限制。

四、最后手段原则的选择

其实，对于最后手段原则，情况并不像学者想象的那样糟糕。如后所述，最后手段原则实际上在现实司法实践中发挥着非常重要的作用，它只是不以自己的名义，而是以法律冲突选择规范或者狭义的比例原则的方式，积极地参与法秩序的建设。

---

[1] Locke J., "Second treatise on government", *Tredition Classics*, Vol. 2, No. 2 (2007), pp. 361 - 363; Locke, *Two Treatises of Government*, Peter Laslett ed. & Cambridge Univ. Press, 1990, p. 272.

首先，在立法阶段，尽管立法是民主的结果，但法律草案却是由专家撰写的，而撰写法律草案的学者会向社会解释其为什么这样立法，而不那样立法，由此证明自己编撰的法律条文的正当性和合理性。学界的观点就会以这样的方式，融入到刑法禁止规范之中。事实上，各国刑事立法大同小异，也足以反映这一点。不可否认，法律条文的确有不遵守该原则的现象，但是，相对而言，这种情况极为罕见。

其次，对于犯罪该当性的判断而言，由于其坚持罪刑法定原则，当然应当强调形式理性，即行为无价值论，也就是说，行为只要符合刑法的禁止，即应当作出符合犯罪该当性的判断，对其是不能强调"司法的积极能动性"或者"司法的冒进性"的，或者说，不能借助成本与收益分析的方法，解析符合犯罪该当性的行为。如后所述，对于诈骗罪而言，其之认定甚至完全依赖于实质判断，或者说，离开了实质判断，这种刑法禁止实际上是无法适用的，原因是该刑法禁止本身存在着很多的问题，即其表述方式极为不成熟。

最后，需要指出的是，对于正当化事由而言，其几乎离不开实质分析。比如，正当防卫制度是由上百条规则构成的，因此，立法者实际上通过该条文只是告诉了人们一些精神，并没有对其进行详细规定，也就是说，刑法条文并没有记述这种行为，故对于特定的行为是否成立正当防卫，需要进行实质的分析，而不是单纯地从其所谓的构成要件进行判断。当然，这里需要指出的是，与紧急避险相似，正当防卫其实也区分为阻却违法的正当防卫和阻却责任的正当防卫，比如，德国刑法典第32条规定的就是阻却违法的正当防卫，而第33条规定的则是阻却责任的正当防卫，即防卫人出于慌乱、恐惧、惊吓实施的过当防卫，不承担刑事责任。这一条的规定，相当于英美普通法系的"自惹的风险"。当然，紧急避险制度更需要进行实质判断。然而，需要指出的是，这种制度存在的价值在于授权，而不是禁止，其与民法上的权利规范完全相同，因此，其之适用采用自由主义法学，是没有任何问题的。

基于以上考虑,我们认为,最后手段原则的哲学根据既有行为无价值论,也有结果无价值论。不过,需要指出的是:最后手段原则的哲学根据既坚持行为无价值论,也坚持结果无价值论,这并不等同于折中主义或者所谓的门槛理论,门槛之下适用行为无价值论,门槛之上适用结果无价值论;而是说,对于一般的刑法禁止适用行为无价值论,而仅对特殊的犯罪,才适用结果无价值论。

第三节　最后手段原则的规范根据

一、宪法根据

一般认为,最后手段原则是比例原则应用于刑法的必然结论。然而,在刑法的范畴内,不同于普通法系的学者,在德国,很多人认为最后手段原则是法律原则,其始作俑者是卡尔·宾丁。宾丁在论证刑法的碎片性特征时指出,刑法在保护法益的过程中,要始终坚持不得已性。刑法正是受到了最后手段原则的限制,才具有碎片性的特征。① 但是,对于最后手段原则的规范根据,宾丁当时并没有提及,或者,其当时根本寻找不到这种根据。

一般认为,刑法是最后的手段的思想被法律所接受,与迈耶有密切的关系。奥托·迈耶指出,国家与普通公民之间是一种"公权力"关系,国家与犯人或者被拘留的人之间,也是一种"公权力"关系,这明显不同于康德的默示契约理论。迈耶认为,国家与囚犯或者被拘留之人的关系,不同于国家与普通公民之间的关系,因为对前者而言,国家会委托行政机关对他们的行为进行严格的监管和限制,故是一种"特殊的公权力关系"。在这种关系

① Binding K., Lehrbuch des Gemeinen Deutschen Strafrechts. Besonderer Teil. Erster Band. 2. Aufl. Leipzig: Verlag von Wilhelm Engelmann, 1902:20.

中,犯人或者被拘留的人的权利极易受到侵犯。为了保护犯人或者被拘留人的权利,同时也是为了限制行政机关及其工作人员行为的恣意性,需要设置专门的法律规范。① 这种观点后来得到了德国联邦宪法法院的认可。该法院在 1972 年的一个判决中指出,为了确保基本法正常目的的实现,必须制定相应的法律,以保护所有受限制的人员的基本权利。② 一年后,在著名的"莱巴赫"案中,法院通过判决指出,根据宪法,监禁的目的只能是改造犯人,不能是惩罚他们,所以,必须维护犯人的人格尊严和宪法权利不受侵犯。③ 为了最大限度地保护犯人的人格尊严和宪法权利,刑罚只能是立法者的最后手段。④ 这是德国第一次在规范文件中,提及最后手段原则。德国联邦宪法法院的这种立场,促使德国通过了 1976 年的联邦监狱法。该法明确规定,刑罚是"最后的手段"。从此之后,最后手段原则就成了刑事处罚适用的限制。比如,德国法院在一个青少年犯罪的案件中明确指出,刑法只能作为最后手段来适用。⑤ 由于该判决援引了印度大麻案的判决,这意味着"最后手段原则"不仅适用于青少年犯罪,而且,还具有一般的刑法意义。该法院解释说,之所以如此,是因为监禁刑的消极后果太大,其应当被认为是一种"恶"。为了把这种"恶"降到最小,应将刑罚作为最后的手段看待。⑥

其实,很多德国宪法学者指出,最后手段原则本身就是宪法原则,根据就是宪法和公约中有关基本权利的规定,理由是,刑法的适用通常会造成被

① Mayer O., Deutsches Verwaltungsrecht. Band 1, 3rd ed. München & Leipzig: Duncker & Humblot,1924:101.
② BVerfGE 33,1(1972).
③ BVerfGE 35,202(1973).
④ BVerfGE 39, 1(1975); BVerfGE 88, p.203(1993).详细的论证参见 Young-Cheol Yoon, Strafrecht als"ultima ratio" und Bestrafung von Unternehmen,Frankfurt am Main:Peter Lang, 2001:44-58。
⑤ BVerfGE 116,69(2006).
⑥ BVerfGE 90,145(1994).

告人自由权的丧失,进而也就变相地剥夺了其人格尊严,这很明显地违反了德国基本法第 2 条规定的个人自由和第 1 条规定的人格尊严,《欧盟基本权利宪章》第 1 条规定的人格尊严,第 4 条规定的禁止酷刑、有辱人格的待遇或者惩罚,第 6 条规定的自由权。所以,刑法只能作为最后的手段来适用。违反该原则,使用监禁刑处罚加害行为,应被评价为侵犯人权的行为。这样,在德国,最后手段原则既是刑罚论的内容,也是宪法的要求,或者说是宪法原则。①

德国的这种思想,很快得到了欧盟的认可。比如,欧洲部长理事会 R(99)22 建议书的第一段中就公开指出,剥夺自由应当作为最后手段来使用,即,只有其他侵犯性较小的措施"很明显不充分"时,适用刑罚才有正当性。有关欧洲监狱规则实施的 Rec(2006)2 建议书(序言)也规定,对自由的剥夺,除非作为最后的手段,是不得适用的。这两个法律文件的存在,实质上将最后手段原则上升到国际法的层面,成为欧盟成员国的国家义务之一。②

我国宪法、刑法或者其他法律,均未对最后手段原则作出明确规定,恰恰相反,如果根据我国刑法第 3 条第一句话,我国刑法好像对最后手段原则持否定的态度。事实上并非如此,至少在 2004 年"人权"入宪之后,刑法是最后的手段就已成了宪法原则,主要理由有:

刑法是最后的手段是宪法的诉求。我国宪法第 33 条第 3 款规定,国家有尊重人权和保护人权的义务。"人权"的入宪,意味着即使是罪犯,也有"人权",即除了被依法剥夺的权利或者自由外,罪犯将与其他人一样,也应当依法享有各种权利与自由。根据我国刑法,刑事违法的主要后果为自由

---

① Baumann,J. Strafrecht Allgemeiner Teil. Lehrbuch. 10. neubearbeitete Auflage (Fortgeführt von Ulrich Weber-Wolfgang Mitsch). Bielefeld: Verlag Ernst und Werner Gieseking, 1995:14.

② Minkkinen P., "The 'Last Resort': A Moral and/or Legal Principle?", *Oñati Socio-legal Series*, 2013,3(1):21-30.

刑和死刑。对于死刑而言,由于"错案难纠"等问题无法解决,因此,其对最后手段原则的支撑最为明显。近几年来,我国在立法和司法两个方面都极力地减少和控制死刑的存在和适用,可以预见到不远的将来,我国也会像大多数国家那样废除死刑,这样,依靠死刑制度支撑最后手段原则的做法,则会受到挑战。然而,如后所述,根据我国现行的刑法,即使对被告人判处自由刑,其之适用,也有悖于"人权保护"原则,即最后手段原则是宪法的诉求。

二、刑法根据

死刑的适用,一直有坚持最后手段原则的传统。然而,近几年来,死刑废除论甚嚣尘上,甚至变成了很多国家的法律现实。我国即便未废除死刑,保留死刑的条文也非常少,故对于这些条文而言,刑法是最后的手段的提法,是没有任何问题的。但是,还有绝大多数刑法禁止条文都是没有死刑的,对于这些条文,是否有必要坚持最后手段原则? 如果是必要的,则必须有其独特的理由。一般认为,刑法的以下特征,可以证明最后手段原则适用于这些刑法禁止的正当性:

第一,就目前的刑法禁止而言,主要的刑罚形式是自由刑,更具体地说是监禁刑,也就是说,违反这些刑法禁止,通常会剥夺行为人的自由。然而,这种刑罚措施很容易甚至必然会出现剥夺过剩的问题。[1] 因为不管是有期徒刑,还是无期徒刑,其剥夺的仅仅是犯罪人一定期限的自由,被告人其他的权利仍然存在着。但是,其他的权利,比如婚姻权、生育权、抚养未成年子女的权利或者义务、赡养父母的权利或者义务甚至是财产权,都与个人自由存在着密切的联系。一旦自由被剥夺,其他的权利要么也随之被剥夺,要么

---

[1]　Minkkinen P., "The 'Last Resort': A Moral and/or Legal Principle?", *Oñati Socio-legal Series*, 2013, 3(1):21–30.

会受到极大的限制。这就是说,自由刑也存在着剥夺过剩的问题。具言之,当剥夺了行为人的自由后,行为人其他的权利虽然未被剥夺,但实际上处于虚置的状态,很难变成现实的利益。比如,行为人被剥夺自由后,其生育权就无法确保实现。

第二,刑罚的实施总会伴随着"铁窗生涯"的艰辛、无法回避的恶劣环境、几乎与体罚等同的同监室成员的暴力伤害或者风险,以及无法消除的社会歧视等弊端,这些都有悖于人权保护原则。

第三,目前给犯罪人科处刑罚并适用刑罚的目的,乃在于实现特殊预防和一般预防,因此,这实际上是将犯罪人视为一种手段。① 这样,犯罪人的生活处于"从属的地位",完全听从于法院的决定,满足于报应、预防或者安全的需要,彻底沦为在司法上证明国家使用暴力具有正当性的工具,因此,刑罚与人权理念存在着冲突。

第四,刑事司法制度的运转并不总是正确的,即使提高案件的证明标准,也无法避免错案。一旦出现错案,主要是无罪的人受到了刑罚处罚,这是最严重的侵犯人权的现象,或者说这是公权力在犯罪。尽管出于必要性的考虑,社会不得不容忍一定比例的错案存在,但是,当其具体到某一案件时,这是绝对不能容忍的,即公民自身绝没有给社会的局限性埋单的义务。所以,最后手段原则具有保护处于被动地位的囚犯的基本权利的功能,故其是宪法中的"人权"条款的必然要求。

第五,最后手段原则是罪刑法定原则的要求。我国刑法已经明确承认了罪刑法定原则,而罪刑法定原则本身就有罪刑均衡方面的诉求。② 对犯罪分子所判处的刑罚,应当与其罪行呈比例关系,不得违反"罪有应得"的

---

① Michel Foucault, "Society Must Be Defended: Lectures at the Collège de France 1975-1976", trans. David Macey. Penguin, 2003, pp.239-241.

② 我国对罪刑法定原则与罪刑相适应原则是分别规定的,但学界一般认为,前者为一般性原则,后者是前者的派生原则。参见张明楷:《刑法学》,法律出版社 2011 年版,第 61 页。

理念,即所判处的刑罚应当反映犯罪行为的危害程度和可责性程度。当这种逻辑延伸到立法领域内,则要求被入罪的行为与所应受刑罚处罚的程度,存在着比例关系,由此必然得出刑罚是最后手段的结论。①

三、行政法根据

如前所述,从历史渊源上看,最后手段原则来自行政法上的比例原则,或者说其是比例原则应用于刑事处罚的必然结论。

《中华人民共和国行政强制法》第 5 条规定:"行政强制的设定和实施,应当适当。采用非强制手段可以达到行政管理目的的,不得设定和实施行政强制。"显然,其已明确承认了比例原则的存在。根据该原则,很容易得出以下结论:

其一,对于特定立法目的的实现,存在着强制性措施和非强制性措施,行政机关应当选择后者,而不是前者。

其二,如果对目的的实现,存在着两个程度不同的强制性措施,行政机关应当选择强制性较低的措施。

其三,对于特定的法益,如果行政处罚措施和刑罚都能提供充分的保护,就应当选择前者,而不是后者,因为后者的强制性远远大于前者。因此,刑法是最后的手段,是行政法的必然结论。

特别是,我国签署(尚未批准)了《公民权利与政治权利国际公约》,该公约第 9 条规定了人人享有自由和安全;公约第 10 条规定被剥夺自由的人,有权获得人道的、有人格尊严的待遇;公约第 7 条禁止对人施以不人道或者侮辱性的刑罚。联合国人权理事会曾解释说,对囚犯实施监禁,是在一段时间内对其持续进行惩罚,由此必然会给囚犯的身体和心理带来消极影

---

① Ashworth A., von Hirsch, A., *Proportionate Sentencing: Exploring the Principles*, Oxford Univ. Press, 2005, p.4.

响,进而危及其健康状况;监禁刑绝不仅单纯地剥夺一个人的自由,其自身蕴含的惩罚和侮辱,必然会侵犯囚犯的人格尊严,而且,还超过必要的程度。① 即监禁刑本身就突破了公约的上限,给囚犯造成了不人道或者侮辱性的惩罚。因此,该公约上述规定也构成最后手段原则的最基本的规范根据。

本书认为,最后手段原则的规范根据,应当选择宪法根据说,即宪法原则说,理由有:

其一,既然能从宪法条文和国际公约中推导出最后手段原则的存在,而且,作为其下位法的刑法与行政法也都以不同的方式,承认其正当性,这足以说明其应当为宪法原则。

其二,从形式上看,折中说(其认为最后手段原则既是宪法原则,也是刑法原则,更是道德原则)似乎最能强调最后手段原则的重要性,宪法原则说次之,道德说再次之,但从社会效果的角度看,宪法原则说最具有规范价值,其能具体表明立法者或者司法人员有遵守该规则的义务,这对目前的过度犯罪化现象的控制,具有非常重要的意义。

其三,当前,很多法律原则都来自道德,比如,民法中的诚信原则原本就是道德原则,民法通过条文的方式,承认其基本原则的地位后,诚信原则既是法律原则,也是道德原则,即道德原则与法律原则并不冲突,关键要看该原则是否被法律所直接或者间接接受。一旦被法律接受,再谈其道德性,至少在规范的层面上,失去了必要性。比如,"诚信原则"被法律承认后,再谈论该原则的道德性,意义就不大了,因为其已经变成了法律的诉求。

其四,从内容上看,最后手段原则既适用于立法,也适用于司法,或者说,其既约束立法者,也约束司法者,因此,从法律位阶的角度看,其应属于

---

① Vuolanne v. Finland, HRC, No. 265/1987. United Nations, Human Rights Council 1989, Paragraph 9. 2.

宪法原则。

比例原则事实上已经得到宪法学界普遍的承认，其不仅构成限制政府权力的一个工具，防止公权力侵犯个人的法益，而且，其还构成限制议会立法权的手段，避免不协调的法律出现。不过，就刑罚而言，比例原则的作用还不是很明显，究其本质，乃在于在民法法系的国家，法院一般不愿意以此为由而否定立法权或者行政权，避免自己的判决产生不必要的政治风险。普通法国家却不同，比如在美国，法院通常以美国宪法第八修正案有关禁止"残虐和不正常的刑罚"的规定，否定不符合比例原则的判决，尽管这通常并非是以比例原则的名义进行的。不过，这种做法却存在着两个问题很难解决：

其一，在刑法的范畴内，比例原则的分析通常会不可避免地产生争议，即法律的表述"残虐和不正常的刑罚"的含义是什么，其在何种程度上构成过度的刑罚，缺乏一个客观的标准。①

其二，有的学者从刑罚目的论出发，或者赋予"残虐和不正常的刑罚"条款以新的含义，但是，如后所述，刑罚的目的本身就争讼不断，如果以刑罚目的作为该条的内容，则很难达成共识。正是出于这样的原因，大多数法院在现实中往往会忽视比例原则对宪法所推崇的自由和生命等基本权利的保护价值。

① Solem v.Helm,463 U.S.277,312(1983).

第二章　内部构成篇

第一节　最后手段原则的规范构成：
三原则抑或四原则

德国公法通常借助比例原则（而不是最后手段原则）检讨立法权的行使。在表面上，最后手段原则与比例原则是不同的。前者关注的是，是否应当用刑法控制加害行为；后者关注的是，一旦认为需要诉诸刑法控制加害行为，应适用何种及多重的刑罚。但是，对于犯罪化问题，比例原则和最后手段原则其实是一回事，它们都要求"国家合理应对"，追求的都是目的与手段的合比例性。①

德国联邦宪法法院曾解释说，包括宪法在内的所有公法，都应当遵守比例原则。当比例原则适用于刑法时，则变成了最后手段原则，或者说最后手段原则是比例原则适用于刑法时的一种结论。② 这就是德国联邦宪法法院在推理时，通常将这两个原则合并在一起适用的原因，主要理由是，从理论的角度看，两个原则存在的目的不仅完全相同，都是防止国家对公民滥用公权力，而且，更重要的是，两者实现该目的的诉求也完全相同。③

---

① Bengoetxea, "Ultima Ratio and the Judicial Application of Law", *Oñati Socio-legal Series*, Vol. 3, No.1(2013), pp.107–124.

② BVerfGE 39,1(47).

③ Lagodny, O., Strafrecht vor den Schranken der Grundrechte.Tübingen：Mohr.1996：72.

德国联邦宪法法院解释说,当比例原则适用于刑法时,由于刑罚的侵犯性太大,故刑法不能是保护法益的主要手段,比例原则要求其最后适用。[①]只有当行为对社会危害特别大,法秩序无法容忍其存在,而别的措施又无法控制这种加害行为时,才需要不惜代价地进行预防,于是,刑法就成了保护法益的最后的手段,因为刑法拥有的处罚措施过于严厉,会危及德国基本法第 1 条规定的人格尊严。[②]

罗克辛解释说,比例原则包含两个方面,即事前的比例原则和事后的比例原则。前者重视行为的可责性,即刑事处罚与行为的刑法价值(即可责性)之间的联系;后者强调手段(刑罚)与目的(法益保护)之间的关系,即,相对于所要实现的目的的重要性而言,作为手段的刑罚,由于其成本最高或者干涉性最大,有可能违反事前的比例原则,所以应谨慎适用,而最后手段原则恰恰表达了这种态度。[③] 总之,比例原则包含着最后手段原则,且两者的含义基本上相同,所以,比例原则的法律规定实际上就是最后手段原则的规范根据。[④]

欧洲法院也曾解释说,当存在着很多的措施都能实现特定目的时,比例原则要求立者采用干涉性最轻的那一个,不同于其他的部门法,由于刑法非常独特,其拥有干涉性最大的强制措施,所以,应当最后使用。[⑤] 既然比例原则与最后手段原则基本上是相同的,由于欧洲法已经规定了比例原则,

---

① BVerfGE 88,203(258);6,389(433);39,1(47).

② BVerfGE 90,145(172);BVerfGE 25,269(286).

③ Claus Roxin, Strafrecht: Allgemeiner Teil i: Grundlagen. Der Aufbau Der Verbrechenslehre, 1997:25-26; Günther Jakobs, Strafrecht: Allgemeiner Teil: Die Grundlagen Und Die Zurechnungslehre,1990:48-49. 雅克布斯虽然没有直接论证"最后手段原则",但是,在该书第 142—144 页的表述中,很明显,其与罗克辛的看法相似,即最后手段原则等同于事前的比例原则。

④ 其是联邦宪法法院经常适用的一个概念,e.g.BVerfGE 30,292(316);27,211(219)。

⑤ Case C-331/88(1990,para 13),Cases C-296/93 and C-307/93(1996,para 30),Cases C-254/94,C-255/94 and C-269/94(1996,para 40)。

所以,法律就没有必要再提最后手段原则了,因为最后手段原则是比例原则在刑法领域内的另外一种表述。①

需要注意的是,从规范的角度看,比例原则本身的含义原指下位法突破上位法的条件。比如,在博斯曼案的判决中,欧洲法院指出,体育组织制定的规章制度应当遵守欧洲法的规定,但在判决时,法院并没有简单地适用"上位法优先于下位法"的原则,而是从欧足联限制球员转会规则的正当性入手,对发生冲突的两个法律进行价值上的评估,然后做出选择。这意味着,如果限制球员转会的规则有足够的正当性,那么,其可以突破欧洲法的限制而独立存在。尽管在该案中,这种假设并不成立,但在现实中却不乏这样的判例,比如,怀特菲尔德诉医学总会案。② 在该案中,原告是个医生,由于患有严重的抑郁症,经常酗酒,但当地医学总会规定,注册的医生不得饮酒或者吸毒。原告对该规定提出质疑,认为医学总会为了实施该规定,对医生进行随机的血检和尿检,违反了《欧洲人权公约》第8条规定的私生活和家庭生活应当受到尊重的权利,因此,应当给予这种规定一定的限制,即其只适用于工作期间;否则,则剥夺了医生在家庭聚会时饮酒的权利,构成对私生活的侵犯。法院在审判时,援引了欧洲人权法院对布鲁格曼和尹腾诉德国案的判决。欧洲人权法院认为,私生活的被尊重权既受制于私生活与公共生活的联系程度,也受制于他人受保护的利益。③ 基于此,该法院认为,对饮酒的绝对禁止源自对病人健康的考虑,故这种禁止是有必要的。换言之,在该案中,"下位法"基于其正当性,突破了"上位法"的约束。

那么,下位法突破上位法(即欧洲法)的具体条件是什么呢? 或者必要性原则的应当包含着哪些诉求呢? 一般认为,德福雷塔案的判决提供了具

① Melander,S.,"Ultima Ratio in European Criminal Law".*Oñati Socio-legal Series*,2013,3(1),42-61;BVerfGE 80,137(153);55,159(165);75,108(154).

② Whitefield v.General Medical Council IRLR 39 Privy Council [2003].

③ Bruggemann And Scheuten V.Federal Republic Of Germany (Application No 6959/75) European Commission Of Human Rights(1981)3,Ehrr 244 12 July(1977).

体标准。① 在该案中,原告人是农业部的公务员,其公开张贴传单并参加游行示威活动,指责该部的部长反贪不力。农业部根据当地公务员条例第10条的规定(即,公务员应当保持中立,不得对国内外有争议的政治事件,发表自己的观点),给予其处罚。但是,原告认为该规定违反了当地宪法第12条(公民有言论自由)。面对这种冲突,一审法院判决认为农业部的处罚有效,因为这是公务员履行职责的需要。原告不服,提起上诉。上诉法院认为,对于冲突的法律,不能单纯地适用"上位法优于下位法原则",而是应当结合案件的具体情况,考察哪个法律条文体现的权利(力)更有必要。具言之,面对冲突的法律,在选择时应当考虑如下三个方面的因素:其一,下位法立法目的的重要性,是否能证明其对基本权利(上位法的规定)的限制可能是正当的;其二,下位法为达到该目的而规定的措施,是否与该目的的实现存在着切实的联系;其三,基本权利或者自由(即限制上位法的适用)的削弱,是否与下位法的目的实现价值相当,这就是所谓的比例原则。法院通过考察这三个因素,认为对原告的言论自由进行限制符合前两个标准,但不符合第三个标准。理由是,该地的公务员法第10条采用概括的方式限制公务员的言论自由,这也就意味着,很多级别不同的公务员实际上接受相同的限制。既然公务员分成很多的级别,对他们言论表达自由的限制也应当有所区别。如果不对此进行细化,这种条款的效力是很难被认定的。法院结合本案的具体情况,认为对上诉人的言论自由进行限制,是没有必要性的,或者限制上诉人的言论自由,对于上诉人职务的履行没有多大价值,所以,上诉人请求应当得到法院的支持。刑法通过剥夺行为人重大法益的方式禁止其实施特定的行为,本身就属于下位法(刑法禁止)突破上位法(宪法有关公民权利的规定)的范畴。

这样,比例原则项下的三个子原则,也就成了最后手段原则的内容,立

---

① Elloy de Freitas Appellant v. The Permanent Secretary of Ministry of Agriculture, Fisheries, Lands and Housing(2) The Public Service Commission and etc. Privy Council Appeal No. 42 (1997).

法者和法院都有遵守的义务。① 在我国学界,有学者提出了四原则说,即在适当性原则、必要性原则和狭义的比例原则之前,又增设了"法益保护原则"。其实,这是没有必要的,因为适当性原则包含着法益保护原则的全部诉求,再增加法益保护原则,就没有必要了;否则,会架空适当性原则。接下来的问题是,在刑法领域内,作为比例原则或者最后手段原则项下的三原则,其内容和适用力又是如何呢?

第二节 适当性原则

一般认为,比例原则由三个子原则构成,即适当性原则、必要性原则和狭义的比例原则(或者称为"均衡性原则")。既然最后手段原则是比例原则适用的结果,因此,最后手段原则也包含着以上三个子原则。

一、适当性原则的含义

德国联邦宪法法院指出,限制公民的基本权利,只有在追求正当目的的情况下,才具有适当性,因为比例原则或者最后手段原则要求,对公民基本权利的限制或者剥夺,应与所追求的目的(即对特定法益的保护)之间有一定的联系;否则,即使是追求正当的目的,也缺乏适当性。② 也就是说,刑法禁止与法益保护之间的联系,所表达的就是适当性原则。③

在德国,适当性原则主要包括三层含义。

---

① Schneider,H., Zur Verhältnismässigkeitskontrolle insbesondere bei Gesetzen. In: C. Starck, ed. Bundesverfassungsgericht und Grundgesetz:Festgabe aus Anlass d.25jähr.Bestehens d.Bundes-verfassungsgerichts.Tübingen:Mohr, 1976, 2:393; Bengoetxea, "Ultima Ratio and the Judicial Application of Law", *Oñati Socio-legal Series*, Vol.3, No.1(2013), pp.107–124.

② BVerfGE 88,203(258);96,10(25).

③ Stuckenberg,C.F., "The Constitutional Deficiencies of the German Rechtsgutslehre", *Oñati Socio-legal Series*, Vol.3, No.1(2013), pp.31–41.

其一,所追求的目的具有正当性,即旨在保护法益。非出于保护法益之目的的刑法禁止,则违反适当性原则,这方面最典型的例证是德国学界对乱伦罪的质疑。20世纪中后期,德国已经废除了刑法中大量的违反法益保护原则的刑法禁止条文,比如,鸡奸罪、兽奸罪等。然而,其仍然保留一些德国传统公认的、并非在保护法益的犯罪,其中德国刑法典第173条规定的乱伦罪,就是适例。该条规定,具有血缘关系的兄妹之间发生性行为的,最高科处2年的监禁。

对于乱伦罪所保护的法益是什么? 学界有不同的看法,主流的观点认为,这是为了保护家庭伦理,即道德;也有人认为,这是为了保护未来子女的利益,理由是近亲结婚,不利于优生,即未来的孩子为畸形儿的概率太高。后面这种观点受到的质疑有:第一,如果这种观点成立,那么,近亲结婚者只要不生育,则刑法不予禁止,即刑法仅仅禁止近亲结婚且生育子女的人。如果这种观点成立的话,那么,国家禁止的对象就成了生育的问题,而不是结婚的问题了,显然与该条文的字面意义不符。第二,近亲结婚时,孩子并不存在,刑法保护的仅仅是未来所假设的子女的法益,也就是说,这实际上是抽象的法益,为了这种抽象的、假设的法益,剥夺行为人的自由,很明显有悖于比例原则。第三,当前的科学证明,年满40周岁的女性生育婴儿,畸形儿的概率远远大于近亲结婚。如果为了保护未来孩子的利益而禁止近亲结婚,那么,年满40周岁的妇女生育婴儿的行为,也应当受到刑法的禁止,这显然是荒唐的!

德国学界普遍认为这是保护道德,并非在保护法益,所以,其违反适当性原则。而德国联邦宪法法院的解释是,乱伦禁止的设立,不仅可以保护家庭秩序,使家庭免受乱伦的损害,而且这还有利于保护乱伦关系中弱者一方的权利,尤其是在避免未来的孩子存在严重的基因疾病方面,有重大的价值,即其符合适当性原则。① 德国联邦宪法法院的上述解释,遭到学界广泛

---

① 　BVerfGE 120,224(258).

的批评。这种批评主要表现在以下几个方面:第一,家庭秩序并不是一种法益;第二,如果说乱伦禁止是保护处于乱伦关系中的弱者一方的权利,那么,这就意味着,当这种乱伦关系完全出于双方平等自愿时,这种性行为则不应入罪,而事实上却不是如此;第三,至于说乱伦罪是为了保护未来孩子的权益,也是有问题的,因为乱伦所可能生出的孩子,在行为人触犯该条文时根本不存在,既然不存在,当然也不存在侵犯法益的问题了。①

面对这些批评,德国联邦宪法法院一开始将乱伦禁止的根据建立在比较法上,即其指出,经过比较法研究,大多数国家的刑法中都有乱伦禁止。这种回答显然回避乱伦禁止与适当性原则的冲突,另外,他国设置乱伦禁止并不能成为"证成"德国乱伦禁止的根据。为此,该法院不得不将禁止乱伦行为的根据,追溯到普鲁士的习惯法上,试图使德国刑法典第 173 条第 2 段第 2 句话的规定,逃避比例原则的审查。② 然而,借助习惯回避适当性原则对这种禁止的限制,或者说用对基本权利干涉性最大的刑罚,保护这种说不清的法益,很难获得人们的认可,所以,德国道德委员会在 2014 年就提出了议案,要求废除刑法中的乱伦罪,理由就是其违反了比例原则或者说最后手段原则。③

其二,并不是所有的法益都值得刑法保护,只有侵犯公民安宁权或者基本生存条件的行为,刑法才给予禁止。比如,违约行为所造成的经济损失,

---

① Bottke,W.,Roma locuta causa finita? Abschied vom Gebot des Rechtsgüter-schutzes. In: W. Hassemer,E. Kempf and S.Moccia,eds.In dubio pro libertate: Festschrift für Klaus Volk zum 65. Geburtstag.München: C. H. Beck, 2009: 932; Cornils, M., 2009. Sexuelle Selbstbestimmung und ihre Grenzen(BVerfG,Beschl.v.27. 5. 2008-1 BvL 10/05;BVerfG,Beschl.v.26. 2. 2008-2 BvR 392/07). Hörnle, T., Das Verbot des Geschwisterinzests——Verfassungsgerichtliche Bestätigung und verfassungsrechtliche Kritik. Neue juristische Wochenschrift, 2008, 61: 2085-2088.

② Rudolf Wendt,"Principle of'Ultima Ratio' And/Or the Principle of Proportionality",Oñati Socio-Legal Series,Vol.3,No.1(2013),pp.81-94.

③ "German Ethics Council:Incest Is a Right",The Daily Beast,2014-09-24.

就不应受到刑法保护,主要理由是,刑罚是国家最严厉的处罚,以剥夺被告人自由的方式保护这种法益,手段与目的之间不相当。而且,对这种行为,也不宜适用罚金刑。尽管罚金的数额有时低于行政罚款,但是,由于监禁刑仍然是不交付罚金的支撑(易科制度),再加上审前拘押和其他安全措施的实施,这使得罚金刑很难摆脱监禁刑的影子。① 所以,用刑法保护债权,有悖于适当性原则。

其三,要求法律禁止必须适宜于保护特定的法益,即刑罚和所追求的目的之间,至少有一定程度的关联性,或者说,手段与目的之间有一定的因果关系。比如,德国药品管理法规定,药品的(有效期)到期日只能在每年的6月30日和12月31日中选择一个,违反者构成犯罪,会受到刑罚处罚。欧洲理事会将其起诉到欧洲法院,认为这种规定违反适当性原则。德国解释说,这种规定的目的旨在于防止过期药品出现在市场上,因此,该规定有助于保护公共健康。但是,欧洲法院对此持否定的立场,理由是,这种制度势必会造成制药公司只得将产品的到期日提前,这不仅是一种浪费,而且,还不利于保护公共健康,即所采取的措施与其目的之间缺乏因果关系,所以,这种立法缺乏正当性。② 欧洲法院支持了原告的请求,否定了德国这项立法的对外效力。③

二、法益的概念

当比例原则应用于刑法而成为最后手段原则时,这里的刑法的目的,就变成了法益。法益的概念产生于德国,他们认为刑法的目的是为了保护法益,舍此,不管行为造成什么危害,行为均不能被犯罪化,即刑事立法只要不

---

① Jareborg N., *Criminalization as Last Resort(Ultima Ratio)* ,2005,pp.521-534.

② Case C-317/92 Commission v.Germany [1994] ECR I-2039.

③ Jans J. H., " Proportionality Revisited", *Social Science Electronic Publishing*, Vol. 27, No. 1 (2000) ,pp.239-266.

是出于保护法益,无须证明,即可推定其具有非法性(违反宪法)。① 这个学说曾被德国用来将各种道德犯(如同性恋罪、传播淫秽物品罪)去罪化的根据。②

法益概念的最早提出者是伯恩鲍姆(Johann Michael Franz Birnbaum),目的在于质疑费尔巴哈将犯罪视为侵犯"主观权利"的观点。③ 费尔巴哈认为,实施犯罪时,犯罪人并不只是违反了"法律",而是侵犯了具体被害人的权利。④ 或者说,当前的法律具有正当性,并非是源自创制法律过程的正当性(程序正当),而其本身就具有正当性(实体正当)。比如,盗窃罪就是为了保护人们的财产所有权,杀人罪就是为了保护人们的生命权。针对这种解释,当时的学者伯恩鲍姆对其提出了批评。

首先,盗窃罪并没有侵犯被害人的所有权,即被害人的财物被盗后,其会变成追及权,即被害人对被告人享有请求权,即被害人对其财产所享有的法律地位并没有因为盗窃而改变,或者说,盗窃行为并不会使被害人失去对所盗财物的所有权,不过,这时的所有权并不以典型的占有、使用、收益或者处分的方式而存在,而是以追及权或者物权请求权的方式而存在,即所有权本身并没有受到损害。

其次,即使这种观点可以解释诸如杀人、盗窃等传统的犯罪,但是,大量的刑事立法却不能从权利的角度获得解释,比如"反伦理和反宗教"罪,这些行为没有侵犯任何人的权利,而费尔巴哈事实上从未否定过这些犯罪的正当性。于是,伯恩鲍姆提出了"法益"(rechtguts)这个概念,取代费尔巴哈

---

① [日]山口厚:《刑法总论》(第2版),付立庆译,中国人民大学出版社2011版,第17页。
② Dubber M. D.,"The Promise of German Criminal Law:A Science of Crime and Punishment", *Ssrn Electronic Journal*,2004.
③ Johann Michael Franz Birnaum, Ueber das Erforderni einer Rechtsverletzung zum Begriffe des Verbrechens,15Archiv des Criminal rechts(Neue Folge),1834:149.
④ Dubber M. D.,"Theories of Crime and Punishment in German Criminal Law",*American Journal of Comparative Law*,Vol.53,No.3(2005),pp.679-707.

的"权利"。而 rechtguts 是两个词的组合,即 rechte 和 gut。rechte 有权利、正义、公正、正确、法律等含义,而 gut 的含义也非常广泛,其包含着美好的、善、美德、好处、利益、财产等含义,两者合并在一起,即描述了一些美好的、为人类所追求的理想,且范围宽泛,无所限制。费尔巴哈的"权利说"有两个目的:解释刑法的目的和限制刑罚权,而伯恩鲍姆的"法益"显然不具备任何功能,也就是说,该词的最初创立,并没有多大的意义,即用法益限制刑罚权存在着先天的不足。

到了 19 世纪后期,伯恩鲍姆发明的法益的概念,重新被一些实证主义者,也是新德国国家刑法论者捡起,卡尔·宾丁是其中代表。他将法益定义为"立法机关认可的任何有价值的东西,以及因此必须通过规范确保其不受干扰的保持力"。他们认为刑法不仅要保护个人的权利,还要保护公共利益、社会利益直至国家的利益。① 在费尔巴哈看来,刑法只能局限于侵犯个人权利的行为,至少在理论上是如此,而现在其要惩罚侵犯所有利益的行为,即不管是个人的利益,还是国家的利益。但是,在国内法中,国家的法益往往与公民的义务相对应,这实质上是说公民的义务也是法益的内容,这样,法益不仅走向了费尔巴哈的主观权利的反面,而且,也开始背离伯恩鲍姆的法益的概念,即这里的法益,并不一定是一种美好的事物,因为其还包含着义务,比如,个人对国家的服从或者忠诚(体现为国家的权利)义务。② 用法益限制国家的刑罚权,在一定程度上意味着国家通过公民的义务保护公民的自由,在逻辑上是讲不通的。显然,这种法益不仅不能对刑罚权构成限制,而且很容易导致刑法的扩张。到了纳粹时代,法益的概念进一步扩张,出现了一些新的刑法法益,比如人们的宗教信仰、日耳曼民族的纯洁性

---

① Peter Sina, Die Dogmengeschichte des strafrechtlichen Begriffs "Rechtsgut", Basel, Helbing Lichtenhahn, 1962:39-69.

② Karl Binding, Die Normen und ihre Übertretung, 1872; Leipzig: Felix Meiner, 1922, 1:299, 308.

等。① 这致使其对刑法边界的限制作用进一步减弱。

目前,关于法益的概念,德国刑法学界存在着法律实证主义和规范主义之争。实证主义认为,法益包括两部分:其一,"基本的命财",它是人类共同生活的必需品,国家必须通过刑罚的强制力予以保护,其具体形式有:人的生命、身体的完整性、行动自由、财产、福祉、交通安全、国家官员的廉洁性、行政秩序、公共安宁、国家的外部安全、外国机构及其标志不受侵犯,国家的、地区的或者少数民族的文化权(不得灭绝或者侮辱)、国际安宁等。②其二,根植于社会道德信念中的一些观念,比如,反对虐待动物。这两种法益实际上是通过将利益融入法律法令的方式而生成的,因此,这种法益属于刑法"体制内"的概念,即源于刑法禁止。这种法益的概念,固然有助于揭示具体刑法禁止的任务,具有一定的解释学上的价值,但其并不具有批判功能,无法对立法者构成有效的限制,其对刑法禁止的证成,更像是一种循环论证。③

与实证主义不同,规范主义试图从抽象的层面上框定法益的范围。④其代表人物罗克辛指出,法益是指有利于个人、个人在整个的社会制度框架内的自由的发展以及有利于该制度自身的条件或者选择。⑤ 一般来说,在限制刑法的边界方面,这种法益的意义远远地大于实证主义的法益,因为规范主义从宪法中推导法益的内容,也就是说,其既不从语言学上,也不从刑法禁止中探讨法益的概念,而是试图从"刑法的体制外"寻找其含义。罗克辛认为,限制刑事政策的法益的概念,只能源自法的目的,这里的法只能是

---

① Peter Sina, Die Dogmengeschichte des strafrechtlichen Begriffs "Rechtsgut" : 74.

② Peter Sina, Die Dogmengeschichte des strafrechtlichen Begriffs "Rechtsgut" : 74.

③ Bernd Schünemann, "The System of Criminal Wrongs: The Concept of Legal Goods and Victim-based Jurisprudence as a Bridge between the General and Special Parts of the Criminal Code", *Buffalo Criminal Law Review*, Vol.7, No.2(2004), pp.551–553.

④ Claus Roxin, *Strafrecht : Allgemeiner TeilI , München : Beck*, 1997, pp.12–23.

⑤ Claus Roxin, *Strafrecht : Allgemeiner TeilI , München : Beck*, 1997, p.15.

基本法,即德国宪法所表述的个人自由。宪法表述的个人自由又是通过怎样的途径传达了法益的理念的?罗克辛并没有做详细的论述,或者说,罗克辛并没有根据具体的宪法规范推导法益的概念。这种做法当然是有问题的,因为他一直强调法益的概念必须具有宪法根据。然而,经过认真的梳理会发现,这里的法益并不是来自宪法,而是来自其作用,即罗克辛几乎把所有的精力都用于解释如何适用法益的概念上了。其实,罗克辛是想通过适用后果(即说明有关犯罪的正当合理性)来间接证明保护法益原则的正当性,并由此揭示德国刑法典的很多规定(即犯罪)都是不合理的,原因就是它们并不是在保护法益。他认为,不管刑事立法还是刑事政策,只要经受不住法益的概念的考验,这种立法或者政策,要么应被认定是一种不切实际的空想,要么应被认定是一种过时的理念,两者都应当被摒弃。比如,对于强迫人们尊重某些标志,事实上是没有任何的威慑力的,因为没有人会基于担心受到刑罚处罚而向一些标志表达敬意。这种规定不仅不利于保护国家向公民承诺的自由,而且,其目的还很容易落空,因为国家无法对人们的心理进行控制。将同性恋犯罪化也有问题,因为同性恋行为是一种合意行为,属于道德冒犯,即具有不道德性,但是,并没有侵害法益,而且其对社会制度的正常运行,没有任何的影响。如果将道德冒犯行为犯罪化,而不是将犯罪化的目的放在行为上,这会给社会造成不必要的冲突,使得很多诚实的人被贴上犯罪的标签。在罗克辛看来,将不道德的行为犯罪化,不仅仅是不合理的、违法的,而且其自身还侵犯了法益。

目前,绝大多数的刑事立法都能通过法益的概念的检讨,但是,也有一些犯罪,从保护法益的角度进行解释有点牵强。比如,帮助自杀行为并没有侵犯法益,罗克辛认为,将其犯罪化主要出于两个方面的考虑,其一,很难证明死者结束自己的生命是出于"自我决定";其二,生命保护规范,要求将他人的生命视为"禁忌"。毒品犯罪之所以构成犯罪,罗克辛认为,对于完全能力人而言,毒品犯罪的意义不是很明显,但对于行为能力有瑕疵的人却不是这样,将这种行为犯罪化能最大限度地降低他们吸毒的风险。①

德国联邦宪法法院认为,胎儿的"新生活"也是一种法益,所以,将堕胎行为犯罪化,是符合法益保护原则的;虐待动物被犯罪化的妥当性,并不是其深深地冒犯了已经拥有的并被广泛接受的道德信仰,而是因为其破坏了一种与人们生活休戚相关的生物圈,因为立法者认为高等动物是其他动物的朋友或者"外来兄弟",应当保护他们这个种类;环境犯罪源自对各种动植物物种及其原始性的保护的必要性,这对维持人的有尊严的生活来说,具有必须性。② 罗克辛没有从宪法(实证法)的角度解读法益保护原则的正当性,主要是德国宪法对法益的概念缺乏明确的规定,不仅仅是德国,其实绝大多数国家的宪法都是如此,所以,罗克辛在讨论法益的概念时,只是指着德国宪法说,"法益的概念源于此",但是宪法是如何体现的,其只字未提。③再者,罗克辛一方面将道德秩序和主流的道德视为法益,另一方面则反对因道德而归罪于行为人,这里不免让人感到疑惑,既然道德秩序或者主流的道德,可以构成法益的内容,为什么其又要反对道德犯呢? 如将道德视为法益,将同性恋之类的反伦理行为犯罪化,似乎也符合法益保护原则。特别是对帮助自杀行为犯罪化的解释也有点牵强,如果的确有证据证明被帮助者想自杀,那么,帮助者是否侵犯了法益? 侵犯了谁的法益? 这总不能说由于生命是法律禁忌,而侵犯了他人(非自杀者)的法益吧! 这就提出了这样一个问题,即罗克辛的法益的概念,究竟是实证法层面上的,还是规范层面上的? 因为从其所列举的法益的概念的范围看,其由实证法层面上的法益和

---

① Cornelius Nestler, Betaubungsmittelstrafrecht, Grundlagen und Kritik, in Handbuch des Betaubungsmittelstrafrechts(Arthur Kreuzered. , 1997) ("Volksgesundheit") .

② Claus Roxin , Strafrecht : Allgemeiner TeilI , pp.18-19.

③ Claus Roxin , Strafrecht : Allgemeiner TeilI , pp.18-19. Puig S. M. , "Legal Goods Protected by the Law and Legal Goods Protected by the Criminal Law as Limits to the State's Power to Criminalize Conduct" , New Criminal Law Review : An International and Interdisciplinary Journal , Vol.11, No.3(2008) , pp.409-418.

规范层面上的法益两个部分组成。

由于实证法层面上的法益很难有限制立法权的价值,故规范层面上的法益的概念才具有宪法意义,或者说只有其才能限制刑法的边界。这就意味着,如果不能从理论上对两者进行区分,必然会影响法益的概念对立法权的限制。① 其实,即便是规范主义的法益,其临界功能也远没有想象的那样大。② 甚至罗克辛也承认,根据自己的解释,宪法理念上的法益是怎样限制刑事立法的,他自己也不清楚。虽然如此,但其仍然认为法益的概念非常重要,它可以将各种宪法限制(对立法者的)捆在一起。许内曼教授对此却持极大的怀疑态度。③

除了刑法之外,还有很多的手段可以达到保护法益的目的,这就要求将刑法与其他的手段区别开来,为此,规范主义一方面强调刑法的"最后的手段"性,也就是说,如果侵犯性较小的、民事的手段可以对有关的法益提供充分的保护,刑法就没有适用的必要,只有当其他温和的干预手段不足以达到保护法益的目的时,才能适用刑罚;另一方面其又认为立法机构在选择法律手段方面,拥有广泛的自由裁量权,最后手段原则更多的是指导刑事立法,而不是一个强制性的规定。这实际上意味着,在符合法益保护原则的前

---

① 实际上,在司法层面上,法益保护原则同样非常重要,因为在司法层面上也存在着法益的权衡问题,比如,在三阶层犯罪论体系中,阻却违法事由的判断,有时就要求司法人员像立法者那样,重新打开"慎思"程序,对行为所涉及的不同价值进行权衡,其结果必然是会否定消极违法论,而要对违法进行积极的评价。正是这个原因,除了主体可能不同之外,就内容而言,是很难在理论上将立法阶段与司法阶段区分开的,或者可以这么说,司法是立法的继续,或者立法的具体化和展开。Aponte L. E. C.,"Normative Gaps in the Criminal Law:A Reasons Theory of Wrongdoing",*New Criminal Law Review:An International and Interdisciplinary Journal*,Vol.10,No.1(2007),pp.102–141。

② Dubber M. D.,"Theories of Crime and Punishment in German Criminal Law",*American Journal of Comparative Law*,Vol.53,No.3(2005),pp.679–707.

③ Bernd Schünemann,"The System of Criminal Wrongs:The Concept of Legal Goods and Victim-based Jurisprudence as a Bridge between the General and Special Parts of the Criminal Code",*Buffalo Criminal Law Review*,Vol.7,No.2(2004),pp.551–582.

提下,立法者可以自由确定保护法益的法律形式,即法益保护原则根本没有限制刑法边界的功能。不过,经过长期的争论,围绕着法益的概念,学界也形成了一些共识。

首先,法益必须是社会生活的必要条件,如果不是必要条件,刑法则没有保护必要,毕竟国家用刑法提供保护,花费的成本太高了。比如,随地吐痰,刑法无论如何都不能制止,虽然这种行为具有一定的法益侵害性,但是,毕竟其造成的危害太小。事实上,这种行为绝不会危及人的生存,所以,其不可能获得刑法的禁止。当然,争议最大的是运动员使用兴奋剂而参加比赛的行为是否应当入罪的问题。德国在2014年制定专门的刑事法律对其进行禁止,该法于2015年12月18日生效。该法的制定遭到以罗克辛为代表的刑法学者的批评,主要理由就是刑法禁止这种行为,违反了法益保护原则。

其次,刑法只能禁止对法益造成具体危险的行为,或者说,不能处罚抽象的危险犯;否则,这有可能将思想定罪。不过,刑法可以保护超个人的法益,比如,公职人员的廉洁性或者不可收买性。

最后,法益具有客观性,其实是一种集体概念,反映的是绝大多数人对特定利益的态度,并不受制于具体被害人的立场,以此缺乏刑法的公法性。比如,对于盗窃罪而言,即使被害人放弃了自己的权利,行为人进行盗窃的,也触犯刑法禁止。

三、法益的客观性:家长主义与伦理主义

如上所述,法益的客观性意味着权利人的态度并不影响刑法禁止的效力,然而,这有可能导致刑法背离权利人的意志,对其进行强行的保护,这就产生了所谓的家长主义,甚至有时这种保护完全有悖于其真正的利益。

事实上,在当前的刑法中,的确存在着很多无法用法益的概念解释的犯罪,比如,我国刑法第303条规定的赌博罪,第176条规定的非法吸收公众存款罪,第359条规定的引诱、容留、介绍卖淫罪,第301条规定的聚众淫乱

罪,第 364 条规定的传播淫秽物品罪等,之所以很难用法益保护原则进行解释,理由是,这种行为最多评价为具有自害性,而不是他害行为。为了借助法益的概念,证成这种立法的正当性,学界采用了所谓家长主义的解释方法,即国家对于一些自害行为,就像一个善良的家父一样,处罚行为异常的公民。

（一）家长主义

家长主义在劳动法、合同法以及一些行政法等领域得到了实证法的承认。[①] 但其能否成为刑法禁止的根据,却存在着截然相反的观点。支持者认为,基于现有的立法,如果否定(硬的)家长主义,目前很多的法律现象无法解释,比如帮助自杀罪。反家长主义者,比如,费因伯格认为,完全能力人基于实质自愿而进行的自害行为,刑法不得干预,理由有:其一,家长主义违反了个人决定权;其二,有可能导致刑法的泛化,使得法律伦理主义借尸还魂。[②] 家长主义在解释毒品犯罪、帮助(或者教唆)自杀犯罪方面,具有独到的优势,却无法解释自杀行为为什么不能构成犯罪。德沃金认为,个人权利至上,国家权力的道德根据只能存在于个人权利之中,即刑法必须受到个人自我决定权的限制。[③] 行为人如果没有其他的选择,即使给他人造成了损害,也不应当承担刑事责任,除非为了保护或者提高人们的自我决定权,个人的自我决定权是不能被侵犯的。[④] 然而,家长主义恰恰与此相反,他们认为,国家可以基于善意的理念,干涉人们的自害行为。

家长主义的实质是,牺牲人们当前的个人自由或者自决权换取未来最大或者较大的利益。因此,用家长主义证立刑法,则是以刑罚的方式否定行为人当前的选择权对其自身未来利益的挑战。如果承认其可以作为犯罪化

---

① 黄文艺:《作为一种法律干预模式的家长主义》,《法学研究》2010 年第 5 期;孙笑侠、郭春镇:《法律父爱主义在中国的适用》,《法制资讯》2008 年第 2 期。

② Joel Feinberg,*Harm to Self*,Oxford Univ.Press 1984,p.12;Christopher B.,*Gray Philosophy of Law*:*An Encyclopedia*,Garland Pub.Co,1999,pp.632−635.

③ R. Dworkin,*Taking Rights Seriously*,Harvard Univ.Press,1977,p.180.

④ H. L. A. Hart,*Punishment and Responsibility*,Oxford Univ.Press,1968,pp.28−30.

的理由,则存在着以下的缺陷。

其一,"家长主义"本身与个人自决权或者个人自由存在着不可调和的矛盾,违反伤害原则和法益保护原则的精神实质。① 不管是普通法系的伤害原则,还是民法法系的法益保护原则,他们反映的是对公权力的怀疑,而家长主义却把政府或者国家比喻成为善良的家父,显然,这有悖于这两个原则的精神实质。

其二,"家长主义"显然是一种比喻,即对行为异常的公民而言,国家就像一个慈父那样,有权纠正其"自害"行为,这实质上移植的是民法里的监护权制度。民法的监护制度原本是为了救济未成年人或者其他无行为能力人的权利而存在的,这种制度通常以监护人与被监护人之间的血缘或者姻亲为基础,而家长主义在移植这种制度时,却以政治为基础,特别是,其所追求的行为人的长远利益,纯粹是一种主观判断②,这就意味着,如果将其视为伤害原则的例外,很容易出现滑坡现象(slippery slope),最终吞噬掉伤害原则或者法益保护原则的价值。③

其三,最重要的是,刑罚的本质特征系道德非难性,而不是其他,即对违反刑法禁止的人以道德谴责。④ 如果在刑法上承认"家长主义"的正当性,

---

① Camerer C.,Issacharoff S.,Loewenstein G.,et al.,Regulation for Conservatives:Behavioral Economics and the Case for "Asymmetric Paternalism", *University of Pennsylvania Law Review*, Vol. 151,No.3(2003),pp.1211–1254.

② Dixon N.,Morgan W. J.,"Boxing,paternalism,and legal moralism", *Social Theory & Practice*, Vol.27,No.2(2001),pp.323–344;Dworkin G,"Moral Paternalism", *Law & Philosophy*, Vol. 24,No.3(2005),pp.305–319.

③ 规则结果主义(rule-consequentialists)认为,规则(或者原则)例外的错误成本如果太大,为了保护该规则的范式价值,可以否定该例外的存在。Gross O.,"Are Torture Warrants Warranted? Pragmatic Absolutism and Official Disobedience", *Social Science Electronic Publishing*, Vol.88,No.6(2004),pp.1481–1555。

④ Bernard E.,Harcourt,"Joel Feinberg on Crime and Punishment:Exploring the Relationship Between The Moral Limits of the Criminal Law and The Expressive Function of Punishment", *Buffalo Criminal Law Review*, Vol.5,(2002),pp.145–172.

无异于承认自杀行为、自残行为均具有道德非难性，一般人是很难接受的，因为这种行为极易被解读为一种生活方式或者生活态度。而且，在刑法领域内，承认家长主义，很容易否定个人的自我决定权，造成个人的生活由国家安排的局面，从而架空伤害原则对刑法的限制，且其也与罪刑法定原则所隐藏的对国家的警惕之心不符。

其四，对于原来用家长主义证立的法律禁止，目前大都尝试从其他的角度解释其正当性，比如，公共救济理论和附随结果理论。根据这种理论，禁止不系安全带开车的理由是：如果不系安全带，发生了交通事故，一方面，保险机制或者社会保障机制会将这种责任转移到第三人或者社会身上；另一方面，如有对方当事人，其由于交通事故而误伤了不系安全带的人，也会因此痛苦与悔恨，即，这种法律禁止可以解释成为避免他人受到伤害，并不是所谓的家长主义。① 对于毒品犯罪而言，尽管购买毒品的人出于自愿，但这不仅会增加未成年人接触毒品的可能性，而且还会使得毒品泛滥地区的房价受到影响②，更重要的是，吸毒的人并非真实地想伤害自己的身体健康。③

（二）伦理主义

这种观点由来已久，然而，在学界，对这个问题进行深入探讨的则是德福林（P. Devlin），他认为，道德系社会不可或缺的一部分，它是社会的黏合剂，缺少了道德的支撑，整个社会就有可能解体，所以，道德可以成为入罪的根据。④ 这就是所谓的法律伦理主义。这种法律伦理主义遭到的批评有以下三点。

第一，这种观点违反当前文化多元化和信仰多元化的社会现实，因为不同文化、不同信仰的人，其道德标准是不同的，面对冲突的道德判断，立法者

① Christopher B., Gray, *Philosophy of Law: An Encyclopedia*, Garland Pub.Co, 1999, pp.632-635.

② Svatikova K., "Economic Criteria for Criminalization: Why Do We Need the Criminal Law?", *SSRN Electronic Journal*, 2009.

③ Joel Feinberg, *Harmless Wrongdoing*, Oxford Univ.Press, 1988, pp.14-16.

④ P. Devlin, *The Enforcement of Morals*, Oxford Univ.Press, 1965, p.2.

应当选择何种道德,存在着很多的问题,因此,这种观点有悖于当前文化多元主义与信仰多元主义的社会现实。

第二,虽然存在着一些被广泛接受的道德,然而,这种道德内涵和外延是什么,并没有什么固定的标准,因此,这种法律有可能被当权者利用,以此推销自己的价值观,从而使得"丛林法则"以道德的名义而得以生存。

第三,诸如行政犯、确信犯以及一些政治犯,他们的行为并没有违反什么道德,为什么这种行为构成犯罪,法律伦理主义者是无法解释的。

然而,上述质疑也存在着一些问题,即从根本上否定道德犯,至少在目前看来,还有一定的障碍。

首先,在当前的立法中,法律伦理主义并没有因此消失,其还在一定的范围内存在着,最典型的例证是我国刑法第258条的重婚罪。如果不借助法律伦理主义,很难证成这种立法的正当性。

其次,固然道德具有模糊性的特征,但是,也不可否认,其在一定的范围内,也有一定的明确性。比如,当前不允许克隆人或者擅自改变人类的基因就是适例。易言之,在一定的范围内,的确存在着人们认识比较统一的道德规范。

最后,如果脱离开道德,刑法自身是否能运行,也有一定的疑问,毕竟"罪"本身就包含有丰富的道德色彩。当然,如后所述,道德多元主义本身就存在着问题,有时,其除了提供一种相互容忍的主张外,其实什么也没有说。

然而,还必须注意到,第二次世界大战结束后,世界上普遍存在着去道德犯的倾向,即一些传统的道德犯被废除。另外,很多家长主义立法,很容易借助道德犯而证成自己的正当性,所以,在整体上,学界对道德犯持否定的态度。比如,伤害原则的始作俑者——约翰·密尔指出,权力干预他人意志自由的根据只有一个,即预防行为人伤害他人。[①] 这就是伤害原则本来

---

① John Gray and G. W. Smith, *J. S. Mill's On liberty in focus*, New York, Routledge, 2003, p.147.

的含义。后来,费因伯格将其解读成为:刑法正当化的一个重要根据是其能够预防或者减少行为给第三人造成的伤害,且这种方法的成本最低、效果最明显,即除了符合伤害原则的定义外,还有其他的要求。① 他认为,人们都有自我决定权,只要不会伤害到他人,都有权选择自己的生活方式,国家无权干涉这种自我决定权,即使其选择可能非常的不道德或者愚蠢,国家也不得以不道德为凭划分刑法的边界。

第三节　必要性原则

一、必要性原则的含义

在这里,必要性原则是指刑法的适用,对于立法目的的实现,具有手段上的必要性。② 即对于一项刑事立法而言,其不仅能支撑其所追求的目的,而且,对于这种目的的实现,还须具有手段上的不可或缺性。③ 易言之,只有当干涉性或者侵犯性更小的手段,无法确保特定目的的实现时,刑法的适用才具有正当性。④

作为比例原则的规范构成,必要性原则限制刑法禁止的一个最典型的例子,是德国联邦宪法法院对德国刑法典第 184 条第 1 段第 7 项规定的质疑。该条规定,在公开放映的电影中展示淫秽情节(包括视频、图片等),处以 1 年以下的自由刑或者罚金刑。这项规定的目的旨在于保护未成年人,防止其在电影院接触到淫秽视频或者图片。然而,德国联邦宪法法院指出,保护未成年人免受淫秽视频或者图片的危害,只要电影院在电影放映时,对

---

① 　J. Feinerg, *Harm to Others*;*Harm to Self*,Oxford Univ.Press,1986,p.4.

② 　BVerfGE 47,109(117).

③ 　Pieroth,Schlink 2011,marginal no.293.

④ 　BVerfGE 90,145(172).

客户进行年龄审查,不允许未成年人进入就可以了,通过刑法手段规制电影院的放映行为是完全缺乏必要性的。而且,相对于立法者,行政机关在制定年龄限制标准和保护未成年人方面更有经验,故这种立法有悖于必要性原则。不过,该法院随后又指出,由于没有确切的证据证明立法者的判断是错误的,毕竟其为了保护未成年人的利益,至于这种法益的表述方式如何,则属于立法权的范畴,其无权干涉。① 该法院解释说,对于一项立法而言,其是否符合必要性原则,从立法和法律适用的角度看,是不一样的。从法律适用的角度看,一项刑事立法很可能被认为是违反了必要性原则,但是,在立法时,由于其更重视刑事立法的一般预防功能,立法者很容易以刑罚的效率较高为由,对背离必要性原则的立法持较为宽容的态度。② 刑法中的堕胎禁止的存在,尤其能说明这个问题。

在 20 世纪中期,随着对妇女自决权和健康权的日益重视,西方大多数国家都开始放宽堕胎禁止的规定,因为堕胎禁止虽然有助于保护胎儿的生命权,但是,其忽视了怀孕妇女的身体健康权和自决权,即胎儿的权利会与怀孕妇女的权利发生严重冲突。③ 在这种情况下,学界对刑法中的堕胎禁止,提出了批评,认为其有悖于必要性原则。但是,德国联邦宪法法院根据刑罚的积极的一般预防理论,认为刑法为堕胎行为设置一定的法定刑,纯粹是为了影响人们的价值观和行为,其并不是仅仅作为保护特定法益(胎儿的生命权)的最后手段。④ 这意味着,即使存在着很多干涉较为轻微的、防止中断妊娠(进而保护未出生的生命)的措施,也不影响刑法的适用,理由是刑罚的威慑力较大,这是可以使刑法优先于其他管理措施的根据。⑤ 换

---

① BVerfGE 47,109(119).

② BVerfGE 39,1(57);90,145(184);120,224(252).

③ Eser A.," Reform of German Abortion Law: First Experiences ", *American Journal of Comparative Law*,Vol.34,No.2(1986),pp.369-383.

④ BVerfGE 50,205(213).

⑤ Engisch,K.," Auf der Suche nach der Gerechtigkeit",*München:Piper*,1971,p.104.

言之,只要认为刑法对于特定的法益之保护具有可适用性,德国联邦宪法法院就有可能认为这种刑事立法是没有问题的。① 在理论上,这显然有悖于必要性原则的诉求,尽管德国联邦宪法法院要求,在审查是否存在其他合理的控制手段,尤其是非法律措施时,应当注意必要性原则的要求。②

二、必要性原则的判断标准

如前所述,最后手段原则对法益保护原则有严重的依赖。然而,必须指出的是,法益保护原则是德国的公法理论,而在英美法系,与之相对应的是伤害原则。不过,到了20世纪,这两个原则开始出现融合。③ 20世纪末和21世纪初,德国和英美就法益保护原则和伤害原则进行过多次的交流,已经取得了很大的进展,即法益以行为指向的而为法律所保护的对象融入伤害原则之中,两者可以结合构成行为入罪的一个最低的门槛。④ 该门槛有两个功能,其一,仅仅违反道德的行为,是不能被犯罪化的;其二,被犯罪化的行为,必须是侵犯法益的行为。由于民法规制的行为也是侵犯法益的行为,所以,还需要在此基础之上,进一步划分刑法与民法的边界,而划分的根据就是必要性原则。这就是说,我们在刑法与民法的关系上,探讨最后手段

---

① Höffner D. Zivilrechtliche Haftung und strafrechtliche Verantwortung des GmbH-Geschäftsführers bei Insolvenzverschleppung:zugleich ein Beitrag zum ultima-ratio-Prinzip.Berlin:Duncker und Humblot.2003:88.

② Hirschberg,L.,Der Grundsatz der Verhältnismäßigkeit.Göttingen:Schwarterz,1981:59.

③ Eser Albin,"Principle of Harm in the Concept of Crime:A Comparative Analysis of the Criminally Protected Legal Interests",*Hiroshima Law Journal*,Vol.17,No.2(1966),pp.301-314.

④ [英]安德鲁·冯·赫尔希:《法益概念与"损害原则"》,樊文译,《刑事法评论》2009年第1期。另外需要指出的是,该文将harm principle翻译成"损害原则"是不准确的,因为,这里的harm包含有行为人主观的侵害性,参见Drane R. W.,Neal D. J.,"On Moral Justifications for the Tort/Crime Distinction",*California Law Review*,Vol.68,No.2(1980),pp.398-421;Eser,Albin,"Principle of Harm in the Concept of Crime:A Comparative Analysis of the Criminally Protected Legal Interests",*Hiroshima Law Journal*,Vol.18,No.2(1966),pp.301-314。损害(damage)的含义更侧重于客观损害,所以,本书不采纳这种翻译方式,而将其直译为伤害原则。

原则的必要性原则,如后所述,由于行政法比较特殊,这涉及行政犯的问题,因此,我们这里仅仅相对于民法,揭示必要性的认定标准。

(一)一般恐惧理论

从表面上看,普遍性恐惧与伤害原则和法益概念的结合体(即犯罪化的基础)的联系不是很明显,免受恐惧在洛克的自然权利清单中,没有与之相对应的权利,但是,在费因伯格的最低安宁权中,却存在着与其相对应的权利,即情绪的稳定、避免无根据的着急和愤恨、从事正常社会交往等权利。这意味着其完全可以与伤害原则或者法益的概念结合起来。此外,在探讨法益保护论的缺陷时已经指出,其在限制刑法的边界时,普遍性恐惧已将法益保护论和功利主义结合起来。因此,根据法益保护论,普遍性恐惧可以成为判断某一行为是否应当出入罪的标准。即只有那些会引起普遍恐惧的行为,才需要刑法干预,理由有以下四点。

其一,侵权法规制行为的责任形式很多,比如禁令、赔偿损失、赔礼道歉等,但就现实而言,其主要的形式则是赔偿,即要求行为人对其行为给第三人造成的损害进行赔偿,以此规制不当行为。然而,对于引起普遍恐惧的行为,作为私法责任的侵权责任,不可能通过赔偿的方式控制其发生,因为产生恐惧感的人绝大多数不是行为的直接被害人,即并非案件的当事人,无法以自己的名义参与诉讼,就自己的损害获得赔偿。比如说,甲将乙杀死,第三人丙知道后,也会因此对自己的生命产生某种担心,即恐惧。首先,这种行为本身就不具有赔偿性,即不能通过赔偿的方式解决。其次,即使其能通过赔偿的方式解决,则会发现:在甲故意杀人案中,被害人乙的继承人可以因此向甲请求赔偿,但是,丙因此而产生的恐惧,却无法通过司法的途径获得救济,因为根据当前的法律,其不是案件的当事人。所以,第三人丙因甲杀人行为而产生的恐惧,无法通过侵权法得到救济。

其二,这种普遍恐惧并不是由单纯的加害行为造成的,而是由容忍这种加害行为发生的制度被人所了解后产生的,即责令行为人对其进行赔偿,是不公平的。从表面上看,甲的杀人行为引起了丙的恐惧,实质不然,如果法律禁止这种杀人行为,即通过对已有的杀人行为科处严重刑罚的方式,警告那些有可能违反杀人禁止行为的人,第三人(比如丙)就意识到其他人是不会违反杀人禁止的,即便是真的发生了故意杀人行为,国家通过刑罚的方式,对行为人科处足以抵消或者缓解人们恐惧的刑罚,人们通常不会因此而对自己的生命安全产生某种担心,因为他们非常清楚杀人禁止之违反,对行为人来说,其后果是什么;相反,如果第三人看不到国家对违反杀人禁止的行为科处严厉的处罚,而只是通过行为人向被害人或者近亲属赔偿损失的方式解决这种违法,则意味着,国家是容忍杀人行为存在的。不过,行为人想杀人必须有个条件,即要对被害人或者近亲属进行充分的赔偿。这种容忍杀人行为存在的制度,会使人们自然而然地对自己的生命安全产生担心,进而产生普遍恐惧感。换句话说,这种恐惧感是由国家有条件地容忍故意杀人行为存在的制度造成的。这就意味着,对引起普遍恐惧感的行为而言,只是让行为人进行损害赔偿,是不公平的。①

其三,如果用民法规制普遍性恐惧,还存在着其能否得到准确评估的问题。

一则,赔偿范围和程度不好确定。比如,甲砍掉了乙的一只手(本身就不具有赔偿性),法院判决甲赔偿乙 20 万元,被害人非常满意,法院就不再追究甲的责任了。从表面上看,乙的损害得到了充分的救济,但这意味着只要有能力赔偿,可以砍掉任何人的手,即,这种判决(或者说是制度)容忍人们"买卖"人手。生活在这种制度下的人们很容易产生恐惧感,不知道自己的双手何时被哪个有钱人拿走,尽管知道其会支付赔偿款。这种事件就像是在平静的湖水中投入了一个石块,恐惧感就像是波浪一样,向四周散开。

---

① Drane R. W., Neal D. J., "On Moral Justifications for the Tort/Crime Distinction", *California Law Review*, Vol.68, No.2(1980), pp.398-421.

一般来说,离中心越远的人,受到的影响越小。由于被害人的范围以及恐惧感的程度不好确定,无法适用损害赔偿,对这种行为只能用刑法进行规制。

二则,每个人的恐惧感还会受到自己生活经历、周围的环境以及教育程度、宗教信仰等因素的影响,因此,很难进行准确评估。

三则,最重要的是,恐惧产生之时,人们往往会夸大引起恐惧的风险行为的负价值,如果从事后的角度看,恐惧的负价值可能非常的小,从而无法准确地计算应当赔偿的金额。比如,甲盗窃了乙的一台电视机,周围的人都很担心,其担心的范围将是自己所有的、有可能成为盗窃对象的财产。事实上,行为人不可能对上述财产都进行盗窃,其往往只能盗窃其中的一部分,或者其很可能根本不会再盗窃上述财产。如果根据行为人实际危害结果进行赔偿,比如甲只就乙对其电视机的安全产生的担心,进行赔偿,那么,乙对自己的电脑、存款等财物产生的恐惧、第三人丙对自己的财产因盗窃而产生的恐惧,就无法获得赔偿了,因此,对被害人(包括第三方被害人)来说,是不公平的;如果按照被害人的感受进行赔偿,则对行为人又是不公平的,毕竟,其并没有按照被害人的担心而行事(盗窃),即很多人的担心,根据盗窃发生的实际情况来看,是多余的,因此,如果让行为人根据被害人的感受进行赔偿,对行为人而言,则是不公平的。这样,对于恐惧行为,只能由刑法进行禁止,而不能通过民事赔偿的方式进行控制;相反,对于不会引起普遍恐惧的行为,则不要动用刑罚进行控制。

侵犯了他人的权利并不能成为适用刑法的道德根据。行为人与被害人事前如果达成了赔偿协议,即使发生了侵权,也不能适用刑法,因为没有签订该协议的第三人是不会因加害行为而产生恐惧的。对于一些事前不可能意思表示一致的侵权,只要被害人已经敞开了其权利之门,并且事后获得了充分的赔偿,此种情况下,也可以推定当事人之间已经存在着事前的磋商。此时,刑法就不再具有适用性。这样,被害人的态度对加害行为的法律选择特别重要。在这里,权利不再受制于出价最高的人,而由权利人自主决定,于是,个人成了目的而非手段,显然,这是符合道义论的旨趣的。因此,对于侵入他人权利边界的行为,是适用刑罚还是赔偿处理,主要由被害人来决定。不过,这里被害人不是具体的、现实中的被害人,而是由抽象的被害人(即国家)统一来行使,因为国家是其成员的自然代表。然而,国家对加害行为的态度,应当取决于一般人对加害行为的反应:如果加害行为产生了普遍恐惧,即可推定被害人没有对该加害行为敞开其权利之门,此时,对加害行为应由刑法规制;如果加害行为没有产生普遍恐惧,说明这种加害行为并不令人吃惊,社会容忍这种不当性行为的存在,此时,应由民法对其调整。这里的普遍恐惧与当地的风俗、习惯、宗教、政治、经济、文化、环境等因素,存在着密切的联系,因此,其必然存在于动态之中,那种认为刑法规范一旦确定,刑法的边界就固定不变的想法,是不切合实际的。比如,将他人价值2万元的戒指抛到海中,如果这种行为发生概率很高,且行为人往往无力赔偿,则需要通过损坏财物罪予以禁止;如果其发生概率很低,或者行为人往往有能力赔偿,则应通过侵权法进行救济。理由很简单,前者容易引起普遍恐惧,而后者不会引起普遍恐惧,第三人不会投入成本进行预防。

其四,普遍恐惧能够调和功利主义与道义论。这一方面是因为普遍恐惧本身就是一种权利,即安宁权,对该权利设置保护,是符合道义论的诉求的。另一方面,能够产生普遍的恐惧的行为,意味着该行为很容易滋生外化结果,即第三人的预防成本,而促使行为人内化这种成本的唯一法律手段就是刑法,侵权法是无能为力的,因此,这又符合功利主义的旨趣。当然,以普遍恐惧作为划分刑法边界的标准也可能受到指责,比如,普遍恐惧是一种主观心理,把其视为划分刑法的边界的标准,在一定的程度上意味着刑法的边界建立在主观的基础上。事实上,完全不是如此,因为这种普遍恐惧受到法益保护原则和伤害原则的限制,即其存在着一定的物质基础,故已经不再是一种纯粹的主观心理了,也就是说,将产生普遍恐惧的行为入罪,存在着其所保护的利益,而这种利益则是客观的。此外,作为划分刑法边界的主要理论的法益保护原则和伤害原则,其中的法益和伤害本身,是人们对物理世界的一种理解或者抽象,并非事物本身,其实,也可以被看作主观的东西,尽管如此,其对刑法边界的限制作用,不管是民法法系还是普通法系,都是认可的。当然,从立法理论的角度看,被入罪的不当行为,不仅符合普遍恐惧的标准,其还须满足以下的条件:第一,禁止必须有效,即这种禁止必须使这种行为变得更少,至少不能多于没有禁止之前;第二,禁止必须符合法治原则,即刑法禁止必须明确、公开、具有可预测性,或者说其能公平地警示那些有可能违反它的人;第三,禁止的行为必须符合伤害原则和法益保护原则。

(二)交易框架理论

近年来,对刑法的必要性,还有一种从经济的角度进行解释的理论。[①]其中,影响较大的应是波斯纳的自愿交易理论。

波斯纳认为,就财产的转移而言,现实存在着两种不同的方式,即自愿性交易和强制性转移。比如,行为人看到一辆汽车,想据为己有,方法有两个:一是与车主协商,签订买卖合同;二是借助强力(比如盗窃),不经原车主许可获得该车。

对前者来说,行为人与原车主协议如以50万元的价格成交。从行为人的角度看,该辆车的价值应高于(至少不会低于)50万元;否则,他不会主动或者积极地去买,因为在他心中,该车物有所值。从原车主的角度看,该车的价值应低于(至少不会高于)50万元;否则,从商人的角度看,其不会去卖。毕竟"天下熙熙皆为利来,天下攘攘皆为利往"。否则,双方不会达成该协议。因此,这种交易会提高财产的价值,或其有优化资源配置的功能。

对后者而言,行为人未经许可、无对价地占有他人车辆,并不具有提高财产价值的功能。更为重要的是,行为人窃取该车之后,为防止其他的车辆

---

① Jr.J. C., "Does Unlawful Mean Criminal:Reflections on the Disappearing Tort/Crime Distinction in American Law", *B. u. l. rev*, Vol.71, No.2 (1991), pp.193-246; Robert Cooter, "Pricesand Sanctions", Vol.84, (1984), pp.1523-1524.

再被盗窃,车主会采取一定的预防措施,由此必然会花费一定的成本。邻人知晓,也会对其财产进行预防。但是,这种预防投资,比如雇人看护、购买防盗门、防盗锁或者监控设备,从社会的角度看,是没有任何经济意义的,属于无效投资。所以,对于强制转移财产的行为,社会应禁止其发生。

而且,也只能通过刑法进行禁止,民法无法控制这种行为,理由是:如果用民法规制盗窃行为,无异于在给盗窃行为定价,即只要行为人愿意支付一定的价钱,即可实施盗窃,这固然可以控制富人的盗窃行为,但对于穷人而言,其威慑力明显不足,因为穷人没有足够的财产支付该定价。不过,由于平等原则的要求,即使行为人非常富有,有能力赔偿损失,其行为也构成犯罪。

特别对于杀人、强奸等暴力犯罪而言,这些罪所侵犯的法益非常重要,其定价就会非常的高,不富裕的人根本无力承担,即民法失去了对穷人的控制力,只有剥夺人们所共有的法益,即自由甚至是生命,才能禁止这种行为的发生。而剥夺自由甚至生命的处罚,只有刑法才具有,因此,对于强制性地剥夺他人财产的行为,应适用刑罚进行控制,即刑法对控制这种行为具有必要性。[1]

根据上面的理论,反映刑法必要性的标准,其实可以归纳成两个要素,即威慑力和效益。[2] 威慑力反映法律禁止特定加害行为发生的可能性的大小,民法的威慑力低于刑法。[3] 对于有经济效益的行为,由于其在优化资源配置时,并不会损害任何一方当事人的利益,控制其发生危害社会风险的最佳手段是民法,而对于没有经济效益的行为,刑法是阻止其发生的必要手

---

[1] Posner R.,"An Economic Theory of the Criminal Law", *Columbia Law Review*, Vol.85, No.6 (1985), pp.1193-1231.

[2] Shavell S.,"Criminal Law and the Optimal Use of Nonmonetary Sanctions as a Deterrent", *Columbia Law Review*, Vol.85, No.6(1985), pp.1232-1262.

[3] Calabresi G. & Melamed A. D.,"Property Rules, Liability Rules and Inalienability:One View of the Cathedral", *Harvard Law Review*, Vol.85, No.6(1972), pp.1089-1128.

段,也是最佳的手段。如果用刑罚控制侵权行为,则会出现威慑力过剩的问题,此会打击很多有经济价值的行为,即违反必要性原则;相反,如果用民事责任控制犯罪行为,则会发生威慑力不足的问题,有可能导致犯罪的泛滥,增加个人预防犯罪的成本,也会造成社会资源的浪费。[①]

基于效益与威慑力的这种内在联系,对盗窃和侵权行为应进行不同的处罚。比如:

案例1:被害人在茶馆里用价值1万元的笔记本电脑上网,行为人A趁其去卫生间时,将电脑拿走。

案例2:被害人在茶馆里用价值1万元的电脑上网时,行为人B不小心将放在桌子上的电脑碰到地上,造成其价值全失。

从社会的角度看,去茶馆消费,有利于资源的优化配置,属于社会应当鼓励的行为,至少不应打击。如果对B进行刑罚处罚,则会造成第三人由于担心有可能不慎毁人电脑或者其他的财物,而不再随便进入茶馆,势必大大降低这种行为发生的概率,从而在整体上也减少相应的社会收益,甚至使其变成无效益的行为。[②] 比如,开车是一种有经济效益的行为,伤害他人仅仅是低概率事件。如果出现交通事故,即使行为人对事故的发生根本没有过失或者过失很小,也用刑罚处罚行为人,其只能产生两种后果:一则,很多人会远离汽车,防止出现相应的刑事风险;二则,也有可能导致人们把车开得很慢,造成严重的交通堵塞,或者需要更宽的公路。无疑,不管出现哪种结果,这都会严重影响汽车的经济效益。当然,这并不是说刑法应对交通事故放任不管;否则,有可能造成人们在开车时漠视他人的法益,致使交通事故频繁发生,这同样会大大降低汽车的效益。因此,严重的交通事故仍存在

---

① Calabresi G. & Melamed A. D., "Property Rules, Liability Rules and Inalienability: One View of the Cathedral", *Harvard Law Review*, Vol.85, No.6(1972), pp.1089-1128.

② Fellmeth A. X., "Civil and Criminal Sanctions in the Constitution and Courts", *Social Science Electronic Publishing*, Vol.94, No.1(2005), p.59.

着追究行为人刑责的可能;对一般的交通事故,就像对待 B 那样,要求行为人根据自己的过错程度对造成的社会危害进行经济赔偿就行了,不再追究其刑事责任。

A 盗窃电脑属于无效益的行为,因为这是强制性地剥夺他人财产,其既不能促进资源的优化配置,也不能公平地对待双方当事人的利益,故需要威慑力更大的处罚措施,才能控制这种行为的发生。如果用民法仅仅给这种行为定价,即仅进行经济处罚,当行为人没有财产或者个人财产非常少时,则很难控制这种行为的发生,因为行为人知道自己没有支付赔偿金的能力,即"要钱没有,要命也不给",所以,其不会因民事责任而放弃这种行为。此外,第三人为了防止自己也遭受这种损害,则要花费一定的资源进行预防,这种花费必然摊入行为的成本之中,行为的成本大大提高,故需要严厉的处罚控制其发生。于是,刑法就成了必然的选择。

通过案例 2 不难发现,其实侵权行为(即过失损坏他人电脑)与有经济价值的活动(即到茶馆消费)是融合在一起的,在事前根本无法对两者进行区分。但是,案例 1 却不相同,A 是带着违法的目的进入茶馆的。也就是说,从事前的角度看,盗窃财物与到茶馆消费明显属于性质不同的行为,即盗窃电脑与过失损坏他人电脑之间本质上是不同的:盗窃是一种无价值的行为,需要威慑力更大的处罚措施进行控制;过失损坏他人电脑由于属于茶馆消费的概率极低的、附随的消极后果之一,故从事前的角度看,其属于有效益的行为,用刑法控制这种行为既缺乏必要性,也没有正当性。

因此,从经济学的角度看,威慑力与效益是一种反比例关系,即,经济效益越低,行为的经济价值也就会越低,其就越需要威慑力更大的处罚措施进行控制。

(三)道德理论

对以效益和威慑力为根据解释必要性的做法,保尔·罗宾逊提出了质疑,他认为,以威慑力来解释刑法的必要性,很容易忽视两种处罚措施(即民事处罚与刑事处罚)在本质上的差异。① 他主张应根据记述处罚措施的法律语言划分两者,因为通过对比发现,不同于民法,与犯罪有关的法律条文通常都包含着浓厚的道德色彩。因此,犯罪与侵权的最大不同,是行为是否具有不道德性或者可责性。如果仅仅从法律后果的角度对犯罪和侵权进行区别,则很难解释为什么有的行为会受到刑法的处罚,而有的行为则仅仅受到民法的处罚。② 犯罪和侵权的危害结果可能极为相似,之所以对其进行不同的处罚,关键是两种行为的反道德性有所不同。③ 犯罪系故意而为,是不道德的;侵权行为并不源于行为人的故意,缺乏道德可非难性。④ 这样,必要性原则的判断标准为行为人对行为的道德可责性,其理由有以下四点。

首先,从危害结果的作用看,现实危害是侵权的必要的构成要件,缺此则不构成侵权,民法无法干预;而对于犯罪,即使行为未产生现实危害,只要行为存在着危害结果发生的具体危险,就有可能被评价为犯罪,因此,现实危害并不能决定行为的性质是犯罪还是侵权。而行为的道德非难性就不同了,由于道德是人类社会的黏合剂,只要行为具有可责性,其很可能会被评价为犯罪,因为犯罪并非是对具体人的危害,而是危害社会整体的行为。⑤

---

① Robinson & Paul H.,"The Criminal-Civil Distinction and the Utility of Desert",*Social Science Electronic Publishing*,Vol.76,No.1(1996),pp.204-205.

② Hall J.,"Interrelations of Criminal Law and Torts:Ⅱ",*Columbia Law Review*,Vol.43,No.7 (1943),pp.967-1001.

③ Hall J.,"Interrelations of Criminal Law and Torts:Ⅱ",*Columbia Law Review*,Vol.43,No.7 (1943),p.760.

④ Hall J.,"Interrelations of Criminal Law and Torts:Ⅱ",*Columbia Law Review*,Vol.43,No.7 (1943),pp.778-779.

⑤ Hall J.,"Interrelations of Criminal Law and Torts:Ⅱ",*Columbia Law Review*,Vol.43,No.7 (1943),p.971.

其次,被害人同意的法律效果不同。在民法的范畴中,被害人同意能彻底否定民事责任;对于绝大多数犯罪而言,被害人同意通常没有这种法律效果,因为犯罪是危害社会的行为,所以,被害人同意不能完全排除刑事责任,这也是罚金应交付给国家而不是被害人的原因。[1]

再次,对轻微违法行为的处理不同。轻微地触犯刑律的行为,大多数国家的刑法都赋予行为人以刑事豁免权,然而,这种豁免权并不能适用于民法。[2] 比如,绝大多数国家的刑法规定,行为人的行为造成的危害较小时,法院有权驳回指控。但对此而提起民事诉讼,则没有相应的规定。之所以如此,原因就在于刑事诉讼是一种成本昂贵的稀有资源,其主旨乃在于控制危害较大、应当受到刑罚处罚的行为。对于民事违法行为,只要有现实的损害,被害人就有权提起诉讼。既然刑法与民法是两个完全不同的制度,为什么不建立一个统一的法律制度来控制加害行为呢? 原因就是人们对道德判断存在着普遍而又强烈的诉求,希望借助形式化的法律表达这种诉求,而刑法正是这种心情的最佳表达方式。[3]

最后,刑罚是一种社会强制力,目的在于推进道德教育;民事处罚仅仅是对加害行为定价,其并不能强化社会的道德。[4] 这两种处罚在社会功能方面之所以如此不同,原因就是犯罪是故意危害社会的行为,这也是刑罚存在并适用的正当性的根据。当行为人缺乏这种加害故意,则意味着无须对其进行社会的道德教育,只进行经济上的处罚已足够。

总之,"道德说"认为,对犯罪与侵权之所以进行不同的处理,原因是

---

[1] Hall J.,"Interrelations of Criminal Law and Torts:II", *Columbia Law Review*, Vol.43, No.7 (1943), p.971.

[2] Hall J.,"Interrelations of Criminal Law and Torts:II", *Columbia Law Review*, Vol.43, No.7 (1943), p.206.

[3] Hall J.,"Interrelations of Criminal Law and Torts:II", *Columbia Law Review*, Vol.43, No.7 (1943), p.208.

[4] Coffee J. C. J.,"Does Unlawful Mean Criminal:Reflections on the Disappearing Tort/Crime Distinction in American Law", *B.u.l.rev*, Vol.71, No.2(1991), p.235.

前者具有可责性,而后者不需要对其进行道德上的非难。至于行为是否
具有可责性,则要根据加害行为是否源于行为人的故意进行判断;相反,
如果危害结果并非出自行为人的故意,而是过失造成的,由于行为人缺乏
恶的动机,则不需要对行为人进行道德非难。"道德说"也可以合理地解
释为什么要对 A 和 B 进行不同的处理,即,A 故意侵犯他人的电脑所有
权,而 B 并非出于故意,所以,前者构成犯罪,后者视为侵权。在过失与故
意之间,则为严重过失。对于这种行为,一般应适用惩罚性的赔偿制度进
行控制。①

(四)选择塑造理论

如果将"经济说"与"道德说"结合在一起,犯罪行为(即 A)既有道德可
责性,也缺乏经济效益,因此,需要威慑力更大的处罚措施进行控制。与之
不同,侵权行为(即 B)一方面没有道德可非难性;另一方面,其还有一定的
效益,故对这种行为的处罚应较轻。严重过失行为的可责性大于侵权行为,
小于犯罪行为,故这种行为所需处罚的威慑力处于刑事处罚与民事处罚之
间。因此,经济说与道德说在划分民法与刑法的边界时,并不是相互排斥,
而是相互支撑的。之所以如此,一方面因为实体权利本身无法摆脱道德评
价;另一方面,道德也蕴含着现实的经济基础。② 当然,这并不是说两者可
以相互替代,其实,从规范本身的角度看,"道德说"优先于"经济说",因为
后者总显得那么不近人情;但从处罚的目的角度看,"经济说"显然又比"道
德说"更有说服力。③ 这样,为了更好地确定刑法与民法的边界,最好的选
择当然是同时采用这两种理论。

这种同时从经济和道德两个角度解释刑罚正当性的学说,被称为"选

---

① RESTATEMENT(THIRD) OF TORTS § 2(2010).
② Calabresi G. & Melamed A. D.,"Property Rules,Liability Rules and Inalienability:One View of the Cathedral",*Harvard Law Review*,Vol.85,No.6(1972),p.1105.
③ Posner R.,"An Economic Theory of the Criminal Law",*Columbia Law Review*,Vol.85,No.6(1985),pp.1230-1231.

择塑造理论"。① 它认为,人们的选择是有一定规律的。刑罚旨在于遏制故意危害社会的行为,用刑罚来处罚过失行为,通常是没有多少意义的,因为这种行为并非社会异常的选择,理由是行为人缺乏触犯法律禁止的故意。这种理论不仅揭示了法律威慑力的经济价值,刑罚是怎样塑造人们的行为的②,而且,其还表明刑罚具有表达社会对犯罪行为进行谴责的功能。总之,刑罚之存在既有经济学上的原因,也有伦理学上的原因。根据这个理论,对侵权行为之所以只能进行民事处罚,一则,这种行为的道德可非难性较低,二则,这种行为有一定的经济效益。因此,行为的道德可非难程度与行为的经济效益之间是反比例关系,与所需的处罚威慑力之间是正比例关系,即,行为的道德非难程度越高,行为的效益越小,所需的法律处罚越严厉,反之亦然。因此,"道德说"与"经济说"具有一定的相互支撑关系。

　　总之,对于必要性原则之判断,主要有上述四个标准。无疑,这四个标准都还有一定的事实要素的成分,这无疑有助于必要性原则的具体化,提高该原则的可适用性。然而,每个标准都有一定的局限性:首先,这四个标准都有明显的主观色彩,即不管是一般恐惧、威慑力还是效率、道德可责性,都建立在人们的感觉或者经验基础之上,以此为标准判断刑法适用的必要性,很难控制刑法威权主义,从而导致刑法的边界呈现一定的任意性;其次,这四个标准同样都非常抽象,甚至在一定的程度上还没有"必要性"原则自身明确;再次,如果这些标准适用在司法层面上,其有可能否定立法权;最后,这些标准仅仅建立在法益保护原则的基础之上,其适用范围仅限于他害行为,对于家长主义的立法而言,由于其为自害行为,因此,这些标准都很难适用。

---

① Dau-Schmidt & Kenneth G. , "An Economic Analysis of the Criminal Law as a Preference-Shaping Policy" , *Duke Law Journal* , Vol.1, (1943) , p.3.

② Dau-Schmidt & Kenneth G. , "An Economic Analysis of the Criminal Law as a Preference-Shaping Policy" , *Duke Law Journal* , Vol.1, (1943) , pp.36-37.

三、家长主义

近几年来,国家福利主义开始兴起,与社会福利政策相伴随的,则是国家开始剥夺人们诸如赌博、消费不健康的视频、酗酒、吸毒等方面的自由,故这种福利主义又被称为新型的家长主义。① 根据这种理论,政府有重塑公民生活方式的义务,特别是对那些获得政府补贴的穷人,尤其如此。在重塑公民生活方式的义务过程中,肯定会伴随着很多的政府强制,这种强制正当化的基础就是前面提到的家长主义。虽然这也遭到了一些学者的批评,但是,其却遍布于生活的各个角落,比如,开车要系安全带、职工缴纳养老金、义务教育、不得购买或者食用有毒有害的食品或者药品等。这种家长主义由以下三个要素构成:

其一,国家对一个人的选择或者选择机会进行干涉;

其二,干涉的目的是为了改善被干涉者的利益或者福利(以干涉者的观念的方式而存在);

其三,未征得被干涉者的同意,甚至直接违背其意愿。②

这样,家长主义的本质乃在于以自由换取利益或者福利,即牺牲人们的自由或者自我决定权,迫使人们不得从事有可能危及自己利益的行为。前者比如国家强制要求人们缴纳养老金;后者比如国家对烟草实行配额制,鼓励或者强制人们不抽烟或者少抽烟。③ 也就是说,即使人们对家长主义非常厌恶,都无法否定家长主义在现实中的必要性。④ 因此,问题的关键不是

---

① Mead L. M.,"The New Paternalism:Supervisory Approaches to Poverty",*Journal of Policy Analysis & Management*,Vol.19,No.3(2000),pp.485-488.

② B. New,"Paternalism and Public Policy",*Economics and Philosophy*,Vol.15,(1999),p.65.

③ Thomas M. & Buckmaster L.,"Paternalism in social policy when is it justifiable?",2010.

④ Centrelink,"Family Responsibilities Commission",Centrelink Website,Viewed 29 November 2010, http://www. fahcsia. gov. au/sa/families/pubs/CapeYorkWelfareReform/Pages/FamilyResponsibilitiesCommission.aspx.

家长主义本身是否应当存在,而是其在何时才有正当性,或者说其正当性的条件是什么,答案就是必要性原则。易言之,只有家长主义对于保护特定的法益而言具有必要性时,家长主义才具有正当性。然而,在这里,必要性的判断却无法适用前面提到的四个标准,其通常适用另外的标准,这包括以下三个标准。

(一)风险高且不可逆转

这个标准是指,在决策时,不谨慎的选择对特定的利益,具有高度风险,而且这种风险不可逆转时,国家才能干预。比如,吸食毒品的决定,在行为人实施时,会对其健康构成严重的威胁,且行为人一旦吸毒,几乎没有可逆转性,因为一旦吸食毒品,很容易上瘾,极难克服。① 不过,有人想横渡大海,但不知海的危险,其葬身大海的风险极高。在这种情况下,国家通过提供海浪预报或者提供救生员,以确保其人身安全,这不属于家长主义;但是,国家禁止人们到有危险的水域进行游泳,尽管在这里也提供了充分的保障措施,比如进行了充分的警示,并安排了救生员,这就是家长主义。在这种情况下,国家虽然干预了个人的冒险自由,但是,这种风险太高,且一旦发生风险,无法逆转,所以,此时实行家长主义具有必要性,故是正当的。②

(二)反映权利人真正的利益诉求

国家不尊重权利主体的选择而进行干预,干预的措施必须与被干预人的行为相比,更能反映其个人意志。

首先,选择对行为人极为重要。人们在推理过程中,出现认识错误在所难免,这导致表面上的个人选择,比如,尽管收入很低仍然吸毒或者赌博,会

---

① J. Macklin, " Second Reading Speech: Social Security and Other Legislation Amendment (Welfare Reform and Reinstatement of Racial Discrimination Act) Bill 2009", House of Representatives, Debates, 25 November 2009: 12783 - 787, Viewed 18 October 2010, http://parlinfo/parlInfo/genpdf/chamber/ hansardr/ 2009 - 11 - 25/ 0046/hansard _ frag. pdf; file Type=application%2F. pdf.

② B. New, "Paternalism and public policy", *Economics and Philosophy*, Vol.15, (1999), p.65.

严重影响人们更深层次的选择,比如,继续生存、健康或者上学深造等。国家以后者否定前者,即以更深层的利益否定人们形式上的选择权是正当的。个人之所以需要国家的帮助,原因很多,主要有以下三点。

第一,从技术的角度看,个人对特定的事项,可能缺乏必要的推理能力,或者没有能力利用当前的信息做出正确的选择,即存在着理性能力不足的问题。

第二,从客观的角度看,行为人在选择时,可能存在着很多的信息,其间不乏矛盾之处,即情况非常复杂,单纯地依靠个人的认知能力,很难做出正确的选择。

第三,从主观的角度看,个人可能对特定的领域,仅仅有一些抽象的知识或者信息,缺乏直接的经验。比如,开摩托车不戴头盔,一旦发生交通事故,会造成怎样的结果,自己从未经历过。在这种情况下,国家利用自己掌握的大量的技术信息和制度性的记忆,取代个人做出更为理性的选择,更能代表其真实的利益。

然而,在上述情况下,国家的干预并不一定具有正当性。当人们的信息较少或者存在着信息不充分时,国家通过提供信息的方式而干预人们的选择,通常更具有合理性,但是,原则上这不属于家长主义的范畴。而且,国家通过提供信息的方式,防止人们决策失误,从而避免市场失败,当然是正当的。比如,国家要求老虎机的经营者,向赌徒展示机器工作原理和输赢的概率以及操作手段,从而防止人们赌博上当;再比如,对于特定危险的国家或者地区,国家告知国民注意不要前往;等等。这些最多理解为警示,当然不属于家长主义的范畴。不过,相较而言,这较之于国家直接禁止人们利用老虎机进行赌博或者禁止人们去某地,更有正当性,即其比家长主义更有合理性。

其次,人们普遍存在着"今天的我"与"明天的我"的冲突,即当前利益与长远利益之间的矛盾,故人们的选择通常具有临时性或者动态性,并不是固定不变的。从伦理主义的角度看,如果个人没有能力做出正确的选择时,这可能在一定的程度上证明家长主义的合理性。比如,年轻人选择抽烟甚至吸毒,并宣称他们自己愿意承担相关的风险。但是,考虑到社会上存在着这样一种现象,即抽烟或者吸毒的人基本上事后都会后悔,特别是当其危及到其人身健康之时,比如因此而得病,尤为如此,这就是家长主义否定这些人进行这种选择的根据所在。①

从经济学的角度看,极端重视当前幸福的人,会选择眼前的利益,正所谓"今朝有酒今朝醉",这导致其所做的选择比较短视,看不到未来,即不能实现其利益的最大化。② 对于这些人而言,今天的自己与明天的自己是不同的,随着年龄的增长,其身体、生理以及心理都会发生变化,且时间越长,变化越大。于是,造成其"今天的我"的重要性,开始变得越来越小。然而,代表未来的"明天的我",在进行决策时,并没有发言权,事实上,在决策时,人们通常将"明天的我"看作别人,极易不重视未来的利益,结果造成"今天的我"给"明天的我"科处了一些不必要的负担或者麻烦。③ 这时候,就需要国家站出来,代表"明天的我",表达自己未来的利益诉求。然而,有人指出,此时,国家的干涉并不一定能救济未来的利益,要平衡当前的利益与未来的利益关系,需要更多的生活经验。未来选择有诸多的可能性,国家代表"明天的我"而与自己当前的利益进行博弈,存在着很多的问题,这并不是今天和明天何者更重要的问题。比如,按照家长主义的要求,穷人只能购买健康的食品,保持良好的生活习惯,而不能消费快餐、白酒和香烟。然而,如果人们当前的生活条件极为困难,应当强调的是其当前的选择,而不能将更多的精力放在未来的生活上。比如,在 20 世纪五六十年代,很多农民实际

---

① P. Suber, "Paternalism" in C. Gray(ed.) Philosophy of Law: an Encyclopedia, Op.Cit.

② P. Suber, "Paternalism" in C. Gray(ed.) Philosophy of Law: an Encyclopedia, Op.Cit.

③ Rasmusen E. , "Internalities and Paternalism: Applying the Compensation Criterion to Multiple Selves Across Time", *Social Choice & Welfare*, Vol.38, No.4(2012) , pp.601−615.

上以发霉的地瓜干充饥,道理很简单,今天过不去,也就失去了明天。因此,今天与明天的关系非常复杂,至于选择什么,有时只有权利主体自己才能做出选择,而有时又需要国家进行帮助。对于后者而言,只有符合必要性原则,家长主义才能获得正当性。

最后,优先的选择。在现实中,人们通常面对很多选择,大多数选择之间都或多或少地存在着一些矛盾。由于人们的价值观不同,所以,这些选择在权利人面前都有不同的价值。比如,有抽烟习惯的人,一方面很想戒烟,追求身体的健康,但是,如果戒烟,其过程又会很痛苦;于是,健康与当前避免痛苦之间需要作出抉择,有的人会选择前者,有的人却会选择后者。面对这个问题,国家采用通过提高烟价或者提高购买烟的难度的方式,帮助前者,这并不是家长主义,因为是否戒烟仍然是个人的选择。

在当前的社会,很多选择在表面上看是自己意志的产物,其实也源自社会。比如,当前的广告充斥着社会的各个角落,每个广告在本质上都在培植着人们的习惯与爱好,即其通过潜移默化,悄悄地影响着甚至取代了我们自己的选择。这种外在"植入"的选择,通常并不能总代表人们真正的意愿,这是人们的兴趣爱好会受到外在媒体操控的结果,然而,在形式上,这种选择却是源于自己,即使行为人有所谓的斯德哥尔摩综合征,至少在法律的层面上,其之选择与其他正常人并没有什么不同。所以,这种选择并不会基于家长主义而受到质疑。同理,国家通过这种方式或者借助政策改变行为人的选择,使其符合本人的长期利益,也没有什么不妥。①

显然,这种家长主义的正当性,并不是通过诉诸国家证明其干涉的合理性,而是将其建立在个人错误判断的基础之上,或者说其是建立在必要性的基础之上的。有人将权利视为一种选择,其并不必然与个人利益相关联,这种家长主义的正当化事由显然不允许这样,其实际上将个人的利益凌驾于

---

① Thomas M. & Buckmaster L., "Paternalism in Social Policy When is it Justifiable?", 2010.

选择权之上,或者说,权利包含的选择其实是为利益服务的。在这种理论的框架下,人生失去了丰富性,完全成了一个算计利益的机器。

但是,在社会学界,人们普遍重视穆勒的看法,即,国家通过家长主义政策干预个人的生活,通常也会犯错误,且其犯错误的可能性远远大于权利人本人。[①] 在政治学领域内,也奉行这种观点,比如,杰姆斯·斯考特指出,刚刚经过的几百年的历史反复证明,奉行家长主义式的国家政策,往往会犯更大的错误,其不仅会忽视个人的生活经验,而且其还会经常违反常识,犯更大的错误。[②] 在此过程中,人们普遍地感到自己的生活成了效率和外部控制的附庸,大大降低人们参与社会生活的积极性,因为很多负责制定和实施这种政策的人,自己不仅在认知上有问题,而且,还可能存在着推理方面的缺陷,甚至存在为己谋私的问题。[③]

(三)形式要求

既然从实质上看,论证家长主义的正当性,存在很多的问题,然而,否定家长主义又行不通,故人们开始将注意力放在对这种干预的限制上,即只有在形式上符合以下要求的家长主义立法,才具有正当性。

1. 程序性原则

受到程序限制的家长主义,有时也被称为程序的家长主义,是指为了判断行为人的自害行为是否是其自主的选择,国家临时对人们特定的自由进行干预,目的在于通过形式或者程序的规则,保护个人的自治权,也就是说,通过制度性的程序条款,判断在具体的情况下,相应的选择有无瑕疵,是否真的出于行为人的意志,而不是随意做出的。

不同于实体法上的禁止,单纯地基于程序而干预个人的选择,在程度上

---

① Thomas M. & Buckmaster L. ,"Paternalism in Social Policy When is it Justifiable?" ,2010.

② Habermas J. ,"The theory of Communicative Action. Volume 2 , Lifeworld andsystem: a Critique of Functionalist Reason" , *Biological Psychiatry* , Vol.55 , No.4(1985) , pp.376–381.

③ Thomas M. & Buckmaster L. ,"Paternalism in Social Policy When is it Justifiable?" ,2010.

对当事人的基本权利影响通常较小。程序的家长主义在医学界极为流行，很少有人批评。不过，在手段上，其并不总比实体法层面上的家长主义温和，毕竟其本身也是对人们基本权利的严重干预。比如，在德国，如果有人想给其近亲属捐赠器官，医院不仅要对其进行心理或者精神上的测试，以确保这是出自其真实的意愿，而且，捐赠人还要给政府相关机构提供一些信息，解释其这样做的内心动机，法定的专业委员会按照既定的程序审查同意后，才获得捐赠权。[①] 由此可以看出，人们的这种自由不仅会受到实质的限制，比如，被捐赠人须为捐赠人的近亲属，而且，这还涉及一些程序是否正当的问题，比如，相关的委员会构成是否合法、其意思决定是否民主等。

由于程序的家长主义最终受制于行为人的真实意愿，故其在概念上，属于软家长主义的范畴。然而，目前支撑软家长主义的，主要是经济分析，行为经济学为其判断的标准。[②] 即，一个人的行为是否是理性的，要基于行为经济学进行判断。[③] 行为经济学以及与之相关的认知心理学认为，从理性的角度看，人的选择应当建立在明确的、稳定有序的逻辑基础之上，其应当追求效用最大化的结果。如果按照这样的标准，人们的行为一般都是不理性的。[④] 于是，当人们的认知存在着缺陷或者意志不坚定时，人们的选择不仅依赖于问题的社会效果，而且还依赖于人们个人的价值观以及风险的传播方式。比如，人们长期形成的健康观念会与短期的兴趣（如抽几口烟）产生冲突。然而，如果追求完全理性的规范目的，上述现象则会被行为经济学的理论表述为离经叛道、误入歧途或者说异常行为，即应当通过相应的程序

[①] 比如，在德国法中，对于一些特许的咨询机构或者决策组织（比如，在移植法中的活体器官捐赠委员会以及临床药理检查道德委员会等），其之程序是开放的，其间存在着很多不同之处。当然，还包括一些咨询性的监护法院。cf.Saliger 2003,1-170,Fateh-Moghadam 2003,245-257；Fateh-Moghadam and Atzeni 2009。

[②] Sunstein,ed.2000；Parisi and Smith,eds.2005.

[③] van Aaken 2006；112 f.

[④] Kahnemann et al.1982；Kahnemann and Tversky 2000.

进行矫正,或者成为法律手段所否定的对象。积极的家长主义不能依赖法律强制,而是在制度上帮助行为人进行选择[1],即应当在制度的层面上,设计一定的制度,避免个人的认知或者意志缺陷,提高决策的合理性。从这个角度看,德国移植法中的活体器官捐赠模型应当被描述为克服不利的异常行为的手段,法律避免非理性行为的发生。[2]　程序的家长主义也有很大的缺陷,主要表现为以下三点。

首先,这种观点实质上将自治等同为理性,或者说,将法律自治定义为一种行使自决权的能力门槛,由其来限制个人做出不合理决定的自由。由于法经济学往往以追求"完全理性"为目标,这导致软家长主义总有不断追求优化的特点。但是,当自治的理性缺陷不超过法律规定的门槛时,为了提高选择的合理性而进行的限制自由的家长主义干预,就缺乏了正当性,理由是,确保选择的充分理性,决不能成为法律任务,因为人们的选择总是不完美的,这导致其无法证成家长主义规范标准的正当性。然而,通过咨询或者其他的方式帮助行为人提高自己选择的合理性,而不是直接代替人们选择,这不仅尊重了行为人的最后决定权,而且,还避免了划分保护个人自治权与理性的最佳条件边界的困难。[3]　比如,有学者指出,政府为了提高人们行为的合理性,比如为了促进健康,国家则可以通过诸如建议、指南或者设置法律标准的方式,矫正或者引导人们的行为。[4]　然而,这与软家长主义提高决策的合理性,是完全不同的。德国有关活体器官捐赠的实证数据(法律强制规定必须确认捐赠器官的根据是否是非自愿的)表明,一旦出现怀疑,则要求启动改变捐赠者和接受者决定的程序,向其提供一些有关风险的消极信息以及最糟糕的情形,提醒器官捐赠者在进行自我管理时注意。然而,这

---

[1]　Trout 2005:39.

[2]　Jolls and Sunstein 2006;van Aaken 2007.

[3]　van Aaken 2006:125 ff.

[4]　Sunstein and Thaler 2003:1164,1171,1182;"Choice Architecture",Thaler and Sunstein 2009: 89 ff.

种制度机制,有可能基于过分强调突出风险的大小或者造成其恐惧而扭曲行为人的选择权,因此,这种法律程序自身需要存在一种克服异常适用的机制。①

其次,当法律规则的适用依赖于行为经济学时,通常借助理性这一客观概念评价行为,这意味着,在特定情况下,事前总是知道各种选择的结果,且知道它们之间的优劣。因此,有学者指出,强调死亡率或者特定干预的生存率的治疗信息,与建议医院通过一定的方式引导病人选择"很明显是最好的"治疗选项的信息,两者之间是不同的。② 其目的乃在于使病人避免由于基于不正当的恐惧而做出决策。然而,即使是医疗干预,通常也有很多种方案,其间通常没有优劣可分,各有优缺点。在这些方案中进行选择,总是取决于病人的主观判断,这也导致其他人很难代理其做出选择。③ 这对于第三方受益的医疗干预而言,尤其如此,比如就活体器官捐赠而言,只有器官的捐赠人自己才能评估其愿意承受的风险,使第三人受益。这样,就需要放弃完全理性的概念,因为这种偶然的规范要素是不能通过行为经济学进行解释和评估的。

最后,"自由"家长主义不具有中立性,基于其制定的立法,很容易被解读为立法权被操纵了④,因为不管是政府还是其代理人,都可能利用非理性要素影响人们的决定,尽管有些家长主义的立法是正当的。⑤ 比如,我国刑法第 176 条设置的非法吸收公众存款罪,禁止公司企业自己的融资权,就有保护银行垄断利润的嫌疑,尽管其在打击地下钱庄方面具有正当性。

2. 区别原则

不同于程序的家长主义,区别原则主张在一定范围内或者在其存在着

---

① Wagner and Fateh-Moghadam 2005.
② Sunstein 2005:180.
③ Mayr 2010.
④ Anderson 2010:370,374.
⑤ Hausman and Welch 2010:136.

必要性的范围内,适用家长主义,即,坚持家长主义只能在一定范围内具有正当性,比如,国家只有对不可逆转的或者易变的自我伤害行为,才能进行干预。易言之,家长主义干预必须区分哪些人需要,哪些人不需要。对于需要保护的人,比如未成年人,国家才能进行干预,这属于纯正的家长主义,对此学界没有多大的争议,分歧在于,在何种情况下才能确保非纯正的家长主义的正当性,即当被干涉的人的范围大于需要保护的人的范围时,如何确保其正当性。

对于非纯正的家长主义而言,国家应当避免干涉那些不需要保护的人的自由。比如前面提到的德国法对传播淫秽物品的行为的禁止,只有涉及未成年人时,才会禁止行为人的行为,而对于成年人而言,其无须受到这样的保护,所以,国家也不得因此而限制行为人的自由。我国刑法第 364 条对被传播的对象未予区分,这意味着在纯粹的成年人之间传播淫秽视频的,也会构成犯罪,这有违反区分原则的嫌疑。

然而,对保护的对象进行区分,总是要花费一定成本的。在整体上看,这种成本通常由国家或者社会承担,然而,有时也会让受保护的人承担。比如,抽烟有害于未成年人的健康,为了帮助未成年人不抽烟而提高烟价,或者为烟增加税负,这对避免该危害发生是非常有效的。但是,这与纯正的干预不同,其会对所有的消费者产生影响。不过,在管控不严格的社会,如果实施纯正的家长主义干预(即禁止向未成年人出售香烟),会使很多人面临被伤害的风险。

根据区分原则,或者严格限定理论,其会对社会进行划分,只有符合特定条件的人才受制于家长主义干预。这会造成这样一种结果,即,有些人对特定的事项有选择权,而有些人却没有选择权,理由是前者无须保护,而后者需要获得保护。因此,这种家长主义正当性应当建立在对这两种人群合理的划分基础之上;否则,国家有可能披着保护的外衣,否定个人自由。此外,这种对象限制还会大大增加特定人被伤害的概率,因为社会通过污名化或者羞辱的方式而剥夺其权利,更有甚者,为了保护他人而使行为人获得某种污名。

3. 比例原则

对家长主义而言,其干涉程度多大,才是合适的? 如前所述,家长主义只能适用于特定情况,即遵守限定或者区分原则,因此,只有对干涉的程度进行限制,家长主义才能获得合理性。即使承认家长主义的正当性,其也应当受到以下的限制。

第一,应当坚持最小化原则。家长主义限制必须坚持最小化原则,只要能实现政策所保护的效果即可。易言之,家长主义应当尽可能少地干涉人们的生活自由,只要能带来必要的改变即可。

第二,家长主义的限制应当与该干涉所追究的目的相适应,即确保手段与目的的适应性,应当符合均衡原则的要求。

第三,尽可能实行"浅层次"的干预,而不能进行"深层次"的干预。就像本书的主题一样,应当通过剥夺民事权利、政治权利和社会权利的方式,进行干预;深层次的干预,即刑法干预,只能救助那些不可能逆转的、涉及人身的重大风险时,才能获得正当性。

4. 详细说明原则

在现代社会里,公权力的产生及其实施应当具有透明性,即权力主体有向社会尤其是向相关主体,负有说明或者解释的义务,家长主义立法也不例外,因此家长主义立法以及司法必须具有明确性。这就产生了一个问题,即国家代表公民做决定,但未向其解释或者说明,这种干预是否具有正当性?

对于收益明显而被社会广泛认可的领域,比如,在卫生、环境和食品监管方面,否定个人的选择权,实施强制性的国家标准,即使没有向社会解释,也是没有问题的。比如,英国公共卫生专家尼古拉斯·瓦尔德(Nicholas Wald)指出,在食品和公共卫生领域内绝不能允许个人选择,理由是,在一个社区内,涉及卫生的各种隐私变化不大,个人在食品、饮料、运输或者建筑方面的选择权非常有限,而且风险的相似性大于差别。① 所以,国家可以代表一般公民做出选择。

然而,也必须看到,即使绝大多数人认可的行为,有时国家也不能代表人们进行选择。比如,市场上流行的方便食品,最大的优点就是便利,个人对其成分要求的分歧非常小。在这些食品中,即使有些被描述成为健康的,实际上其含糖量和含盐量通常都很高,这会抵消其添加诸如维生素之类的微量元素所带来的好处。但是,国家绝没有权力禁止这种食品。事实上,就绝大多数人而言,对于这个问题的态度与国家并没有什么不同。② 此外,对于特殊的人群,也应当采取区别原则,比如,强制性的打疫苗或者种牛痘,对于很多信奉耶和华见证者的人,就必须尊重他们个人的选择,国家不得进行强制性的干预。而这种家长主义的实施,是离不开详细说明原则的。

5. 效率原则

家长主义还会受到效率原则的限制。如果家长主义适用的场合非常少,那么,家长主义只能在直接的结果方面和在长期增进个人行为自治性方面,应当非常有效,这是其取得合理性的一个前提。就效率而言,暂且不管家长主义与社会多样性之间存在着一定的矛盾,但就其目的的实现而言,其是否能更有效地达到预期的目的,可能存在着疑问,甚至说其有可能将问题变得更糟。比如,对于借助老虎机而进行的赌博,通过污名、羞辱或者剥夺权利的方式,用刑法禁止这种行为,或是采用更加灵活的政策;比如,限制赌博的上限和使用的时间,或者向社会解释这种机器的运作原理,让人自动疏远,或许后者的效果更好。

总之,家长主义立法要获得的正当性,必须符合上述条件。这就产生了一个问题,如果家长主义政策在实施过程中,其追求的目的与现实的结果恰

---

① Wald N. J., "Silent Prevention", *Bmj Clinical Research*, Vol.329, No.7456(2004), p.43.

② Kelman S., "Regulation and Paternalism", *Public Policy*, Vol.29, No.2(1981), p.219.

恰相反,应当如何处理,这是否能成为否定家长主义立法的根据?

在这里不得不提到电影《我不是药神》中的男主角的行为定性问题。困顿的男主角,原本是一位保健品商贩,为了解决因经营惨淡而陷入的经济麻烦,铤而走险,通过网络购买印度仿制药"格列宁",以远远低于同类药品的价格,出售给一些经济条件较差的白血病人,从而赢得了"药神"的称号。原来他并没有太大的野心,只是想多赚点钱,开好自己的神油店,过上正常人的生活。当他切实地接触到那些所谓"低端"的白血病人后,他变了。为了救助那些吃不起药的病人,他将其购买的仿制药,以原价出售给这些病人,最后因销售"假药"而陷入牢狱。我国刑法第 141 条规定的生产、销售假药罪,即国家利用自己的管理地位设置药品的条件,显然属于家长主义的范畴。然而,具体到该案而言,这种设置显然违反了其所保护的人的利益,即这不仅违反了使用该药品的病人的选择权,而且,还有悖于这些人的真实利益,因此,这种家长主义立法至少对这个案件而言,是没有正当性的。然而,法律一旦制定并生效,便产生一般的约束力,公民都有遵守的义务;否则,有可能违反平等原则或者背离不得歧视原则。这样,对于被告人的行为怎样处理呢?

就假药生产、销售禁止而言,其为典型的家长主义立法,即出于保护人们的生命与健康。从这个角度看,该罪应当属于危害公共安全罪的范畴,而我国将其放在"破坏社会主义市场经济秩序罪"的范畴,似有不当。对于这种家长主义立法而言,就前面提到的行为,是否应当用刑法进行规制,根据上述必要性的标准,答案是否定的。一则,其不符合区分原则,即所谓的假药,相应的立法解释是:"本条所称假药,是指依照《中华人民共和国药品管理法》的规定属于假药和按假药处理的药品、非药品。"而根据《中华人民共和国药品管理法》(2015 年修正)第 48 条的规定,所谓的假药是指:(一)药品所含成份与国家药品标准规定的成份不符的;(二)以非药品冒充药品或者以他种药品冒充此种药品的;(三)国务院药品监督管理部门规定禁止使用的;(四)依照本法必须批准而未经批准生产、进口,或者依照本法必须检验而未经检验即销售的;(五)变质的;(六)被污染的;(七)使用依照本法必须取得批准文号而未取得批准文号的原料药生产的;(八)所标明的适应症或者功能主治超出规定范围的。显然这些标准不符合区分原则、比例原则、详细说明原则和效率原则,道理很简单,其并没有将假药的认定与治病或者健康联系起来,而仅仅是从管理的角度认定假药的范围。

在这种立法背景下,不难看出,上述被告人的行为,可以通过以下的路径进行出罪:

第一,构成要件要素欠缺。根据刑法第141条的规定,生产、销售假药,"足以严重危害人体健康的",才构成犯罪。这表明该罪是具体的危险犯,而非抽象的危险犯,在上述案件中,由于被告人的行为给他人包括自己不可能造成实质的伤害,即不符合该条件,所以,这为犯罪构成要件要素欠缺,行为不符合犯罪的该当性,故其不构成犯罪。

第二,法益保护原则。如前所述,我国刑法第13条、第14条和第15条通过立法的方式,确定我国刑法旨在保护法益,避免危害社会的行为发生。然而,就该案而言,被告人的行为不仅不会危害社会,恰恰相反,其还会对社会有利,从这个角度看,这种行为无论如何都不能评价为犯罪。然而,基于关税方面的考虑,这种行为具有规避关税的嫌疑,所以,侵犯了国家的利益。

第三,即使这种行为侵犯了国家的税收权,但是,我国刑法第21条赋予公民以紧急避险权,即当法律规定行为与有益于社会的行为发生冲突时,公民可以突破当前制定法,追求更大的利益。就生产、销售假药禁止而言,其有一般的约束力,即旨在形成社会的一般秩序。对于上述案件而言,该禁止原本要保护的法益是不存在的,或者说,其正当化的基本根据实际上是不存在的,这样,只留下其抽象的秩序价值,当然,这为公民紧急避险权的行使留下了空间。

第四节　均衡性原则

与上述两个子原则不同,均衡性原则,也被称为狭义的比例原则(在本章简称为"比例原则"),其一直受到刑法学界的重视,我国刑法第 5 条的规定,就是该子原则的具体体现。正是获得了实证法的认可,故该子原则较之于其他两个子原则,显得更为活跃,故其产生的问题也更为复杂。

由于刑罚总存在着剥夺过剩的问题,因此,人权入宪必然会由此推导出比例原则或者最后手段原则。[1] 这就产生了一个问题,即当目前的刑法规定有悖于比例原则的诉求时,法院能否借助比例原则进行司法上的修正?

案例 1:行为人甲盗窃他人财物(价值 40 万元),一审法院判处其无期徒刑。

案例 2:行为人乙故意毁坏他人财物(价值 40 万元),一审法院判处其 7年有期徒刑。

案例 3:行为人丙将车停在一个农庄的附近,帮助另外一个被告人抢劫。后者在抢劫过程中,其暴力行为导致被害人死亡。一审法院认为提供帮助的被告人,也实施了抢劫并杀了人,即也是主犯,判处其死刑。[2]

案例 4:行为人丁贩卖鸦片 2000 克,一审法院判处其死刑。

对丙和丁而言,丙的行为是帮助他人的加害(他人)的行为,即为帮助犯,但是,上诉法院驳回了死刑的判决,理由是被告人虽然参与了抢劫,造成了他人的死亡,但是,这种帮助行为不等于故意杀人,判处死刑有悖于比例原则,最后改为终身监禁。而丁则不同,其帮助的是他人的自害行为,且这种自害行为不构成犯罪,上诉法院(或者最高法院)是否可以否定被告人的

---

① Rudolf Wendt,"Principle of 'Ultima Ratio' And/Or the Principle of Proportionality", *Oñati Socio-Legal Series*,Vol.3,No.1(2013),pp.81-94.

② Enmund v.Florida,458 U.S.782,788(1982).

死刑？与之相似,就甲和乙而言,都故意给他人造成 40 万元的损失,根据现有的立法,甲最多可判处无期徒刑,而乙最多被判处 7 年有期徒刑。两个人的社会危害相同,在当前的法律框架下,法院是否有权矫正上述案例处理的不均衡性呢？本章试图回答这些问题。

一、均衡性原则的规范内容

如前所述,从宪法的角度看,比例原则会受到很多宪法原则的制约和"证成"。根据比例原则的根基,比例原则可以进一步区分为自由利益比例原则和平等利益比例原则。

(一)自由利益比例原则

自由利益比例原则认为,刑罚权属于公权力,而其之行使总是意味着对自由利益(甚至生命)的剥夺,因此,比例原则要求刑罚应当与犯罪成比例关系,且受制于人权的观念,不得适用"残虐和异常的刑罚"。[1] 自由利益比例原则本身的价值乃在于对公权力的怀疑,即出于有限政府论。

1. 反暴力的假设

既然权力的享有者或者主管机构,由于不同的政治动机,往往有冒险行使手中的公权力的倾向,所以,只有保持对公权力的不信任,才能在最大的程度上,使个人自由获得尊重。基于此,自由利益比例原则会产生一个反暴力的假设。其实,国家一旦确立人权保护原则或者承认人民主权,也会产生这样的假设。据此,国家要想合法地适用暴力处罚他人,必须有条件地推翻这种假设。也就是说,国家的惩罚权是一种附条件的权力,即当缺乏特定的条件时,国家是没有惩罚权的。至于这种条件是什么,宪法并没有具体规定,而只能在刑法中寻找。根据刑法,国家行使刑罚权的条件是:只有在个

---

[1] Harmelin v.Michigan,501 U.S.966-985;Anthony F.Granucci,"Nor Cruel and Unusual Punishments Inflicted":The Original Meaning,57 CALIF.L.1969:860-865.

人从事刑法所禁止的行为时,国家的这种权力才能存在;否则,其仅仅是一种抽象的观念或者标准。①

比例原则要求国家的刑罚权只有在保护法益,避免其受到不正当的伤害时,才能适用。② 根据比例原则,国家刑罚权要变成现实的或者具体的权力,相应的机关必须证明其符合法律设定的条件,以迎合国家权力的范围与权力的需要成比例关系的诉求。这与刑法上的比例原则是不同的,因为后者关注的是刑罚自身与一些因素(比如行为人的主观可责性和犯罪造成的危害)之间的关系,而这里强调的是比例原则对国家权力的限制,即刑罚权须在违法发生之后,国家才有权对违法行为做出反应。③ 这里的比例原则主要限制法院确定或者适用刑罚的权力,至于行为是否应当入罪,对特定犯罪人科处的刑罚轻重是否准确,则不属于宪法上的比例原则关注的内容。当然,除了这些条件外,还需要符合法律事前须有明确的规定、处罚权的行使符合法定的程序等要求。

既然刑法是为了保护法益,而法益又是一个有等级或者层次的体系,因此,刑罚也应当是一个有等级性的体系:重罪应当受到严厉的处罚;反之,则应受到较轻的处罚。也就是说,因犯罪而被判处的刑罚也应当是分层次的,其与犯罪本身应当存在着比例关系。④ 这种比例关系所强调的是作为手段(所剥夺的权利)与目的(所保护的法益)之间,须价值相当。如果所剥夺的权利的重要性远远高于其所欲保护的法益,比例原则会排斥这种处罚措施的适用。⑤

然而,这就需要回答一个问题,即各国为什么会用自由刑保护财产呢?

---

① Papachristou v. City of Jacksonville, 405 U.S. 156(1972).

② C.f. Francis A. Allen, "A Matter of Proportion", *4 GREEN BAG 2d*, (2001), pp.343–344.

③ Louis Hartz, The Liberal Tradition In America 5–6(Harcourt, Brace & World 1963).

④ Ristroph A., "Proportionality as a Principle of Limited Government", *Duke Law Journal*, Vol. 55, No.2(2005), pp.263–331.

⑤ BVerfGE 90, 145(185).

当然,功利主义主要借助刑罚威慑力,解释用自由刑保护财产的必要性,即,如果不用自由刑而仅仅用财产刑保护财产的话,对于没有经济能力的穷人而言,这种立法实际上是没有威慑力的,故需要以其自由作为保护他人财产的手段。而富人则是由于平等原则才适用这种规则。① 也就是说,根据这种解释,这种处罚规则之所以具有普适性,特别是对于富人而言,这是遭到穷人连累的结果,这显然有违公共领域内不得歧视的原则。

其实,这应当属于历史的产物。比如,在物质匮乏的年代,如发生大饥荒时,财产就等于生命,故用死刑保护财产是有一定的道理的。在经济上能够自足的年代,财产在一定的程度上就等于自由,因为人们通常需要牺牲自己的自由(即艰苦的劳动)以换取财产。因此,用剥夺自由的方式保护财产,是符合自由利益比例原则的。特别需要指出的是,此时,财产是个人获得独立人格的基础,如果没有财产,人就不成其为人,而成了工具。

学界通常借助下面的故事解释财产与人格尊严的联系:有传说,某国王欲将民众之财实行国有。由于财产私有的观念作祟,大臣拒绝执行。为了说服大家,在隆冬之际,皇帝召集各级官员于庙堂议事。空旷的大厅未有任何的取暖设备,更有冷风来袭,令人倍感冬之严酷。众大臣等候良久,国王才长袍大袖,徐步而来。到众人面前,国王一甩长袖,从里面出来一个动物。然后,国王拂袖而走。该动物紧随其后,须臾不离。国王问众臣子说:"此乃何物?"众臣愕然,似曾相识,又一时想不出名称。国王说:"此乃雄鸡,极好斗,难约束。今晨,我令人脱其毛,放之袖中,未几,见诸君。然放之而不去,奈何?"众人说,这是贪恋长袖之温暖。国王说:"民之有财,如鸡之有毛,虽令不听。如去其毛而夺其财,只能惟命是从,敢舍我而去!"众人乃悟。这就是说,财产如同鸡之羽毛。公民失去财产,

---

① Richard A.Posner,"An Economic Theory of the Criminal Law",*Columbia Law Review*,Vol.85, No.6(1985),pp.1193-1231.

即如隆冬被脱去毛的公鸡,自由或者独立人格对其而言,是没有任何的意义的。

然而,随着生产力的发展,物质不断丰富,财产在社会上的价值逐渐降低,因此,再用自由甚至生命保护财产,则无疑会降低人的价值。在今天,科学技术的进步,导致人类无须再像以往那样劳苦耕作才能谋生。人们有分享科技成果的要求,将艰苦的劳动留给机器。在这种背景下,是否再需要动用自由刑保护财产权,学界出现了分歧。其中,有很多学者指出,对于这种非暴力性的财产犯罪,是不能适用监禁刑的,否则违反自由利益比例原则,侵犯了被告人的基本权利,因为财产与自由价值不相当。[①]

总之,比例原则是动态的,并非静止不动。也就是说,随着社会的发展,目的与手段之间的关系也不断地发生变化。

2. 宪法原则对刑罚上限的限制

与刑罚的下限主要被视为保护法益不同,刑罚上限的根据并非报应论、威慑论、改造论和特殊预防论,而是当前社会的基本价值,因为宪法不可能会赋予国家对违反法律的个人享有绝对权力。所以,宪法上的比例原则并不是根据刑罚论自身推导出来的,而是宪法自身的一种诉求。一般认为,对于刑罚的上限而言,如果其具备以下的条件,则属于过度处罚,违反比例原则,也违宪。[②]

其一,刑罚无助于刑罚目的的实现,即所科处的刑罚与人们所普遍接受的刑罚目的无关。于是,刑罚所蕴含的痛苦和艰难处遇,便失去了必要性,因此其不可能获得正当性。比如,在前面提到的案例3中,被告人被判处死刑,上诉法院认为,其之目的只能是出于报应或者威慑;否则,这种刑罚带来

---

① Ashworth, Andrew, "Prisons, Proportionality and Recent Penal History", *The Modern Law Review*, Vol.80, No.3(2017), pp.473-488.

② Gregg,428 U.S.at 173[citing Trop v.Dulles,356 U.S.86,100(1958);Weems v.United States,217 U.S.349,367(1910)].

的痛苦和艰难处遇,实际是没有意义的,也是没有必要的,因此其是违宪的。① 即,在法院看来,"刑罚是否违反比例原则"与"刑罚是否有助于合理的刑罚目的的实现"是一回事。②

在刑法领域内,对于死刑是否有助于正当目的之实现,法院并不一定完全受制于当前的立法。有法院指出,酷刑禁止具有保护个人,使其免受"过度"处罚的功能。③ 比如,对于心理有障碍的被告人之所以不适用死刑,理由就是其属于过度处罚,无助于死刑正当目的的实现,故是违宪的。④ 其实,"过度"与"不符合比例原则"是同义语,其根据早先的合比例原则的判决,表明被告人具有反过度处罚的权利。⑤ 对比例原则而言,刑罚目的是作为最后的手段而存在的,当给心理存在着障碍之人判处死刑时,其既不具有威慑,也不具有报应功能,所以,其属于过度的预防,是违宪的。

其二,刑罚与犯罪的危害性程度不成比例。这是指所科处的刑罚高于犯罪造成的危害,而不是相反。⑥ 学界曾经围绕着强奸罪是否应当存在死刑的问题,展开过争论。大多数人认为,用死刑作为强奸罪的后果,即使其有助于合理的刑罚目的的实现,也构成酷刑或者残虐不人道的刑罚,原因就是两者之间不成比例⑦,因为死刑在严厉程度上具有唯一性和不可挽回性。当其适用于强奸犯时,则构成一种过度的处罚,毕竟犯罪人没有剥夺他人的生命。⑧

对于第二个标准,学界的争议较少,然而,第一个标准则不然,理由有:

---

① Enmund v.Florida.at 798.

② e.g.,Roper v.Simmons,125 S.Ct.1183,1196-98(2005);Atkins v.Virginia,536 U.S.304,321(2002).

③ Atkins v.Virginia,536 U.S.304,311(2002).

④ Ristroph A.,"Proportionality as a Principle of Limited Government",*Duke Law Journal*,Vol. 55,No.2(2005),pp.263-331.

⑤ Ristroph A.,"Proportionality as a Principle of Limited Government",*Duke Law Journal*,Vol. 55,No.2(2005),pp.263-331.

⑥ Coker v.Georgia,433 U.S.(1977)at 584;Gregg v.Georgia,428 U.S.153,173(1976).

⑦ Coker v.Georgia,433 U.S.(1977)at 592.

⑧ Coker v.Georgia,433 U.S.(1977)at 598. Furman v.Georgia,408 U.S.238,252-53.

一则,刑罚的目的具有多重性,或者说存在着很大的争论,至少绝对主义与相对主义对其有不同的解释,故刑罚本身是否有助于其目的的实现,很容易产生分歧。二则,如果刑罚真的存在特定的目的,刑罚的适用不能有助于该目的的实现本身就具有违宪性,无须从比例的原则论证其不正当性,即,刑罚目的和比例原则是两个不同的问题。① 正是在这些争论的影响下,美国的法院一改原来的看法,即,其目前认为,刑罚是否服务于合理的刑罚目的,显得更为重要,其已经逐渐成为比例原则审查的核心标准,甚至成为唯一的标准。三则,一般认为,刑罚目的的审查,属于立法权的范畴,司法机关要进行这样的审查,则要求他们要么享有监督立法者确定刑罚目的的权力,要么事后享有猜测立法目的的权力。由于立法并没有明确这种权力,于是法院不愿意招惹这样的麻烦。② 但是,死刑案件却是一个例外,因为死刑过于严厉,其本身需要更多的司法审查。

不同于死刑,对于自由刑而言,宪法原则对刑罚上限的限制却往往存在着很大的困难,不过也有例外。比如,在美国的威姆斯案中,被告人因为伪造海关文件而被判处 15 年的监禁。③ 上诉法院认为,这种处罚本身不仅蕴含着监禁和艰苦的劳动,而且,其还会使被告人永久失去一些民事权利,其与该行为的社会危害不相当,故违反比例原则。最后,这种处罚被改判,其根据就是宪法规定的个人自由和美国宪法第八修正案有关酷刑禁止的规定。然而,为了更好地实现刑罚目的,法院可以背离立法的情况,通常只局限于死刑。对于非死刑案件,比例原则的适用存在着以司法取代立法的风险,这是现代法律制度所不能容忍的,事实上,法院对此也谨小慎微。④ 但

---

① Ristroph A., "Proportionality as a Principle of Limited Government", *Duke Law Journal*, Vol. 55, No.2(2005), pp.263-331.

② e.g., Rummel v.Estelle, 445 U.S.263, 275-76(1980).

③ Weems v.United States, 217 U.S.349(1910).

④ e.g., Harris v.Wright, 93 F.3d 581, 583-85(9th Cir.1996); Logan W A.Proportionality and Punishment: Imposing Life without Parole on Juveniles[J].Wake Forest L.1998, 33(681):681, 684.

是,对于比例原则的适用,为什么死刑会与自由刑不同呢? 这一点是不清楚的,也没有法院对此进行解释。

3. 家长主义对自由刑的排斥

自由刑虽然存在着受酷刑或者异常的刑罚之禁止限制的可能,但是,一般来说,这种情况非常罕见,当然,其更难适用于短期自由刑。不过,也有例外,即对于家长主义立法,即使适用短期自由刑,也是有问题的,因为从理论上讲,家长主义立法是出于为保护行为人"明天的利益"而剥夺其"今天的选择权",或者说,国家认为权利内在的两个诉求(即选择权与利益)发生了矛盾,于是,就站在利益的角度,否定人们当前的选择权,代其选择其"明天的利益"。然而,如果采用短期自由刑的方式,限制人们这种选择权的行使,则意味着国家通过给行为人贴上"犯罪标签"或者"污名化"的方式,保护其"明天的利益",这明显有悖于自由利益比例原则。比如,被告人因吸食毒品而被初审法院判处 90 天的监禁刑,被告人不服提起上诉。上诉法院认为,对吸毒之人科处 90 天的监禁,是错误的。[1] 在抽象的层面上,90 天的监禁虽然不属于酷刑或者异常刑罚的范畴,但是,如果基于生理特征(毒瘾)而科处了短期刑,这也应评价为残虐的或者异常的刑罚,毕竟其并未实施加害于社会的行为。[2] 罗宾逊指出,美国宪法第 8 修正案不仅限制刑罚的实施方法,而且还限制刑罚的严厉程度,即其完全成了比例原则。因此,当国家试图给一个人判处自由刑时,必须弄清国家启动刑罚权的根据是什么,或者国家是基于何种行为而剥夺被告人的自由的。[3]

在美国加利福尼亚州的尤因案判决中,法院根据"三振出局"法,判处盗窃高尔夫俱乐部 400 美元财物的被告人终身监禁。[4] 通过该案,法院指

---

① Robinson v.California,370 U.S.660,666-67(1962).

② Robinson v.California,370 U.S.660,666-67(1962).

③ Atkins v.Virginia,536 U.S.304,311(2002),在该案的判决中,援引了罗宾逊的上述主张。

④ Ewing v.California,538 U.S.11,19-20(2003).

出,刑罚的目的构成比例审查的起点,原因也是出于对立法的尊重,即比例原则也适用于"非死刑判决"。① 根据比例原则,尤因案的判决与当前的重罪以及与被告人多次实施这种重罪的长期历史相比,并没有"明显违反比例原则"。② 该法院强调说,需要适当地尊重政策判断,而这种政策判断存在于立法者选择处罚时的用语之中。③

这样,在刑事审判过程中,比例原则与宪法的其他原则在形式上是平行的,但实质上不同,比例原则还要遵守其他原则的要求,其至少要基于所要惩罚的行为的性质和国家权力的范围,确定处罚的内容。因此,对于自由利益比例原则而言,其不仅适用于死刑和长期自由刑,而且,有时还适用于短期自由刑。

(二)平等利益比例原则

立法者根据比例原则,为具体的犯罪设置了刑罚的上限,目的是为了保护具体被告人的自由利益,但是,个人还有被刑法平等对待的权利,即强调刑罚权的行使,要遵守平等原则,具言之,不同的刑事判决之间要有可比性,即要求司法判断具有一致性,不能是恣意的。因此,与自由利益比例原则不同,或者说,平等利益比例原则也是一种独立的原则。④

1. 平等利益比例原则的提出

平等利益比例原则源于弗曼案的判决。在该案中,被告人半夜持枪到被害人家中抢劫,致被害人死亡。对于被告人的这种行为,是否应当判处死刑,审判的法官看法极不统一。⑤ 但是,大多数法官(共有 9 名法官)认为,基于自由利益比例原则,死刑不具有普遍性,其仅仅适用于少数极端的犯

---

① Harmelin v.Michigan,501 U.S.957,996-997.

② Ewing v.California,538 U.S.11,29(2003).

③ Ewing v.California,538 U.S.11,29(2003).

④ JOSEPH RAZ,"THE MORALITY OF FREEDOM",*Oxford*,(1986),p.220.

⑤ Furman v. Georgia, 408 U.S.238 (1972). Furman was Decided 5-4, and Each of the Nine Justices filed a Separate Opinion.

罪,然而,一旦将其适用于特定的犯罪,则存在着违反平等原则的嫌疑。他们认为,对于任何犯罪而言,不管从残虐,还是从异常的刑罚的角度看,死刑自身都违反比例原则,由此产生了平等利益比例原则。

上述观点显然忽视了具体犯罪(社会危害程度)与刑罚的关系,不过,其直接导致了美国的佐治亚州的修法,即在通过法律的方式反映这种平等利益比例原则的诉求。① 具言之,该州在刑法中明确规定,所有被判处死刑的案件,都应当得到上级法院(即该州的最高法院)的复审认可,以确保每个死刑判决与相似犯罪的判决成比例关系。② 也就是说,最高法院对下级法院审理的死刑案件的审核,不仅仅要关注犯罪行为本身是否应当判处死刑,还应当关注其他的案件的判决情况,目的就是为了符合平等原则的要求。

此外,学界一般认为,对年龄不满18周岁的未成年人不能判处死刑,根据也是平等利益比例原则,即对于未成年人而言,死刑是一种过度处罚,理由是,如果成人实施这种应当判处死刑的犯罪行为,会被判处死刑,而未成年人实施之,当判处死刑时,则无法反映未成年人的可责性低于成年人的事实,即行为的违法相等,而可责性却存在着差异,如果适用相同的刑罚(即死刑),则违反平等利益比例原则。一般来说,人们尽管通常赋予立法者以立法权,其中就包括对特定犯罪设置相应刑罚的权力,但是,法院并不能无原则地尊重立法选择。特别当未成年人因为触犯刑律而被判处死刑时,无论是传统的报应论,还是威慑论,都无法为其提供正当性的根据。此时,法院应当通过平等利益比例原则审查,否定这种处罚的残虐性或者异常性。

总之,平等利益比例原则是平等原则与比例原则相结合的产物,其具体

---

① Gregg v.Georgia,428 U.S.153(1976).

② Pulley v.Harris,465 U.S.37,43-44(1984).Latzer B.,"The Failure of Comparative Proportionality Review of Capital Cases(with Lessons from New Jersey)", *Albany Law Review*, Vol.64, (2001),pp.1161,1163. Mandery E. J.,"In Defense of Specific Proportionality Review", *Albany Law Review*, Vol.65,(2002),pp.883,899.

的诉求是,在相似的情况下,相似的犯罪应当受到相似的处罚,这也是先前判例具有一定的法律约束力的规范根据所在。因此,如果说自由利益比例原则是纵向的比例原则,那么平等利益比例原则就是横向的比例原则。比如,前者要求谋杀罪与盗窃罪要进行不同的处罚,而后者要求所有的谋杀罪的处罚应当相似。① 在现实中,这种比例原则较之于自由利益比例原则,更容易为人们所接受,因为其更符合人们的道德直觉。所以,平等利益比例原则也被学界称为统一性原则。②

2. 平等利益比例原则的适用

目前,对于死刑而言,最高法院的复核制度,其目的之一就是为了在全国的范围内贯彻实施平等利益比例原则。然而,对于自由刑而言,该原则是否有相同的效力,学界则有不同的看法。比如,在美国拉梅尔案中,被告人因为使用假冒的信用卡骗取他人价值 80 美元的财物和伪造了一张价值 28.36 美元的支票,而受到了重罪的处罚,刑满释放后又诈骗他人 120.75 美元。这三个罪合在一起,所涉及的财物大约为 230 美元,但法院却根据得克萨斯州的法律,判其终身监禁。③ 事实上,很多数额远远超过 230 美元的财产犯罪,均未受到如此重的处罚,因此,辩护人认为此有悖于平等利益比例原则,而公诉人认为平等利益比例原则通常仅适用于死刑案件,自由刑不涉及,所以,如果对这种处罚进行比例原则审查,则有违宪法对立法权的规定。也就是说,对于监禁刑,平等层面上的比例审查是没有位置的。④ 在学界,大多数人认为,只有在极端情况下,法院才有权通过平等利益比例原则

---

① Bogataya S. & Bogatyi S. & Valov V. , "The Federal Sentencing Guidelines and the Key Compromises Upon Which They Rest" , *Hofstra L.rev* , Vol.17 , No.7(1998) , pp.1670–1677.

② 巡回法院的法官斯蒂芬・布雷耶(Stephen Breyer)指出,联邦判决指南的核心目的之一就是"统一和合比例性",前者就是相似的案件要相似处理,后者要求对不同的案件要不同处理。

③ Rummel v.Estelle 445 U.S.(1980).

④ Ewing v.California, 538 U.S.11, 32(2003); Harmelin v.Michigan, 501 U.S.957, 966–985 (1991).

限制自由刑的适用。① 但是,该案是否属于极端的情况构成本案争议的焦点之一。法院认为,一则,得克萨斯州为了威慑重犯,而将犯罪人与社会永久隔离,这种立法目的是合理的,即这种立法并无不当;二则,对于具体的犯罪人而言,永久的隔离是否妥当,则主要属于审判权的范围,与被告人的权利(即平等对待权)无关,所以,初审法院的判决是正确的。在另外一个案件中,被告人因为非法持有9盎司的吗啡而被判处40年的监禁,被告人也以此违反平等利益比例原则为由,提起上诉,上诉法院也以类似的理由,驳回了上诉,维持了原判。②

自由利益比例原则与平等利益比例原则的根据不同,关注的重点也不一样,所以,它们之间有可能会发生矛盾,比如,一些家长主义立法,如赌博罪,通常会被判处自由刑,然而,如果随后因为其立法原因而法院决定仅仅让其承担罚金刑时,平等利益比例原则则会与自由利益比例原则发生冲突。尽管如此,在司法上,法院往往会同时从自由利益比例原则和平等利益比例原则的角度考察案件,比如,前面提到的科克尔案中,法院就以调卷令的方式,在进行自由利益分析的同时,还基于平等利益比例原则,对该州的法律,甚至是国际法的适用情况都进行了梳理,弄清到底有多少地区的法院会对强奸罪判处死刑,其最后根据被告人的生命利益和自由利益做出判决。③

二、比例原则的规则化

其实,美国法院在很早之前就开始尝试将纵向性和横向性的比例原则规则化。比如在索利姆案中,被告人向第三人签发了一张100美元的空头支票,根据当时的法律,其应当受到5年监禁和5000美元罚金的处罚。但

---

① 　Rummel v.Estelle 445 U.S.(1980).

② 　Hutto v.Davis,454 U.S.370(1982).

③ 　Id.at 596 n.10. http://www.cisszgty.com:85/v2/dict.do? op=toIndex&code=QKZD.

是,由于被告人在此之前曾经犯过 6 次罪,于是,法院最终判处其终身监禁。① 在该案判决中,法院指出,为了体现对被告人自由利益和平等利益的尊重,比例原则要求所判处的刑罚应符合以下标准。②

其一,犯罪的严重性程度和刑罚的严厉性均衡,以此反映自由利益比例原则的要求。③ 即,一个人的自由利益,如果被国家以惩罚的方式进行剥夺,只能与其犯罪或者危害成比例关系。

其二,刑罚应当与该法域对其他类似犯罪的处罚具有均衡性,或者说应当与其他相似(包括同种类和相近)的犯罪具有可比较性。④ 如果该法域用较轻的刑罚处罚相似的犯罪,则表明这种处罚违反比例原则,即处罚过重。⑤ 该标准同时体现了自由利益比例原则和平等利益比例原则的诉求。

其三,处罚与在其他法域内发生的相同犯罪的处罚,具有均衡性。⑥ 即对于同种类的犯罪,不同法域之间也有可比较性。这个标准既涉及自由利益,还涉及平等利益。如果其他法域对同类犯罪处罚较轻或者不予处罚的,这种处罚违反比例原则。

这三个标准基本上反映学界对比例原则的态度。⑦ 然而,其也遭到了一些学者的批评,反对的主要理由有:其一,第二个标准明显是错误的,理由是法律并没有明确设置这样的比例原则,即要求对相似案件的判决进行比较。⑧ 其二,如果对案件的判决适用上述标准判断,有可能会否定比例原则,使其成为一种松散的、模糊的理论。其三,比例原则所包含的残虐的或

① Solem v.Helm,463 U.S.277(1983).
② Solem v.Helm,463 U.S.290-292(1983).
③ Solem v.Helm,463 U.S.290-291(1983).
④ Solem v.Helm,463 U.S.291(1983).
⑤ Solem v.Helm,463 U.S.291(1983).
⑥ Solem v.Helm,463 U.S.291(1983).
⑦ 501 U.S.957(1991).
⑧ Harmelin v.Michigan 966-994,Scalia 法官的观点。

者异常的刑罚之禁止,只能适用于死刑,对于自由刑,即使终身监禁,也不得适用。比如,在哈梅林案中,法院对首次持有 672 克海洛因的被告人,判处终身监禁的处罚,这就是适例。① 其四,如果允许法院对自由刑进行自由利益比例原则或者平等利益比例原则审查,则意味着:第一,法院享有了立法权,这与宪法关于立法机关享有刑罚创制权的规定相矛盾;第二,"过度"的刑罚或者"异常"的刑罚之判断,对刑罚论有严重的依赖,但是,目前立法并没有规定其内容或者强制法院采用何种刑罚论;第三,不同的刑罚论或者刑罚习惯有可能导致法院判决的恣意性,毕竟法院进行的比例原则审查缺乏客观的要素限制。

　　然而,我国却与之不同,毕竟刑法第 5 条对犯罪与刑罚之间的关系做出了明确的规定,即公开承认犯罪与处罚之间须存在严格的比例关系。然而,必须注意到的是,这一条的规定与宪法有关立法权的规定存在着一定的冲突。再加上,在刑法的范畴内,比例原则的规定是建立在恐惧基础之上的,一般认为,通过让人产生恐惧之心而维护社会秩序或者保护法益,是不道德的,所以,单纯地追求威慑的刑法,是现代社会所不允许的。就像其他的法律一样,当前刑法主要给人们提供一个正常的行为规范,即其从反面的角度,告诉人们哪些行为是不应当实施的。不过,在立法之时,如前所述,由于更重视一般预防,因此,法律极易出现"多数人暴政"的现象,即多数人很可能忽视个人的权利和利益的保护。② 这样,尽管民主程序可能给个人的比例利益提供一些保护,但是,建立在这种程序之上的保护是不充分的,故需要专业的法官在适用实体法时,通过其自由裁量权,体现比例原则的诉求。③

---

① Harmelin v.Michigan(Scalia,J.,joined by Chief Justice Rehnquist and Justices O'Connor,Kennedy,and Souter).

② Erik Lillquist,"The Puzzling Return of Jury Sentencing:Misgivings about Apprendi",*N.C.L. REV.*Vol.82,(2004),pp.621–670.

③ Sauer K. K.,"Informed Conviction:Instructing the Jury about Mandatory Sentencing Consequences",*Columbia Law Review*,Vol.95,No.5(1995),pp.1232–1272.

从宪法的角度看,法官可以评估犯罪,无须援引刑罚目的。更具体地说,其更强调有关犯罪的宪法理念,其并非建立在报应(或者其他刑罚论)的基础之上,而是建立在现实的行为和心理态度之上。[①] 然而,比例原则的适用对法官的自由裁量权具有很大的依赖,故限制这种自由裁量权的最佳路径之一便是尽可能地将比例原则规则化。结合当前的立法,体现比例原则的规则主要有以下四点。

(一)排除合理怀疑证明标准

在传统的宪法中,有很多刑事法方面的条文,我国宪法第 37 条第 2 款的规定就是这方面的例证。有学者认为,之所以在宪法中设置这种条款,不仅体现了宪法对政府滥用权力的担心,避免在下位法中出现不当的规定,而且,这还体现了对刑罚论的怀疑,否定报应论或者威慑论成为比例原则的根据。[②] 过去,被宪法化的刑事法更多地倾向于刑事程序法,比如正当程序原则,而不是刑事实体法。现在则不同,刑事实体法也越来越有宪法化的倾向,比如,罪刑法定原则就被很多国家规定在宪法中。[③] 这种刑事法宪法化的现象表明,刑罚已经构成当前政治制度的一种习惯或管理社会的一种手段,其与刑罚目的是没有多大联系的。[④]

事实上,罪刑法定原则已经被国际公约接受,即使对没有将其宪法化的国家而言,其也取得了宪法的地位。[⑤] 然而,正当程序原则和罪刑法定原则合并在一起,则要求对刑事案件的证明需达到排除合理怀疑的程度;否则,不能处罚被告人,理由是,刑罚会剥夺人们重要的法益,所以,刑罚适用前提

---

① 463 U.S.277(1983).

② Ristroph A.,"Proportionality as a Principle of Limited Government",*Duke Law Journal*,Vol. 55,No.2(2005),pp.263-331.

③ Dubber M. D.,"American Plea Bargains,German Lay Judges,and the Crisis of Criminal Procedure",*Stanford Law Review*,Vol.49,No.3(1997),pp.547-605.

④ Blakely v.Washington,124 S.Ct.2531(2004).

⑤ 参见《公民权利与政治权利国际公约》第 9 条。

条件的证明需要达到排除合理怀疑的程度。① 然而,由于影响定罪量刑的构成要素非常复杂,再加上他们与被告人的命运联系不同,因此,每个要素的证明标准也不统一,有的需要达到排除合理怀疑的程度,有的需要达到优势证据标准,甚至有的需要达到具有说服力的标准(即初步证据规则)。一般来说,定罪要素要求较高,这种要素的证明标准需要达到排除合理怀疑的程度,而量刑的要素,由于不反映行为规范的内容,其证明标准较低,其适用优势证据标准甚至说服标准即可,即量刑要素与定罪要素不可能同等对待。然而,哪些要素的证明需要达到排除合理怀疑的程度,哪些要素不需要,其判断标准就是自由利益比例原则。

在传统上,对于定罪的要素,其之证明通常需要达到排除合理怀疑的程度,对于量刑要素,则达到优势证据标准即可。然而,随着比例原则的引入,现在改变了这种做法。比如,在美国阿普伦蒂案中,被告人向其新邻居(其刚从非洲移民至此)家中连开数枪,击中其房屋。警方将其抓获后,受到了"持有武器罪"的刑事指控。② 根据当地的法律,如果该罪成立,正常情况应当受到 5—10 年的监禁。但是,检察官认为,被告人实施这种行为时具有"种族歧视的目的",因为警方在最初向其调查时,被告人说,其之所以这么做,是因为他不愿意与黑人为邻,因此,应当加重处罚。辩护人认为,检察官的这种加重处罚的主张违反了宪法上的比例原则,理由是,控方无法按照排除合理怀疑的标准,证明这种"目的"的存在。在庭审过程中,被告人以及聘请的心理学家证明,他开枪的原因并非出于种族仇恨,而是醉酒造成的。不过,在警察最初听证时,被告人承认自己的行为源自种族歧视。法官根据"优势证据规则"认定其行为属于种族歧视,判处其 12 年的监禁,即比法定刑的上限高出 2 年。被告人不服提出上诉。

---

① Dripps D. A., "The Constitutional Status of the Reasonable Doubt Rule", *California Law Review*, Vol.75, No.5(1987), pp.1665-1718.

② Apprendi v.New Jersey, 530 U.S.466(2000).

上诉法院指出,根据比例原则,案件涉及的事项越严重,其之证明标准越高。[①] 上诉法院根据刑罚的严厉程度认为,对于加重刑所对应的事实要素,其之证明需要达到排除合理怀疑的程度。法院解释说,由于种族仇恨是对违法持有枪支的加重情节,其应当作为犯罪的构成要件要素对待。但是,绝大多数学者认为,定罪与量刑是两回事,前者涉及的是行为规范,后者仅仅涉及裁判规范,只有前者才适用比例原则,阿普伦蒂案的判决显然否定了这种逻辑。[②]

(二)法条选择权

在英美法系,被告人的行为是否构成犯罪通常由陪审团决定,至于构成何罪则由法官决定。[③] 比如,当法条发生竞合时,法官完全可以根据比例原则,而不是根据所谓"特别法优于一般法"或者"从一重罪处罚"等原则选择适用的法律。这就是说,司法并非总具有消极被动性,而是有时会积极主动地对立法进行补充。当然,在大陆法系,这种情况更为明显。

立法者通过法律条文的方式,将自己的规范意思传递给社会。然而,立法者制定的法律规则之间以及这种法律规则与其他法律之间的关系,有时边界模糊甚至会出现矛盾,作为以法律为职业的法官而言,由于其具有相应的专业知识,故其有能力从整个法律体系的角度确定每个法条的适用范围。比如,被告人无视他人的生命安全,在道路上严重违反管理法规,造成伤亡事故的,法官很有可能认定被告人构成以危险方法危害公共安全罪,而不是单纯的交通肇事罪,做出这种判断的根据就是比例原则以及这两个罪的法律后果之间的关系。

---

① 在 Mullaney v.Wilbur,421 U.S.684,704(1975)案中,法院认为,缅因州的法律规定,由于挑衅而出现的激情杀人,会将谋杀罪降低为过失致人死亡罪,对于控方证明不存在这种激情,需要达到排除合理怀疑的程度;在 Winship,397 U.S.358,364(1970)案中,法院认为,正当程序条款保护被告人,除非对犯罪的构成要件要素的证明达到排除怀疑程度。

② Booker v.United States,125 S.Ct.738(2005);Blakely v.Washington,124 S.Ct.2531(2004).

③ Blakely v.Washington,124 S.Ct.2531(2004).

在普通法系,这种判断通常由陪审团进行,然而,这仅仅是司法判断的一个预备阶段,即调查国家试图惩罚的事实,而法官完全有权基于比例原则改变其选择。[①] 也就是说,立法者原本将某种行为规定为 A 罪,陪审团无权将其认定为 B 罪。一旦陪审团将其认定为 B 罪,法官有更正的权力。比如,对于违法变更车道的行为,如果其置他人的生命危险于不顾,按照比例原则,很有可能被认定为故意杀人罪或者以其他方法危害公共安全罪,即法官有选择法律的权力,主要理由有以下三点。

首先,影响刑事司法政策(包括刑事立法)的诸因素,作为非刑事专家的议员或者人大代表,往往是不清楚的,但是,他们却是刑事法律的制定者,有权在形式上确定犯罪行为的范围以及处罚方法。[②] 这样,他们制定的法律有可能违反比例原则,甚至与其立法目的相悖,比如,美国、日本以及韩国法中的通奸罪,就是适例。[③]

其次,对于极端严酷的刑罚,法律人希望给予限制,但是,社会的一般民众基于朴素的"报应"的理念,往往对其是支持的,比如死刑,法律专家希望废除,而民众通常持截然相反的态度。特别是,他们很容易将犯罪人与自己分开,认为刑法仅仅处罚"坏人",而不可能是"好人"甚至自己,忽视法律存在着错误成本问题,故很容易持重刑主义的态度。

最后,法官可以借助比例原则,协调立法与现实的关系。尽管法官没有权力打破法律的限制,而将比例原则的诉求直接变成现实,他们却可以借助自己掌握的法律技术和法律规则之间的关系,挖掘法律内部隐藏的资源,弥补立法的漏洞或者缺陷。

总之,尽管民主程序和司法程序可以给个人的比例利益提供一些保护,

① Blakely v. Washington, 124 S. Ct. 2539(2004).

② Zimring F. E., "Populism, Democratic Government, and the Decline of Expert Authority: Some Reflections on Three Strikes in California", *Pac. Lj*, Vol. 28, (1996), pp. 243-256.

③ Siegel M. J., "For Better or for Worse: Adultery, Crime & the Constitution", *J. Fam. L.*, Vol. 30, (1991), p. 45.

但是,这种建立在程序基础上的保护是不充分的。因此,要想充分地保护个人的比例利益,必须在一定范围内,赋予法官(甚至陪审团或者陪审员)以相应的权利。

(三)相似的案件相似处理规则

根据平等原则,在一般情况下,法律应当平等地适用于其管辖的所有人,即其要求适用相似的案件相似处理规则。这种规则可以解构为三项诉求。

首先,在同一法域内,对同一类型的犯罪的处罚,当然具有可比较性,因为这反映了立法对这类行为的处罚标准,法院有遵守的义务。比例原则的要求不仅仅如此,其还要求将判决与本法域内的对其他犯罪的处罚进行比较,防止刑罚权的扩张或者不成比例。[①]

其次,如果犯罪之间规定的行为在必要的构成要件要素方面大致相似,对于此罪与彼罪之间的比较,是很容易进行的,但是,很多犯罪在构成要件要素上,明显不同。比如,故意伤害罪与贩毒罪,哪一个应当受到严厉的处罚,或者他们是否应当受到相同的处罚?则很难回答,为此,学界有人认为,应当基于刑法的目的(即保护法益),要求法院将这两种犯罪的社会危害性进行比较,从而统一其间的处罚标准,以满足比例原则的要求。[②]

最后,协调或者参考其他法域对相似的犯罪所科处的刑罚。在现代社会,个人自由是一种基本权利,这不仅是各国宪法的规定,更是国际公约(比如《国际人权公约》)的要求。尽管对何谓自由这个问题,各国的态度并不统一,甚至存在着争议,但是,对监禁是对个人自由的一种剥夺,却是没有争议的。这样,如果对犯罪人实施监禁刑,由于这会否定犯罪人的"基本权利",所以,至少在有关公约的范畴内,剥夺的理由甚至剥夺的内容,在各国之间是可以比较的,尽管这种比较远没有死刑那样明显。

---

① United States v.Angelos,345 F.Supp.2d 1227(D.Utah 2004).

② Ristroph A.,"Proportionality as a Principle of Limited Government",*Duke Law Journal*,Vol. 55,No.2(2005),pp.263–331.

正是国际公约的存在,导致不同法域之间的刑罚具有一定程度的可比性,而其基础则是免于监禁构成公民的基本权利的内容,这也是其接受比例原则的审查的规范根据。具言之,根据国际公约(比如《公民权利与政治权利国际公约》),保护身体不得限制的自由,是各国政府的任务,即其有责任在本国宪法中宣示这种权利,并通过本国具体的法律,将其现实化。侵犯这种权利应当受到严格的审查。当然,尽管跨越法域,比例原则的审查肯定不像国内那样具体、有效,当基于一些特殊的原因,比如,出于行使言论自由权、平等保护权和正当程序权,而剥夺人们自由的行为,理应受到比例原则的限制,因为这是国家的义务。①

总之,不管从理论上,还是从法规范上,原本作为部门法的刑法(包括其规定的刑罚),虽然与宪法在形式上是分立的,但是,在确定刑罚权的范围时,却需要将这种权力放在更宽泛的政治体系之中进行考察,也就是说,国家惩罚权的形式,必须建立在尊重个人的基本权利和利益的基础之上。

不过,刑罚的实施活动过程极为复杂,其不仅涉及政府机构、检察机关和司法机关的分工不同,而且,还涉及具体办案人员的主观认识等问题,所以,其整个过程都应当涉及比例原则审查的问题。易言之,立法机关规定何种行为构成犯罪,并为其设置一定的处罚范围,应当遵守比例原则,司法机关审查个人是否有罪,并对有罪的人判处相应的刑罚,检察机关指控被告人,并随后科处现实的处罚(通常是监禁刑),也应当受到比例原则的限制。否则,试图在刑事程序的某一环节对被告人的权利进行保护,很难有效,只有将这种程序当作一个整体看待,然后借助比例原则进行审查,才能达此目的。② 这也

---

① Frase R. S., "Excessive Prison Sentences, Punishment Goals, and the Eighth Amendment: 'Proportionality' Relative to What?", *Social Science Electronic Publishing*, Vol.89, No.3(2004), pp. 571-651.

② Hart H. M., "The Aims of the Criminal Law", *Law & Contemporary Problems*, Vol.23, No.3 (1958), pp.401-441; Stuntz W. J., "Substance, Process, and the Civil-Criminal Line", *J. contem.legal Issues*, 1996.

是学界主张将刑事实体法"宪法化",而非仅仅是刑事程序法"宪法化"的原因所在。①

(四)刑罚与犯罪相当

根据该标准,对于特定的犯罪而言,某一刑罚是否过于严厉,关键要看:人们是否愿意将这种处罚适用于任何犯该罪的人。如果人们不愿意对这种行为,统一地科处某刑罚,那么,则会认为,这种处罚的严厉程度是反比例原则的。

比例原则有一形式诉求,即刑罚的轻重应当反映犯罪的轻重,但是,这个标准显然有模糊性。比如,对于惩罚性民事赔偿金,法院会考虑被告人行为的可谴责性,使赔偿金与之联系在一起。② 与之相似,根据征用条款的强制,其之标准要求法院审查这种强制与有关的社会发展的影响,是否成比例关系,而刑事审判则与之不同。③ 法治原则不仅要求明确政府的权力范围和适用条件,而且还要求其之权力的行使遵守比例原则,因此,法官对其享有比例审查权。当然,政治比例原则关注的是刑罚权的边界,而不是对具体被告人所判处的刑罚是否准确。这就产生了一个问题,即,要想借助比例原则限制国家的刑罚权,具体被告人必须证明对其的判决超过国家对其行为的权力,对此,在当前的法律框架下,还缺乏必要的路径。尽管政治比例原则旨在限制建立在被犯罪化的行为基础之上的刑罚权,但是,其却不涉及个人责任,所以,被告人不可能基于政治比例原则推翻对其的判决,最典型的例证是行为不符合法益保护原则或者不符合伤害原则的要求,但是,当前立法已经将其犯罪化时,法院不可能基于比例原则而违反制定法的规定。

三、宪法层面上的比例原则适用的障碍

然而,在一定的程度上,平等利益比例原则与自由利益比例原则的适

---

① Dripps D. A., "The Constitutional Status of the Reasonable Doubt Rule", *California Law Review*, Vol.75, No.5(1987), pp.1665-1718.

② BWM v.Gore, 517 U.S.559, 575(1996).

③ BWM v.Gore, 517 U.S.559, 575(1996).

用,都存在着以下的障碍。

(一)民主制度

当前的民主制度,致使比例原则很难在立法中得到贯彻。在司法实践中,比例原则的限制其实也很小。在表面上看,罪刑法定原则或者正当程序原则所蕴含的残酷和异常刑罚的禁止(美国宪法第八修正案对此有明确的表述),要求刑罚必须与犯罪相适应,即强调刑罚的合比例性。[①] 但这种比例性的诉求,由于现有的制度特点,很难得到应有的重视。比如,对特定犯罪所规定的处罚表明,比例原则对立法的限制非常的小,对比一下我国刑法第 264 条(盗窃罪)与第 275 条(故意毁坏财物罪)的法定刑,就足以说明这一点。道理很简单,很难说盗窃罪比故意毁坏财物罪的可责性更大,恰恰相反,后者的道德可非难性似乎更大,但是,刑法却为后者规定了相对较轻的处罚,这一点常为人们所诟病。之所以出现这种现象,由于立法是民主的结果,而进行表决的民众或者议员(或者代表),他们通常对法律是不熟悉的,故他们的表决往往来自自己的道德直觉,其理性成分较少,所以,很难对诸犯罪采用一以贯之的立场。

其实,不仅我国,西方一些发达国家也是如此。比如,加利福尼亚州的"三振出局"法规定,扒窃高尔夫俱乐部 3 次或者盗窃价值 150 美元录像带的,终身监禁,即使是未成年人,也不例外。很多学者认为,其违反自由利益比例原则。[②] 但是,美国最高法院却认为,这并没有触犯美国宪法第八修正案规定的比例原则。[③] 然而,在一些案件的判决中[④],法院却认为这种规定是违宪的,不过,其并不是违反自由利益比例原则,而是触犯了美国宪法第

---

① Weems v.United States,217 U.S.349,377(1910).

② Ristroph A.,"Proportionality as a Principle of Limited Government",*Duke Law Journal*,Vol. 55,No.2(2005),pp.263–331.

③ Ewing v.California,538 U.S.11(2003);Lockyer v.Andrade,538 U.S.63(2003).

④ Blakely v.Washington,124 S.Ct.2531(2004);Booker v.United States125 S.Ct.738(2005).

六修正案。① 也就是说,这些判决指南并没有直接提及均衡性原则或者比例原则,而是违反了一致性原则(即与相关的其他判决成比例,具言之,为平等利益比例原则),即法院很少从自由利益比例原则的角度,限制刑罚的严厉性,或者说强调犯罪与刑罚之间的合比例性。

自由利益比例原则之所以很难构成立法者的立法限制,主要原因乃在于,对立法行为进行这样的司法限制(即比例原则的限制),通常有悖于多数人的看法,毕竟立法是民主的结果,民主活动通常很难事前给其设定一个边界。既然其很难限制立法者,就很难以此限制司法活动,影响法院的裁判。② 现在以德国对该原则的适用为例,揭示这一点。

一般认为,德国刑法典第 211 条的规定存在着违反比例原则的嫌疑,因为该条为谋杀罪设置的是绝对确定的法定刑,即终身监禁,不允许法院结合被告人的责任从轻或者减轻处罚。有人指出,这种做法违反了比例原则,理由是,法院有权也有义务根据案件的具体情况,即结合犯罪的严重性和被告人的可责性,在一定范围内自主确定应当适用的刑罚,法律不应当强迫法官去做一个不合理的严厉判决。这种绝对确定的法定刑的存在,实际上剥夺了法官根据比例原则做出较为合理判决的可能,这也与德国刑法典第 46 条的规定形成冲突。③ 德国联邦宪法法院解释说,立法者之所以做出这样的规定,是因为立法者对法官不放心,即在现实中,法官通常对被告人过于宽容,即使立法者通过立法迫使法官严厉处罚刑事违法行为人,法官也会寻找

---

① 该法院关于 Booker 的异常判决,并没有推翻联邦的判决指南。首次多数人认为,美国宪法第六修正案禁止加重处罚的条件是依据法官认定的事实,而不是陪审团认定的事实。Booker,125 S.Ct.at 749-751。二次多数人认为,适当的救济措施应当是推翻《制定审判改革法指南》的强制性;根据新的指南体系,对于绝大多数犯罪而言,处罚的上限可以更高些,这样司法事实的认定,不会超过处罚的法律上限。Booker,125 S.Ct.at 756-757。

② Harmelin v.Michigan,501 U.S.957,1001(1991);Rummel v.Estelle,445 U.S.263,275(1980).

③ BVerfGE 45,187(260).

各种理由为被告人开脱。①

　　德国学界对这种解释的批评是:一则,这种立法的确剥夺了法官按照权衡性原则(即比例原则)做出合理判决的可能;二则,法院如果按照权衡性原则,对被告人从轻或者减轻处罚的话,必然违背了该刑法条文的规定;三则,宪法法院的这种解释,违背了该法院对德国麻醉剂法第 29 条的解释。② 德国麻醉剂法第 29 条第 1 款第 1 项和第 3 项规定,任何人不得买卖、种植、运输、进口、持有或者获得大麻;否则,剥夺 5 年以下的自由或者罚金。即在德国,刑罚处罚所有买卖、持有或者获得毒品的行为。这种禁止很容易导致不合理的结果发生,违反权衡性原则。③ 德国联邦宪法法院解释说,很多人由于自己吸食而购买或者持有少量大麻,他们的行为既不会威胁到他人的法益,也不会有很大的可责性。④ 所以,出于特殊预防方面的考虑,根据上述规定而给他们科处严厉的处罚是不合理的。⑤ 但这并不违反权衡性原则,因为该法第 29 条第 5 款规定,公诉机关可以放弃指控,即轻微的违法是可以被谅解的。而德国刑法典第 211 条显然缺乏类似的可以谅解被告人的规定,立法者为什么在麻醉剂法中不担心公诉机关会滥用该规定呢? 这是很难解释的。⑥

　　在德国,最后手段原则或者比例原则是学界评价刑事立法的一个重要工具,但是,其作用似乎仅在于此,因为在大多数情况下,法院通常都站在立法者的立场,捍卫刑法禁止条文的权威性,即使有些条文明显违反该原则。

---

① BVerfGE 45,187(261).

② BVerfGE 90,145(189).

③ Höffner D. Zivilrechtliche Haftung und strafrechtliche Verantwortung des GmbH-Geschäftsführers bei Insolvenzverschleppung:zugleich ein Beitrag zum ultima-ratio-Prinzip.Berlin:Duncker und Humblot.2003:95.

④ BVerfGE 90,145(187).

⑤ BVerfGE 90,145(188).

⑥ Rudolf Wendt,Principle of "Ultima Ratio" And/Or the Principle of Proportionality,*Oñati Socio-Legal Series*,2013,3(1):81-94.

这就产生了一个问题,即,既然最后手段原则或者比例原则属于法律原则,那么,为什么与其他的法律原则不同,得不到立法者尤其是法院应有的尊重呢? 这将在后面再进行详细的论述。

(二)刑罚论的复杂性

比例原则的限制之所以得不到应有的重视,还有一个重要的原因,即,比例原则虽然在理论上构成宪法对国家权力的限制,但在刑法领域内,人们对刑罚论框架下的比例原则却一直存在着不同的认识。

第一,就某一刑罚而言,刑罚的(适当的或者合理的)目的是什么,学界往往很难达成共识。这样,如果按照刑罚的目的,判断某一处罚是否符合比例原则,不同的观点则会得出不同的结论。从理论上讲,不管报应论还是功利主义,在形式上都支持比例原则,但每个理论对比例原则的具体诉求却不一样。比如,报应论者认为,死刑只与故意杀人罪的刑罚成比例关系;而实用主义者却认为,比例原则支持更轻一些的处罚,即使对于故意杀人罪,也无须适用死刑。这样,对于如何确定合比例原则的刑罚与不合比例原则的刑罚,两种理论的结论就不一样。

第二,在一定的程度上,很多人都认为,报应和威慑应当是特定刑罚的目的,然而,即使如此,这种目的通常也很难构成对刑罚的有效限制。从表面上看,威慑论明显优于报应论,因为从理论上讲,判决是否有助于现实威慑之目的,是一个更有价值的问题,因为其与当前刑法目的甚至宪法的精神更为契合,但是,与报应论相似,威慑效果却很难被证明和评估,所以,威慑论同样无法借助比例原则,有效地限制法院所科处的刑罚。比如,对特定的犯罪科处自由刑,刑期应当多长才能有效地威慑犯罪的发生,就很难进行回答。在学界,有人对刑罚的威慑效果,已经进行了长达数年的实证研究。① 但是,

---

① Nicholas D.,"A Bibliography on General Deterrence Research:D.Beyleveld.",*Gower Publishing Co.*1980,p.452. *Social Science Information Studies*,Vol.1,No.5(1981),pp.347-348.

这种研究至今没有得出令人信服的结论,甚至有人指出,这种研究即使得出了明确的结论,也靠不住。① 这样,尽管所有的刑罚论都在一定程度上存在着用比例原则限制刑罚权的诉求,但是,这些理论自身并不能给比例原则审查提供一个有价值的规范标准。

第三,怀疑论的必然结论。正是对刑罚目的认识不统一,才出现了所谓的刑罚的目的不可知论,即对刑罚论持怀疑的立场,这就是所谓的怀疑论。怀疑论认为,刑罚之实施是政治制度不可或缺的因素,至于国家实施这种权力的理论根据,无法进行解释,也没有必要进行解释。② 也就是说,刑罚怀疑论一方面不主张废除刑罚;另一方面,也不认为刑罚背后一定存在着某种理论或者根据,理由是,至少无法通过证据证明刑罚背后存在着某种理论,限制刑罚的适用。③ 不过,怀疑论体现的是对刑罚权的不信任,并不是否定刑罚。但是,这种不信任最多导致比例原则对刑罚权的限制流于形式,很难变成现实。

第四,基于人权观念,死刑判决极易受到比例原则的限制。④ 对于死刑而言,美国最高法院通过所谓的"共识"理论,解决诸学说之间的分歧⑤,具

---

① Beale S. S., "What' Law Got To Do With It? The Political, Social, Psychological and Non-Legal Factors Influencing the Development of (Federal) Criminal Law", *Buffalo Criminal Law Review*, Vol.1, No. 1 (1997), pp. 23 – 66; Lanier C. S. & Acker J. R., "Capital Punishment, the Moratorium Movement, and Empirical Questions: Looking Beyond Innocence, Race, and Bad Lawyering in Death Penalty Cases", *Psychology Public Policy & Law*, Vol.10, No.4 (2004), pp. 577–617.

② Moore M., "Moral Reality", *Wis.l.rev*, Vol.57, No.6 (1982), pp.1061–1156; Posner R. A., "The Jurisprudence of Skepticism", *Michigan Law Review*, Vol.86, No.5 (1988), pp.827–891.

③ Jeffrie G. & Murphy, "Does Kant Have a Theory of Punishment?", *Columbia Law Review*, Vol. 87, No.3 (1987), pp.509–532.

④ Roper v.Simmons, 125 S.Ct.1183, 1199 (2005), 该案认为,对年龄不满 18 周岁的未成年人判处死刑,是违反比例原则的; Atkins v. Virginia, 536 U.S.304, 321 (2002), 该案的法院认为,对于心理存在着障碍的人,适用死刑是一种"过度"的处罚,也违反比例原则。

⑤ Christian W. & John Rawls, "A Theory of Justice", *Oxford: Clarendon Press*, 1972, pp.387–388.

言之,不管根据任何刑罚论,只要判决违反比例原则,都是违宪的。① 正是根据这种共识理论,所以,该法院反对对任何特定种类的犯罪适用死刑的主张。② 但是,当这种"共识"理论适用于自由刑时,则会出现很大的问题。尽管有很多学者努力通过报应主义限制比例原则的适用,但是,以自由刑实现报应之目的的主张,却大多经不起推敲。③ 理由很简单,绝大多数报应论关注的是行为人的罪过,而罪过是一种高度主观性的道德观念,其不适合作为宪法标准而存在。然而,如果法院基于被告人的主观恶性太大而给其科处较长的刑期,被告人则很难通过比例原则而推翻这种判决。④ 再比如,对于未成年人或者心理有障碍的人实施的故意杀人行为而言,死刑是否无助于任何报应目的实现,也很容易产生争议,且各自的观点无法得到实证。如果认为这样的人实施了犯罪,永远不得判处死刑,这种观点则很容易受到质疑,因为其有可能妨碍法官实现自己的主观道德判断,无法应对现实的复杂性。⑤

第五,由于惩罚性赔偿的上限具有主观性,很容易受到此原则的限制。⑥ 即,在这个领域内,人们非常重视比例原则。不过,对于最为常见的自由刑,比例原则的限制作用却非常的小。⑦ 然而,正如学界所指出的那

---

① Roper v.Simmons,125 S. Ct. 1183,1196(2005);Atkins v.Virginia,536 U.S.304,321(2002).
② Roper,125 S.Ct.1183(2005);Atkins,536 U.S.304(2002);Enmund v.Florida,458 U.S.782(1982);Coker v.Georgia,433 U.S.584(1977).
③ American Law Institute,MPC Sentencing Report,Supra n.9,at 36-37,Frase R. S.Excessive Prison Sentences,Punishment Goals,and the Eighth Amendment:"Proportionality" Relative to What? *Social Science Electronic Publishing*,2004,89(3);646;Morris supra n.72 at 201.
④ Cal.Penal Code § 667(b)(West 1999);Ewing v.California,at 8,18,21. Ewing v.California,538 U.S.11,25-26(2003).
⑤ Roper v.Simmons.125 S.Ct.1183,1230(2005).
⑥ State Farm Mutual Auto.Ins.Co.v.Campbell,538 U.S.408,429(2003);BMW of North America v.Gore,517 U.S.559,585-86(1996).
⑦ Berman D. A.,"Examining the Blakely Earthquake and Its Aftershocks",*Federal Sentencing Reporter*,Vol.16,No.5(2004),pp.307-311;Bowman Iii F. O.,"Train Wreck? Or Can the Federal Sentencing System Be Saved? A Plea for Rapid Reversal of Blakely v.Washington",*Social Science Electronic Publishing*,Vol.41,No.2(2004),pp.217-265.

样,立法虽然明确了有期徒刑的上限,但,如前所述,由于是多种价值的综合体现,所以,其本身蕴含着很大的主观任意性。① 比如,故意毁坏财物罪的最高刑为什么是 7 年,而不是 5 年抑或是 10 年? 这通常是多种价值,比如,人权保护原则、效用最大化原则和平等原则等共同作用的结果。如果将比例原则视为宪制的要求,则意味着刑罚的制定、适用和执行,都应当遵守该原则。② 因此,不能将其仅仅适用于死刑和惩罚性赔偿案件,必须将比例原则与刑罚的目的理论联系在一起的做法,适用于所有的刑罚,尤其是有期徒刑;否则,这无疑是对主张对死刑或者惩罚性赔偿进行比例原则审查理由的否定。

(三)绝对的禁忌

对于刑法中的绝对禁忌,其之适用通常不会受到比例原则的限制。最典型的例证是刑讯逼供(即酷刑)禁止,就不受比例原则限制,比如,即使是出于救助他人,也不能因正当防卫或者紧急避险制度,使这种酷刑(即所谓的预防性酷刑)获得正当性,理由为这是一种绝对的禁忌,国际公约不允许各国根据比例原则设置例外。原因乃在于对公权力的怀疑,因为酷刑是国家、执法人员和被害人之间的"信息不对称的游戏"③。如果允许国家决定是否可以通过酷刑获得信息,很容易导致酷刑的滥用。理由是,在这种制度

---

① Chemerinsky E., "The Constitution and Punishment", *Stanford Law Review*, Vol. 56, No. 5 (2004), pp.1049-1080; Frase R. S., "Excessive Prison Sentences, Punishment Goals, and the Eighth Amendment: 'Proportionality' Relative to What?", *Social Science Electronic Publishing*, Vol.89, No.3(2004), pp.571-651; Karlan P. S., "Pricking the Lines: The Due Process Clause, Punitive Damages and Criminal Punishment", *Ssrn Electronic Journal*, Vol. 4, (2002), pp. 880-920.

② 大多数支持比例原则审查的要求将刑事实体法"宪法化", Hart H. M., "The Aims of the Criminal Law", *Law & Contemporary Problems*, Vol.23, No.3(1958), pp.401-441; Bilionis L. D., "Process, the Constitution, and Substantive Criminal Law", *Michigan Law Review*, Vol.96, No.5(1988), pp.1269-1334。

③ Jess Bravin and Gary Fields, "How Do Interrogators Make Terrorists Talk", *Wall Street Journal*, (March 3, 2003).

的实施过程中,一方面,被害人对信息的披露或者招供,享有选择权;另一方面,执法人员代表国家享有酷刑决定权。① 执法人员与被害人博弈的过程,如同黑夜遇见路人,互不了解对方:被害人不清楚执法人员是酷刑专家还是虐待狂;同样,执法人员也不能确定被害人是否有罪,以及如果真的有罪,其是否掌握着救助的关键信息,其意志是否顽强。如果执法人员是虐待狂,出于个人癖好,即使其个人认为酷刑不会带来有价值的信息,也会选择酷刑;当执法人员是酷刑专家时,在使用酷刑之前,会计算酷刑的成本,如果认为酷刑不会产生有价值的信息,其不会选择酷刑。② 事实上却不是这样,在一般情况下,酷刑能否产生有价值的信息,被害人意志是否顽强、是否掌握关键的救助信息,即使是酷刑专家事前也很难根据比例原则确定,他们很可能尝试用酷刑检验能否因此获得有价值的信息以及被害人意志的强弱。因此,很容易出现酷刑的滥用,甚至其还会扩张到犯罪嫌疑人的近亲属身上。

如果根据比例原则,有条件地承认预防性酷刑,支持适用酷刑的证明标准,也不会得到有效的遵守。开始,酷刑可能作为特殊情况下的特殊方法来使用,然而,随着时间的流逝,其适用门槛或者条件会越来越低。③ 主要理由有以下三点。

第一,承认(预防性)酷刑的合法性,则须为之实施设置一个标准。在理论上,基于适用对象不同,这种标准可以分成两种:其一,具有竞争关系的准入性标准,如公司聘用员工的条件。当市场竞争程度不发生变化时,这种门槛或许有一定的稳定性,因为适用对象之间的竞争关系,会成为维系该标准的基础;其二,缺乏竞争关系的参考性条件,比如考取驾照,这种标准的存

---

① Jess Bravin and Gary Fields, "How Do Interrogators Make Terrorists Talk", *Wall Street Journal*, (March 2003), pp.599-600.

② Jess Bravin and Gary Fields, "How Do Interrogators Make Terrorists Talk", *Wall Street Journal*, (March 3, 2003).

③ Sobel J., "A Model of Declining Standards", *International Economic Review*, Vol. 41, No. 2 (2000), p.299.

在由于缺乏竞争关系的支撑,很容易随着时间的流逝而下降。① 显然,酷刑的标准属于后者,因为遭受酷刑之人之间不存在冲突性或者竞争性,而且,更糟糕的是,前面符合酷刑标准而使用酷刑的先例,很容易为后面酷刑的使用,创造更好的心理条件,证成酷刑的正当性,这导致酷刑的适用标准逐渐下降,以至于这些条件形同虚设。

第二,一旦酷刑的标准固定下来,无疑就会有很多的案件通过这种标准的检讨,于是,这些案件就会成为该标准的范例而存在着。但是,执法人员在使用酷刑时,所参考的案例,一般是刚好通过测试的案例(或者说边际案例),不会是那些最为"优秀"的案例。如果法院在审理这种案件时,酷刑标准一旦出现动摇,低水平的标准很快就会借此取代原来的标准,从而导致酷刑标准越来越低。

第三,标准制定后,时间越长,人们对酷刑标准越熟悉,人们会发现有很多的方法或者手段突破这种限制。于是,酷刑的必要性很容易被其"便利性"所取代,即,执法人员只要认为现实需要,就可以突破限制,适用酷刑。

这样,酷刑就像身体中的癌细胞一样,具有很强的扩散性和转移性,无法进行有效的控制,其具有转变成一种常规性审讯模式的强烈诉求。"9·11"事件发生之前,大多数国家在形式上都实行酷刑的绝对禁止,但"大赦国际"曾在一份报告中指出,"至今还没有发现一国只在极端情况下才使用酷刑"②。即使在对酷刑实行绝对禁止的制度中,都无法有效地杜绝其发生,更何况允许其在一定范围内的合法存在。③ 滑坡理论认为,如果 x 发生,y 就会发生;而 y 具有负价值;由于 y 的存在,即使 x 是有价值的,也仍然

---

① Sobel J., "A Model of Declining Standards", *International Economic Review*, Vol. 41, No. 2 (2000), p.299.

② Amnesty International, Torture And Ill-Treatment: The Arguments, Amnesty International, 2006, Available at http:// asiapacific.amnesty.org/pages/stoptorture-arguments-eng(2009).

③ 虽然其他的刑法禁止也不会得到有效的执行,但是,酷刑禁止与其不同,其规制的对象系国家公职人员的执法和行政行为。

要否定 x。① 预防性酷刑即使是有价值的,但是发生酷刑滥用的概率很高,为了避免酷刑的滥用,只能坚持酷刑的绝对禁止。德国就坚持酷刑绝对禁止的精神,不过,由于其置执法人员与第三方被害人的利益于不顾,也似欠妥。

坚持酷刑的绝对禁止,排斥比例原则,暗含着对政府、执法人员或者军人的不信任。然而,众所周知,政府却掌握着一些大规模的杀伤性武器,特别是核武器,这些武器甚至可以毁灭地球若干次。由于这种武器可以成为保护自己国家的工具,从而使对其的拥有获得正当性,那么,这种逻辑为什么不能适用于酷刑呢? 很多人认为,之所以对酷刑进行绝对的禁止,是因为黄金规则要求"你要别人怎样对待你,你也要怎样对待别人"。既然我们都不想遭受酷刑,所以,酷刑总是违反人道主义的、缺乏普适性的。这就是酷刑绝对禁止的哲学根据。然而,也有人指出,黄金规则并不能否定所有酷刑的正当性,因为有时我们并不否定别人可以对我们自己施以酷刑,比如,假设我们属于某恐怖组织的成员,该组织准备对无辜平民发动一场袭击。当我们拥有这样的信息时,我们应当允许别人对我们施以酷刑以逼取该信息,即酷刑禁止例外似乎也符合黄金规则,具有一定的普适性。尽管这种情况极为少见,却无法否定这种可能性,这就意味着,需要对这种情况提供某种特殊的处理。总之,如果法律规定,在特定的情况下可以根据比例原则合法地使用酷刑,则会发生滑坡效应,造成酷刑的泛滥,使得酷刑禁止形同虚设。

总之,比例原则的适用,在当前的法律框架下,存在着很多的障碍,这并不是说比例原则不重要甚至说是可有可无的;相反,在很多情况下,其是有适用力的。当然,对于法律中出现的违反比例原则的情形,其迟早会发生变化,这也是法律发展的总趋势。

---

① Schauer F., "Slippery Slopes", *Harvard Law Review*, Vol.99, No.2(1985), p.61.

（四）小结

在刑法的范畴内,比例原则必须要与特定犯罪所对应的刑罚的上限和下限联系起来。一般认为,刑罚的下限反映的是刑法的目的,即入罪的原因,而上限体现的则是多种价值诉求,比如,刑罚的效用、人道主义、人权理念、人格尊严和平等原则等。① 然而,基于这些原则,比例原则既有保护自由利益的诉求,也有保护平等利益的诉求。不过,这些诉求应用于现实时,会受到当前的民主制度以及分权(立法权与司法权)的限制,在这种情况下,司法原则上是不能干预立法的,即其必须尊重立法者的选择,后者毕竟是民主的结果。这就是说,对于前面提到的案例 1 和案例 2,法院是没有办法协调甲和乙的处罚的。不过,死刑除外,即对于丙和丁而言,则可以基于平等利益比例原则,也就是根据对丙的行为的处罚,可以否定对丁的死刑。具体理由有以下三方面。

首先,就毒品犯罪而言,比如,贩卖毒品的行为,其危害性源自吸食毒品的行为,不过,除了未成年人之外,成年人吸食毒品是一种自愿行为。即使吸食毒品有害于身体健康,也属于自害行为的范畴,将贩卖毒品的行为入罪,则意味着将帮助自害行为的行为入罪,传统的观点认为,这有悖于法益保护原则,其入罪的根据为"家长主义",这很明显违反人们的自治权。

其次,为了调和毒品犯罪与人们自治权之间的矛盾,费因伯格提出了"软的家长主义"的看法,他认为,行为人吸食毒品并不是为了在明天伤害自己的身体,而是今天的不良观念造成的,故国家以刑罚的方式矫正人们的这种选择,并不真正违反行为人的真实意志,所以,刑法的这种干预是正当的。然而,国家以什么为凭说自己的选择一定是行为人明天的选择,谁才真正有权代表"明天的行为人的利益"? 显然是行为人自己,故国家以此为理

---

① Ristroph A., "Proportionality as a Principle of Limited Government", *Duke Law Journal*, Vol. 55, No.2(2005), pp.263-331.

由干预人们的行为是有问题的。

最后,为了迎合法益保护原则的要求,现在一般将毒品犯罪建立在"帮助自杀或者自残"的理论之上。具言之,吸食毒品的行为具有自害性,这与自杀或者自残行为一样,人们自己吸食是不构成犯罪的,但是,帮助他人自杀、自残的,却构成犯罪。① 也就是说,制作、贩卖或者帮助他人吸食毒品的行为之所以入罪,这是类比于帮助自杀、自残行为入罪的结果。所以,涉及贩毒行为的处罚,无论如何都不应当重于帮助自杀或者自残行为;否则,则违反比例原则。

既然对涉毒品的犯罪的刑罚不应当重于帮助自杀或者自残行为,更不应当重于帮助杀人行为,即对丁的处罚无论如何都不应当高于对丙的处罚。既然丙不应当判处死刑,丁当然也不应判处死刑,理由有:一则,基于自由利益比例原则,贩卖毒品的行为不应当判处死刑,因为行为本身并没有直接剥夺他人的生命;二则,基于平等利益比例原则,其处罚与帮助自杀或者自残行为具有可比较性;三则,这种处罚涉及死刑,而最高法院享有复核权,即其应当对其管辖领域内发生的相似的犯罪进行对比,以实现平等原则的要求。

---

① Sumner C., "The Spirit of Sport: The Case for Criminalisation of Doping in the U.K.", *International Sports Law Journal*, Vol.16, No.3(2017), pp.217-227.

第三章　规范适用篇

第一节　最后手段原则的适用:犯罪该当性与
正当化事由的解构

最后手段原则之所以在整体上很难获得司法适用力,主要原因乃在于该原则对行为入罪的限制,通常体现为立法者或者法院的自我克制义务,在刑法的范畴中,其不是被告人的一种权利,而实际上是一种立法政策或者司法政策。立法者因有"民意"的旗号,而无须担心违反该原则的立法的正当性问题;法院由于没有外在的压力,当然也不愿意适用,毕竟,这总存在着很大的政治风险。事实上,在学界基本上看不到有学者将其视为正当化事由的情形。

为了揭示审判的政治风险和证成形式理性的重要性,我们以李某法官事件为例说明这个问题。2003 年,洛阳市中级人民法院依法审理汝阳县种子公司诉伊川县种子公司没有履行双方签订的代繁种子的合同案,请求法院判令伊川公司赔偿。在审理过程中,被告同意赔偿,但在赔偿损失的计算方法上与原告发生分歧。原告认为,玉米种子的销售价格应依照国家《种子法》的规定,按市场价执行;被告认为,应依照《河南省农作物种子管理条例》及省物价局、农业厅根据该条例制定的《河南省主要农作物种子价格管理办法的通知》的规定,按政府指导价进行赔偿。由于"市场价"与"政府指导价"不同,其间的差价为 60 多万元。法官支持原告的请求,责令被告赔偿损失。后双方均不服一审判决,上诉至河南省高级人民法院。一审判决书中解释说:"《种子法》实施后,玉米种子的价格已由市场调节,《河南省农作物种子管理条例》作为法律阶位较低的地方性法规,其与《种子法》相冲突的条款自然无效,而河南省物价局、农业厅联合下发的《通知》又是依据该条例制定的一般性规范性文件,其与《种子法》相冲突的条款亦为无效条款。因此伊川公司关于应按《通知》中规定方法计收可得利益损失的辩解于法无据,本院不予支持。"这句话给法官带来了很大的麻烦。① 2003 年 7 月 15 日,洛阳市人大常委会向河南省人大常委会就该案涉及的种子经营价格问题进行请示。10 月 13 日,河南省人大常委会法制室发文答复:经省人大主任会议研究认为,《河南省农作物种子管理条例》第 36 条关于种子经营价格的规定与《种子法》没有抵触,应继续适用。同时,该答复还指出:"洛阳中院在其民事判决书中宣告地方性法规有关内容无效,这种行为的实质是对省人大常委会通过的地方性法规的违法审查,违背了我国的人民代表大会制度,侵犯了权力机关的职权,是严重违法行为",要求洛阳市人大常委会"依法行使监督权,纠正洛阳中院的违法行为,对直接负责人员和主管领导依法作出处理,通报洛阳市有关单位,并将处理结果报告省人大常委会"。同一天,河南省人大常委会办公厅还向河南省高级法院发出通报,称:"1998 年省高级法院已就沁阳市人民法院在审理一起案件中错误地审查地方性法规的问题通报全省各级法院,洛阳中院却明知故犯","请省法院对洛阳中院的严重违法行为作出认真、严肃的处理","并将处理结果报告省人大常委会"。11 月 7 日,根据省、市人大常委会提出的处理要求,洛阳中院党组拟出一份书面决定,准备撤销赵某的副庭长职务,免去李某的助理审判员资格。

在这场风波中,这两部法律很明显存在着冲突,至少在该案当中是这样

---

① 韩俊杰:《河南李慧娟事件再起波澜》,《中国青年报》2004 年 2 月 6 日。

的。但是,法官的处理,我们认为可能存在着以下值得商榷的地方。

首先,在该案中法官面对的是法律冲突,这种冲突在法律适用过程中经常发生,比如在刑法中就会出现某一行为是 A 罪或 B 罪的问题,之所以出现这样的问题,其本质就是法律冲突或者不明确造成的,故在冲突性的法律中选择法律,是审判工作的重要内容。

其次,在我国的法律框架下,法官的任务仅仅是在选择法律,而没有权利评价法律,评价法律属于立法权的内容,法官评价法律甚至否定法律的效力,在性质上有干扰民主的嫌疑,毕竟立法者有制定"蠢法"甚至是"恶法"的权力。

再次,法官在法律适用过程中,要坚持"法律至上"的观念,即事前假设所有的立法都是"真理"的表达,在内容和形式上没有任何的问题。法官的工作则是在众多的"真理"中,选择特定的、适合案件性质的"真理",即,这些立法都是没有问题的,但存在着哪种立法更适合特定案件的问题。

最后,法官按照一定的标准(既可以是形式标准,比如立法者权的层级,也可以是内容的关联性,比如与本案的密切程度),选择所适用的法律。即使对于未选择的法律而言,也并不是对其立法者有什么不敬,毕竟他们仅仅制定了抽象的规则,而不是对某一具体事件表达态度,此外,其与其他立法者的立法权的行使结果发生冲突,即使选择了其他的法律,也是对立法者的尊敬,毕竟其是在选择法律,而不是评价法律。我们认为,在这个事件中,法官忽视了立法权与司法权的不同:前者是民主的结果,后者是法律适用问题。在当前体制下,前者或许可以否定后者,但后者绝不能否定前者。

需要指出的是,在我国法学界,很多学者打着"经济分析"的旗号,对刑法禁止规范进行所谓的经济分析,甚至想以此劝说司法实践采纳其推理,这种做法不仅违反罪刑法定原则,更重要的是,这与我国实行的人民代表大会制度不相符,即根据目前的宪法体制,刑法规范的形式价值更为重要,不允许进行所谓的经济分析而倡导其实质价值,当然,刑法范畴内的纯粹的裁判规范除外。

一、最后手段原则司法适用的一般前提:法律冲突

如前所述,对于立法而言,法官无权从本质上评价法律,这导致最后手段原则的司法意义明显降低,然而,当最后手段原则能反映被告人的权利时,则构成例外。[①]

最后手段原则有外部诉求和内部诉求之分,前者关注的是必要性原则,后者关注的是适当性原则和权衡性原则。由于最后手段原则的外部诉求强调刑法与其他部门法的关系,故其必然会追求法秩序的统一性,且在法秩序的统一性中,最后手段原则会使其他法律的地位优于刑法,刑法的价值仅仅在于弥补其他法律对法益保护的不足。[②] 这就意味着,刑法并不对所有的法益都提供保护,其保护的仅仅是被法秩序认可的法益;对于其他法律的授权行为,刑法不得禁止。[③] 也就是说,当刑法禁止与其他法律(比如民法)发生冲突时,最后手段原则的外部诉求则会要求刑法服从于其他部门法的规定,承认被告人的权利。在这里,被告人的行为虽然符合犯罪的该当性,但是,由于其有其他法上的根据,属于权利行使行为,最后手段原则会使后者获得抵消或者推翻行为违法性的功能,使行为获得正当性。

比如,在前面提到的包皮环切手术案中,一审法院认为,被告人割除被

---

① Stuckenberg C. F., "The Constitutional Deficiencies of the German Rechtsgutslehre", *Oñati Socio-legal Series*, Vol.3, No.1(2013), pp.31−41.

② Niggli, M. A., "Ultima Ratio? Über Rechtsgüter und das Verhätnis von Straf-und Zivilrecht bezüglich der sogenannt 'ubsidiäen oder sekundäen Natur' des Strafrechts", *Schweizerische Zeitschrift für Strafrecht*, (1993), pp. 238 − 239. Melander S., "Ultima Ratio in European Criminal Law", *Oñati Socio-legal Series*, Vol. 3, No. 1(2013), pp.42−61; Minkkinen, P., "The 'Last Resort': A Moral and/or Legal Principle?", *Oñati Socio-legal Series*, Vol.3, No.1(2013), pp.21−30.

③ Thomas Vormbaum, "'Politisches' Strafrecht", *ZEITSCHRIFT FÜR DIE GESAMTE STRAFRECHTSWISSENSCHAFT*, (1995), p.757.

害人包皮的行为,符合伤害罪的构成要件,即符合德国刑法典第 223(1)条的规定。但是,被告人的行为是基于被害人父母双方的同意,且是为了被害人的利益,根据德国民法典第 1627 条关于父母对未成年子女的亲权的规定,这属于民事合法行为,或者说,这是民法典授予未成年人父母的权利,该权利构成伤害罪的阻却违法事由,否定行为的违法性。[1] 其根据就是最后手段原则,法秩序的统一性要求刑法不得违背民法和行政法等法律,而不是后者服从前者,尽管二审法院推翻了该判决。[2]

其实,绝大多数与"法益保护原则"存在着冲突的、涉财产类的刑法禁止,其适用都有可能受到最后手段原则的限制,比如,我国刑法第 176 条规定的非法吸收公众存款罪。行为人基于双方自愿,接受出资人的出资,按照约定还本付息,即使出资人人数众多,根据我国合同法中的有关借款合同的规定,这种行为也是合法的,会受到合同法和民法的保护。事实上,除了违反行政许可法,或者存在着偷税、漏税等少数情况外,这种行为是不会给任何人的法益造成损害的。因此,我国刑法第 176 条与法益保护原则存在着一定程度的冲突。通过该罪处罚行为人,不仅会剥夺行为人的融资权,而且,还剥夺了出资人(被害人)的资金使用权,侵犯了双方的交易自由。这样,如果行为人为了项目开发向社会融资,比如,吸收社会存款,而受到非法吸收公众存款罪的指控,行为人完全可以根据最后手段原则,通过民法总则第 5 条和合同法第 4 条规定的权利,推翻其行为的违法性,使行为获得正当性。这就是说,最后手段原则具有限制这样的刑法禁止适用范围的功能。

再比如,刑法修正案(七)规定,"非法从事资金支付结算业务的",构成"非法经营罪"。这样,行为人为了牟利而买卖、承兑支票或者汇票的,就有

---

① Fateh-Moghadam B., Criminalizing male circumcision? Case Note: Landgericht Cologne, Judgment of 7 May 2012——No.151 Ns 169/11. German L J, (2012), pp.1131–1145.

② Bengoetxea, "Ultima Ratio and the Judicial Application of Law", *Oñati Socio-legal Series*, Vol. 3, No.1(2013), pp.107–124.

可能受到该罪的指控。但是,行为人的行为会侵犯谁的法益呢?在理论上是很难解释的。恰恰相反,刑法禁止这种行为不仅会否定票据的流通性,更重要的是,其除了限制行为人的自由外,还会剥夺票据合法持有人将票据有偿地转让给行为人的权利。因此,该立法存在着违反"法益保护原则"的嫌疑,背离了适当性原则。在这种情况下,如果行为人受到非法经营罪的指控,则会发现,其行为一方面触犯了刑法第 225 条规定的非法经营禁止,另一方面,行为人的行为又符合票据法第 10 条、第 11 条和第 13 条有关"票据流通"的规定,属于行使权利的行为,即刑法与民法发生冲突。根据最后手段原则,民法的规定优于刑法的规定,所以,行为人的行为不能认定为有罪。这样,民法有关权利的规定就构成了刑法禁止适用的限制。在实践中,有人借助"经营"的概念,将其去罪。但是,这种做法存在的最大问题是,"经营"的概念非常模糊,而且,将牟利性的买卖和有偿性的承兑或结算,解读为经营是没有任何语义障碍的,故以这种方法限制该禁止条文的适用范围,作用有限。

二、最后手段原则司法适用的特殊前提:法律适用冲突

除了法律冲突外,还存在着法律适用冲突的问题,即非刑事法律与刑法的规定在表面上看并不矛盾,但是,刑法与非刑事法律对某种事实的适用,却产生了截然不同的判断。此时,最后手段原则也有可能否定刑法禁止的效力,比如,诈骗禁止的适用,就有可能受到该原则的限制。比如,前面提到的帅英保险诈骗案。在该案中,由于保险公司事前已经知道帅英之母的年龄存在着瞒报的情况,在法定期限内没有行使撤销权,根据保险法和合同法,保险合同并不因为存在着欺诈而无效,即被告人的(诈骗)行为受到民法、合同法甚至是保险法的保护,获得债权请求权。① 虽然刑法对其是持禁

---

① 《27 万保险金还是 10 年大牢?》,《南方周末》2005 年 4 月 14 日。

止的态度,但是,最后手段原则要求刑法尊重民法的选择,即,帅英瞒报母亲年龄投保的行为,不得评价为保险诈骗罪。

这就产生了一个问题,即一般来说,除了亲告罪,被害人事后的行为,通常不会影响犯罪的认定。比如,被告人窃取了财物后,被害人放弃被盗财物,并不会否定盗窃罪的成立。那么,为什么诈骗罪不这样呢? 这实际上与诈骗罪本身的特点有关。对于盗窃罪而言,被害人的事后态度之所以不影响对犯罪的认定,因为刑法通过盗窃禁止保护人们的财产时,是建立在绝大多数人的愿望的基础之上的,即未经自己许可,不希望自己的财产法益受到侵犯,于是,法律就推定所有权利人都要求刑法提供这种保护,至于个别人例外,甚至反对国家这么做,立法者认为这并不重要,关键要看一般人的立场。这就是法益的集体化或者客观化,即,"法益"的效力不是法益的权利主体自己选择的结果,而是立法者赋予的。① 这样,在认定盗窃罪时可以不考虑被害人的态度。然而,这种理论却不能适用于对诈骗罪的认定,主要理由有以下三点。

一则,诈骗行为在形式上总表现为一个或者多个口头的或者书面的合同,即其有合法的外在形式。如果在认定诈骗罪时,不考虑被害人的态度,有可能侵犯被害人的财产处分权,因为不同于盗窃行为,诈骗行为有被害人积极行使权利的外观。

二则,诈骗罪的认定,往往是对行为人与被害人在知识、信息和智慧等方面进行比较后,得出的一种结论,而这种结论的基础是双方当事人的态度。易言之,如果被害人是"同意"的,即使其认知能力差距再大、信息极不对称,也不得认定为诈骗。②

三则,也是最重要的,诈骗罪有一法定的、必要的构成要件要素,即被

---

① Ulfried Neumann, Moralische Grenzen des Strafrechts, ARSP, 1986, 73:24-125.
② Buell S. W., "Novel Criminal Fraud", *Social Science Electronic Publishing*, Vol. 81, No. 6 (2006), pp.1991-2043.

害人在行为时对有关的事实真相不知情,且如果知情,会反对该"交易"。因此,"被害人"对"诈骗"行为的态度,是认定诈骗罪的关键要素之一。然而,对于绝大多数诈骗行为而言,在行为发生时,由于被害人不了解事实的真相,故也就没有机会向社会表达自己对"交易"的真实态度。这样,当信息对称时,即当被害人知道自己被骗时,被害人的反应就非常重要了。如果被害人知道被骗后,对诈骗行为持反对的态度,此时,行为人的行为与"盗窃"无异,其当然应受到刑罚处罚;相反,如果被害人对"诈骗"行为持容忍的态度,即其不在乎被骗甚至是持欢迎的态度,这会使"诈骗行为"变成正常的交易,国家当然无权干预。而被害人知道被骗后,放弃撤销权或在法定期间怠于行使撤销权,正好反映了被害人不反对诈骗行为的态度,所以,不能认定为诈骗罪。比如,德国著名的自行车运动员乌尔里希在 2006 年到 2008 年间,从西班牙体育医生福恩斯特那里获得了兴奋剂,并将其使用到比赛之中。乌尔里希因此受到了诈骗罪的指控,根据是其与被害人(其前雇主)签订的合同中明确承诺不会使用兴奋剂。但是,由于控方不能证明该雇主事实上不知道这种行为,再加上双方当事人已经在民事程序中达成了协议,于是,控方根据德国刑事诉讼法典第 153a 条的规定撤诉。①

其实,诈骗罪的认定,不仅会受到被害人态度的影响,还有可能受到行为人事后行为的影响。由于诈骗罪具有"口袋罪"的特征,为了迎合罪刑法定原则的诉求,就需要对其予以限制。有学者指出,最后手段原则就是该罪的限制要素之一,比如,对于最常见的允诺性欺诈,可以直接适用最后手段原则确定诈骗罪的边界,具言之,行为人对不履行允诺所造成的损害提供充

---

① 在 2015 年 12 月 18 日德国反兴奋剂法生效之前,为了赢得比赛,运动员使用兴奋剂的,构成诈骗罪。Kornbeck J.,"The EU, the Revision of the World Anti-Doping Code and the Presumption of Innocence", *The International Sports Law Journal*, Vol. 15, No. 3-4 (2016), pp. 172-196。

分救济的,属于违约;不提供救济的,造成损害较小的构成侵权,造成损害较大的构成诈骗罪。① 我国刑法第 196 条第 4 款规定的信用卡诈骗罪,显然采用的就是这种立场。这种做法实际上否定了诈骗罪的独立性,使其在一定程度上从属于被告人(或者被害人)的事后行为。正是这些原因,学界认为诈骗罪是文化程度非常低的一种犯罪。即诈骗罪的认定不仅不可能摆脱被害人的态度,有时也受制于被告人的事后行为。易言之,被告人事后的行为和被害人事后的行为,都有可能吞噬掉"诈骗行为"的违法性。②

三、最后手段原则司法适用的具体路径:正当化事由

最后手段原则要想被司法适用,还需要将其之适用变成形式分析(坚持马克斯·韦伯的形式理性原则),避免进行实质判断,只有这样,才更容易得到法院的认可,因为这才属于法律适用或者法条选择的范畴,并非对立法的评论或者质疑。三阶层犯罪论体系,恰恰就表达了最后手段原则的这项诉求,因为这种理论将各种正当化事由独立化,不仅保持了其他法规范的完整性,而且,还赋予其具有阻却符合刑法禁止条文的行为的违法性的效力。这样,其他法律有关行为人权利的规定,都藏身于正当化事由之中,于是,其他法律对行为支持的规定,都可以以正当化事由的方式,否定刑法对行为进行的否定评价,即,刑法禁止与其他法律发生冲突时,其他法律都有凌驾于刑法禁止之上的效力。这样,最后手段原则被诸犯罪要素的位置体系所代替,最后手段原则的适用变成了形式逻辑判断。而法官的特长恰恰在于判断手段与目的之间是否合逻辑性和合经验性,因为其在确认事实和因果关系方面,具有相应的专业技术知识和经验。所以,在三阶层犯罪论框

① Jr J. C. , "Does Unlawful Mean Criminal: Reflections on the Disappearing Tort/Crime Distinction in American Law", *B.u.l.rev*, Vol.71, No.2(1991), pp.193-246.

② Buell S. W., "Novel Criminal Fraud", *Social Science Electronic Publishing*, Vol. 81, No. 6 (2006), pp.1991-2043.

架下,最后手段原则的外部诉求,极易获得法院的认可。比如,前面提到的包皮环切手术案中,一审法院在判决书中指出,在三阶层犯罪论体系中,民法规定的亲权构成正当化事由,其具有阻却符合刑法禁止的行为的违法性的功能,这实际上是说民法的规定优于刑法禁止的规定。换言之,三阶层犯罪论体系本身包含了最后手段原则的外部诉求的主要内容;相反,如果将犯罪构成要件要素与正当化事由合并,即坚持两阶层犯罪论体系,有可能影响最后手段原则的适用,给法律的实施带来很大的麻烦。

首先,如前所述,最后手段原则的内部诉求之所以很难被司法所认可,主要原因就是其之适用很容易被解读为实质判断,而两阶层犯罪论体系主张犯罪构成要件要素与正当化事由合并,会造成最后手段原则的适用只能在违法性判断内部进行,这会使违法性判断变成实质判断与形式判断并存,理由有以下三点。

其一,就像包皮环切手术案一审判决所表明的那样,正当化事由包含着被告人民事权利的行使,即包含着私法的内容。私法实施不仅无须遵守罪刑法定原则,而且,其更重视公平、诚信及自愿原则,特别是承认习惯的约束力,因此,其至少不排斥甚至更希望进行实质判断。因此,对于两阶层犯罪论而言,其之违法性判断很难坚持形式判断的公法传统。

其二,两阶层犯罪论将民法(或者其他法律)规定的要素与刑法禁止规定的要素,堆放在一起,于是,民法或者其他法律规定的权利失去了"民法"或者"其他法律"的标签,刑法规定的禁止也失去了"刑法"的标签。这样,最后手段原则失去适用的前提(即须存在刑法与非刑事法律的区分),这必然会导致违法性判断完全变成实质判断。

其三,正像德国学者耶林所主张的那样,私法的适用可以进行经济分析,而公法绝不允许,因此,这种做法有可能否定公法与私法的划分,这与当前社会的政治结构是不相符的。

实质判断最大的缺陷,就是其结论极易受到判断人价值观的影响,或者说,其结论具有不稳定性,甚至有时明显有悖于立法目的。比如,包皮环切手术案二审判决后,由于穆斯林和犹太人的抗议,德国议会通过了一项法案,即在德国民法典第 1631 条中增加一款,即,父母可以基于宗教上的原因,同意职业医生给男童进行非治疗性的割礼手术。这样,在德国民法典修改后,如果有医生因此受到伤害罪的刑事指控,男童父母的亲权则构成正当化事由,阻却德国刑法典第 223 条和第 224 条的适用,这也是增加这一条款的主要目的。① 而根据两阶层犯罪论体系,民法有关父母可以同意对男童实施割礼的规定,构成伤害罪的消极要素,而刑法禁止非治疗性的人身伤害的规定,成了伤害罪的积极要素,即使通过实质判断得出消极要素优于积极要素的结论,这也很难说被告人的行为不违法,因为除了民法与刑法的规定外,德国基本法对此也有规定。而如果根据德国基本法第 2 条和第 4 条,很容易像科隆地区的二审法院的判决那样,得出被告人违法甚至犯罪的结论,理由有:一则,德国基本法虽然赋予公民有宗教信仰自由(第 4 条),但是,其也确认公民有自决权和身体完整权(第 2 条),且根据比例原则,后者的权利更为重要;二则,男童的父母有宗教信仰自由,男童自身也有宗教信仰自由,男童的父母未等到男童成年时,对其实施割礼的行为,实质上剥夺了被害人长大后选择宗教的自由。② 由此很容易得出被告人的行为具有违法性的结论,这显然与德国修改民法典第 1631 条的主要目的相悖。

其次,两阶层犯罪论体系由于坚持刑法与非刑事法律的合并,必然会影响最后手段原则的司法适用,从而有可能导致案件的处理结果有悖于法秩序统一性原则。比如,对于前面提到的诈骗罪。由于被害人事后放弃撤销权或者怠于行使撤销权,这会使得该诈骗行为获得民法保护,行为人取得债

---

① Jan F.Orth,"Explaining the Cologne Circumcision Decision",*The Journal of Criminal Law*,Vol. 77,(2013),pp.497-511.

② Jan F.Orth,"Explaining the Cologne Circumcision Decision",*The Journal of Criminal Law*,Vol. 77,(2013),pp.497-511.

权请求权。但是,在两阶层犯罪论体系下,这种权利无论如何都无法融入到诈骗罪的违法性判断之中,即,放弃撤销权的行为无法构成诈骗罪的消极的构成要件要素,因为违法性评价的对象仅仅局限于行为人的诈骗行为。虽然诈骗罪的构成包含着被害人的态度,但这种态度是被害人行为时的态度,并不包括事后的态度。所以,其很容易得出这样一个结论:在刑法上,被告人构成诈骗罪;在民法上,行为人有权要求被害人履行合同,即行为具有合法性。显然,这有悖于法秩序统一性原则。但在三阶层犯罪论体系中,诈骗罪的构成要件要素与正当化事由是区分的。民法的规定独立于刑法禁止,其之适用产生的权利,即债权请求权,完全可以以正当化事由的方式,否定诈骗行为的违法性,从而维护了法秩序的统一性。

最后,两阶层犯罪论体系有可能降低其他法律对刑法的限制功能。在三阶层犯罪论体系下,犯罪的该当性完全指向的是刑法禁止条文的规定。对指控的行为,法院严格按照刑法禁止的规定进行符合性判断,这本身就体现了司法对立法的尊重;同样,严格按照非刑事法律的规定,对是否存在着正当化事由进行判断,也体现了对立法的尊重。这样,即使其他法律规定的权利以正当化事由的方式,否定了符合刑法禁止的行为的违法性,也是立法者的选择,法官并没有将自己的意思融入到法律的适用之中,这显然符合司法保守主义的旨趣。所以,对法官而言,以其他法律限制刑法的适用,是没有任何政治风险的。相反,在两阶层犯罪论体系下,法官根据最后手段原则所进行的判断,很容易被怀疑成实质判断,侵犯了人大代表的立法权,这有可能导致法官不愿意以其他法律限制刑法禁止的适用范围,从而也就降低了最后手段原则的限制功能。

此外,两阶层犯罪论体系还很容易压缩正当化事由的范围,理由是,民法是承认习惯的,比如"先占"和"民事自救制度"等,刑法却不承认习惯的效力。如果坚持两阶层体系,就会发现这些民法上承认的习惯,根本无法影响违法性判断,最多只能影响责任的判断。恰恰相反,承认正当化事由的独立性,实际上也就承认了民法或者其他非刑事法律在刑事司法适用阶段中的独立性。由于民法并非公法,其之适用完全没有必要拘泥于形式,即可以进行实质分析,于是,被民法认可的习惯也就无障碍地进入刑事司法领域。比如,后面提到的财产混同限制职务侵占禁止的适用范围,就是适例。

总之,两阶层犯罪论体系不仅忽视了刑法条文形式上的独立性,更重要的是,忽视了宪法有关分权的规定,即立法权与司法权的分立。近些年来,德国刑法学界基于"法益的概念",超过语义范围解释刑法禁止的现象非常多,这受到德国宪法学界的广泛批评,因为这明显有悖于民主原则。① 德国法院对刑事法律一直坚持形式理性和保守理性,并没有因为法益的概念而扩张自己的权利,坚守住自己的位置。当然,前面提到的男童割礼案,可能比较特殊,法院对自己的法律选择做出了解释,这在以往的判决中,是很难见到的。② 在两阶层犯罪论体系下,最后手段原则往往很难发挥其选择作用,因为两阶层否定了违法判断的层次性,或者说,忽视了刑法与民法或者其他法律的位阶性,而这个位阶性,恰恰体现的就是最后手段原则或者比例原则。

这里需要注意的是我国的刑事附带民事诉讼,该制度实际上将刑法与民法放在一起适用,这种制度固然有利于降低司法成本,然而,这极易破坏司法的权威性,道理很简单,刑法与民法之间存在很大的区别,其对某种事实的认定或者判断很难始终保持一致。如果将其放在一起,在理论上极易产生刑法否定而民法肯定的结论。美国的辛普森案就是这种现象的典型例证,如果让一个合议庭对刑事与民事进行统一裁判,则会得出被害人高德曼既是辛普森所杀,又不是其所杀的结论,这显然是荒唐的!

---

① Stuckenberg, C. F., "The Constitutional Deficiencies of the German Rechtsgutslehre", *Oñati Socio-legal Series*, Vol.3, No.1 (2013), pp.31-41.

② Jan F. Orth, "Explaining the Cologne Circumcision Decision", *The Journal of Criminal Law*, Vol.77, (2013), pp.497-511.

第二节 民事规范与刑事规范区分的规范根据

既然民法规范与刑法规范在性质上是不同的,那么它们就不可能被放在一起评价或者在同一个层面上评价。然而,民法规范又限制刑法禁止适用的范围大小,即其以正当化事由的方式,阻却符合刑法禁止的行为的违法性,即它们又有在一起竞争的空间或者可能。

从字面上看,最后手段原则不应当仅有评价或者批判功能,其至少也应有一定的规则价值,道理很简单,其至少有选择功能。具言之,最后的手段原则是指对于保护特定的法益而言,当出现多种手段时,刑法应当作为最后的选项而存在。也就是说,如果存在着民法或者行政法之类的救济措施,首先就应当选择这种措施,而不是刑法。

因此,最后的手段原则发挥作用的前提,从规范的角度看,至少应当保持刑法与民法、行政法的区分。由于每部法律的立法目的不同,其间发生冲突就在所难免。由于最后手段原则会使其他法律的地位优于刑法,刑法的价值仅仅在于弥补其他法律对法益保护的不足。[1] 这就意味着,刑法并不对所有的法益都提供保护,其保护的仅仅是被法秩序认可的法益;对于其他法律授权的行为,即法治秩序不予保护的法益,刑法不得禁止。[2] 也就是说,当刑法禁止与其他法律(比如民法)发生冲突时,最后手段原则的外部诉求则会要求刑法服从于其他部门法的规定,承认被告人的权利,即在这原

---

[1] Niggli, M. A., "Ultima Ratio? Über Rechtsgüter und das Verhätnis von Straf-und Zivilrecht bezüglich der sogenannt ' ubsidiäen oder sekundäen Natur ' des Strafrechts", *Schweizerische Zeitschrift für Strafrecht*, (1993), pp. 238 - 239; Melander, S., "Ultima Ratio in European Criminal Law", *Oñati Socio-legal Series*, Vol.3, No.1(2013), pp.42 - 61; Minkkinen, P., "The ' Last Resort ': A Moral and/or Legal Principle?", *Oñati Socio-legal Series*, Vol.3, No.1(2013), pp.21 - 30.

[2] Thomas Vormbaum, "' Politisches ' Strafrecht", *ZEITSCHRIFT FÜR DIE GESAMTE STRAFRECHTSWISSENSCHAFT*, 1995, p.757.

则上适用这样一个公式:授权的行为原则上不得有禁止的例外,而禁止的行为有允许的例外,也就是说,法律的漏洞应当解释为公民的权利,而不是公民的义务,现代生活以权利为主色,而义务仅有补充、救济作用,这就是权利本位论的主张。

在这里,被告人的行为虽然符合犯罪的该当性,但是,由于被告人有其他法上的根据,属于权利行使行为,最后手段原则会使后者获得抵消或者推翻行为违法性的功能,使行为获得正当性。

一般而言,刑法旨在通过禁止保护法益,其很少宣示某种公民权利,只是在例外情况下才会这么做,比如,我国刑法第 20 条规定的公民正当防卫权,第 21 条规定的紧急避险权。这样,刑法与其他实体法(主要是民法)的划分,其实是犯罪的该当性与正当化事由该不该区分以及如何区分的问题。

一、犯罪该当性与正当化事由区分的规范根据

在贝林格和李斯特看来,刑法与民法是需要区分的,即主张三阶层犯罪论体系,第一个阶层和第二个阶层实际上分别代表了不同的法,即刑法与非刑事法律(主要是民法)。随后,德国的学者对其提出批评,主张所谓的两阶层犯罪论体系,即将第一阶层与第二阶层合并,目前,我国学界也大都倾向于此。我们认为这种做法值得商榷,主要根据有以下几点。

(一)宪法的要求

我国人权入宪后,刑法是最后的手段应当构成一项宪法原则。不过,法院不能利用这种原则通过否定刑法禁止的效力而否定某些行为的犯罪该当性的成立,即对于具体的案件而言,最后手段原则不应当适用于犯罪该当性的判断。但是,在进行违法性判断时,其他法律所规定的权利却构成正当化事由,其具有阻却符合该当性的行为的违法性的功能,这实际上表达了最后手段原则的外部诉求。从最后手段原则的角度看,相对于两阶层犯罪论体

系,三阶层犯罪论体系的优点有以下三点。

其一,有利于确保立法权的完整性,维护我国人大立法的权威。虽然在违法性判断阶段,否定了符合犯罪该当性的行为的违法性,但是,否定的根据也是人大制定的其他法律。也就是说,这种否定不是对立法者的蔑视,而恰恰是对立法者的尊重。

其二,法院借助其他法律制度,控制刑法禁止的适用范围,由于存在着规范上的根据,这自然会减轻法院的压力,也维护了司法的保守性和程序性。

其三,有利于控制刑法不正当的扩张,进而避免刑法与其他部门法间的不协调。立法是民主的结果,故其很可能出现偶然的不理性的情况,对刑法而言,尤其如此,毕竟其是在限制或者剥夺公民的自由,或者扩张公权力的范围。然而,其他法却不这样,比如民法,其授权行为恰恰是在扩张公民的自由,压缩公权力的范围,故其之制定往往是理性的结果。这样,借助三阶层犯罪论体系,可以通过法律体系自身的特点,减少甚至消灭这种立法上的不理性。

总之,从最后手段原则的角度看,犯罪该当性和违法性是不应合并的,即应当坚持传统的三阶层犯罪论体系。至于犯罪构成要件要素与正当化事由的区分标准,根据当前的分权体制,自然应当坚持形式主义,即应当以刑法禁止的语义为准,脱离了刑法禁止条文而进行的所谓的实质解释,都有悖于当前的民主制度或者宪法规定。

(二)刑法与民法的价值诉求

根据我国刑法第 3 条的规定,刑法的制定要遵守罪刑法定原则,即明确性是刑法禁止规范的基本属性。如果刑法不具有明确性,根据"疑问时有利于被告人"的原则,该禁止就会失去法律约束力。显然,正当化事由是没有这项要求的,其实,不管正当防卫还是紧急避险,都是一种原则性的规定,并不是法律规则,这也是其适用经常引起争议的原因所在。

在学界,有学者对正当防卫制度进行解构,发现其由上百条规则构成。① 比如,从防卫的原因看,其分为保护"自己法益"的防卫和保护"他人法益"的防卫;从所保护的法益的性质的角度看,可分为"保护人身"的防卫和"保护财产"的防卫;对"保护财产"的防卫,又存在着对动产的防卫、不动产的防卫,或者住宅的防卫;从防卫手段的角度看,存在着有生命危险的暴力防卫和无生命危险的防卫(比如限制自由);等等:而这些防卫影响刑事责任的条件及后果事实上并不统一。② 如果刑法禁止规范也采用这种抽象的做法,是很难想象的。

1. 刑法规范与民法规范的目的不同

"刑法旨在于惩罚,民法旨在于定价",由于犯罪的该当性指的是前者,正当化事由指的是后者,所以,两者的目的和功能不同,因此,两者在形式上有很多的不一致之处。具言之,有以下四点。

其一,一般来说,民法为公民的"权利清单",也就是说,民法为授权法,而正当化事由是公民突破刑法禁止的规范根据,所以,民法的规定为正当化事由的主要规范形式。既然为授权规范,因此,民法在形式上就没有必要再遵守明确性的诉求了。事实上,模糊性是其主要特征之一,比如,就其最基本的概念"权利"而言,学界就存在着很多不同的看法。

其二,民法传统习惯的效力,比如,当前无主物的"先占"制度,民法并未对其作出规定,但是,其衍生出的"先占权",却阻却了财产罪违法性的成立。也就是说,正当化事由并不坚持"法定主义",事实上,正当化事由的范围极为宽泛,而当前的刑法仅仅规定了正当防卫和紧急避险两种,也足以反映犯罪该当性与正当化事由是不能合并在一起的。

---

① Berman M. N., "Justification and Excuse, Law and Morality", *Duke Law Journal*, Vol.53, No.1 (2003), pp.1-77.

② John Gardner, In Defence of Defences, in FLORES JURIS ET LEGUM: FESTSKRIFT TILL NILS JAREBORG 1 (Uppsala: Iustus Forlag 2002), available at http://users.ox.ac.uk/~lawf0081/defences.pdf, p.122。(访问时间 2003 年 9 月 9 日)

其三,民法允许或者容忍宗教规范或者文化规范存在,而对刑法禁止而言,这是绝对不允许的,因为这很容易破坏刑法的普适性,违反平等原则。这就意味着,刑法禁止是不允许这种文化规范存在的,而正当化事由却是允许的。如果将第一阶层与第二阶层合并,实质上是容忍刑法禁止中可以存在文化规范,这必然会破坏刑法的严肃性和普适性。

其四,这还会否定刑法禁止的自足性。如果将民法的规定视为犯罪该当性的规范内容,这就意味着当前刑法中存在的禁止规范是不完整的,还需要民法补充,即刑法缺乏独立性,成了民法的延续,这必然否定刑法的独立性。比如,对于预防性酷刑而言,以色列学界很多人持认可的立场,他们认为,为了保持刑法的自足性,必须通过相应的刑法禁止规范实现这种效果,具言之,应当在酷刑禁止(或者说刑讯逼供禁止)中专门设置"为了救助他人的除外"之类的表述。即,通过相应的许可制度,以落实或者反映该制度的具体内容。也就是说,只有这样,才能确保该刑法禁止规范的自足性,而不得使这种"授权"抽象地放在"正当防卫"或者"紧急避险"制度之中。当然,这里的独立性并非要否定本书的主题"最后手段原则",而是说其会否定形式上的刑法的独立性。

2. 刑法规范与民法规范适用的逻辑方式不同

事实上,即使是同一概念,其适用于民法与刑法,可能有不同的含义。

首先,从整体上看,就同一概念而言,刑法坚持谦抑性原则,或者说,相对于民法,其坚持有利于被告人原则。比如,一个年仅 12 岁的小孩,为了报复父母的管教,将家中珍藏的一幅价值极高的古画,交由成年人甲撕毁。这里的"被害人同意"是否具有法律意义,民法会持否定的态度,而刑法与之不同,很可能得出相反的结论。再比如,13 岁的小女孩自愿与成年人乙发生性关系,这里的"被害人同意",民法与刑法上的评价都为无效;而年满 15 周岁的女孩实施上述行为的,民法认定为无效,而刑法上却有效。

其次,刑法追求概念上的明确性,而民法则无此诉求。比如,德国民法充斥着诸如"法律行为""物权""物权行为"等概念,这些概念一般公民是很难理解的,但是,这并不影响该法的实施。而德国刑法显然不是这样。虽然在德国刑法典中也有"阻却违法的紧急避险"和"阻却责任的紧急避险"等规定,但是,由于其并不限缩公民的自由,恰恰相反,其实质上在扩张公民的自由,故其在本质上并非属于刑法的范畴,甚至可以说原本属于民法的范畴。即,在一定程度上,有时两个部门法的规范诉求,在形式上完全不同。

最后,如前所述,刑法重视形式理性,而民法重视实质理性,即,两者的判断形式存在着明显的区别。这样,如果刑法禁止中包含着民法的规定,则很难处理上述问题,会导致很多的刑法禁止规范都失去其原本追求的记述性或者明确性。

由于立法权和司法权的划分,除了死刑外,最后手段原则的内部诉求很难被规则化;否则,其有可能否定立法权。特别是对我国而言,法院无权监督立法机关,恰恰相反,立法机关却对司法机关享有立法监督权。这导致最后手段原则的内部诉求,很难演化为或者变成具有约束力的规则,从而约束立法、司法和行政机关。然而,如前所述,最后手段原则还有外部诉求,这种外部诉求有些本来就源自比例原则的内部规范构成,比如,法益保护原则,而有些则来自最后手段原则本身。即使对于前者而言,其形式上的存在根据也是来自外部实证法的规定,并不是最后手段原则,但是,后者却是其真正的根据或者理论基础。也正是由于这种外部诉求,使得最后手段原则变得极为活跃,不再成为"僵死"的原则。

从规范的角度看,最后手段原则的外部诉求有两个:其一,刑法与民法应当分立,其具体表现为犯罪该当性与正当化事由的分离;其二,由于民法上的权利属于正当化事由,所以,最后手段原则要求民法的规定优于刑法的规定,即刑法是最后的手段。

3. 民法规范无法融入刑法禁止规范的根据

正是因为刑法与民法不能合并,所以在犯罪论体系上,应当坚持三阶层犯罪论体系,而不能坚持两阶层犯罪论体系。具言之,在刑法禁止规范中,民法规范绝不能以消极的构成要件要素的方式存在着,具体的理由有以下三点。

第一,如前所述,刑法的判断强调的是形式理性,即按照形式逻辑的方式进行,不能脱离其具体的语义进行所谓的实质判断,恰恰相反,民法更重视实质判断,即以双方当事人的权利义务为基点,平衡当事人之间的利益。

第二,刑法要遵守罪刑法定原则或者法治原则。这两个原则的功能是保护法益和限制公权力,故其有明确性的诉求,即强调其对社会一般公民行为的指导作用。与之不同,民法也有指导行为的作用,但是,其更强调对当事人之间的利益的平衡,毕竟在形式上其仅有补充作用,即首先尊重当事人的选择,实行所谓的意思自治。

第三,刑法是人们生活的底线,这种底线具有稳定性,不能因人而异,即其很难被动摇,因此,其一般是民主的结果。民法则不同,其强调是权利或者损失的分配,反映人们的生活,故其有丰富的文化性,而这种文化性极易产生差异性,即其不一定是多数人的选择,故其与民主制度的联系相对较弱。

(三)民法规范与刑法禁止规范的分立

基于上述原因,刑法禁止规范很难与民法规范融合在一起。然而,我国目前学界所倡导的两阶层犯罪论体系,其本质是将刑法禁止与民法授权型规范融合在一起,即刑法禁止所记述的事实,为积极的构成要件要素,民法授权型规范记述的事实,为消极的构成要件要素,显然这种做法忽视了刑法禁止规范与民法授权规范品性上的不统一。为了详细地说明这一点,接下来我们通过刑法禁止规范与民法授权规范在内容、形式以及评价时空上的不同,揭示民法授权规范无法以消极的构成要件要素的方式,存在于犯罪的该当性评价之中的原因。

这里的刑法规范主要是指刑法禁止规范,其主要是指刑法分则条文规定的行为规范,换言之,其并非指刑法中的所有条文。比如,我国刑法第20条与第21条规定的正当防卫和紧急避险,其主要表达的是授权规范,所以,其应当属于民法的范畴,原则上其并不属于刑法规范的范畴,尽管其以条文的方式存在于刑法之中。

其实,有些规范只能放在民法之中,刑法绝不能容忍其存在,最典型的是习惯,刑法不可能无保留地承认习惯的存在,但是,民法不同,其甚至公开地宣示对习惯的尊重,比如,我国《民法总则》第10条规定:"处理民事纠纷,应当依照法律;法律没有规定的,可以适用习惯,但是不得违背公序良俗。"

在正当化事由一类中,可能会出现麻烦的是外国法的规定。比如,在我国新疆地区曾经出现过这样一个案例:被告人系一名公交司机,在其行驶的途中,被害人突然横穿马路,为此,被告人紧急刹车,导致车上某一乘客摔倒,使其手中的蛋糕掉在地上。司机为了让被害人赔偿乘客由于其违规行为而导致的紧急刹车所造成的损失,让乘客强制其上了公交车,向车站驶去,原因是车站处就有公安局。被害人为了躲避责任,上车后从车窗处跳下,导致死亡。被害人家属以非法拘禁罪提起刑事自诉,要求追究被告人(公交车司机)的责任。法院判令被告人无罪,但是,赔偿被害人由此产生的损失的70%。现在的问题是,在该案中,被告人剥夺了被害人的自由,符合非法拘禁罪的构成要件,为什么不构成犯罪? 其是否有义务赔偿相关的损失呢?

从表面上看,被告人的行为具有违法性,触犯了我国刑法第238条的规定,构成非法拘禁罪;其实不然,这是被告人的自助行为,即属于权利行使行为,故能阻却其行为的违法性。主要原因是:第一,被告人为了不撞上横穿马路的被害人,属于紧急避险,故属于正当的行为。第二,对于避险产生的损害,应当由风险的制造者承担,没有制造者的,由受益人承担。在该案中,被害人是风险的制造者,其应当承担由此产生的损失,即乘客损害的蛋糕。

第三,乘客与公交公司存在着运输合同关系,乘客在享受公交服务中受到损害,故公交公司有义务协助乘客寻求救济。第四,被告人如果不采取这种措施,即迫使其上公交车,到公安局解决问题,乘客的损失将无法得到合理的解决,因为根据当时的民事诉讼法第108条的规定,如果寻求司法救济,必须要有明确的被告。而弄清加害人的身份,只能到公安局解决。由此可以看出,被告人剥夺被害人自由的行为显然属于德国民法典第229条和第230条规定的自助行为,这是一种权利行为,即在德国,其当然具有阻却行为违法性的功能。

现在的问题是,我国民法并没有这方面的规定,德国法的规定能否适用于我国?为了回答这个问题,其一,我们要先弄清楚这一权利的内容:首先,其是特殊情况下的一种公民的自救权,这是现代制度(即公权力垄断对个人自由的剥夺)的例外,比如,到餐馆吃饭不给钱的食客,老板有暂时剥夺其自由的权利,即这种权利源自社会生活的需要;其次,其与宗教文化无关,即并不是特定宗教习惯衍生出的权利;最后,这并不会导致个人暴力的扩张,而是将其与公权力联系在一起。因此,我国很多民法教科书或者著作都将其作为一项习惯性的权利进行介绍。这表明该权利在我国具有实用性。然而,不同于免责事由,正当化事由会阻却行为产生的所有的不利后果,即如果这种自我救助制度为正当化事由,行为人对其行为造成的损害,不承担任何的责任,因此,当地法院一方面基于民事自助制度判决被告人无罪,另一方面又让其承担一部分民事责任,显然是有问题的。

在学界看来,其实不纯正的不作为犯就是道德犯,道理很简单,不管是德国法系还是英美普通法系,对作为义务的判断主要是进行实质判断,而非形式判断。然而,一般认为这是由立法自身的局限性和社会生活的多样性之间的矛盾所致,而立法者无法通过立法的方式,将其表达出来,故其构成要件要素是开放的,无法进行闭合。为了解决其与罪刑法定原则的冲突,很多国家都通过法律条文的方式,对其进行明示,比如德国刑法典第13条规定,"不防止属于刑法构成要件的结果发生的人,只有当其有依法必须保证该结果不发生的义务时,且当其不作为与因作为而使法定构成要件的实现相当时,才依法受处罚"。

其二,民事立法更多体现的是人们的一种观念,所以,这种披上法律外衣的观念,在表面上看是民主的结果,实质不然。众所周知,刑法是立法者制定的,其一般没有溯及力,除非对被告人有利,而民法却不是这样,其通常具有溯及力,这表明,其虽然在形式上是民主的结果,实质上却不是如此。特别是如前所述,民法承认习惯的效力,尤为如此。

其三,刑法要求有明确性,即模糊不清的法律通常是无效的,即坚持"疑问时有利于被告人原则"。然而,民法却恰恰相反,比如,德国民法典创造了"法律行为""物权""债"等抽象的法律概念,其含义甚至只有专家才知晓,但是,这并不妨碍其法律效力。

二、犯罪该当性与正当化事由区分的现实根据

其实,现实的复杂性,也要求对犯罪的该当性与正当化事由进行区分。也就是说,主张民法与刑法的分立,有利于提高当前法律解决问题的能力。现在以下面的案例的处理为例,证明这种观点的正确性。

案例1:被告人A为了骗取性利益,向一个妓女谎称,自己愿意向其支付嫖资2000元。发生性行为后,被告人拒绝支付。

案例2:被告人B欺骗被害人说,如果让他砍下被害人的小拇指,就支付给被害人2000元,被害人同意。B砍下被害人的小拇指后,对其说:"我是骗你的!"然后拒绝付款。

案例3:医生C为了骗取性利益,将自己的性行为说成是子宫检查,被害人同意,事后发现真相后,向警方报案。

案例4:病人得了子宫癌,如不及时切除,会有生命危险,但是,该病人坚决不同意切除。为了救其生命,医生D谎称仅仅是为了切除子宫瘤,而

骗取被害人同意手术,然后将其子宫切除,后病人报案。

案例5:被害人接到自称为医生 E 的电话,E 告诉被害人说,他在当地一家医院工作,在对被害人血样进行检查时,发现其感染了一种极为危险甚至会导致其死亡的病毒。被告人 E 告诉被害人说,这种病毒来自公共厕所,其治疗要么通过极为疼痛的手术,要么与已经对此病毒产生抗体的人发生性行为。被害人误信了被告人的话,于是,被告人就冒充对此病毒有抗体的人,与被害人发生了性关系。

案例6:被告人 F 对被害人说,被害人的儿子得了眼疾,需要及时进行眼角膜移植手术,否则,将会失明。但医院缺乏供体,除非被害人将自己的眼角膜移植给儿子。被害人误信其言,其眼角膜被摘除后,却被移植给另外一个病人。

就这六个案件而言,如果不采用三阶层犯罪论体系,而采用两阶层犯罪论体系,是很难得出合适结论的。如果采用三阶层理论,会发现被害人不同意是强奸罪的构成要件要素,而被害人承诺是故意伤害罪的附条件的正当化事由。对于 A、C、E 而言,虽然存在着欺诈,但是,其适用事实欺诈与诱因欺诈区分的理论,即被害人对性行为本身是同意的,只是对行为的回报或者意义产生认识错误,这种欺诈不影响同意的效力,故行为人不构成强奸罪;相反,对于 B、D、F 而言,被害人承诺最多评价为正当化事由,对其而言,事实欺诈与诱因欺诈区分的理论无法适用,故被害人的承诺无效,行为都构成故意伤害罪。①

尤其是对于诈骗罪而言,如果不采用犯罪该当性与正当化事由区分的理论,民法上的撤销权根本没有评价空间,这足以表明现实需要承认三阶层犯罪论体系。

---

① Kerr O. S., "Cybercrime's scope:Interpreting 'access' and 'authorization' in computer misuse statutes", *Social Science Electronic Publishing*, Vol.5, (2004);参见[德]克劳斯·罗克辛:《德国刑法学总论》(第 1 卷),王世洲译,法律出版社 2005 年版,第 376 页。

当然,这也是证据法的要求。一般而言,犯罪的构成要件要素的证明,通常采用排除合理怀疑标准,而正当化事由,由于其在性质上属于民法的范畴,其之证明通常采用的是优势证据标准。[1] 这样,如果采纳两阶层犯罪论体系,则意味着犯罪的构成要件要素的证明,既采用优势证据标准,也采用排除合理怀疑证明标准,显然这是有问题的。

三、犯罪该当性与正当化事由区分的标准

既然犯罪的构成要件要素与正当化事由是不同的,接下来的问题是,对于某一要素而言,其究竟是犯罪的构成要件要素,还是正当化事由,应当如何判断? 两者划分的标准是什么? 对此,学界主要有三种不同的观点。

(一)规范说

这种观点主张,应当根据立法用语进行判断。[2] 弗莱彻尔认为,刑法禁止规范是国家制定的或者认可的道德命令,其应当是确定犯罪构成要件要素和正当化事由的根据。[3] 比如,根据强奸罪的立法定义,其是指"违背妇女的意志"强行与之发生性行为的行为,这里的违背意志表明,被害人(不)同意是该罪的构成要件要素。[4] 这种观点强调从规范自身探讨犯罪构成要

---

[1] Dripps D. A., "The Constitutional Status of the Reasonable Doubt Rule", *California Law Review*, Vol.75, No.5(1987), pp.1665-1718.

[2] 车浩:《论被害人同意的体系性地位—— 一个中国语境下的"德国问题"》,《中国法学》2008 年第 4 期。

[3] George p.Fletcher, *Rethinking Criminal Law*, p.568.

[4] 印度法对强奸罪的定义中直接包含着被害人的态度,英美法大致也是这样。参见赵秉志:《英美刑法学》,中国人民大学出版社 2004 年版,第 304 页。大陆法系在强奸罪的定义中,一般并不直接表达被害人对性行为的态度。参见赵秉志主编:《外国刑法各论(大陆法系)》,中国人民大学出版社 2006 年版,第 85 页。近几年来,英美国家逐渐改变以往的做法,开始注重将主观要素客观化,强奸罪的定义不再明确被害人的态度,侧重于被害人对奸淫行为的客观表现。参见 Simons K. W., "Mistake of Fact or Mistake of Criminal Law? Explaining and Defending the Distinction", *Criminal Law & Philosophy*, Vol.3, No.3 (2009), pp.213-239。

件要素的范围,符合三阶层犯罪论体系划分的初衷,但是,学界对其的批评有:

第一,规范的语言形式往往充满了很多的随意性,致使实证法层面上的犯罪构成要件要素具有一定的或然性。比如,故意毁坏财物罪,美国各州刑事立法虽然都受到了美国模范刑法典的影响,但对于该罪的构成要件要素的范围的规定并不统一,大多数州认为,不同意为该罪的构成要件要素,但也有一部分州认为其为正当化事由,即,根据立法用语,有时很难确定构成要件要素(即不同意)的性质。

第二,在当前刑法中,存在着大量的简单罪状,由于其并没有详细记述该罪的构成要件要素,所以,使得该标准无法适用。比如,我国刑法有关盗窃罪的规定表明,被害人(不)同意,是不是该罪的构成要件要素,是不清晰的。

第三,如果对某一要件要素的体系位置产生争议,如何判断,持这种观点的学者根本没有进行进一步的探讨,这严重影响了其应用价值。

正是很难区分特定要素的性质,所以,这种观点认为正当化事由与犯罪的构成要素不应区分,也不能区分,故坚持两阶层犯罪论体系。

(二)法益侵害说

这种观点认为,就特定的要素(比如被害人同意)到底是正当化事由还是犯罪构成要件要素,关键看其是否能否定或者支持行为本身的社会危害性:如果能否定行为的危害性,比如,对于盗窃罪、强奸罪,则为构成要件要素;不能否定行为本身的社会危害性的,则为正当化事由。比如,就被害人同意而言,父母给年幼的女儿打耳洞,让其参加拳击比赛、武术比赛,为其做变性手术等,这种要素则可以完全否定行为的危害性,因为自决权的价值远远大于其产生的危害,所以,不同意应当为犯罪的构成要件要素。[1] 父母给

---

① Chiesa L. E.,"Consent is Not a Defense to Battery:A Reply to Professor Bergelson",*Social Science Electronic Publishing*,(2010),pp.195-208.

年幼的女儿文身,使其参加街头斗殴,基于畸形的心理而进行截肢,帮助其自杀,被害人不同意同样为犯罪构成要件要素,不过,其自身无法彻底否定行为的危害性,还需要有另外的其他要素帮助,其才能实现这一目的,故此时的不同意仍为该罪的构成要件要素,而同意并不是正当化事由。这种观点的缺陷有以下三点。

第一,照此逻辑,所有的要素都应为犯罪构成要件要素。比如,收益大于其成本是紧急避险的前提条件。由于行为的危害被收益所抵消,即行为丧失了社会危害性,于是,紧急避险就成了犯罪的构成要件要素,这个结论显然没有人会接受。

第二,其是脱离规范确定同意体系位置,这与作为三阶层犯罪论体系的根基的法律实证主义相悖。换言之,传统的德国法认为,犯罪该当性应当重视形式理性,而正当化事由由于处于民法的地位,重视的是实质理性,而这种观点却将两者的区分建立在法益的概念基础之上,这显然动摇了两者划分的基础,即两者的重大区别。

第三,根据传统的刑法理论,刑法规制的行为通常具有外溢效果,这也是刑法为公法,不重视具体被害人态度的原因所在。比如,由于盗窃造成第三人购买防盗门(预防成本),但是,第三人却无法通过民法迫使行为人内化这种成本,这就是国家获得求刑权(代表第三人,其实是社会)的根据,或者刑法将这种行为犯罪化的根据所在。[1] 对于这种外溢效果,被害人同意是无法将其消除的,以此逻辑,对于所有的犯罪,同意都应当作为正当化事由而存在,这种观点显然是站不住脚的。[2]

(三)伦理主义

这种观点认为,应当根据当前的道德伦理判断特定的要素(比如同意)

---

[1]　Anarchy,"State and Utopia",*ANARCHY,STATE AND UTOPIA*,1999,pp.65-66.

[2]　[德]汉斯·海因里希·耶赛克、托马斯·魏根特:《德国刑法教科书》,徐久生译,中国法制出版社2001年版,第449页。

的地位或者作用。从社会的角度看,如果不清楚被害人的真实态度,无法确定所评价的行为是否属于不正当的行为,或言之,至少从表面上看,该行为并没有道德违反性。因此,被害人的态度对特定行为的性质非常关键,所以,同意应为犯罪构成要件要素。比如,性行为、拿走他人的财物、到别人家里,如果存在着"被害人同意",其通常属于一种正常的社会现象,上述行为本身并没有道德意义,而法律之所以禁止其发生,是因为权利人不同意这种行为发生。如果权利人同意,法律当然也无权进行干预,因为人们的自决权限制了国家的权力,所以,对强奸罪、盗窃罪和非法侵入公民住宅罪而言,同意属于构成要件要素。反之,当存在着被害人同意时,所评价的行为仍然具有某种反伦理性,或者说被害人的态度无法使特定的行为获得正当性,那么,被害人的同意为正当化事由。① 比如,故意杀人或者故意伤害,不管被害人的态度如何,其本身总具有社会异常性,即便是基于正当防卫而杀人,这种行为也与占有别人的财物不同,其会给人一种遗憾或者不得已的感觉,其自身就呈现出一种恶;牙科医生给人治病是正当的,但其却会给病人带来痛苦,同时,还会让别人产生同情与怜悯。如果想证明伤害行为具有正当性,则需要一定的正当化事由存在。根据这种观点,对于故意伤害罪而言,同意系正当化事由,而非构成要件要素。

刑法禁止是以强制的方式控制那些侵犯他人法益的行为,虽然人们反对将其完全根据建构在伦理基础之上,但是,这并不否定其在符合法益保护原则的前提下,须有一定的道德基础,即,至少在表面上这种禁止须具有某种道德收益。② 从这个角度看,伦理主义是有一定的道理的。

然而,三阶层犯罪论体系毕竟是法律实证主义的产物,脱离开具体的刑法禁止规范确定特定要素(比如同意)的性质,显然违反法律实证主义的精

---

① Bergelson V.,"The Right to Be Hurt-Testing the Boundaries of Consent", *Social Science Electronic Publishing*, Vol.75, No.2(2006), pp.165-236.

② Gardner J.,"Prohibiting immoralities", *Cardozo L Rev*, Vol.28, No.6(2007), pp.2613-2629.

神实质,也有悖于罪刑法定原则,所以说,要确定某一要素的性质,首先应当从禁止性规范入手。但是,如果由此不能得出一个明确的结论,则需要根据社会赋予特定字词的意义,结合行为的社会环境进行判断。比如,故意杀人罪或者故意伤害罪,犯罪对象通常不能是行为人自己,也就是说,从形式上看,自杀或者自残也构成犯罪,实际上并非如此。具言之,某一要素的性质首先应当根据规范说进行确定;如果法律规范的语义未给出适当的结论或者未予明确,比如,不管是伤害禁止规范,还是杀人禁止规范,对于被害人同意,均没有提供立法者的态度信息,此时,应当基于社会生活习惯或者环境,确定特定要素的性质,即同意的作用。之所以承认社会生活习惯的意义,主要原因乃在于特定的字词或者概念的内涵或者外延,受制于特定的生活习惯,故特定法律禁止规范的具体内容,离不开行为人与被害人的生活环境,有关割礼案的争议,尤能证成这一结论。[①]

第三节　民事权利对刑法适用的限制

一、民事习惯

其实,民事权利是最典型的正当化事由,而这一点长期未得到我国学界的广泛重视,主要原因可能是基于传统公法与私法的划分,忽视了两者由于最后手段原则或者比例原则而存在的内在的逻辑性。

在传统的民法中,存在着很多的习惯,这种习惯获得民法的认可,故基于最后手段原则,其也有阻却符合犯罪该当性的行为的违法性的功能,为了揭示习惯对刑法的限制作用,以及刑法禁止规范为什么不能与正当化事由

[①] Kerr O. S., "Norms Of Computer Trespass", *Columbia Law Review*, Vol.116, No.4(2016), pp. 1143-1183.

合并,现在以下面两个案例的处理为例,进行说明。

案例1:林某与赵某夫妻二人按比例出资成立有限责任公司,经营房屋中介业务。赵某为法定代表人。公司既没有建立完善的账目,也从未分过红,甚至二人约定不在公司领取工资。不过,公司成立后,投资人的家庭生活来源基本全部来自公司的收入。其中,林某经赵某的授权,将公司170万元的售房款,一部分用作公司日常开支,一部分用作偿还赵某的个人债务,剩余的20万元,林某据为己有。后夫妻感情破裂,赵某以林某侵占公司财产为由报案,检察机关认为被告人林某触犯了刑法第271条,构成职务侵占罪。

案例2:某房地产开发公司为有限责任公司,股东是由该公司的法定代表人孙某的近亲属以及朋友组成。由于根据当前的公司制度,不同于合伙企业,如果公司的利润分配给股东,不仅公司要缴税,而且,股东也要缴纳个人所得税,存在着双重税收的问题。因此,公司采用不分红、股东的日常生活花费由公司报销的方式,进行避税。被告人李某原系孙某之妻,因为感情不和,决定协议离婚,条件是孙某向李某给付800万元。但是,由于夫妻两人的共有财产及个人财产都以公司资产的方式存在着,家里根本没有任何资金。李某多次要求孙某签字,将这部分资金从公司的财产中划拨给自己,孙某总是寻找各种借口,进行推诿。事实上,当时的公司经营状况非常的好,年收益率极高。但是,由于孙某不签字,李某个人的财产以及孙某答应给付的财产,都无法获得。为此,李某找到公司的广告商,以提高广告服务费的方式,让其帮自己得到公司的款项28万元。对此事,公司的股东尽知。然而,孙某以李某侵占公司财产为由向警方报案。法院根据刑法第271条的规定,认定被告人有罪,并判处其5年有期徒刑。就上述案件而言,由于公司与股东的财产出现了混同,如果公司对被告人主张债权的话,很难获得民法的支持。在这种情况下,追究被告人的刑事责任,从理论上看似有问题,究其原因乃在于其有悖于最后手段原则,具言之,违反了法益保护原则或者说合理性原则。

如前所述,在德国法中,法益保护原则基本上获得了学界甚至法律的认可,然而,在我国当前的法律框架下,或者说根据我国刑法,是否存在该原则呢? 答案是肯定的,主要规范根据有以下三点。

第一,我国《刑法》第 13 条对犯罪规定了一个总的定义,根据该定义,犯罪是"危害国家主权……侵犯公民的人身权利、民主权利和其他权利,以及其他危害社会的行为,依照法律应当受刑罚处罚的,都是犯罪,但是情节显著轻微危害不大的,不认为是犯罪"。

第二,《刑法》第 14 条规定:"明知自己的行为会发生危害社会的结果,并且希望或者放任这种结果发生,因而构成犯罪的,是故意犯罪。"

第三,《刑法》第 15 条规定:"应当预见自己的行为可能发生危害社会的结果,因为疏忽大意而没有预见,或者已经预见而轻信能够避免,以致发生这种结果的,是过失犯罪。"

通过以上刑法规范可以看出:

首先,对于我国刑法而言,犯罪必须是"危害社会"的行为,即行为缺乏社会危害性,原则上不构成犯罪。既然用"社会危害"定义犯罪,则意味着侵犯他人(包括社会或者国家)法益的行为才能构成犯罪,比如,故意杀人罪侵犯了他人的生命权,盗窃罪侵犯了他人的财产权。

其次,不应当包含着自害行为。对于人们的自害行为,刑法是不予干涉的,比如,自杀、自残、吸毒等行为。试想行为人自己剥夺自己的生命以及健康都不构成犯罪,其他的自害行为,法律就更没有干预的理由了。当然,这不包括帮助自杀行为、帮助自残行为。对于毒品犯罪而言,其正当化的理由,费因伯格是借助"软的家长主义"进行解释的。如前所述,由于家长主义立法极易受到人们的批评,所以,毒品犯罪因此受到的质疑最多。① 近几

---

① Husak D.,"Applying Ultima Ratio:A Skeptical Assessment",*Ohio St.j.crim.l*,2004.

年来,学界更多地从帮助自害行为的角度,证明其之正当性。也就是说,毒品犯罪并不是出于家长主义的需要,而是为了避免帮助他人自残的行为发生,以实现社会对他人人格的尊重。这就是说,毒品犯罪的正当性仍然在于其对法益(更严格地说,是对人格尊严)的保护,而不是家长主义。

最后,应当排斥道德犯。学界一般认为,重婚罪是道德犯的典型例证,其入罪的根据就是基于这种行为的反伦理性。我们认为这种观点是有问题的,重婚罪应当属于法定犯,其不能证明伦理主义的正当性,主要理由有:一则,在我国古代,盛行一夫一妻多妾制,如果基于男女平等原则,这种制度实际上等同于一夫多妻制,这说明重婚的行为并不违反道德,或者说其并不属于自然犯的范畴。二则,我国目前不承认事实婚的法律意义,根据最高人民法院"法释〔2001〕30 号",即《最高人民法院关于适用〈中华人民共和国婚姻法〉若干问题的解释(一)》的规定,我国已经不再承认事实婚,意味着事实婚已经无法与登记婚构成重婚了,道理很简单,即"事实婚姻"已不再享有"婚姻"的权利,当然,其也不会产生相应的义务及责任。其实,我国发生了很多"二奶"案,很少追究相关人员重婚罪刑事责任的事实,也足以表明事实婚与登记婚是很难构成重婚罪的。如果重婚罪因为重婚行为违反伦理而被追究刑责,则没有理由豁免因为事实婚而发生的重婚行为。三则,如果该罪是保护法益,因不堪虐待外逃而重婚的或者因遭受灾害外逃而与他人重婚的,也应构成犯罪,在实践中,恰恰相反,这种行为通常不被认为是犯罪。如果将其视为自然犯,显然是很难解释的。总之,重婚罪事实上是为了保护一种社会家庭秩序,这与交通管理法要求驾驶车辆需要靠右行驶是一样的,属于社会秩序犯的范畴,并不是为了保护什么道德,也不是保护什么社会风尚。

在当前的立法框架下,我国刑法中的确存在着一些家长主义立法,然而,侵犯财产罪显然不属于家长主义立法,其目的就是为了保护财产权。这就产生了一个问题,上述被告人的行为侵犯了谁的财产权?或者说被害人是谁？根据法院的判决或者控方的指控,答案显然是公司。这就产生了一个问题,即,作为公司,股东侵犯其法益,公司的财产是否应当获得刑法的保护？

首先,对于股份公司而言,由于其股东很多,股东之间的关系纯粹是财产关系,即为典型的资合公司。再加上,公司的债权人以及所在的社区,都会与公司发生债权债务关系,因此,侵犯公司财产权的行为,具有公共性,民法无法救济,导致刑法的适用具有必要性,理由有:其一,公司股东以及公司债权人的股份和债权的价值受制于公司现有资产的市值,股东太多,即每个股东因为该侵权事件受到的损失,相对实现索赔权所产生的诉讼成本而言,极不成比例,故他们通常没有动力通过民事诉讼追究相关方的责任;其二,大多数股东不参与公司的经营和管理,很难发现这种侵权事件,也就是说,对于大多数股东,即使想追究侵权人的民事责任,也很难成功举证;其三,个别股东侵犯公司财产利益的行为,公司以及其他股东本身不仅不会有收益,而且还会受损。基于这些原因,民法根本无法控制这种行为,故适用刑法具有必要性。

其次,对于合伙企业而言,投资人或者合伙人对合伙企业的财产共同管理和经营,一方面,他们之间存在着高度的信任关系;另一方面,他们的个人财产与企业的财产没有明确的边界,这也是他们要对公司的债务负无限连带责任的原因,故具有人合的特征。既然投资人与企业之间的财产边界模糊,且民法没有兴趣对这种混同的财产进行"分权",刑法当然也不会,事实上也不能对其进行"分权"或者进行"规制",当然也就无法提供保护了。故投资人侵犯合伙企业财产的行为,属于私法的范畴,刑法是不予保护的。

最后,有限责任公司具有人合和资合的双重特性。我国《公司法》第71条规定:"股东之间可以相互转让其全部或者部分股权。股东向股东以外的人转让股权,应当经其他股东过半数同意……不同意的股东应当购买转让股权;不购买的,视为同意转让。经股东同意转让的股权,在同等条件下,其他股东有优先购买权。"这表明有限责任公司具有"人合"性,而股份有限公司是没有这种特征的。此外,有限责任的公司有自己的财产,这种财产独立于股东,公司对自己的债务独立承担责任,股东仅以投资为限额而对公司的债务负责,也就是说,这种公司又具有资合性。因此,有限责任公司实际属于两合公司。

如前所述,针对投资人而言,属于资合公司的股份公司的资产,会受到刑法的保护;而作为人合公司的合伙企业,则无法获得刑法的保护。那么,处于两者之间的有限责任公司,对于投资人侵犯公司的行为,刑法是否有保护的必要呢? 答案原则上是肯定的,因为我国刑法第 271 条对此有明确的规定。这就产生了一个问题,有限责任公司是否能变成"合伙企业",如果能变成,这则意味着,股东侵犯投资企业的行为,有可能不构成该罪;相反,则构成。

第一,目前,我国学界对"法人(即公司)"通常坚持所谓的"实在说"中的"有机体"说。如果根据这种观点,有限责任公司一旦成立,其法人地位就不会改变,尽管其可能不符合公司的条件。然而,这种解读显然与我国当前的立法不符,比如,《中华人民共和国公司法》第 20 条第 3 款规定,"公司股东滥用公司法人独立地位和股东有限责任,逃避债务,严重损害公司债权人利益的,应当对公司债务承担连带责任";第 63 条规定,"一人有限责任公司的股东不能证明公司财产独立于股东自己的财产的,应当对公司债务承担连带责任"。这表明我国公司法是承认"刺破公司面纱"或者"公司法人人格否定"制度的。因此,我国对公司实际上采纳的是"拟制说",即只有符合一定条件的企业组织体,才具有法人资格,获得法律规定的某些特权。这也就意味着,我国刑法第 271 条对"公司和企业"的财产保护,是有条件的,即其必须独立于投资人。也就是说,如果不独立于投资人,就像财产边界模糊不清的独资企业或者合伙企业那样,刑法为企业的财产提供保护是没有意义的,因为这种企业无法独立地向外承担责任,即公司或者企业的债务就是投资人的债务,投资人无法恶意利用有限责任制度,逃避责任,实现对他人利益的非法剥夺。

第二,即使将公司视为一个独立的主体,由于公司与股东的财产边界不清晰,这说明公司随时可以侵占和使用股东的财产,股东也经常侵占公司的财产,即双方的财产出现混同。而根据当前的民法,财产混同一般会导致"债"的消灭,也就是说,这种行为会被评价为民法上的"合法行为",根据最后手段原则的外部诉求,这种事实当然会阻却掉符合犯罪该当行为的违法性,或者说,这是一种权利行使行为。

第三,如果股东构成犯罪,那么,公司侵占股东财产的行为,也必然构成犯罪,否则违反平等原则。此外,特别当其他的股东也与公司发生财产混同时,他们同样会构成职务侵占罪,就像前面提到的李某案中,公司的股东都因侵犯公司利益而犯罪,即公司的所有人都向公司实施了犯罪,这显然是荒唐的。

总之,财产混同有可能导致侵财性"违法"行为合法化。虽然法律对此缺乏明确的规定,但是,财产混同作为"债"消灭的事由之一,其已被习惯所广泛接受。既然其有消灭"债"的功能,当然会有阻却刑事违法的功能。而且,这种结论也可以基于"被害人同意"进行解释,即公司与股东之间既然在现实中都存在着越过自己权利的边界现象,且都未提出异议。因此,在评价特定的"加害行为"时,应当认为这存在着对方的授权(即同意),除非行为人的行为具有极大的异常性;否则,应当将其推定为"被害人默认"的结果,故其有阻却违法的规范效果。

当然,除了财产混同外,另外一种典型的习惯即"先占"或者"自助行为",在现实中也会阻却很多符合盗窃禁止的行为或者拘禁行为的违法性。

二、民法对刑法的救济

作为惩罚规则标志的刑法禁止规范,从国家的角度看,就像一条河流,一视同仁地对待河流中的各种鱼类(即其规制或者调整的对象),然而,作为阻却符合犯罪该当性行为违法性的正当化事由,却不是这样,社会有可能基于各种原因而赋予某类甚至某群鱼以特殊的地位,赋予个人有条件地突破刑法禁止的权利。为了揭示以正当化事由的方式而存在的民事权利的复杂性,我们以监护权这一极端的例子,反映正当化事由的复杂性,具言之,正当化事由与犯罪构成要件要素有一重大不同,即前者可以包含着文化或者宗教规范,但是,刑法禁止规范由于其普适性和追求形式理性,却无论如何都难以容忍这种规范的存在,原因就是宗教文化规范总有一定的特殊性,即其仅仅适用于一部分人群。而民法与之不同,由于其可以进行实质判断,所以,其原则上并不排斥宗教文化规范。下面通过介绍前面提到的割礼案引发的争议,表明刑法规范与民法规范的品性区别,即前者具有普适性,而后者可以不这样,再者,这还表明正当化事由很可能不是民主政治的结果,由此揭示我国目前对正当化事由过于苛刻的现状,是不符合刑法的精神的,具言之,我国刑法第 3 条第一句话可能是有问题的。

(一)割礼案的情况

奥马尔·凯泽是一个资深的外科大夫,从 1991 年就开始在德国行医。2010 年 11 月 4 日,他在科隆医院接受一对穆斯林夫妇的委托,为一个 4 岁的小男孩实施割礼手术。[①] 他用手术刀按照正常的操作规程,先进行了器官的局部麻醉,切掉了小孩的生殖器包皮,缝合了四针。手术极为顺利。晚上,凯泽医生还专门探视了病人,未发现伤口有什么异常。第二天小孩回家后,其母竟违反医生的叮嘱,取下了原本为了预防伤口感染而包扎的纱布,造成小孩的伤口突然出血,不得不再次进入医院进行治疗。医院很快就将其处理好了。

---

① Bijan Fateh-Moghadam, *Criminalizing Male Circumcision? Case Note: Landgericht Cologne, Judgment of 7 May 2012-No.151 Ns 169/11*, 13 GERMAN L.J.2012:1132.

小孩的母亲来自突尼斯,德语不好,再加上由于小孩的伤口出血,其有很大的心理压力,所以,当医护人员问及此事时,她无法向其解释清楚,故医护人员开始怀疑凯泽医生是否按照医疗规程实施了该手术,于是,就以医疗事故为由,向警方报案。警方在翻译人员的帮助下,调查了小孩的母亲。尽管发现这起手术是孩子父母委托医生做的,手术是由凯泽医生实施的,但是警方对该手术是否合理存有怀疑。警方将此事告知检方,后者以故意伤害罪,对该医生提起刑事指控。

公诉人指控被告人触犯了德国刑法典第 223 条规定,构成故意伤害罪。但是,被告人及其辩护人却不这样认为,他们指出:其一,该手术在形式上是非常正常的,没有任何违规之处;其二,有泌尿科的医生证明,从医学的角度看,包皮环切手术有很高的卫生价值,其是一种疾病预防措施;其三,这是在孩子的父母要求下做的,即存在着被害人父母的同意。

法院认为,尽管这种行为(即手术)侵犯了小孩的身体完整性,客观上符合德国刑法典第 223 条的规定,但是,由于存在着孩子(被害人)法定监护人的委托,其属于行使"亲权"的行为,故其是正当的,理由有:

其一,根据德国民法典第 1627 条的规定,为了孩子的最大利益而作出的同意,是有效的,因为监护人有权对被监护人实施手术或者进行治疗。此外,德国基本法第 6.2 条规定的父母对自己的孩子的看护权和抚养权、第 4.1 条和第 4.2 条规定的公民宗教信仰自由等等,这都构成阻却符合伤害罪该当性的行为的违法性的规范根据。

其二,尽管德国基本法第 2 条规定了孩子的身体完整权,但是,一则,伊斯兰教将割礼视为一种宗教仪式,而孩子的父母是穆斯林,所以,孩子的宗教信仰和文化也属于穆斯林,也就是说,这种割礼是其宗教和所属文化的要求;二则,这种手术还避免了男童未来由于未被实施割礼而被污名化的危险;三则,泌尿科医生证实,割礼对小孩的健康价值高于对其身体完整性的侵犯。

  总之,由于这种割礼手术源自被害人父母的委托,且是为了被害人未来的利益,故凯泽医生的行为虽然触犯德国刑法典第 223 条的规定,但是,因其有正当化事由(监护权),所以是无罪的。也就是说,当刑法禁止与法律(包括民法、宪法或者其他的法律)规定的权利发生冲突时,后者有突破刑法禁止的效力。

  控方不服初审法院的判决,向科隆上诉法院上诉。① 该法院由托马斯·毕肯法官等三人组成了合议庭进行审理。② 就像是初审法院那样,上诉法院也考虑到小孩父母的同意是否能使该手术正当化的问题。然而,德国民法典第 1627 条规定,只有在有助于孩子利益的最大化时,父母才有权对自己未成年的子女实施以治疗为目的的手术。上诉法院通过权衡德国基本法第 4.1 条和第 6.2 条规定的父母的基本权利与第 2.1 条与第 2.2 条规定的孩子的身体完整权和自决权的关系,得出了与初审法院截然相反的结论,即被告人的行为触犯刑法禁止,且没有正当化事由。理由有:首先,在欧洲,从预防的角度看,割礼不具有医学上的必要性;其次,从历史和社会的角度看,父母对割礼的同意以及宗教习惯并不能赋予该手术以正当性,这与行为的违法性不"(社会)相当",即其不能阻却行为的违法性;最后,被害人被排除在宗教团体之外的可能性,不能成为实施割礼的决定性因素。因此,不同于初审法院,上诉法院并不认可割礼的健康价值,也不认可割礼所产生的文化价值和宗教价值。③

---

① Wolfgang Hegener, Blutbeschuldigungen oder die Gleichzeitigkeit von Ungleichzeitigem, in DIE "UNHEIMLICHE" BESCHNEIDUNG Yigal Blumenberg & Wolfgang Hegener eds, Brandes & Apsel Verlag, Frankfurt 2013:51,53.

② LGK 151 Ns 169/11, supra note 1. Hendrik Pusch, Beschneidungs-Richter urteilt über Gerichts-Streit, EXPRESS. DE, http://www. express. de/koeln/baumaengel – an – moschee – beschneidungs-richter-urteilt-ueber-gerichts-streit,2856,20132346. html.

③ Munzer S.R., "Secularization, Anti-Minority Sentiment, and Cultural Norms in the German Circumcision Controversy", *Social Science Electronic Publishing*, Vol. 37, No. 2 (2015) , pp. 503 – 582.

法院还根据比例原则,对该案涉及的被害人的两项权利进行了权衡,孩子的两项基本权利或者利益(即身体完整权和自决权),构成父母基本权利的限制:首先,根据德国民法典第 1631. 2 条,未成年人享有非暴力抚养权,而非治疗性的割礼显然有悖于该规定。因此,孩子的身体完整权构成割礼的限制;否则,违反比例原则。① 其次,割礼一旦实施,具有不可逆性,这不利于男童长大成人后,独立地决定其信仰何种宗教的权利。

关于第二点,学界有很多人认为,因为割礼并不会影响男童改变自己的宗教归属,因为他们没有发现有宗教存在着这样的要求,故其指出,父母为穆斯林(或者犹太人)的男孩,变成天主教徒或者佛教徒,在孩童时期的割礼,通常并不能成为障碍。② 我们认为,这种可能是不能排除的,一则,新的宗教是不断产生的,即现在没有不等于未来没有,也就是说,不能根据目前的宗教禁忌推断出未来的宗教要求。二则,从中国文化重视身体完整性的角度看,这是完全有可能的。比如,《孝经》记载,孔子曾对曾参说过:"身体发肤,受之父母,不敢毁伤,孝之始也。"故曾子有疾,召门弟子曰:"启予足!启予手! 云:'战战兢兢,如临深渊,如履薄冰。'而今而后,吾知免夫,小子!"因此,至少从儒家的角度看,身体的完整性非常重要。

二审法院认为,父母宗教信仰不同于孩子的宗教信仰,后者不受前者的控制,故该案的父母在男童身上镌刻上伊斯兰永久标志的行为,是有问题的。③ 这就是说,未成年人父母的教育权是有限的,或者说,其会受到未成年人自身权利的制约,具言之,父母完全可以等到儿子长大成人,有能力决

① BÜRGERLICHES GESETZBUCH[BGB][CIVIL CODE], July 11, 2012, § 1631(2), http://www.gesetze-im-internet.de/englisch_gg/in-dex.html.

② Munzer S. R., "Secularization, Anti-Minority Sentiment, and Cultural Norms in the German Circumcision Controversy", *Social Science Electronic Publishing*, Vol. 37, No. 2(2015), pp. 503 – 582.

③ Parental Right, "Religious Liberty or Criminal Assault", *MED. ETHICS*, Vol. 39,(2013), pp. 444,447.

定是否在自己身上留下伊斯兰的标志时,再实施割礼,因为孩子的身体完整权和自我决定权高于父母抚养孩子的权利和其宗教自由。① 由于这种割礼并不是为了孩子的最大利益,除非其出于治疗上的原因,所以,被告人对男童实施割礼手术,触犯了德国刑法典第 223 条的规定。但是,上诉法院根据德国刑法典第 17 条有关不可避免的法律错误之规定,免除了凯泽医生的刑事责任,理由是:被告人误认为其行为是合法的,而且,在其实施手术期间,国家的法律对此缺乏明确的规定。②

从二审的判决看,科隆上诉法院认为父母的同意以及宗教习惯是不能构成正当化事由而否定非治疗性割礼的违法性的,其根据就是当前的"现实主义"的社会政策,即国家、政治或者法律机构不能直接服从于任何具体的宗教。托马斯·毕肯法官指出,对男童非出于治疗之目的的割礼,法律是不可能容忍的,这并不是说伊斯兰教(或者犹太教)优先于天主教,或者相反,而是孩子独立的法律地位决定的。一方面,国家、政治团体和法律机构应当平等地对待各个宗教;另一方面,国家及其机关应当制定一般的社会政策,反映社会的基本规范,所以,割礼是没有必要性的。对于这种判决及其理由,事后有人将其称为德国的世俗主义或者现实主义的体现。也就是说,凯泽医生案的判决,显然是站在世俗社会的一端,并没有坚持所谓的多元主义和容忍主义。

然而,如果该割礼案发生在美国,或者由美国的法院审理该案,结论很可能不同,理由主要有两个。

其一,由于美国法官通常极为重视特定行为(比如割礼健康方面的价值)在预防方面的风险和收益,即判决对未来有可能产生的影响,故其很容

① Munzer S. R. Secularization, "Anti-Minority Sentiment, and Cultural Norms in the German Circumcision Controversy", *Social Science Electronic Publishing*, Vol. 37, No. 2 (2015), pp. 503–582.

② Günzel A., "Nationalization of Religious Parental Education? The German Circumcision Case", *Oxford Journal of Law & Religion*, Vol. 2, No.1 (2013), pp.206–207.

易将这种影响考虑进去,以追求利益的最大化。

其二,美国更强调宗教信仰自由,比如,耶和华见证者的信徒,由于担心沾染他人的罪恶,通常拒绝打疫苗或者输(他人的)血,即使他们的生命面临危险,也不例外。在美国的马立特诉舒曼案中,被害人身为耶和华见证者的信徒,因车祸入院治疗。虽然被害人当时已经昏迷,但是医院却在其皮夹中发现了不接受输血的声明。医生为了救其生命,违反其声明,为其进行输血,结果法院判决医生构成犯罪,判处其罚金刑。[①] 这个案件如果让德国法院去判,根据凯泽医生案的上诉法院的判决,或许结果不会这样,德国法院很可能通过紧急避险制度,否定这种行为的违法性或者责任。[②]

同样承袭了德国法传统的日本法院,由于受到美国法的影响,似乎也更重视人们的宗教信仰自由。比如,一位流浪汉在住院时,便向医生声明自己属于耶和华见证者的信徒,不愿接受输血或者器官移植等手术。然而不幸的是,医生在其肝脏部位发现了一个肿瘤,需要紧急手术,否则其有生命危险。而肝脏是储血量很大的器官,故此手术需要输血,于是,在手术过程中,医生对其进行了输血。被害人醒后,得知自己被输血,非常痛苦,以侵犯自己的自主决定权为由将医院与医生告上法庭。法院支持了原告的请求,法官解释说,医生为切除病人肝脏上的肿瘤而进行手术,目的是保护病人的生命权和健康权,这也是医生的义务;不过,当病人基于自己的信仰而反对输血,且将此明确表达出来时,病人的这种决定权,则构成了其人格权的内容,理应得到法院的尊重。因此,医院的救助是违法的。

德国法学界对判例法通常持批评的态度,他们认为,法院的判决应当是自上而下的演绎推理,而不应当建立在类比推理的基础之上,毕竟作为先例的事实与要处理的案件的事实是不相同的,或者是缺乏关联的。科隆上诉

---

① Alasdair MacLean, *Briefcase on Medical Law*(影印版),武汉大学出版社 2004 年版,第 53 页。
② 德国刑法规定了阻却责任的紧急避险与阻却违法的紧急避险两种。参见德国刑法典第 34 条和第 35 条。

法院的判决就是基于这样的理念而作出的,或者说,这是德国刑法和德国民法甚至是宪法共同推导出的一种结果,至于这种结果的社会影响,法官根本不予顾及,其也不认为应当顾及,毕竟根据"法治国"的精神,法官要做法律忠实的奴仆。

(二)男童割礼手术正当化的根据:宗教自由与男童的健康利益

科隆上诉法院的判决一经媒体公开,德国、奥地利和瑞士的医院全部终止了割礼手术。[①] 这立即引起德国犹太人的恐慌,犹太人理事会在 2012 年6月27日签发了一个新闻稿,称这是对宗教团体自我决定权的粗暴干涉,因为如果存在着这样的判决,则意味着犹太教的祭师和割礼执行人如果再实施割礼手术,则有被刑事指控的风险。[②] 2012 年 7 月 10 日,欧洲犹太教大会随即在柏林召开紧急大会,德国的穆斯林中央理事会也加入进来,共同谴责这个判决,认为其是对宗教自由和父母权利的粗暴干涉。[③]

也就是说,科隆上诉法院作出判决后,德国的犹太人团体和穆斯林团体开始在这个问题上站在一起。欧洲犹太人协会、欧洲犹太人中心、欧洲犹太人议会、土耳其伊斯兰宗教事务局联盟以及布鲁塞尔伊斯兰中心发表了一个联合声明,指责法院的这项判决侮辱了其基本的宗教自由,侵犯了人权。[④] 德国犹太人中央理事会通过一份声明,详细解释了在犹太教中,男性

---

① Austria: Governor Orders Hospitals to Halt Circumcisions, N.Y.TIMES, July 25, 2012, at A10; Rachel Hirshfeld, Wiesenthal Center Urges Swiss Government to Protect Circumcision, ISRAEL NATIONAL NEWS, Jul.27, 2012, available at http://www.israelnationalnews.com/News/News. aspx/158296#.VjEYTberSM8.

② Jack Ewing, Some Religious Leaders a Threat as Europe Grows More Secular, N.Y.TIMES, at A5, http://www.nytimes.com/2012/09/20/world/europe/circumcision-debate-in-europe-reflects-deeper-tensions.html?_r=0.

③ Criticism of German Court's Circumcision Decision: Jews Denounce Ruling, k Ways to Proceed, SPIEGEL ONLINE, http://www.spiegel.de/interna-tional/germany/international-criticism-of-german-court-s-circumcision-ruling-mounts-a-843453.html.

④ Muslim and Jewish Groups Denounce Circumcision Ruling, BBC NEWS EUROPE, July 12, 2012, http://bbc.com/news/world-europe-18807040.

实施割礼的意义和合法性。① 他们支持割礼的主要理由有以下三点。

第一，在自己的宗教内部，对未成年的男童实施割礼，是一种义务，即这是犹太教的一个基本组成部分，是不能改变的。犹太人的割礼源自《圣经》，其是上帝与犹太人立约的标志或者证明。无论是信仰宗教，还是不信仰宗教的犹太人，都普遍接受割礼这一习惯，所以，其就成了犹太人一个统一的行为规则。② 如果禁止其发生，则会严重动摇犹太教的根基。

第二，他们还提供材料表明，割礼对小孩当前的身体健康、未来的生活并无不良影响，也不会损坏其性功能，具言之：一则，该材料简要介绍了割礼的程序，手术前会进行麻醉，即其本身是符合医学标准的；二则，对男性割礼与对女性割礼的不同之处进行了说明，反驳了对男性的割礼等同于"截肢"的说法；三则，这些材料还指出，割礼是有健康价值的，因为包皮易于细菌繁殖，存在着较高的性病传播的风险。③ 根据世界卫生组织的研究，孩子在刚出生的前两个月，进行这种手术，痛苦和出现并发症的风险相对较低。④ 该理事会主张，由于割礼有助于孩子的健康，联合国的《儿童权利公约》第24条禁止有害的传统习俗的规定，不适用于男童割礼。

第三，该理事会对有关割礼的法律条文进行考察后，指出，德国基本法

---

① Warum beschneiden Juden Ihre Kinder?, ZENTRALRAT DER JUDEN IN DEUTSCHLAND (Aug. 14, 2012), http://www. zentralratdjuden. de/de/article/3731warum − beschneiden − juden−ihre−kinder.html? sstr＝warum | beschneiden.

② Munzer S. R. Secularization, "Anti-Minority Sentiment, and Cultural Norms in the German Circumcision Controversy", *Social Science Electronic Publishing*, Vol. 37, No. 2 (2015), pp. 503 − 582.

③ WORLD HEALTH ORGANIZATION, MANUAL FOR EARLY INFANT MALE CIRCUMCISION UNDER LOCAL ANAESTHESIA 6(2010), available at http://www.who.int/hiv/pub/malecircumcision/manual_infant/en/. AM. JEWISH COMM., AJC BERLIN BRIEFING: FACTS AND MYTHS IN THE CIRCUMCISION DEBATE.

④ Munzer S. R. Secularization, "Anti-Minority Sentiment, and Cultural Norms in the German Circumcision Controversy", *Social Science Electronic Publishing*, Vol. 37, No. 2 (2015), pp. 503 − 582.

第4.1条、第4.2条明确规定了宗教组织的自由权和信仰宗教权;德国民法典又赋予了父母的监护权;根据德国基本法第2.2条,父母的权利和宗教权利高于孩子的身体完整权。他们认为,当男孩到达14周岁时,根据德国的法律,其可以选择自己的宗教信仰,而此时,则是不能阻止其实施割礼的①,既然如此,这就不能阻止男孩在出生后的第八天内实施的割礼(因为这是犹太教的强制性规定)。因此,孩子的自决权不应限制父母这方面的监护权。② 当然,其还从实证的角度证明,至少在当时,割礼并不会影响孩子长大成人后改变自己宗教信仰的可能。③ 与犹太人形成鲜明对比的是,除了德国穆斯林中央理事会的反对外,穆斯林社会对该判决的反应相对比较温和,尽管该判决针对的对象就是穆斯林。

在学界,明斯特大学的贝杰菲特·莫汉黛穆(Bijan Fateh-Moghadam)教授指出,对未成年人实施非治疗性的割礼,在特定的条件下,法律应当允许,条件是,父母出于宗教上的原因而同意对未成年的儿子实施割礼。一方面,宗教自由并不能成为支持这种行为具有正当性的当然理由;另一方面,在符合特定条件下,这种手术可以获得法律上的正当性。他认为,科隆上诉法院的判决之所以是错误的,主要是因为忽视了后者的存在。

首先,科隆上诉法院的判决,实际上将医学上的最大利益等同于孩子的最大利益,这显然缩小了孩子的最大利益范围,忽视了主观方面的利益。④

---

① Religionsmündigkeit is defined in the Gesetz über die religiöse Kinder-erziehung(KErzG)§ 5.

② Munzer S. R. Secularization,"Anti-Minority Sentiment,and Cultural Norms in the German Circumcision Controversy", *Social Science Electronic Publishing*, Vol. 37, No. 2(2015), pp. 503 – 582.

③ Munzer S. R. Secularization,"Anti-Minority Sentiment,and Cultural Norms in the German Circumcision Controversy", *Social Science Electronic Publishing*, Vol. 37, No. 2(2015), pp. 503 – 582.

④ Bijan Fateh-Moghadam, Religiöse Rechtfertigung? Die Beschneidung von Knaben zwischen Strafrecht, Religionsfreiheit und elterlichem Sorgerecht, 1 RECHTSWISSENSCHAFT ZEITSCHRIFT 115(2010).

也就是说,其是以国家的身份,对割礼是否符合男孩的最大利益,进行所谓的"客观"判断,否定了男童父母监护权的社会价值,或者说,认定割礼在医学上不符合孩子的最大利益,是家长主义的体现。① 其实,国家和医生都无权决定未成年男孩的最大利益是什么,这是父母的权利。父母的同意,可以成为阻却对未成年人实施割礼行为之违法性的正当化事由。②

然而,对4岁男孩实施的割礼而言,将父母的同意视为是唯一的、可能的正当化事由,否定国家的监管权,也是有问题的,毕竟未成年的男童是作为法律主体而存在的,父母的监护权乃至于教育权,仅仅是一种补充,其存在的目的是为了使孩子的利益最大化,或者说是为了保护孩子的利益,父母的教育权为什么能使侵犯未成年人健康的行为正当化? 或者说,教育权为什么能优先于未成年人的健康权? 其并没有解释其中的理由,或者说,这至少是一种有待证成的命题。

其次,莫汉黛穆认为,该案应当根据德国基本法第6.2条进行判决,即德国基本法第6.2条不仅规定了父母对孩子的看护权和抚养权,而且还赋予了国家以保护人的身份。不过,国家作为未成年人的保护人是有条件的,即只有当父母的决定属于对孩子监护权的滥用时,国家才能取代父母,保护未成年人权益。比如,当父母同意没有按照医学标准实施的割礼手术时,由于这侵犯了孩子的最大利益,父母超出了其监护权,或者说,这属于监护权的滥用,所以,国家有权进行干预。因此,为了判断父母对特定割礼手术的同意是否构成权利的滥用,需要审查手术的性质、医疗风险、手术的治疗价值、手术的其他非治疗价值(包括自由信仰宗教产生的价值),以及这种手术是否会给孩子带来"心理上的痛苦、堕落、羞辱、残虐以及过度治疗"等问

① Fateh-Moghadam B. Criminalizing male circumcision? Case Note: Landgericht Cologne, Judgment of 7 May 2012--No.151 Ns 169/11[J].German L J,2012.

② Munzer S. R. Secularization,"Anti-Minority Sentiment,and Cultural Norms in the German Circumcision Controversy", *Social Science Electronic Publishing*, Vol.37, No.2(2015), pp.503 - 582.

题。比如,父母不得选择其明知或者应知不合格的手术人实施割礼。然而,父母可以基于非治疗性的价值,比如,为更好地融入到德国穆斯林的社会中,而给男童实施割礼手术。这种观点的缺陷在于其排斥了国家对男童是否应当实施割礼手术自身的监管权,而仅仅关注手术本身是否妥当,国家为什么没有权力关注男童自身的利益呢?或者割礼为什么具有否定儿童健康权的地位?他同样未给予解释。

最后,对未成年男童实施割礼的法律正当性,并非源于父母的宗教自由权,而是源于父母基于监护权而衍生的同意权。他认为,当割礼的风险与收益的比值处在可接受的范围之内时,父母对割礼的同意属于父母监护权的范畴,根据就是德国基本法第6.2条的规定。要想否定父母的这种监护权,根据该规定,国家必须证明其有权对父母的这种监护权进行干涉,原因是德国基本法第6.2条实际上是一种基本权利的宣誓,具有抽象性,其要变成具体的权利(力),必须符合相应的条件,即父母滥用监护权,侵犯了孩子的基本福祉。然而,科隆上诉法院的判决显然忽视了这一点,在表面上看,其仅仅部分使用了这种权衡标准,但是,其却忽视了宗教自由的价值,即单纯地强调孩子的身体完整权。

总之,他认为,科隆上诉法院认定割礼侵犯了孩子权利的做法,是错误的,原因是其判断的标准出现了问题,即如果事前先验地认定割礼侵犯了孩子的权利,那么,则没有正当化事由抵消这种行为的违法性。相反,如果先验地认定割礼没有侵犯孩子的权利,而是切实地保护了孩子的福祉,则没有再进行这种权衡的必要。事实上,对于未成年人而言,父母完全可以代表孩子行使身体完整权和宗教自决权。

莫汉黛穆的分析有合理之处,比如,他主张不能将孩子的最大利益和其医学上的最大利益等同;德国基本法第6.2条赋予了父母对孩子的最大利益享有一定的自由裁量权。当然,他的观点也有需要商榷的地方,比如,根据其所确立的标准,并不总能得出割礼在法律上是正当的结论。再比如,对于非出于治疗之目的而被实施割礼的孩子而言,其不能解释为什么父母应当享有代表孩子的、如此广泛的同意权的根本原因。

(三)割礼手术合法化的障碍

应当说,在德国,绝大多数学者反对对幼童的割礼,支持科隆上诉法院的判决,其代表人物是霍姆·帕克。他认为割礼是非法的,不管孩子的父母同意与否,其都等同于故意伤害,应当追究行为人相应的责任。① 他认为,对男童实施割礼手术的正当化,至少有以下的障碍难以突破。

1. 目的障碍

作为正当化事由而言,其必须具有正当的目的,而割礼手术的目的之正当性,至少目前存在着很多的疑问。

首先,这种手术并非出于治疗之目的,其没有医学价值。一则,目前大多数人未实施割礼手术,其身体并没有什么不当;二则,在当前的医学界,如果排除宗教上的原因,事实上很少有人会实施这种手术,未成年人尤其如此;三则,宗教自由不能证成这种手术的正当性,4 岁的男童不属于任何宗教,更不能基于其父母需要而让其承担这种风险。总之,由于没有与之风险相匹配的医学价值,所以,这种割礼手术的正当性是有疑问的。

其次,每个人对其身体结构是否进行永久的、不可逆的改变,最终的决定权应当属于权利人本人,他人无权代表进行选择,即使是其父母,也不能例外。对于未成年人而言,应当等到其长大成人,有能力了解该决定有关的信息和意义时才能做出,比如,在 16 周岁或者 18 周岁之后,由被害人本人做出,父母无权在孩子未成年时代表其做出如此重要的决定。

再次,对宗教习惯的尊重是有限制的,决不能以牺牲他人尤其是未成年人的健康为代价。犹太教、伊斯兰教抑或是天主教,概莫例外。尽管对于犹

---

① Munzer S. R. Secularization, "Anti-Minority Sentiment, and Cultural Norms in the German Circumcision Controversy", *Social Science Electronic Publishing*, Vol. 37, No. 2 (2015), pp. 503 – 582.

太人和一些穆斯林而言,割礼的确很重要,但是,孩子毕竟是作为独立的社会个体而存在的,其并不隶属于父母,或者说其不是父母的附属物。① 当有人质疑说,为了使孩子成为特定的宗教团体的成员,必须在其年幼时实施割礼,而且,历史证明,成年后的孩子并没有因此而反悔或者抱怨父母,即这种割礼并没有违反当事人的意愿,也没有妨碍他人的自由。帕克指出,为什么犹太人和穆斯林不向后拖延割礼的时间呢? 在未成年人具有相应的判断能力之前,可以将其生殖器的包皮轻轻地刺破一点,只做象征性的标志,这样岂不更合理! 而且,帕克还指出,其实,是否应当实施割礼是一个古老的问题,在很早之前,在以色列人内部就开始过争论。而且,这种争论在 19 世纪也曾发生过。

最后,支持男童割礼手术正当化的观点,很难解释以下的问题:第一,对未成年人进行的非治疗性的割礼,其风险与收益的比值是否处在可接受的范围之内,即割礼行为是否创设了不能容忍的风险。如果在当前的医学水平下,这种手术风险相对其收益不成比例,这种行为还能认定为正当的吗? 再者,如果脱离了宗教上的要求,一般人基于生活经验认为,这种非治疗性的手术对未成年的男童缺乏必要性,上述观点是否还能成立呢?

第二,约翰·费因伯格指出,为了使每个孩童都有一个开放的未来,所以,他们对未成年的自己都享有一种"信托权",作为受托人的父母,只能出于孩子利益最大化的考虑而行使这种权利。② 这种权利属于期待性自治权的范畴。③ 孩子尚未成年,其信托权一直延续到其成年为止,但是,这种权

---

① JONATHAN SEIDEL,JUDITH R.BASKIN & LEONARD V.SNOWMAN,Circumcision,in 4 EN-CYCLOPAEDIA JUDAICA 2007:730,731.

② Joel Feinberg, The Child's Right to an Open Future, in WHOSE CHILD? CHILDREN'S RIGHTS,PARENTAL AUTHORITY,AND STATE POWER 1980:124,125-126.

③ Munzer S. R. Secularization, "Anti-Minority Sentiment,and Cultural Norms in the German Cir-cumcision Controversy", *Social Science Electronic Publishing*, Vol. 37, No. 2 (2015), pp. 503-582.

利极有可能受到侵犯,即在孩子成年之前,父母有可能滥用其手中的监护权,国家应当担负起一定的监管义务,保护孩子未来的利益。然而,克劳迪·穆勒却不这样认为,他指出,没有必要给孩子提供一种"开放性"的未来,所以,不可能会出现这种权利滥用的问题。① 事实上,父母基本上按照自己对生活的理解,塑造孩子的未来,或者孩子往往是父母生活的延续。不过,尽管"信托权"的理论受到质疑,但是,其仍然有非常重要的理论意义。比如,对于割礼而言,其会产生这样一个问题,即,实施割礼的决定是否应当进行合理的拖延,直到孩子自己有能力做出这样的决定之时,在获得孩子同意的情况下进行? 由此还会产生另外一个问题,即,拖延这种决定是否合理? 对这些问题的回答,不同的宗教之间以及宗教与非宗教之间,往往有不同的答案。

第三,对于男童而言,其 1 天、1 周、1 月以及 1 岁时,从未来的角度看,其最大利益到底是什么? 甚至到其 4 岁、7 岁或者 11 岁时,这个问题仍然存在,而且,在表面上看,这个问题好回答,又不好回答。就以割礼为例,其有没有必要性? 在实施之时,或许有很充足的理由,但是,当其成年之时,原来的理由所依赖的事实,很可能都不复存在。于是,站在不同立场上的人,由此则会有不同的结论,毕竟对于被实施割礼的孩子而言,其未来是欢迎这种割礼,还是反对,也是不清楚的。正是这个原因,对于未来事件的价值,在哲学上很难做出判断。在此背景下,让未成年的男童承受这种手术之痛,是否还有必要性也是有问题的。

总之,支持男童割礼手术正当化的学者,很难从根本目的上证成其主张的合理性。

2. 规范障碍

面对社会对男童割礼的争论,德国联邦政府很快提出了立法草案,提交

---

① Mills C.,"The Child's Right to an Open Future?",*Journal of Social Philosophy*,Vol.34,No.4(2010),p.499.

联邦议会。草案承认,在德国,对男童实施宗教上的割礼是合法的。德国议会在 2012 年 12 月 12 日通过该草案,并在当月的 28 日开始生效。① 尽管这种立法放在德国民法典有关父母对孩子的看护和监护中,并非是在刑法中,但是,这种立法给学界很大的打击。② 这种立法的主要内容是,修改德国民法典第 1631 条规定,该条现在变成了:

第一,父母对孩子的看护和监管权还包含着对没有能力了解手术意义的男童,进行医学上非治疗性的割礼的同意权,但是,这种权利的行使须遵从医学标准。基于特定的目的,如果这种割礼会危及儿童的健康,该规定不适用。

第二,在儿童出生六个月后,所规定的割礼可以由宗教团体指定的人进行;如果不是医生,其必须受过相应的专业训练,具有相应的实施割礼的资质。

立法者对该法的目的所做的解释是,根据该条的第一句,父母对割礼的同意,虽然侵犯了儿童的身体完整性,但其是合法的;只要不危及儿童的健康,父母无须证明割礼目的的正当性;人们可以出于宗教、文化或者疾病预防等原因而对自己的孩子(男童)实施割礼。③ 结合德国基本法第 2 条第 2 款(国家有保护儿童身体完整的义务)和德国基本法第 6 条第 2 款(国家有权监管父母的看护和抚养孩子的权利),父母对自己未成年的儿子实施割礼,必须符合以下四个要件。

第一,必须按照社会接受的医学标准进行手术。宗教上割礼的实施者,

---

① Legislative History of Section 1631d BGB, Basisinformationen über den Vor-gang, DEUTSCHER BUNDESTAG, http://dipbt.bundestag.de/extrakt/ba/WP17/479/ 47943. html(Ger.).

② Beschneidung des männlichen Kindes, BÜRGERLICHES GESETZBUCH [BGB] [Civil Code], Aug. 18, 1896, BGBL.I at 2749, § 1631d(Ger.), available at http://dejure.org/gesetze/BGB/1631d.html.Under § 1626(1)BGB.BGB, Aug. 18, 1896, § 1626 para.1(Ger.). Under § 1631(1)BGB.BGB, Aug.18, 1896, BGBL.I at 1479, § 1631, para.1(Ger.).

③ Gesetzentwurf der Bundesregierung [Draft Bill of the Federal Govern-ment], Nov. 5, 2012, BT 17/11295, at 16(Ger.).

必须受过特殊的培训,拥有像医生那样的技术,才能为男童实施割礼。

第二,要对手术的疼痛,进行有效而充分的控制。

第三,父母对手术须掌握准确而全面的信息,不得危及儿童的健康。

第四,必须尊重未成年儿童自己的态度。如果孩子不想被实施割礼,父母必须考虑其要求。对于宗教割礼而言,还必须考虑孩子的宗教信仰,6个月的男童除外。① 对于这样的男童,父母有权代替自己的孩子选择宗教,即有权决定是否实施割礼。

根据该立法,在绝大多数情况下,国家应尊重父母对孩子的看护权和养育权,即国家通常不得干涉父母的这种监护权。② 不过,当割礼有悖于孩子的健康或者孩子自己的态度时,国家有权制止这种行为。由此不难看出,这种法律存在着以下的问题。

(1)有悖于平等原则

这种制度设计还有可能违反平等原则,比如,德国曾出现这样一个案件,即夫妻两人离婚时,法院判决两岁的男孩由其母抚养。③ 离婚后,母亲突然决定要给孩子进行割礼手术,父亲知晓后,坚决反对,因此形成纠纷,起诉到法院。④ 法院驳回了其父的请求,理由是,根据先前的判决,孩子的母亲独享监护权,由于不存在共同监护的问题,所以其父反对无效。被告不服,上诉到宪法法院,要求法院对这种监护签发临时禁令。在其诉求中,他就援引科隆上诉法院的判决,指出法院否定了其对儿子的监护权,这并不能剥夺其对其儿子享有的保护其身体完整权的宪法权利。德国宪法法院认为,上诉人可以到

① GESETZ ÜBER DIE RELIGIÖSE KINDERERZIEHUNG〔KErzG〕,July 15,1921,BGBL.III at §§ 1–3,5(Ger.),http://www.gesetze-im-internet.de/kerzg/BJNR009390921.html.

② Gesetzentwurf der Bundesregierung,Nov.5,2012,BT 17/11295,at 18(Ger.).

③ Bundesverfassungsgericht〔BVerG〕,Feb.12,2013,docket number 1 BvQ 2/13,available at http://www.bverfg.de/ entscheidungen/qk20130213_1bvq000213.html.

④ BVerG,Feb.12,2013,docket number 1 BvQ 2/13;Oberlandesgericht Düsseldorf〔OLG〕,Dec.27,2012,docket number II–1 UF 212/12.

其他的法院寻求救济,理由是,尽管德国民法典第1931d条允许独享监护权的父母,有权对自己监护的男童实施割礼,或者享有割礼的同意权,但是,上诉人可以通过寻求监护权的变更,保护孩子的健康或者实现自己的诉求。而且,目前的证据显示,这种割礼并非要立即实施,由于缺乏紧迫性,所以,其拒绝签发临时禁令。根据德国宪法法院的这种解释,儿童的父母可以通过强调儿童的健康,质疑该割礼的正当性。然而,德国民法典显然更强调割礼的宗教价值,而不是男童的身体完整权或者健康权,这就很容易产生以下的问题,即一旦父母对割礼手术意见不统一,平等原则将会导致该立法无法实施。①

当然,对于男童割礼的新规定,受到最大质疑的可能是宪法上的(男女)平等原则。理由是,在2013年9月28日,德国对其刑法典第226条进行修订,其第一款明确禁止对女性实施割礼,②即,割除女孩或者妇女的外阴部的,处1年以上15年以下的监禁。③ 在未对该条进行修改之前,对女性实施割礼的行为,通常被评价为故意伤害罪,其最高刑为10年监禁。④新修订的法律,不仅在概念上进一步明确女性割礼的禁止,而且,还加强了对被害人的保护,即增加了社会对伤害年轻女孩的道德非难(提高了法定刑)。其立法目的旨在规制世界卫生组织所描述的女性割礼,包括全部或者部分割除阴蒂的包皮,以及对生殖器进行雕刻、刮擦和腐蚀等等。⑤ 这种

① Cf.Stephan Rixen,Das Gesetz über den Umfang der Personensorge bei einer Beschneidung des männlichen Kindes[J].NEUE JURISTISCHE WOCHENSCHRIFT 2013(5):257,262.
② Verstümmelung weiblicher Genitalien,STRAFGESETZBUCH [StGB][Penal Code],May 15,1871,BGBL.I at 3671, § 226a(Ger.),http://dejure.org/gesetze/StGB/226a.html.
③ StGB Mutilation,supra note 289. Section 226a(2)StGB;StGB sec.38,para.2;Gesetzentwurf der Fraktionen der CDU/CSU und FDP,Jun.4,2013,BT 17/13707 at 1, available at http://dip21.bundestag.de/dip21/btd/17/137/1713707.pdf.
④ Munzer S. R. Secularization,"Anti-Minority Sentiment,and Cultural Norms in the German Circumcision Controversy",Social Science Electronic Publishing,Vol.37,No.2(2015),pp.503-582.
⑤ Geset-zentwurf der Fraktionen der CDU/CSU und FDP [Draft Bill of the CSU/CDU and FDP Parties],Jun.4,2013,BT 17/13707 at 6, available at http://dip21.bundestag.de/dip21/btd/17/137/1713707.pdf.

规定存在的最大问题,乃在于其违反了德国宪法规定的性别平等原则。①具言之,一方面,德国刑法典第 226a 条将切除女性包皮的行为入罪;另一方面,德国民法典第 1631d 条又允许对未成年的男童实施割礼。然而,一则,从胚胎学的角度看,阴蒂的包皮与男性龟头的包皮的解剖结构,完全是相同的;二则,从人体器官的角度看,它们是一种对应关系,且功能也相同;三则,将这些包皮全部或者部分割除,都不会影响女性和男性的性功能;四则,其被割除的原因通常出于宗教和文化上的要求。在一些穆斯林看来,这两种手术并没有什么不同,伊斯兰的一些教派对两性都科处了相应的割礼义务。

然而,根据当前的德国法的规定,一方面,将女性的割礼完全入罪,而男性的割礼则存在着有条件的合法化;另一方面,即使男童的割礼不符合德国民法典第 1631d 条的规定而构成故意伤害罪,其法定刑远远低于第 226a 条规定的对女性实施割礼的刑罚。因此,其违反德国基本法规定的男女平等原则。之所以出现这种现象,乃在于绝大多数德国人认为,割除女孩的包皮,是绝对不能容忍的。但是,从医学的角度看,当缺乏卫生价值时,男童与女童之间的割礼并无不同。

目前,德国法院面对这样一个难题,即一方面将对女童的割礼犯罪化,另一方面又容忍或者允许对男童实施割礼。对此,文化多元主义、容忍主义以至于传统的法益保护主义,很难做出令人信服的解释。②唯一的根据可能是绝大多数人,都不能容忍对女童实施割礼手术,仅此而已,人们不禁会

---

① Munzer S. R. Secularization,"Anti-Minority Sentiment,and Cultural Norms in the German Circumcision Controversy", *Social Science Electronic Publishing*, Vol. 37, No. 2 (2015), pp. 503 – 582.

② On the general German predicament,Russell A. Berman,Multicultural-ism Uber [sic] Alles?, DEFINING IDEAS: A HOOVER INSTITUTION JOURNAL, http://www. hoover, org/research/multiculturalism-uber-alles.

问,多元主义的包容性又到哪里去了呢?①

（2）否定男童独立的法律地位

由于"父母是孩子的最好的老师",孩子的成长总是在父母的影子下进行的,所以,父母信仰某一宗教,他们一般也会通过家庭生活,培养子女成为其信徒。不过,这是孩子的宗教自由权行使的结果,并不是父母的宗教自由权的延续,也就是说,孩子并非是父母的附属物,其仅仅对抚养的子女享有监管权而已。不过,宗教不同,这种监管权的内容也不一样。比如,在天主教中,父母对未成年子女的监管要求较少;相反,穆斯林和犹太人父母对未成年子女的监管要多得多,所以,作为一种宗教仪式的割礼手术,主要存在于伊斯兰教和犹太教中。

然而,在现代社会,国家对父母监护权的行使享有监管权。② 当国家将这种监管权利一视同仁地适用于社会时,其必然会对不同的宗教产生不同的影响,这就是割礼案产生争议的规范原因所在。现在,为了避免宗族矛盾,德国通过修法的方式,看似把矛盾解决了,然而,在当前的法律背景下,人们会问:儿童到底是什么？ 其能否作为法律的客体而存在？ 或者说是父母的附属物？

首先,针对德国法赋予穆斯林和犹太人对自己未成年的儿子,享有这样的特权,如果有确切的证据证明这种手术对于男童具有必要性,还是可以理解的,但是,如果拿不出确切的证据,这种争议也必然会持续下去。

其次,割礼的争论为宽容主义的兴起制造了机会。新法是法律宽容主义的一个范例。但是,该法并没有解决德国人、犹太人和穆斯林之间的冲

---

① Munzer S. R. Secularization, "Anti-Minority Sentiment, and Cultural Norms in the German Circumcision Controversy", *Social Science Electronic Publishing*, Vol. 37, No. 2 (2015), pp. 503 - 582.

② GRUNDGESETZ FÜR DIE BUNDESREPUBLIK DEUTSCHLAND [GRUNDGESETZ][GG] [BASIC LAW] May 8, 1949, art. 6(2) (Ger.), available at http://www.gesetze-im-internet. de/englisch_gg/index.html.

突。对于宗教进行文化宽容,并不像人们想象的那样简单,因为其往往意味着其对他人习惯或者文化的否定,也就是说,对任何东西都要持宽容的立场,在很多情况下,根本没有什么意义。从理论上讲,如果这种观点成立的话,种族主义也要宽容,而且,还要宽容不宽容他人的人,这就是哲学家所说的"宽容的悖论"。一般理性人都会认识到,并非一切都应当得到宽容。有学者对宽容的各种解释进行了探讨,其并没有发现何种应当宽容、何种不应当宽容的边界。也有人提出,所谓的宽容主义,是指能够容忍与自己不同而能容忍自己存在的观点或者思想。这种主张显然具有划分极端主义范畴的功能,但是,当面对现实时,比如,男童的割礼,这种观点同样有隔靴搔痒的感觉。因为如果强调宽容,坚持文化多元主义,显然有助于犹太人和穆斯林,对世俗社会则不宽容了。

最后,德国人面对割礼,必须回答儿童是什么的问题。围绕着割礼的争论,部分原因是德国的犹太人和德国穆斯林以及传统的德国社会对儿童有不同的看法。对于绝大多数德国人而言,儿童对自己的身体完整享有充分的、绝对的权利,其中就包括非暴力性的成长权。尽管父母可以在特定宗教或者非宗教环境下抚养其孩子,即其对自己的子女享有监护权,但是,这种权利来自儿童成长的需要,故其并非是绝对的,要受制于其存在的目的。那么,对男童实施割礼,改变孩子的身体,其是否享有这方面的权利?其根据是医学,还是否包括宗教文化,则显得特别重要;尤其是,如果前面的答案是否定的,或者缺乏足够的证据证明,这种权利能否单纯地建构在宗教文化上,则将是一个其必须回答的伦理问题。

(3)有可能导致割礼的滥用

就德国民法典第1631d条规定的父母对男童实施割礼的条件而言,可以得出以下的结论:一方面,在立法者看来,割礼是有害的,所以,应当减少这种危害的发生;另一方面,降低这种危害的措施是控制割礼实施的数量,主要手段便是以动机这一主观要素,限制割礼手术的实施。这种做法会产生以下的问题。

首先,如何防止父母滥用该规定,追求不良动机问题。从法条记述的形式看,对于割礼手术的正当性而言,宗教方面的动机要优于卫生和文化方面的动机,换言之,如果出于宗教上的动机,国家或者法院是没有干涉权的,甚至无审查权,但是,如果割礼手术出于卫生或者文化方面的动机,国家享有审查权或者形式上的干涉权。基于这种规定,假设某天主教原教旨主义者,为了矫正未成年孩子手淫的癖好,则可以借助割礼手术,实现这一目的。否则,其只能通过殴打或者侮辱的方式进行惩戒,而这些却会构成犯罪,受到刑罚处罚。在这里,殴打与割礼手术并没有什么不同,都可以理解成为对孩子的暴力。不过,一旦加害行为的动机披上了宗教的马甲,其即刻获得超法律的属性,使加害行为变成正当的,这与当代社会所倡导的非暴力性的教育明显相悖。

其次,当父母的动机不一致,甚至发生冲突时,会导致该法条的效果不确定或者很难实施。在现实中,很多父母的宗教信仰很可能不同,即有可能父母分属于不同的宗教。这样,如果他们所属的宗教割礼有不同的宗教动机,上述规定的适用则会产生问题。在德国民法典修改后的第二年,即在2013年8月,德国一上诉法院就在一起监护权的纠纷中遇到了这个问题。①在这个案件中,一个肯尼亚的母亲欲对其6岁的儿子实施割礼手术,理由是,这是肯尼亚当地习惯对男童的要求。然而,孩子的父亲并非是肯尼亚人,坚决反对对孩子实施割礼手术。法院认为,母亲单方的同意不符合法律的规定,因为这种割礼手术会危及到孩子的健康。②

根据德国民法典第1631d条,要想合法地对孩子实施割礼手术,需要符

---

① Oberlandesgericht Hamm〔OLG〕, Aug. 30, 2013, 3 UF 133/13, http://www.justiz.nrw.de/nrwe/olgs/ hamm/j2013/3_UF_133_13_Beschluss_20130830.html.

② Oberlandesgericht Hamm〔OLG〕, Aug. 30, 2013, 3 UF 133/13, http://www.justiz.nrw.de/nrwe/olgs/ hamm/j2013/3_UF_133_13_Beschluss_20130830.html.但是,对于父母双方都同意的,则除外。显然这种判断充满了主观任意性。

合以下的条件：首先，有孩子的父母委托，由合格的医生或者其他人负责实施；其次，这种割礼手术主要适用于缺乏理解或者了解能力的儿童；最后，对于没有行为能力的男童，父母和医生应当教育孩子，让其知道这种手术对其发展和年龄的意义，从而尽可能地征得孩子的同意。而在上述案件中，法院发现，孩子的母亲和医生并没有做这些工作，而且，母亲也不能证明实施割礼手术的医生已经充分地让其了解了该手术的情况。法院指出，德国民法典第 1631d 条规定的危及儿童健康门槛的高低，取决于父母实施割礼动机的重要程度。男童的母亲说，其之所以给儿子实施割礼，是为了当其回到肯尼亚时，看起来更像一个"健全的男人"。此外，男童的母亲认为，从卫生的角度看，割礼是有必要性的。于是，法院认为，这种割礼是违法的，主要理由有：

其一，男童的母亲为了回肯尼亚而实施这种割礼的动机本身，不足以证明这种伤害行为的正当性，原因是其母亲很少回家探亲；

其二，被害人即（男童）已经进行了新教的洗礼，而新教却没有割礼的要求；

其三，男童的母亲希望其儿子融入德国社会，而不是与肯尼亚人一样生活；

其四，从常规的个人卫生的角度看，德国未实施割礼的绝大多数男童是健康的，并没有任何不良反应；

其五，这种割礼不仅会危及男童的身体健康，而且，对其心理健康也不利，因为如果在实施手术时，其母不愿意陪伴，即其在没有亲人陪伴的情况下，实施割礼手术；

其六，男童的父亲基于割礼的痛苦和风险，坚决反对进行这样的手术，理由是这种手术不具有治疗价值，而且还有一定的风险，再加上手术带来的痛苦，所以，这是没有必要的。这也迎合了德国民法典第 1631d 条的规定所蕴含的担心。

这样,当父母对未成年人的割礼态度不统一时,法院则通过对支持割礼的一方动机的分析以及对儿童健康的审查,判断割礼的正当性,易言之,即使民法赋予了监护人这样的权利,其也并非具有当然性,毕竟这是一种衍生的权利,权利人需要证明这种权利的正当性。也就是说,当父母对未成年的儿子实施割礼产生分歧时,法院则对割礼实施的合法性享有一定的自由裁量权。

最后,当父母双方都同意对男童实施割礼,且出于宗教上的原因时,根据新修订的法律,则推定割礼不会危及孩子的健康,父母没有义务证明这种割礼行为是正当的。[①] 然而,如果出于非宗教方面的动机,法官会享有一定的自由裁量权,审查割礼手术是否有害于孩子的健康。事实上,割礼在客观上具有伤害性,其会造成组织器官的痛苦,甚至某些功能的丧失,而其卫生价值又处于缺乏明确的证据证明的状态。那么,宗教上的动机为什么能否定这种伤害性,而其他动机为什么不能,至少在当前的科学条件下,是无法解释的。德国民法典第 1631d 条规定的条件,原本为了过滤父母的不良动机,减少割礼的实施数量,这种担心为什么不适用于宗教上的义务,即,该法明确禁止对父母的这种动机进行调查,通常推定割礼有助于孩子的健康,其原因是很难解释的。

（四）割礼正当化规范的形式缺陷

由于来自犹太人与穆斯林团体的压力,2012 年 7 月 20 日德国联邦议会举行特别会议,通过了一项决议或者特别临时立法,授权穆斯林和犹太人父母,可以对自己的男孩实施割礼手术,并且要求,在 2012 年秋季制定明确将割礼合法化的新法。

也正是这个原因,德国通过立法有条件地允许对男童实施割礼后,2014年,挪威不顾学界的反对,也通过修法的方式,承认宗教割礼的合法性,即使

---

① 202Gesetzentwurf der Bundesregierung, Nov. 5, 2012, BT 17/11295, at 16(Ger.).

存在着其他的保护儿童健康的措施,也不能否定割礼的正当性。① 根据该法,男童的割礼由专业人员实施,医生必须在场。当然,公立的医院也可以从事这项手术。② 需要注意的是,这种授权是放在民法之中的,并非是放在刑法之中,这意味着民事立法并非是"民主"的结果,其并不一定遵守"少数服从多数"的原则。

由于刑法以禁止伤害行为的方式,原则上对未成年人的割礼持反对的态度,再加上民法是有条件地承认男童割礼的正当性。比如,德国民法典第1631d条规定,宗教上的割礼必须按照医学标准实施,因此,国家有权对男童的割礼进行监管。③ 也就是说,根据德国当前的法律,在犯罪构成与正当化事由区分的前提下,即使存在着德国民法典第1631d条的规定,警方也对其享有调查权,根据就是德国刑法典第223条的规定。易言之,根据目前德国的法律,一旦出现有父母对自己未成年的儿子实施割礼,不管是否出于宗教上的原因,警察知道后,都有调查的权力和义务,即须审查以下的事实。

其一,割礼手术是否符合本地的医学标准(德国民法典第1631d条第1句),其中主要是疼痛管理和手术安全;如果答案是肯定的,则:

其二,这种手术是否会危及儿童的健康(第2句);如果答案也是肯定的,则:

其三,该割礼手术是否使用了"危险的手段"? 如果回答同样是肯定的,则:

---

① Neues Beschneidungsgesetz in Norwegen, http://www. juedische – allgemeine. de/ article/ view/id/19540.

② Lars Bevanger, Male Circumcision Row in Secular Norway, DEUTSCHE WELLE, Apr.30,2014, http://www.dw.de/male-circumcision-row-in-secular-norway/a-17601519.

③ Beschneidung des männlichen Kindes, BÜRGERLICHES GESETZBUCH [BGB], Aug. 18, 1896, BGBL. I at 2749, § 1631d (Ger.), http://www. gesetze – im – internet. de/bgb/_1631d. html.

其四,这种危险的手段使用的工具是什么?是手术刀、割礼执行人的牙齿,抑或两者都有?一旦有对未成年人进行的非治疗性割礼手术出现,警察就享有监管权,或者说有义务进行审查,以保护未成年人的合法权益。

从规范的角度看,由于这些条件并非由记述的事实构成,而其之判断离不开判断者的主观价值,故其极为模糊,比如,就有效的痛苦管理而言,其应当遵守何种标准,法律就未明确。一般情况,标准模糊通常会导致国家监管权的扩张,然而,事实上,恰恰相反,警察对这种行为往往持放任的态度。比如,在传统的犹太教中,儿童在实施割礼时,既不进行局部麻醉,也不缝合,很明显这不符合新修订的法律的规定。在现实中,很多割礼的执行人,仅仅通过向男童的口腔滴上几滴白酒,就开始实施割礼手术。几滴白酒显然很难构成有效的痛苦管理,其还必须要外加一些麻醉,才能满足法律规定的条件。其实,即使通过注射剂进行局部麻醉,也并不总能构成对痛苦的有效管理,所以,国家对宗教上的割礼,应享有一定的审查权或者监督权。然而,大多数割礼要么在宗教内部,要么在其家中实施,而不是在医院里,国家很难对其进行监管。这就意味着国家如果借助公权力干涉这种行为,很可能出现目的落空。不过,通过以上探讨,可以得出以下结论:

首先,为了解决德国刑法实施中出现的问题,可以通过修改刑法进行解决,也可以通过修改诸如民法之类的非刑事法律进行解决,也就是说,其他法律具有改变刑法适用范围的功能,其根据就是最后手段原则。这一点,后面还要进行进一步探讨。

其次,民法具有很强的文化色彩,其并非是现代民主制度的直接产物,其有可能反映一种复杂的社会情绪,也就是说,反映的是各种现实的利益平衡,故其有可能不具有稳定性。这也是刑法禁止重视形式理性,而民法强调实质理性的原因之一。

最后,当某种规范表达的是人们的某种极端情绪时,作为社会生活底线的刑法是无法容忍的,但是,民法规范却较为灵活,故能成为其最好的栖息地。主要原因是,刑法关注的是社会公共生活,但民法更倾向于关注个人私生活(强调意思自治),而宗教和文化属于个人私生活的范畴。

第四节　自决权

民法是公民权利的"清单"。民法所宣誓的"权利"经常被融入到刑法禁止规范之中,以此来划分罪与非罪的边界。除了财产犯罪外,最典型的是传统的侵入规范,其主要内容实际上表达的是公民的自决权。对于这种犯罪而言,国家往往躲在权利人的背后,虽然他们不是亲告罪,但是,国家却首先听取被害人的态度:当被害人行使自决权,表示不同意时,即将行为入罪,否则,行为既不受民法管辖,也不受刑法管辖,即此时刑法与民法对同一行为保持统一的态度。然而,与民法上的不同意不同,在刑法的范畴内,当被害人不同意作为犯罪的构成要件要素时,被害人自决权的行使应当采用客观主义,而不能采用所谓的主观主义,即被害人真实的态度并不很重要,也就是说,其强调的是形式上的自决权,而并非是真实的自决权,除非这对被告人有利,或者说有利于扩张社会的自由的范围。

一、问题的提出

在刑法的领域内,存在着很多的侵入规范,比如第245条规定的非法侵入公民住宅罪、第236条规定的强奸罪(或者性侵罪)和第264条规定的入户盗窃罪,等等,都是侵入规范的表现形式。

随着计算机及网络技术的发展和应用,很多国家的刑法都引入了传统的侵入禁止规范以控制计算机的滥用,比如,我国刑法第285条前两款规定的非法侵入计算机信息系统罪、非法获取计算机信息系统数据罪,就是传统侵入规范的扩张适用。不过,这些计算机侵入禁止规范适用于现实时,存在很多的问题,这些问题的解决不仅能反映传统侵入规范的构成特点,而且,更重要的是,其能揭示刑法禁止规范与民法授权规范之间的内在联系。

在侵入规范中,通常存在着一个核心的构成要件要素,即"非法",就其含义而言,其实质上是指"未经许可"或者"未经授权"的意思。① 也就是说,从字面上看,"未经许可"是指"未经授权"地进入他人的计算机信息系统、住宅或者动产等,这种授权或者许可其实通常被解读为法律同意,即"未经授权"或者"未经许可"实质上是指被害人不同意,这体现的是公民对自己事务的自我决定权,又被简称为自决权,而其刑法上的规范形式却是被害人(不)同意。

案例1,某杂志社在网站上推出了一项服务,即用户登录该网站,可以免费浏览10篇文章。如想继续阅读,必须付费订阅。否则,该网站就会根据用户以前访问时留下的cookies,自动拒绝其请求。而行为人甲却通过及时清除自己电脑中的cookies的方式,长期无偿享用该网站提供的服务。

案例2,乙经常登录某网站收集信息。网站得知后,发函制止,并查封了其IP地址。② 但乙却通过改变IP地址的方式,继续访问并获取信息。

案例3,行为人丙利用其好友在某大学读博士之机,经常通过其用户名和密码,登录该大学的图书馆购买的LexisNexis数据库,下载资料。

案例4,某网站为防止太多的人看到自己网站上的内容,故意将其域名设置得非常复杂,但丁却通过自制的特殊软件,搜索到该网址,并定期访问。

就上述案件而言,不考虑情节,甲乙丙丁的行为构成犯罪(非法侵入计算机信息系统罪或者非法获取计算机信息系统数据罪),还是单纯的侵权

---

① James Grimmelmann,"Consenting to Computer Use",*Social Science Electronic Publishing*,Vol. 84,No.6(2016),pp.1500-1522.

② Craigslist Inc.v.3Taps Inc.,942 F.Supp.2d 962,968-970(N.D.Cal.2013).

行为？学界有不同的看法。①

在计算机立法时，立法者认为，虚拟世界与现实世界是一对双胞胎，两者具有可比性。② 因此，对上述问题，应当从传统的侵入禁止规范入手，结合目前计算机和网络技术的特点，从现实到虚拟，采用类推的方法探寻其答案。只有这样，才能使之处理既符合计算机侵入禁止的立法目的，又能迎合传统刑法的理念。

其实，在刑法的范畴中，"同意"规范含义非常复杂，其一直存在着主观主义（即心理同意或者事实同意）与客观主义（即表达同意或者法律同意）之争。③ 比如对于强奸罪，有的国家将（不）同意定义为被害人的主观心理，而有的国家将其定义为被害人的客观表示。④ 然而，一般认为，刑法禁止中的不同意是指表达上的不同意，而不是事实上的不同意，因为这里的同意是授权行为，而不是心理活动。⑤ 主要理由有：

一则，刑法禁止表述的"未经授权"是指有特定形式要求的行为，比如，就计算机侵入规范而言，其要求机主使用第三方加密软件或不使用公共域名，而不是心理态度，所以，其必须采用客观主义。⑥

二则，如果采用主观主义，则意味着被害人心理态度具有刑法意义，但

---

① James Grimmelmann, "Computer Crime Law Goes to the Casino, Concurring Opinions", http://concurringopinions.com/archives/2013/05/computercrime-law-goes-to-the-casino.html.

② Kerr O. S., "NORMS OF COMPUTER TRESPASS", *Columbia Law Review*, Vol. 116, No. 4 (2016), pp.1143–1183.

③ Napier S., "Challenging Research on Human Subjects: Justice and Uncompensated Harms", *Theoretical Medicine & Bioethics*, Vol.34, No.1(2013), pp.29–51; Alexander L., "The Moral Magic of Consent(II)", *Legal Theory*, Vol.2, No.2(1996), pp.121–146.

④ Westen P., *The Logic of Consent: The Diversity and Deceptiveness of Consent as a Defense to Criminal Conduct*, Routledge, 2017, pp.111–119.

⑤ Authorize, *Black's Law Dictionary*, 2014, 10th ed.

⑥ Authorize, *Black's Law Dictionary*, 2014, 10th ed., James Grimmelmann, "Consenting to Computer Use", *Social Science Electronic Publishing*, Vol.84, No.6(2016), pp.1500–1522.

是,被告人完全可以对此缺乏"明知"或者"故意"为由,否定该刑法禁止的可适用性,因为该刑法禁止规制的是未经授权而故意访问他人计算机的行为。也就是说,采用主观主义,要么会导致该刑法禁止的适用范围不当扩张,违反责任主义;要么会导致该刑法禁止虚置,使立法目的落空。①

三则,比如,就计算机网络而言,根据"超文本传输协议",机主在与网络连接时,已经承诺其网站具有开放性,且这种承诺构成一项社会义务,这也是推定网站同意任何用户访问的根据。② 也就是说,机主想拒绝或者限制一些用户访问,无法通过网络技术本身实现,而是需要借助第三方软件将其表达出来;否则,不足以否定其网站的开放性。

二、传统上法律(不)同意规范的含义

表达同意不同于事实同意,其是指有法律意义的同意,并不意味着作为自然状态的事实同意不重要,因为表达同意仅仅是一种法律判断,或者法律类推的结果,即事实同意有可能推翻这种类推,毕竟事实同意通常是法律同意获得正当性的重要根据。③ 物理世界中,被害人通常有三种方式表达(不)同意:

其一,言辞的或者口头的方式。对于传统的犯罪而言,这也是判断被害人对"加害行为"是否同意的重要手段,当然,非法侵入计算机信息系统罪

---

① McFadden v.United States,135 S.Ct.2298,2304(2015);Elonis v.United States,135 S.Ct.2001,2009(2015);Staples v.United States,511 U.S.600,607 n.3(1994);Morissette v.United States,342 U.S.246,271(1952);United States v.Brown,669 F.3d 10,19-20(1st Cir.2012).

② Kerr O. S.,*Cybercrime's Scope:Interpreting 'Access' and 'Authorization' in Computer Misuse Statutes*,Social Science Electronic Publishing,2004(5).

③ Westen P.,*The Logic of Consent:The Diversity and Deceptiveness of Consent as a Defense to Criminal Conduct*,Routledge,2017,pp.111-119;Capps B.,"Consent in the Law-By Deryck Beyleveld and Roger Brownsword",*Legal Studies*,Vol.28,No.1(2010),pp.149-153;Anderson S.A.,Alan Wertheimer,"Consent to Sexual Relations:Consent to Sexual Relations",*Ethics*,Vol.115,No.1(2004),pp.178-183.

也不例外。比如,甲对乙说,"我出差去外地,其间你可以用我的电脑";乙使用甲的电脑是合法的,因为存在着权利人的同意;相反,甲说"其间麻烦你保管一下我的电脑",乙就没有了使用电脑的权利。在这里,法律(不)同意与事实(不)同意完全是一致的,两者不存在区分的问题。

其二,行为的方式。比如,行为人到了网吧,交上押金,尽管店主未说话,其就可以使用网吧里的电脑,因为顾客交押金、店主开始营业和接受押金的行为,已经蕴含着其同意顾客使用其电脑的意思。如果言辞的方式与行为的方式发生冲突,一般根据发生的时间进行判断,即后者发生的效力高于前者。比如,某网吧规定前来上网的客户必须在18周岁以上,否则,不得进入,而乙只有17周岁,且其如实地填写了自己的年龄后,付费进入该网吧,使用网吧的计算机玩电脑游戏。在这里,尽管机主在言辞上不同意行为人进入,但其行为却恰恰相反,这里承认存在着被害人的同意,也来源于行为的态度,并不是社会赋予的。

其三,沉默的方式。在物理世界里,沉默通常被翻译为不同意,除非有特殊情况,比如,人们把门敞开,或者门未上锁,并不意味着任何人都有进入的权利。同样,即使在公共场所,如在咖啡厅,甲去洗手间时,未将自己放在桌子上的笔记本电脑关闭,坐在附近的乙,也没有使用的权利,因为甲对其电脑享有的所有权,本身就有排斥他人使用的权利。即,在现实生活中,沉默通常被推定为被害人不同意。然而,在网络虚拟的世界里,这些规则有可能受到修正。

三、法律(不)同意与事实(不)同意的分立

不同于物理世界,虚拟世界的被害人同意,逐渐远离被害人的意志,即,很多被害人的不同意不具备推翻法律上的同意的能力,即其无法适用刑法上的侵入规范,规制违反其意志的行为,主要原因有:

首先,计算机同意的预期性与自动性,导致虚拟世界的同意是由计算机

作出的。行为人通过网络访问他人的计算机,是借助软件进行的。被访问的计算机安装特定的软件后,就创建了一个独特的自我运行程序。符合机主预设访问条件的用户,该计算机会自动允许其访问,无须再征得机主的态度。所以,计算机信息系统运行过程中,权利人总是缺位的。行为人在访问时,所征询的实际上是计算机的态度,这种态度虽然来自机主,但却是机主以前的意见,不是机主直接决定的结果。① 这与对强奸、抢劫、大部分盗窃和侵入住宅的行为形成鲜明的对比,因为对后者而言,行为人与(潜在的)被害人通常都在现场,且都有认知或者认知的可能性,所以,被害人对行为是否容忍,是根据其当时的态度作出的。② 在虚拟世界里,机主其实事后才知道其计算机允许访问的用户的身份。这就是说,机主同意行为人使用其计算机信息系统,通常具有事前性和预期性,即同意的表示与"侵入"行为很少会同时发生。③

这很像是手术前医院与病人签订的协议。在手术过程中,病人失去知觉,对医生用手术刀切除自己器官的行为、手术失误的风险以及要切除的其他对象,只能进行事前预期的同意。④ 出于实用主义的考虑,法律通常承认这种预期同意的效力,因为这有助于保护人们的自决权,鼓励交易。然而,事前预期的同意的存在,则表明计算机领域内的同意开始独立化,逐渐脱离了权利人的控制。⑤ 这造成即使权利人实际上对某种访问是反对的,也失

---

① James Grimmelmann,"Regulation by Software",*The Yale Law Journal*, Vol.114, No.7(2005), pp.1719–1758.

② Kerr O.S.,"Norms of Computer Trespass",*Columbia Law Review*, Vol.116, No.4(2016), pp. 1143–1183.

③ Westen P.,*The Logic of Consent*:*The Diversity and Deceptiveness of Consent as a Defense to Criminal Conduct*, Routledge, 2017, pp.248–254.

④ Westen P.,*The Logic of Consent*:*The Diversity and Deceptiveness of Consent as a Defense to Criminal Conduct*, Routledge, 2017, p.249.

⑤ Westen P.,*The Logic of Consent*:*The Diversity and Deceptiveness of Consent as a Defense to Criminal Conduct*, Routledge, 2017, pp.253–254.

去了法律意义,因为对这种同意的效力,更多是依赖社会的共识进行规范判断,而不是事实判断。

其次,软件功能的多样性,造成计算机所表达的同意有可能背离机主的真意。如前所述,计算机同意是借助软件进行的,但在现实中,计算机软件的性质和功能非常多,其通常远远超过软件设计者的想象。① 这就意味着软件运行结果,很可能完全有悖于设计人(即程序员)的预期和目的,致使计算机"同意"彻底背离机主的意志。② 具言之,当计算机软件运行的自动性与功能的多样性结合在一起时,导致计算机系统极易被"合法地"侵入。③ 在这种情况下,机主很难以自己没有想到为由,否定计算机同意的效力。

不过,现实中也有一种例外,即行为人进入计算机突破了软件正常的预期功能。其实,这种结论并不稀奇,物理世界早已有之。比如,最早的自动售货机只出售香烟,其工作原理是,顾客向其前面的凹槽中投放一个硬币,然后,顾客向前推一下把手,机箱上的小孔便弹出一支烟。被告人通过向凹槽投放无价值的金属块的方式,骗取售烟机中的香烟。④ 这种售烟机与计算机的工作原理完全相同,其同意(一个硬币购买一支烟)也具有事前性和预期性,其运行也是自动的。法院认为被告人的上述行为构成盗窃罪,理由是行为人占有他人香烟没有获得被害人同意,因为售烟机的权利人所做的同意是附条件的,即投放硬币,才能取走香烟,被告人没有投放硬币,而是投放无价值的金属块,即在这里,售货机的同意不等于被害人同意,这属于利

---

① James Grimmelmann,"Regulation by Software",*The Yale Law Journal*,Vol.114,No.7(2005),p.1723.

② James Grimmelmann,"Regulation by Software",*The Yale Law Journal*,Vol.114,No.7(2005),pp.1741-1742.

③ James Grimmelmann,"Regulation by Software",*The Yale Law Journal*,Vol.114,No.7(2005),pp.1742-1743;Generally Paul Ohm,The Myth of the Superuser:Fear,Risk,and Harm Online,*U.C.DAVIS*(2008),41:1327.

④ Regina v.Hands [1887] 16 LRCCR 188(Eng.).

用售烟机工作的逻辑错误而非法占有他人财物,这与通过在箱子上钻孔而非法占有他人的财物无异。①

当然,目前的计算机与这种售烟机已不可同日而语,然而,计算机也会犯这种逻辑错误。② 由于机主无法对其所用软件的功能或者性质全部了解,要求其事前严密地规定使用计算机的条件(即同意的范围),是不切实际的。故刑法应当帮助机主,防止恶意的客户利用机器的逻辑缺陷,侵犯其利益。然而,如果机主已知或应知的特定风险,但出于获得其他利益的考虑而放任其发生的,刑法则没有保护的必要。

最后,网络的开放性致使虚拟世界采用与物理世界截然不同的法律类推。从 1969 年开始,网络的发明者就通过"征求意见"的方式,将开放性视为网络的基本内容。随后,因特网工程任务组接受了这种"征求意见"。在 RFC1945 和 RFC2616 中提出了"超文本传输协议"(http)的概念,这是目前规制网络服务器与客户之间的基本协议。③ 根据该协议,网络是一种普遍的、无国界的、共享的和超媒体的信息系统,开放性是其运行的基本特征。④ 具言之,一旦机主的服务器与网络连接,根据上述协议,用户就可以通过浏览器与服务器建立联系,或者说有权向其发出指令;服务器按照协议的版本

---

① Regina v.Hands[1887]16 LRCCR 190–191(Eng.).

② James Grimmelmann, "Regulation by Software", *Yale Law Journal*, Vol.114, No.7(2005), p.1742.

③ T. Berners-Lee et al., "Network Working Grp., Request for Comments:1945, Internet Engineering Task Force", 2006:1, http://tools.ietf.org/html/rfc1945[http://perma.cc/PS74-4C3A][hereinafter RFC1945];T.Berners-Lee et al., "Network Working Grp., Request for Comments:2616, Internet Engineering Task Force", 1999:1, http://www.ietf.org/rfc/rfc2616.txt[http://perma.cc/7MJN-PWFK][hereinafter RFC2616].

④ T. Berners-Lee et al., "Network Working Grp., Request for Comments:1945, Internet Engineering Task Force", 2006:1, http://tools.ietf.org/html/rfc1945[http://perma.cc/PS74-4C3A][hereinafter RFC1945];T.Berners-Lee et al., "Network Working Grp., Request for Comments:2616, Internet Engineering Task Force", 1999:7, http://www.ietf.org/rfc/rfc2616.txt[http://perma.cc/7MJN-PWFK][hereinafter RFC2616].

对该指令进行回应,即向用户的计算机传输与原版本相似的信息。① 据此,网络及其网站在形式上就是虚拟世界的公共场所,机主将服务器与互联网连接,这很像在公共市场上租用了一个摊位,任何人都有权看到其摆放在摊位上的商品。如果机主不愿意他人浏览其网站,就不应当将其服务器与因特网相连。机主选择了网络,站主必须接受网络的公开性。这就是说,信息一旦放到服务器(自己的或者他人的)上,则意味着机主允许世界上任何人获取该信息,即上网意味着机主同意他人访问。② 从这个角度看,在网络的背景下,借助传统的侵入规范解读侵入计算机禁止时,类比的对象应当是公共场所,而不是公民住宅,而目前传统侵入规范是不适用于公共场所的。

据此,对于非法侵入计算机信息系统罪的构成要件要素"被害人不同意",虽然对机主的行为和言辞也有一定的依赖,但行为与言辞已经不像对物理世界中的侵入规范那么重要了。换言之,这里的法律同意更像是法律拟制,被害人现实中的不同意很难推翻这种类推。③

四、不同意的表达及其限制

既然临街向公众开放的商店,店主可以为自己或者雇员设置封闭的空间,禁止外人进入,在虚拟的网络空间中,机主就应当享有同样的权利。其实,在网络技术发展之初,人们就注意到了这个问题。目前出现了很多的限制访问的手段,比如认证制度、隐藏网址、验证码等方式,甚至有人直接通过言辞的方式,限制他人访问。④ 这就产生了一个问题,这些限制能否被评价

---

① T. Berners-Lee et al., "Network Working Grp., Request for Comments: 1945, Internet Engineering Task Force", 2006:6, http://tools.ietf.org/html/rfc1945 [http://perma.cc/PS74-4C3A] [hereinafter RFC1945].

② Preston Gralla, *How the Internet Works*, 1998, pp.21-23,31.

③ Westen P., *The Logic of Consent:The Diversity and Deceptiveness of Consent as a Defense to Criminal Conduct*, Routledge, 2017, pp.272-275.

④ Infra Section III.B(discussing authorized web access).

为法律上的不同意？

（一）认证制度

在现实中，最典型的例证是网站设置的认证程序，以向社会否定其网站的公开性。所以，用户想要访问，首先需要注册（即征询其意见），获得相应的用户名和密码（取得钥匙，这代表机主同意）后，才能访问；否则，认证的规定就像一堵高墙，将该用户挡在其网站之外。

从社会的角度看，这种认证实际上构成访问的现实障碍，用户由此认识到未经网站许可，是不能浏览该网站的信息的。所以，这种认证制度就等于在虚拟的公共场所上搭建了一所房子，构成对网络公开性的否定或者例外。作为外部人，要想克服这种访问障碍，只得付出特殊的努力，比如，通过盗窃、抢劫、猜出他人的用户名和密码，或者通过网络程序的安全缺陷（即不尊重该程序的预期功能），进行访问。就前者而言，其像是偷窃、抢劫或者碰巧捡了一把钥匙一样，将他人门前的锁捅开并进入，当然触犯侵入规范；[1]而利用网络安全缺陷所进行的访问，则如同从窗子或者烟囱进入他人住宅，也构成非法侵入。[2] 这样，赋予网络认证制度以不同意的规范价值，不仅尊重了机主的选择，而且还保护了公众的上网自由，避免用户因担心刑事指控而不敢上网。[3]

（二）访问限制

目前最常见的是验证码限制。比如登录12306（铁路客户服务中心）的账户或者网易邮箱，网站经常要求用户输入验证码，主要用于限制黄牛党的

---

[1]　United States v.Morris,928 F.2d 504,509(2d Cir.1991).

[2]　Claridge v.RockYou,Inc.,785 F.Supp.2d 855,858(N.D.Cal.2011).

[3]　United States v.Valle,807 F.3d 508,524-528(2d Cir.2015);United States v.Nosal,676 F.3d 854,858(9th Cir.2012)(en banc);Kerr O.S.,"Cybercrime's Scope:Interpreting 'access' and 'authorization' in Computer Misuse Statutes", *Social Science Electronic Publishing*, Vol. No. 2004(5):1596,1662-1663 & 2003:283.

行为。用户只有输入正确的验证码(文字或者图案)才能登录该网站。[①] 这样,如果用户通过软件自动选择,规避这种验证码的限制,是否构成未经授权的访问呢?

验证码的限制在形式上与认证限制很相似,不同之处乃在于其会将验证码同时提供给用户,要求用户们手动选择,而不能是自动选择。[②] 然而,用户自动规避验证码的行为自身并不构成未经授权的访问,理由是验证码的目的就像其名字所表达的那样,允许人们进入,即邀请所有的人进入。通过人工规避验证码的限制,浏览网页,击打激活显现出来的数字。因此,验证码最好解读为降低用户访问速度的方法,而不是拒绝访问。这样,验证码就成了减速带,而不构成访问的真正障碍。这样,规避验证码而进行的自动性的访问,便构成越权性的侵入。不过,诸如淘宝和支付宝之类的验证码,需要借助手机短信才能获得,即非相应账户的所有人是无法获得的,若行为人通过猜测而获得该验证码从而进入相应系统,则构成非法侵入计算机信息系统罪。

(三)理念限制

由于其并不能切实地阻止用户获取相应信息,所以,表面上违反这种限制的行为,也属于"未经授权"访问的范畴,但是,由于这种限制或者约束仅仅存在于观念上,其并不足以推翻网络开放性此一类推,只能将其评价为被害人(法律)同意。现在以美国的 3Taps 案例揭示这个问题。

在该案中,被告人从某网站上,根据自己的需要提取相应的信息,以应用于经营。网站知晓后,遂通过信函,制止这种行为,并封锁了被告人的 IP 地址,限制其访问。[③] 于是,被告人通过改变自己的 IP 地址的方式,继续访

---

① Telling Humans and Computers Apart Automatically, CAPTCHA, http://www.captcha.net/ [http://perma.cc/9FHM-C62D](last visited Jan.26,2016).

② United States v.Lowson,No.10-114(KSH),2010 WL 9552416(D.N.J.Oct.12,2010).

③ Craigslist v.3Taps.964 F.Supp.2d 1178(N.D.Cal.2013).

问。网站报案,被告人受到非法侵入计算机信息系统罪的指控。一般认为,被告人原本有访问该网站并获取信息的权利,但是,被害人将被告人的这种权利撤销,并封锁其 IP 地址,则表明其已经没有了这项权利,故触犯侵入规范。其实,这种观点是有问题的:

其一,网络的公开性,否定机主有通过声明或者信函的方式,阻止他人获取网络上公布的信息的权利。也就是说,机主不能一方面向全世界发布数据;另一方面又通过特殊声明,将一些特定的用户排除在外。这就像报纸出版发行后,禁止一部分人看一样,即在网上发表,意味着向所有的人披露,机主无权阻止他人获得上述信息。其实,现实世界也有这样的例子,比如在世界杯决赛结束后,甲球迷站在体育馆出口的路中间,向拥挤的人流大声呼叫:"谁也不允许碰我!"①乙球迷本来很容易避开,但其仍然像其他球迷一样,用身体碰触了她,这种行为不构成侵权,理由是,该女球迷进了赛场,就等于已经默认了其他人对其有无害的碰触权,即类推其同意受到这样的碰撞。如果其不允许这种类推,她只能待在家中。所以,其他球迷面对该声明,并没有躲避的义务。

其二,IP 地址是一组数字,其代表的是"网络之间的互连协议"分配给每一个网络和主机的逻辑地址。② 在因特网上,用户的主机可以向网络服务器发出请求,服务器接受后与主机的 IP 地址进行交流,发送数据。如果网站发现某 IP 地址的用户存在违规行为,其可以通过封锁该地址的方式,不向该客户发送信息或者发送错误的信息,阻止该用户访问,因此,封锁 IP 地址在一定程度上可以限制用户访问自己的计算机,但是,这种限制并不构成真正的访问障碍,主要原因有:

一则,在现实中,很多用户的 IP 地址是不固定的,即其 IP 地址定期改

---

① Kerr O. S., "Cybercrime's Scope: Interpreting 'Access' and 'Authorization' in Computer Misuse Statutes" *Social Science Electronic Publishing*, 2004(5):322-323.
② E.g., id.at 1181 n.2.

变,在这种情形下,这种方法很难彻底地阻止用户访问其计算机。①

　　二则,有的用户拥有多台计算机,这也意味着其拥有多个 IP 地址。比如,目前人们的手机、家庭电脑和办公室的电脑,使用的并不是同一个 IP 地址。这样,网站封锁了办公室电脑的 IP 地址,但是,家庭电脑或者手机,甚至是邻居的电脑,都可以合法地访问该网站,毕竟其没有封锁其他的 IP 地址。如果上述判决成立的话,则意味着通过改变 IP 地址的访问构成犯罪,那么,换一台电脑访问的则属于合法的行为,这显然是荒唐的!

　　三则,一些专业的用户甚至通过虚拟的个人网络访问网站,即敲击几下键盘就能改变 IP 地址。② 而这种 IP 地址的改变,属于用户的权利,即用户并没有只使用一个 IP 地址的义务。从这个角度看,如果按照法院的判决,刑法只能处罚那些不懂网络技术或者拥有电脑数量较少的人,很明显,这种判决违反了公共领域内的不得歧视原则。其实,规避 IP 地址封锁的行为,这与人们在广场上,伸长脖子、踮起脚尖,绕开障碍物,查看某摊位上的商品完全一样。也就是说,行为人将其物品放到广场上的某个位置,即意味着其同意所有的人看到,尽管其心里可能不这样想。

　　其三,如果赋予网站的使用条款以刑法意义,有可能使网络变成一个个陷阱,以致人们不敢随意上网,这无疑是对网络公开性的否定。③ 网络公开性推定网站对其任何用户的访问都是"同意"的,网站仅仅限制他人访问,而不是设置障碍将他人的视线彻底挡住,则表明网站对他人看到自己特定的信息,并非持绝对排斥的态度。因为这种理念限制很有可能是主观任意

①　"Why Does Your IP Address Change Now and Then? What Is My IP Address", http://whatismyipaddress.com/keeps-changing［http://perma.cc/QE8N-KDLB］.

②　Quentin Hardy, "VPNs Dissolve National Boundaries Online, for Work and Movie-Watching", N.Y. Times: Bits Blog, http://bits. blogs. nytimes. com/2015/02/08/in－ways－legal－and－illegal-vpn-technology-is-erasing-international-borders/.

③　Jessica Bennett, "MySpace: How Old Is Tom?" Newsweek, http:// www. newsweek. com/myspace-how-old-tom-103043［http://perma.cc/8FZS-28ZD］.

性的产物,比如,网站明确禁止左撇子和喜欢京剧的人访问。如果刑法承认这种限制,则意味着左撇子和京剧爱好者访问该网站,会受到刑事处罚,这显然是荒唐的。正是由于这种限制缺乏正当化的根据,用刑法处罚突破该限制的行为,会违反责任主义原则。① 如果用刑法保护这种网址,必然会否定网络冲浪活动,否定网络的社会价值及其普遍性。

总之,在网络的背景下,被害人不同意的表达方式,并不仅仅依赖于机主的信息,其还融入了技术的成分,主要原因是在"超文本传输协议"的背景下,机主或者网站还有一种社会义务,这也是其与网络连接时所作的承诺。

五、越权与未经授权

在学界,习惯上将建立在事实同意基础之上的法律同意,称为记述的同意,缺乏事实同意基础的法律同意为规范的同意(或类推同意)。② 对于记述的同意,当出现胁迫、欺诈和无行为能力等三种情况时,事实同意通常无效,即不会评价为法律同意,因为这并非被害人的自由选择。③ 然而,对于计算机犯罪而言,由于被害人与行为人在时空上通常是分离的,胁迫和无行为能力的情况很难遇到,即使是欺诈,其后果也不是这样简单。

(一)越权不属于未经授权的根据

即使在传统的法律中,欺诈的后果也不是单一的,比如,其有时评价为违约,有时评价为侵权,甚至是犯罪,至于其判断的标准,直至目前也未达成共识。在网络领域内,就出现了这样一个问题,"越权型"的访问或获取信

---

① Kerr O. S., "Cybercrime's Scope: Interpreting 'Access' and 'Authorization' in Computer Misuse Statutes", *Social Science Electronic Publishing*, 2004(5):1657-1658.

② Fallon R. H., "Making Sense of Overbreadth", *The Yale Law Journal*, Vol.100, No.4(1991), p. 271.

③ Fallon R. H., "Making Sense of Overbreadth", *The Yale Law Journal*, Vol.100, No.4(1991), p. 191.

息的行为,应当如何处理呢？根据目前的司法解释,其好像与典型的"未经授权的访问"的处理结果并没有不同,即构成非法侵入计算机信息系统罪,实质上不然,这种处理可能是有问题的。

首先,有悖于法益保护原则。侵入计算机罪涉及网络自由和网络数据隐私及其安全两个方面的法益,此也构成确定被害人同意范围的基础。一方面,计算机形成的网络本身蕴含着自由的因素,其不仅能给用户提供打开新世界的能力,[①]而且,其还为自由表达,甚至为行为自由提供了一个平台,即计算机网络的公开性本身具有应受保护的社会价值。[②] 另一方面,其价值的发挥还须受到当前法律与技术的约束,即应当尊重计算机信息系统的所有人建立自己的隐私和安全区域,防止他人的干扰。[③] 这两种价值是有一定的矛盾的。比如,从行为人的角度看,黑客行为可以被定义为一种自由的科学探索,但从被害人的角度看,这却构成对其隐私和安全的侵犯。[④] 这样,"同意"边界的确定,应当同时兼顾互联网的开放性与隐私安全两个方面的利益。平衡这种利益关系的,只能是作为管理者的国家。如果将越权型的访问纳入刑法的范畴,则意味着个人有权事后决定行为人的行为是否构成犯罪,这与刑法是公法的理念矛盾。如果将其入罪,有可能出现以下后果:

第一,计算机所有人有可能滥用这种权利,制造无法预测的刑事风险,使互联网变成一个陷阱。比如,网站的所有人规定,右撇子才能浏览其网站。如果由网站决定同意的范围,左撇子浏览其计算机信息的,则属于未经

---

① Lessig L., *Code and Other Laws of Cyberspace*, 1999; Lessig L., "The Death of Cyberspace", *Wash. & Lee*, 2000(Spring):57.

② ACLU v.Reno, 521 U.S.844, 850(1997).

③ Schwartz P.M., "Internet Privacy and the State", *Connecticut Law Review*, Vol.32(1999), p. 815; Samuelson P., "Privacy As Intellectual Property?", *Stanford Law Review*, Vol.52, No.5 (2000), pp.1125-1126.

④ Lee M., Pak S., Lee D., et al, "Electronic Commerce, Hackers, and the Search for Legitimacy:A Regulatory Proposal", *Berkeley Technology Law Journal*, 1999(2), pp.839, 845.

授权的访问,即有可能被评价为犯罪。如果允许这种情况存在,计算机所有人有可能滥用这种权利,将自己不喜欢的人送进监狱。这显然是有问题的。

第二,有可能造成网络自由与隐私的关系失衡。计算机权利人面对网络,有权设置一定的私人区域。对该区域,通过设置一定的访问障碍(即认证限制),保护自己的个人信息,防止他人无端闯入。在区域之外,任何人都可以任意地浏览,不用担心由于违反服务条款、使用条款或者其他合同规定而受到刑事处罚。如将越权型访问入罪,当私人区域与公共区域出现模糊时,则会使上网之人面临很大的风险,这必然会降低人们的网络自由。若将越权型访问出罪,也不会造成信息空间的秩序混乱,因为用户仍然会受到合同法的约束。如果权利人想使自己的计算机信息系统获得刑法的保护,其完全可以通过设置密码的方式,预防他人不必要的干扰。

第三,用刑法处罚越权型访问,违反必要性原则。合同的签订和履行,通常有助于社会资源的优化配置,提高社会的整体效益。如果违约一方存在着牢狱之灾,很可能造成人们不敢或者不愿再与他人签订合同,从而使得以合同为表现形式的商事行为大大减少,市场在资源配置方面的作用将会因此受到极大的限制。① 此外,违约本身有时是有价值的。② 如果一方当事人发现不履行合同是合算的,法律则应允许当事人不履行原来签订的合同,所以,其不属于刑事法律规制的范围。③ 即从结果无价值的角度看,违约型的访问是不得入罪的。

其次,越权行为缺乏行为无价值。面对开放的网络,要想阻止他人进入自己的计算机信息系统,认证限制几乎是权利人唯一的手段。这就好比是

---

① Schwartz P.M., "Internet Privacy and the State", *Connecticut Law Review*, 1999, 32:556; Robert L.Birmingham, *Reach of Contract*, *Damage Measures*, *and Economic Efficiency*, 1970, 24:291.

② [美]理查德·A. 波斯纳:《法律的经济分析》,蒋兆康译,中国大百科全书出版社 1997 年版,第 152 页。

③ Menetrez F., "Consequentialism, Promissory Obligation, and the Theory of Efficient Breach", Vol.47, No.3(2000), pp.859-885.

权利人为了保护自己的财产,建立了一个"城堡",将各种风险屏蔽在外。① 行为人漠视这道屏障的存在,仍然闯入权利人的私人空间,才有道德可非难性。如果刑法不给这种信息系统提供保护,由于规避认证限制的风险,权利人不仅无法预测,而且也无法控制。如果进行物理上的预防,又会影响其所允许的人的访问权。因此,规避认证限制的访问既有行为无价值,也有结果无价值,当然,可以用刑法进行规制。

违约型的访问虽然也对他人的隐私和计算机信息系统安全构成了威胁,但是,这种行为却是建立在事前可控制的风险分配机制之上的,双方当事人对这种越权行为事前是可以预测的,即机主能够预见到行为人有可能违反合同而侵犯其隐私,不过,出于其他的利益考量,其自愿选择并容忍这种风险的存在,因为在其看来,即使存在着这样的风险,允许行为人进行访问在整体上对其也是利大于弊的。② 更为重要的是,双方当事人已经就违约的后果做了安排,即合同和合同法中的有关处罚措施构成这种违约的代价。在双方当事人看来,只要愿意承担这种不利后果,是可以违约的。③ 因此,不管根据报应论还是功利主义,越权型的访问行为都没有道德可非难性。④ 即,不追究越权型访问的刑事责任,是责任主义原则的要求。行为人超越授权进行访问的后果,"被害人"在制定契约之时就已经预测到了,且将其后果规定在合同或者合同法中,如果没有特殊的理由而追究违约者的刑事责任,显然违反了意思自治原则,是对他人自由的不正当的干涉,严重

---

① William Blackstone, Commentaries *226(必须有现实的闯入;不能是单纯地侵占不动产,而须是实质而强制性的进入)。

② Cf. Hoffa v. United States, 385 U.S. 293,302(1966).

③ [美]理查德·A. 波斯纳:《法律的经济分析》,蒋兆康译,中国大百科全书出版社 1997 年版,第 152 页。

④ Kent Greenawalt, *Punishment*, in 4 *Encyclopedia of Crime and Justice*, 1983:1333,1342;Herbert L. Packer, *The Limits of the Criminal Sanction*, 1968:39–53;James Q. Wilson, *Thinking About Crime*, 1983:145–161.

背离了责任主义原则的诉求。

最后,罪刑法定原则的要求。如果将越权型访问视为非法侵入计算机罪,还有可能导致该刑法禁止规范缺乏明确性,违背罪刑法定原则。① 事实上,如果用刑法规制违约型的访问,存在着两个法律问题难以解决:

第一,用刑罚惩罚违约型的访问,有可能导致罪刑"(被害人)人"定,而不是法定。根据罪刑法定原则,特定的行为是否应当受到刑罚的处罚,是由立法者按照法定的程序事前规定的,除非是亲告罪,个人通常没有选择的机会。如果将越权型的访问入罪,其实质是赋予计算机的所有人享有对言论的定罪权,甚至是对单纯的思想享有定罪权。② 比如,如果计算机网络的所有人属于反堕胎主义者,为了打击支持堕胎的人,其可以在网站客户端的服务条款中规定,只有持反堕胎主义立场的人,才能登录其网站,发表对堕胎的态度。这样,如果有人在该网站上表达支持堕胎的观点,则触犯了该服务条款,这种"越权型的访问"就构成犯罪。③ 于是,这种制度就变成了组织或者个人压制不同言论自由的工具。④ 这实际上是说,计算机的所有人也有一定控制刑法边界的权利,即以合同为手段,通过使用单向性的权利,根据其愿望将一定范围内的、持特定观点的人入罪,这不仅有悖于罪刑法定原则,还有违宪的嫌疑。⑤

第二,将越权型访问入罪,会严厉打击网络自由。对于服务条款或者计算机提供的使用条款,用户在访问前通常是不会阅读的,即使有个别人阅读,占的比例也非常的小,再加上,使用条款通常都极为冗长,里面充满了很

---

① INS v.St.Cyr,533 U.S.289,299-300(2001).

② Cf.Lewis v.City of New Orleans,415 U.S.130,132-134(1974).

③ Intel Corp.v.Hamidi,114 Cal.Rptr.2d 244,255(Cal.Ct.App.2001),rev'd,71 P.3d 296(Cal. 2003).

④ Morales,527 U.S.at 55.

⑤ Fallon R.H.,Jr,"Making Sense of Overbreadth",*The Yale Law Journal*,Vol.100,No.4(1991), p.853.

多的法律概念甚至不规范的表达。① 这种条款并不能构成访问计算机的限制,这好比棒球赛的门票控制进入赛场的权利,触犯了门票的条款,并不能改变持票人进入赛场的权利。与之相似,在访问网站时违反使用条款不应构成计算机侵入。即使这种限制很明显存在于网络主页的显著位置,其通常也很难构成用户访问的实际限制。比如,成人网站在登录的端口明确规定,用户须在 18 周岁以上,也有网站在登录时,明显要求用户发表的帖子必须遵纪守法,讲文明。② 年满 17 周岁或者不遵守这种使用条款的访问,同样不应当被理解为未经授权的访问。一般认为,只要允许其登录,就是允许其访问。如果将越权型的访问入罪,则意味着任何违反服务条款(或者使用条款)的行为,都有了刑事违法性,这显然是有问题的。

总之,民法上的"未经授权"旨在解决被告人对其造成的损害是否应当向原告进行赔偿,而并不是说被告人是否应当因此而身陷囹圄,因此,其与刑法上的"未经授权"是不同的。美国参议院曾指出,美国刑法典第 1030 条里规定的未经授权访问和越权访问是不同的,前者是"外部人"的行为,后者是"内部人"的行为。内部人是指在特定情况下有权访问计算机的人(如雇员),而外部人是完全没有权利访问计算机的人(如黑客)。用户通过输入自己的用户名和密码而进行的"访问"通常属于"内部人访问"。该法禁止未经授权访问计算机的行为,不包括越权型的访问,即其目的是禁止外部人,而不是内部人的访问。③

(二)越权属于"有权"的根据:被害人同意

传统的刑法理论认为,被害人因为欺诈而作出同意的意思表示,根据

---

① Aleecia M.McDonald & Lorrie Faith Cranor,"The Cost of Reading Privacy Policies",*LSJLP*,2008(41):543,565.

② Kerr O.S.," Cybercrime's Scope: Interpreting ' Access ' and ' Authorization ' in Computer Misuse Statutes",*Social Science Electronic Publishing*,2004(5).

③ United States v.Morris,928 F.2d 510(2d Cir.1991).

欺诈的内容,区分为事实(或者契据性质)欺诈和诱因欺诈两种。前者是指被害人产生认识错误的对象是行为放弃的法益的种类、范围或者危险性,被害人同意的意思表示在刑法上无效,不能构成法律同意。比如,被告人(妇科医生)欺骗女患者说,要对其子宫进行检查,而实质是与其发生性行为。尽管存在着被害人的同意,但这种同意指向的对象是子宫检查,而不是性行为,所以,这种欺诈属于事实欺诈,被害人的同意无效,被告人构成强奸罪。后者是对行为的回报产生认识错误,比如,行为人欺骗卖淫女说,如与其发生性行为,便给予她一万元,事后拒绝给付。被害人对行为本身没有认识错误,仅仅对发生该行为的原因、后果、动机或者社会意义产生认识错误,所以,这构成诱因欺诈。① 在这里,被害人同意的意思表示虽然是基于欺诈而作出的,但这并不影响同意的法律效力,因为被害人对(性)行为本身是同意的,其认识错误仅仅是针对放弃法益的行为所产生的期待或者回报,于是,被害人的同意仍然能阻却犯罪该当性的成立,即该同意在刑法上有效,否定犯罪的成立。② 这种欺诈只能被评价为违约,而不能是犯罪。③

对于这种理论,主要存在着三种质疑:其一,事实欺诈与诱因欺诈很难划分。最典型的例证是某医生给被害人打电话说,只有与其发生性行为才能治疗其严重的疾病,有的法院认为此构成诱因欺诈,因为被害人对性行为本身没有发生认识错误,只是对其后果或者意义(治疗疾病)产生认识错

---

① 正像帕金斯和博伊斯总结的那样,一般来说,如果欺骗造成对事实本身的误解(契据性质欺诈),则没有法律认可的同意,因为同意并不是对所发生的事实作出的;而对于诱因欺诈而言,如果欺骗并不涉及所实施的行为,而是涉及一些间接的事实,这种同意则是有效的。Rollin M.Perkins & Ronald N.Boyce, *Criminal Law*, The Foundation Press, 1982, p.1079。

② [德]克劳斯·罗克辛:《德国刑法学总论》(第1卷),王世洲译,法律出版社2005年版,第376页。People v.Minkowski, 23 Cal.Rptr.92(Cal.Ct.App.1962)。

③ People v.Donell, 32 Cal.Rptr.232,234-235(Cal.Dist.Ct.App.1973); State v.Boggs, 164 N.W. 759,760(Iowa 1917); State v.Mularky, 218 N.W.809,810(Wis.1928)。

误,故其作出的同意的意思表示有效,可以阻却强奸罪的成立。① 然而,也有法院认为,这种行为构成事实欺诈,由于被害人同意是建立在自己的生命及健康受到威胁的基础之上,即行为人对性行为的同意,并非性自决权行使的结果,所以,这种行为构成事实欺诈,应当追究行为强奸罪的刑事责任。②

这种争议导致学界对这个学说产生怀疑。为此,罗克辛提出了法益性质说,即根据欺骗行为所涉及的法益与被害人处理的法益的性质,进行权衡。③ 在上述案件中,被害人由于被骗,误认为其生命健康权与其性自决权发生冲突,故其才选择了前者,就此而言,这实际构成了威胁,即被告人的欺骗造成被害人自由选择权的丧失,所以,这并不能成为否定事实欺诈与诱因欺诈区分理论的根据。

其二,事实欺诈与诱因欺诈区分的理论受到最大的质疑,是两者的边界具有主观性,造成适用结果的不稳定性。其典型例证是以色列的一位阿拉伯青年,为了与一犹太女孩发生性关系,冒充犹太大学生。当地法院认为该被告人构成强奸罪,即否定了事实欺诈与诱因欺诈区分的理论。④ 其实,这种观点是有问题的,一则,以色列法院的上述判决是辩诉交易的结果;二则,被害人有一定的心理疾病,即缺乏同意的能力,故并不是单纯的诱因欺诈。

---

① Boro v.People,210 Cal.Rptr.122(Cal.Ct.App.1985).在该案中,被害人接到自称"斯蒂芬医生"的电话,告诉被害人说,他在当地一家医院工作,对被害人的血样进行了检查,发现其感染了极为危险甚至会导致其死亡的病毒。被告人告诉被害人说,这种病毒来自公厕,其治疗要么通过极为疼痛的手术,要么与已经对此病毒产生抗体的人发生性行为。被害人误信了被告人的话,才与被告人发生性行为。Boro v.People,210 Cal.Rptr.123–124(Cal.Ct.App.1985)。

② Luis E.Chiesa,"Solving The Riddle Of Rape-By-Deception",*Yale Law & Policy Review*,2017(35):407–460.

③ [德]克劳斯·罗克辛:《德国刑法学总论》(第1卷),王世洲译,法律出版社2005年版,第377页。

④ Jeffrey Heller,"Israel Jails Arab in 'Sex Through Fraud' Case",REUTERS,http://www.reuters.com/article/us–israel–sex–idUSTRE66K2EG 20100721 [http://perma.cc/Z5XH–ALXE]。

其三,有可能鼓励人身法益的"商业化"。比如,行为人欺骗被害人说,让我砍掉你的小拇指,我给你一万元,事后拒绝给付。如果根据事实欺诈与诱因欺诈区分的理论,这种行为构成诱因欺诈(即对回报产生认识错误),其构成违约,刑法不予禁止。这显然有鼓励人身交易的嫌疑。[①] 其实,这种观点是有问题的,事实欺诈与诱因欺诈区分的理论仅仅适用于犯罪该当性的评价,而不是违法性的评价。道理很简单,对于人身伤害而言,被害人同意为正当化事由,而非构成要件要素,即法律并不允许人们对自己的身体享有处理权,这也是各国禁止安乐死、帮助自杀或者帮助自残行为的原因所在。然而,对于强奸罪、非法侵入公民住宅罪而言,被害人不同意为该罪的构成要件要素,即被害人同意并非正当化事由,即被害人对刑法保护的个人法益享有完全的处理权,而不是人身法益,故不存在着人身法益"商业化"的问题。

其实,有关事实欺诈与诱因欺诈区分的理论对控制计算机侵入禁止的适用范围,有重要的意义,主要原因有:

其一,计算机禁止所保护的法益,机主具有完全的处理权。网络世界里,通常有这样一个假设:电子交流既不会损坏接受方的计算机系统,也不会危及其功能,[②]所以,理性的权利人创建网站,通常被视为其同意他人进行无害的访问,但对造成数据丢失或者计算机堵塞的访问除外,这就像是球迷同意被其他球迷碰撞但不得用肘部猛击其下颚一样。由于这种类推并非个人的选择,而是一种社会规范,所以,对于机主放在网络上的文件,视为其同意所有的用户访问。[③] 所以,访问他人的计算机,在网络的背景下,不会

---

① [德]克劳斯·罗克辛:《德国刑法学总论》(第1卷),王世洲译,法律出版社2005年版,第377页以下。

② Intel Corp.v.Hamidi,71 P.3d 296,300(Cal.2003).

③ James Grimmelmann, "Computer Crime Law Goes to the Casino, Concurring Opinions", http://concurringopinions.com/archives/2013/05/computercrime - law - goes - to - the - casino. html.

涉及超个人的法益问题,机主完全可以出于其他的利益考虑(如获取经济收益甚至为增加自己网站的点击量),而允许他人访问。

其二,计算机侵入禁止适用的对象通常被定义为"未经授权的访问",这与强奸罪、侵入住宅罪的定义极为相似,故被害人不同意是其构成要件要素,或者被害人同意并不是该罪的正当化事由。既然事实欺诈与诱因欺诈区分的理论适用于后者,在正常情况下,当然也应当适用于前者。

其三,任何理论都有一定的缺陷,否则,其就成了公理了,事实欺诈与诱因欺诈区分的理论也不应当例外,在其划分计算机禁止适用范围时,当然也有这方面的问题,此时,应当再依据其他法律原则进行处理。

如果将这种理论应用于对未经授权访问禁止的解释,很容易发现,规避认证限制的访问对应的是契据性质错误,而越权型的访问对应的是诱因欺诈。对于规避认证的访问而言,被告人要么冒充有权访问计算机的人(比如,使用他人的用户名和密码进行访问);要么借助黑客技术,利用缓存溢出手段,通过破坏计算机的记忆力而"欺骗"计算机,这就好比被告人冒充被害人的丈夫与之发生性行为一样,属于事实欺诈。因为行为人如果不采用规避认证的方式,被访问计算机是不会同意其访问的。由于出于事实欺诈而实施的授权是无效的,所以,这种访问属于"未经授权"的范畴,即规避认证限制的访问就成了非法侵入计算机信息系统罪所要打击的对象。

与规避认证限制的访问不同,对于越权访问而言,计算机对被告人的访问是"同意"的,只是被告人在访问时,违背其先前的承诺而已。比如,被告人在某网站设置邮箱账户和密码时,弹出的服务条款显示,用户不得利用该邮箱收集其他人的邮址,发送违法或者商业广告。被告人违反该规定而使用邮箱,这实际上属于违约行为。也就是说,被访问的计算机对行为人进入其信息系统,并没有产生认识错误,且对其进行了"同意",但是,其认为行为人会遵守其服务条款或者使用条款的约定,行为人却对该义务的履行做了虚假承诺,即其根本不遵守,所以,这是对行为的后果产生了认识错误,故其属于诱因欺诈的范畴。既然是诱因欺诈,所以,被告人对其遵守服务条款规定的义务所做的虚假陈述,并不影响计算机"同意"的效力,因此,该同意可以否定行为的违法性。

(三)越权构成未经授权的条件

不过,也应当注意到,在理论上无法绝对排除违约行为构成犯罪的可能,我国刑法第 219 条规定的侵犯商业秘密罪,[①]刑法第 196 条规定的信用卡诈骗罪,就是适例。也就是说,违约型的访问原则上不构成犯罪,这并不是一个绝对性的原则。[②] 那么,在何种情形下,才能追究越权型访问的刑事责任呢? 或者,越权何时构成"未经授权"呢? 一般认为,其需要符合以下标准中的一个即可。

1. 预期功能标准

这种标准是由美国的莫里斯案率先提出的。[③] 在该案中,被告人提出,当时的计算机网络在邮箱软件、互联网查询、使用第三方计算机和简易密码保护等方面,存在着严重的安全隐患。[④] 为了证明上述判断,被告人设计了一种名为"蠕虫"的计算机程序,发送给第一台计算机。该程序进入这台计算机后,即刻感染了其内存的文件。这些文件就变成了病毒,在网络间自动传播,感染其他的计算机。为了控制这种程序的自我复制功能,被告人原本给其设置了一个密码,然而,该病毒感染计算机后,突然失控,其自我复制的速度极快,最终导致当时的网络瘫痪,造成了十几亿美元的损失。控方认为,这是未经授权而访问他人计算机信息系统的行为,且造成了严重的社会

---

① 如行为人将其合法掌握的他人的商业秘密,违反保密协议而披露给他人,就是将违约行为入罪。

② 从这个角度看,在诸如 Explorica 和 Verio 案中,扩张解释"未经授权的访问"是错误的,因为他们忽视了契约性质欺诈与诱因欺诈的区别,这种理论构成包含同意或者授权性要素的刑法禁止的一般性的限制。Explorica 和 Verio 都将该案视为契据欺诈,扩张了计算机犯罪法的自然的边界。

③ United States v.Morris,928 F.2d 504(2d Cir.1991).

④ United States v.Morris,928 F.2d 506(2d Cir.1991).

危害,故构成犯罪。① 初审法院认定被告人有罪,被告不服提起上诉,理由
是,其开始访问(从而感染)的是康奈尔大学、哈佛大学和伯克利大学的计
算机信息系统,由于其在这些大学的网站都注册了账户,其向这些计算机信
息系统发送该程序(病毒),应当属于有权访问的范畴,这最多评价为越权
访问;至于别的计算机也受到该病毒的感染,并非是其故意而为,这是病毒
自身失控造成的,因此,其不应当对此承担刑事责任。② 该案提出了以下问
题:被告人登录自己在他人网站上设置的账户,并以此为工具发送病毒,是
否属于"未经授权"的访问? 病毒每自我复制一次,是否应评价为被告人一
次独立的访问?

上诉法院认为,一则,从虚拟空间的性质看,尽管计算机之间相互连接,
访问只限于个人账户,但是,要访问特定的网站,事前须得到该网站批准的
账户。这很像是郊区街道两旁的房屋,计算机之间虽然相互连接,但是,从
一台计算机走到另一台计算机的里面,需要一把钥匙或者特殊的许可。二
则,从进入方式看,对于访问个人账户,应当基于所访问程序的预期功能进
行。而被告人编制的程序,却是通过其所访问程序的安全缺陷即"漏洞",
进行的,违反了其命令的"预期功能",这等于从敞开的窗子中,闯入他人住
宅。③ 三则,从进入的环境看,当"蠕虫"访问了受到密码保护的第三人账户
时,是通过猜出密码而进入的。④ 这就像是撬开了物理上的锁而进入他人
房间,其并未获得房主直接或者间接的同意。

被告人的行为为什么构成未经授权而访问计算机,法官当时的解释就
包含着考察计算机侵入适当方式的所有要素。尽管法律仅仅禁止未经授权
的访问,即外部人的访问,但是,被告人利用程序缺陷而进行的所谓的"有

---

① 美国法典(US.CODE)第 1030(a)(5)(A)条。
② United States v.Morris,928 F.2d 509(2d Cir.1991).
③ United States v.Morris,928 F.2d 509(2d Cir.1991).
④ United States v.Morris,928 F.2d 509(2d Cir.1991).

权"访问,实际上属于未经授权的访问的范畴,因为这种访问方式突破被访问者所允许的范围,即,被告人没有按照被访问对象的预期,使用其信息系统。比如,发邮件的程序旨在传输信息,询问程序旨在让用户向其他的用户提出问题。被告人既没有接发邮件,也没有向其他用户提问,而是基于这两个程序的漏洞,通过其"有权"访问的计算机,而访问其他的未授权访问的计算机,这构成了"外部人"的访问,因为按照计算机信息系统的预期功能进行使用,是计算机用户的基本社会规范,也是计算机程序软件的设计者的初衷。这就像建筑师设计的住宅的大门和墙壁那样,前者是为了进出,后者是为了将住宅与外部隔离。于是,即使有权进入该住宅的人,如果其不通过大门,而是爬墙或者破门进入,就违反预期功能标准,构成非法侵入住宅罪。软件所呈现出的预期功能与大门和墙壁相似,也有客观性。① 即使网络服务的提供者在服务条款中或许未将这种要求表达出来,第三人也很容易根据软件特点确定其预期功能范围。所以,一般来说,用户绝没有利用程序设计缺陷而追求非预期功能的权利。这样,当用户以非预期的方式访问计算机时,这种访问构成非法入侵计算机信息系统的行为。所以,行为人使用邮箱安装程序的行为,违反了计算机领域内的侵入规范。②

预期功能标准。如前所述,预期功能限制法律同意的范围,或者构成有效的事实同意的限制,因此,即使有权进入他人的计算机信息系统,当违反软件或者计算机的预期功能时,行为人的访问有可能被评价为侵入计算机罪。需要注意的是,这里的"预期功能(目的)"并非是指被害人的主观态度,而是所用软件或者物的一般功能或者存在的目的,这是一种客观的存在。否则,则意味着被告人的行为是否构成犯罪取决于被害人的心理态度,

---

① Sendmail Frequently Asked Questions, http://www.sendmail.org; Pekka Himanen, *The Hacker Ethic and the Spirit of the Information Age* (2001).

② Westen P., *The Logic of Consent: The Diversity and Deceptiveness of Consent as a Defense to Criminal Conduct*, Routledge, 2017, pp.71–75.

这极易得出荒唐的结论。比如,在网站注册邮箱时,邮箱的服务条款规定,用户注册的邮箱只能向他人发送积极向上的邮件。而被告人注册邮箱后,却向他人发送一些悲剧性的资料。在表面上看,这应当属于未经授权的访问或者使用,构成非法侵入计算机信息系统罪。实际上不然,邮箱的主要功能在于接发邮件,至于邮件的内容,并不影响邮箱的预期功能,所以,这种使用应当是获得被害人同意的行为,即虽然不存在被害人的事实同意,却存在着被害人的法律同意。莫里斯案的判决指出,这里的预期其实就是同意,它是客观的,即理性人赋予邮箱的接发邮件的功能,而不是安装电脑程序。

预期功能标准说是指未按照软件或者计算机系统的预期功能而进行的访问,尽管行为人与被害人存在着合同关系,行为人仍要因此而承担刑事责任。这就是说,越权型的访问通常不受刑法的规制,但是,事前获得访问权并不是使计算机滥用获得正当化的绝对理由。①

根据预期功能标准说,雇员以黑客的方式袭击了雇主的计算机,看到了秘密文件,雇主事前授权其访问计算机信息系统的权利,并不能阻却该行为的违法性,这仍然可能被评价为犯罪,除非雇主允许其以黑客的方式攻击系统。不过,预期功能标准虽然解决了内部人通过黑客或者病毒技术访问他人计算机信息系统的行为入罪的问题,但其适用范围非常的狭窄。那么,其他越权型的访问,在何种情况下,才有可能受到刑法的规制呢?

2. 义务冲突标准

雇员与雇主之间通常存在着合同关系,根据预期功能标准说,雇员按照常规的程序功能,越权使用雇主的计算机而侵犯雇主利益的行为,就无法受到非法侵入计算机信息系统罪的指控,为此,出现了义务冲突授权终止标准

① 这种区分主要源自国会对美国联邦未授权访问法(第 1030 条)的解释,见 S. Rep. No. 104-357,at 4(1996),其规定,对于侵入政府计算机信息系统的行为,该法仅仅适用于未经授权的外部人的侵入,政府雇员因此获得政府信息的,可能是敏感的,甚至是秘密的,都不得处罚,法律另有规定的除外。S.Rep.No.99-432,at 10(1986)。

说。这个学说是美国华盛顿州的法院在一个案件中率先提出的,随后得到其他法院的认可。①

在该案中,被告人唆使被害人的雇员在离职前,利用自己的账户登录被害人的计算机信息系统,获得被害人的商业秘密和财产信息后,通过邮箱发送给被告人。被害人认为被告人唆使其员工实施这种行为,触犯了非法侵入计算机信息系统禁止,理由是雇员恶意而无授权地访问了其计算机,并从被害人的计算机中获得了信息。② 辩护人认为,这些雇员并非无权访问原告的计算机信息系统,最多评价为违约,或者违反工作纪律的行为。法院指出,既然公司负责收发货物的雇员,通过伪造签名的方式而将公司的财物据为己有,不构成违约,而是一种盗窃,那么,公司的员工利用职务之便,通过访问其计算机信息系统,获得公司的商业秘密,并以此发送给与公司有竞争关系的其他公司,根据美国《代理法重述(第二版)》第112条规定,该员工对被害人的代理权终止,雇员访问其公司计算机的行为为未经授权的访问,而非越权访问。③

义务冲突标准的根据是劳动法中的雇员忠实义务、商业保密义务、竞业禁止规则、契约自由原则。这样,一旦雇员有悖于雇主的利益而使用计算机,该雇员就不再是该雇主的代理人了,其对雇主计算机的访问,就变成了未经授权的访问,雇员有可能构成非法获取计算机信息罪、商业间谍罪或者侵犯商业秘密罪。然而,根据这个标准,雇员只要不是出于与工作有关的原

---

① Shurgard Storage Centers, Inc. v. Safeguard Self Storage, Inc. 119 F. Supp. 2d 1121(W. D. Wash. 2000).

② Shurgard Storage Centers, Inc. v. Safeguard Self Storage, Inc. 119 F. Supp. 2d 1124(W. D. Wash. 2000)[quoting 18 U.S.C. § 1030(a)(2)(C)(2000)].

③ 代理人获得与被代理人存在着利益冲突,一方的利益或者实施严重违反对被代理人的忠实义务时,如果被代理人不知,代理权中止,另有约定的除外。United States v. Galindo, 871 F.2d 99(9th Cir.1989)。需要指出的是,该案虽然提出禁令与损害赔偿,但其根据的却是18 U.S.C. § 1030(a)(2)(C)规定的刑法禁止,这也是该案争议的主要焦点。Shurgard, 119 F.Supp.2d at 1125。

因而使用雇主的计算机,都有可能被视为犯罪,这必然会导致刑法向合同法领域的扩张,因此,这个标准需要限制,即当行为人自己的正常利益或者兴趣与被害人发生冲突时,该标准不适用。比如,某税务局的职员违反单位的规定(只能出于工作上的原因)而访问了单位的数据库,查看其友人以及仇人的纳税申报表,受到了刑事指控。① 法院就以越权型的访问为由,没有支持这种指控。再比如,在美国马里兰州的布里格斯案中,②被告人是计算机程序管理员,由于对雇主不满,在辞职之前,将公司的重要文件放到一个受密码保护的文件夹的子目录中。③ 由于雇主不知该密码,所以,无法进入该文件夹,而被告人却以自己忘记为由,拒绝向雇主提供密码。检方对该雇员提起刑事指控,根据是其未经授权而访问了雇主的计算机,因为被告人无权以这种方式访问该计算机。法院不同意这种主张,理由是,作为程序管理员,其有权访问雇主的计算机。④ 尽管他的行为是有问题的,但这却不属于未经授权访问计算机的行为,这属于越权型的访问,对此刑法并不禁止。⑤

这样,雇员出于损害雇主利益的目的而进行的访问,属于该刑法禁止打击的范围,这与前面提到的行为人将公司的财物据为己有是相同的。这种标准的缺陷有:其一,其主要适用于雇员侵犯雇主利益的情况,即适用范围过于狭窄。其二,这种限制与侵犯商业秘密罪很容易发生竞合,换言之,对于上述情况,完全可以基于侵犯商业秘密罪而追究行为人的责任,即其属于传统的犯罪,并不是一种新型的犯罪。出于这两个缺陷,出现了第三种观点。

3. 违反合理预期标准

这个标准最早出现在米切姆案的判决中。在该案中,店主在柜台上放

---

① United States v.Czubinski,106 F.3d 1069,1078(1st Cir.1997).

② 704 A.2d 904(Md.1998).

③ 704 A.2d 906(Md.1998).

④ 704 A.2d 909(Md.1998).

⑤ 704 A.2d 910(Md.1998).

了一盒火柴,以方便顾客抽烟,即店主存在着一个预期的同意:顾客可以无偿使用其火柴。[1] 被告人将整盒火柴拿走,于是,受到盗窃罪的指控。法院解释说,如果将只拿走一根火柴的人定罪,会否定店主的慷慨;同样,如果允许拿走整盒火柴,则会否定店主的善举。从平衡这两个方面的利益出发,被告人的行为超出了店主决定实施该善举时的合理预期,绝不允许某一顾客拿走整盒火柴,即被告人的行为不存在着被害人同意,所以构成犯罪。同理,行为人诱使被害人(妇女)误认为其为她丈夫而发生性行为,法院认为这属于契据性质错误,同意无效,原因也是这种事实超出了合理预期,或者说被告人的欺诈动摇了协议的基础。[2]

在计算机领域内,富加里诺(Fugarino)案的判决,就适用了上述原理。在该案中,被告人是公司唯一的一个计算机程序员,后来公司又雇了一个程序员,被告人对此极为愤怒,于是,其登录雇主的网站,将其密码区直接删除,且对公司要求恢复其原有系统的要求置之不理。公司报案,初审法院认定被告人的行为构成犯罪,被告人不服,提起上诉,法院驳回,理由是,作为公司的程序设计员,通常是有权出于工作的需要而删除文件的,但却无权删除程序的密码,因为其属于公司所有,被告人出于泄愤之目的而删除密码区域,出乎雇主的合理预期,所以,雇主对其使用计算机信息系统的授权即告终止,其行为构成未经授权的访问。这样,将公司的重要数据放在有密码限制的子目录中,不构成犯罪,但是删除密码却构成犯罪,理由就是后者超出了雇主的合理预期。

根据这种标准,行为人的越权型的访问是否构成犯罪,关键要从一般人的角度看,被告人的违约行为在订立合同时,是否具有可预测性。如果具有可预测性,则表明被害人是愿意承担这种违约风险的,这属于当事人自担风

---

[1] Mitchum v.State,45 Ala.29(1871).

[2] People v.Bush,623 N.E.2d 1361,1364(Ill.1993);Boyce & Perkins.

险的范畴,刑法当然没有干预的可能。然而,如果被害人在订立合同时,不可能也不应当预测到被告人会侵犯自己的法益,则被害人的同意无效。

这三个标准其实具有包容关系,或者说,反映了计算机犯罪禁止适用范围的逐渐扩张。对于越权性的访问,仅仅作为民法上的未经授权的访问,通常被视为违约,最多被看作侵权,而不是犯罪,即被害人只能以原告的身份,通过诉讼阻止被告人有可能损害其计算机信息系统或者信息的行为。尽管如此,法院在判决时指出,只有纯粹地无根据地访问他人的计算机信息系统,才有可能构成犯罪,对于越权型的访问,被害人通常只能诉诸民法救济。

六、自决权限制刑法边界的检讨

赋予认证制度以刑法意义,并不是说网络经营策略应建立在刑事责任的基础之上,因为网络自由更鼓励机主通过合同法,即使用条款,限制用户访问。① 用公权力(即警察的抓捕、检察官的指控、法院的定罪)规制网络,只能让人产生恐惧,从而远离网络,无法鼓励更多的人参与,进而形成一个活跃的互联网市场,所以,将违规访问网站的客户送进监狱,绝不是好的商业策略,这也是美国计算机立法的最大教训。② 那么,对于当前限制用户访问的一些措施,如何进行评价,至少对于计算机侵入禁止的实施非常重要。

(一)cookies 技术进行的访问限制

如前所述,目前很多浏览器都有制作 cookies 的功能,将用户的浏览记录保存于用户的电脑硬盘之中。③ 当用户随后再度访问时,浏览器会自动

① Ward v.TheLadders.com,Inc.,3 F.Supp.3d 151,162(S.D.N.Y.2014);Cvent,Inc.v.Eventbrite, Inc.,739 F.Supp.2d 927,937-938(E.D.Va.2010).

② Scott Glover & P.J.Huffstutter,"Cyber Bully" Fraud Charges Filed in L.A.,L.A.Times, http://articles.latimes.com/2008/may/16/local/me - myspace16〔http://perma.cc/6QY3-M9DX〕,http://www.huffingtonpost.com/2013/01/12/aar on - swartz _ n _ 2463726.html〔http://perma.cc/VXS8-W4LM〕.

③ https://baike.baidu.com/item/session/479100;Michael R.Siebecker,*Cookies and the Common Law:Are Internet Advertisers Trespassing on Our Computers?*,2003(76):893,897.

将这种记录传输给该网站。网站基于这种信息,为用户提供质量更高的服务,比如,自动让该用户登录,避免由于重复输入用户名和密码产生的麻烦。在这里,cookies 就像是临时密码,具有识别账户、提供访问机会的功能。然而,如果这种记录被他人所劫持,就有可能成为他人冒充该用户访问该网站的工具。具言之,第三方通过劫持这种 cookies,然后将其拷贝到自己的浏览器中,就可以在无须获得用户的允许或者认证的情况下,访问他人的邮箱或者账户。在这种情况下,其当然构成未经授权的访问,因为行为人劫持这样的软件,与盗窃别人的钥匙而进入他人的住宅无异。由此可见,对于利用 cookies 技术进行的违背权利人"事实同意"的访问,法律的评价并不相同。所以,对于何种行为构成对他人私生活的侵犯,技术本身是无法提供答案的。

然而,在现实中,也有很多网站将这种记录作为限制用户访问的工具而使用。比如,有的网站允许用户浏览其网页上的视频,其过程就会以 cookies 的方式记录并存储在该用户的硬盘中。① 当这种记录达到一定的数量或者次数时,就会自动弹出一个页面,提醒该用户要付费订阅,否则,将阻止该用户继续浏览或者访问。② 此时,用户自己电脑中的 cookies 就成了限制自己的工具。于是,很多用户就通过对其电脑中的 cookies 进行定期清理的方式,逃避付费,对网站进行无限制的访问。这种做法是否构成非法侵入计算机罪呢? 我们认为,答案是否定的,主要理由有:

其一,cookies 本身仅仅是用户的计算机记录其上网体验的,并不具有阻止用户访问的功能,即其不能构成访问的认证。用户完全可以根据自己的需要,保存、拒绝甚至删除自己浏览器中的 cookies,即用户没有帮助网站

---

① Amit Agarwal, "How to Bypass the New York Times Paywall", http://www.labnol.org/internet/nyt-paywall/18992 [http://perma.cc/R6XH-2GKD].

② Amit Agarwal, "How to Bypass the New York Times Paywall", http://www.labnol.org/internet/nyt-paywall/18992 [http://perma.cc/R6XH-2GKD].

限制自己的义务。①

其二,即使用户不通过删除 cookies 的方式,也可以使用不同的浏览器或其他的计算机访问该类网站,而对于这种情况,该类网站并不反对。

其三,最为重要的是,用户通过及时清理 cookies 进行"违规访问"的做法,作为网站是完全可以预测到的,即这并不能构成访问的实际障碍,因此,通过 cookies 进行的访问限制,最多评价为访问速度限制(即需要清除上次访问的记录),而不是障碍。② 换言之,通过 cookies 制造访问的障碍,是完全可以克服的。如果用户想避免这种麻烦(删除相应的 cookies),则可以选择花钱订阅。③ 绝大多数用户都将 cookies 视为一种障碍,主要原因是其不清楚 cookies 的工作原理。④

(二)撤销授权后的访问

从认证的含义上讲,有权获得认证的用户才能进行访问,因此,网站取消了授权后,用户的访问原则上应当属于无权访问。然而,在现实中,经常出现这样一种情况,即网站取消了某一账户的授权后,用户仍然可以借助原来的账户访问该网站,那么,这是否触犯计算机侵入规范呢?或者说,这是否构成犯罪呢?

对于物理世界的住宅而言,权利人已明确告知行为人不得再进入其住宅,如果忘记收回钥匙,行为人是没有权利再进入该住宅的;否则,构成侵入住宅罪,理由很简单,其再进入该住宅,是未经被害人同意的。如前所述,对

---

① Laura, "Google, Manage Your Cookies and Site Data, Chrome Help", http://support.google. com/chrome/answer/95647? hl=en〔http://perma.cc/W262-45MU〕.

② Paul Lanois, "Privacy in the Age of the Cloud", *Internet L*, Vol.15,2011(15):3,5.

③ Danny Sullivan, "The Leaky New York Times Paywall & How 'Google Limits' Led to 'Search Engine Limits', Search Engine Land", http:// searchengineland. com/leaky - new - york - times-paywall-google-limits-69302〔http://perma.cc/ DW9Y-8KVZ〕.

④ Craigslist v.3Taps, Appellant's Amended Reply Brief at 13–14, United States v.Auernheimer, 748 F.3d 525(3d Cir.2014)(No.131816),2013 WL 6825411.

于网络而言,情况就不同了,由于网络具有开放性,就像是公共场所,而不是住宅,所以,其评价应当有所不同。如前所述,认证的规定之所以获得被害人不同意的法律效果,原因就是其构成用户访问的现实障碍,因此,用户根据原来的认证信息,仍然能进入,这表明其进入网站是无须再付出特殊的努力的。在这种情况下,网站不允许其进行访问,最多评价为理念限制,或者视为越权(超出特定的时间范围)访问,所以,在刑法的层面上,其仍然属于有权访问的范畴,不违反计算机侵入规范。然而,从民事的角度看,机主撤销了用户的账户,就是取消访问授权,所以,这种行为符合民事上的侵入规范,即行为人应当承担民事责任,而不是刑事责任。然而,如果网站注销了账户,用户仍然借助其他的手段登录网站,情况就不同了。

此外,有的用户因违反网站的使用条款而导致账户被注销,其后又注册,再因违反使用条款而被注销的,该用户使用第三人的认证信息访问该网站的,只要第三人同意,同样,不违反侵入规范。① 即使该网站禁止该用户再注册,也是如此。不过,行为人与被害人(网站的所有人)存在着信赖关系,构成行为人获得访问权的基础原因。如果该基础原因不存在了,仅仅由于被害人的疏忽或者过失而未注销其账户的,则构成例外。比如,在美国的斯蒂尔案中,被告人是被害人的系统管理员。② 由于工作需要,被告人在公司网站上设置了一个后门账户,可以随时浏览公司内部的文件。被告人辞职后,其仍然使用该账户访问公司的内部文件。法院认为,被告人在访问公司的服务器时,已不再是公司的成员,这意味着其在任职期间所享有的授权不存在了。离开了公司,被告人访问该账户的权利即被撤销,仅仅因为公司(被害人)忘记了修改后门程序的密码,但这并不意味着被害人仍然允许被告人继续访问其信息。主要原因是,这种网站并不像公共场所,而是住宅,

① United States v.Morris,928 F.2d 511(2d Cir.1991).
② States v.Steele,595 F.App'x 208(4th Cir.2014).

因为其属于公司内部网站,只有本单位职工才能访问。所以,这种行为就像是侵入住宅,故行为人构成犯罪。

(三)密码共享

密码共享是指一个账户和一个密码,由两个以上的人共同享有,且其间并不存在着代理关系的情况。比如,一家金融服务公司在其网站提供有偿的金融信息服务。客户要获得该信息服务,事前需要注册账户,并支付一定的费用。[1] 被告人与该公司客户的雇员私下交易,共享该客户在该网站注册的用户名和密码。[2] 于是,被告人使用该客户的认证信息,访问了被害人的网站,获取相应的金融信息,避免向被害人支付费用。[3] 这种共享账户和密码的访问,是否触犯侵入规范?

一般来说,账户持有人(即公司的客户)注册账户并支付了一定的费用,获得了网站的授权,所以,其访问存在着网站同意,属于有权访问。[4] 当该账户持有人将认证信息告诉给第三人,当第三人为账户持有人的代理人时,其访问也应评价为已经获得授权。但是,当被告人并不是客户的代理人时,其访问触犯了侵入规范。其实,这一点是很容易理解的,比如,被害人将自己家中的钥匙给了甲,允许甲使用这把钥匙到其家中。但是,甲并没有权利将该钥匙再授权给第三人乙,除非乙是甲的代理人或者被害人当时允许甲让其他人到其家中。[5] 这种逻辑同样适用于计算机账户持有者与其代理人共享用户名和密码的情况。如果代理人代表持有人访问该账户,该代理人的行为相当于账户的所有人,是有权访问,即代理人与账户所有人享有相

---

①　States v.Rich,610 F.App'x 334(4th Cir.2015).

②　States v.Rich,610 F.App'x 334(4th Cir.2015).

③　States v.Rich,610 F.App'x 334(4th Cir.2015).

④　Generally Restatement(Third)of Agency § 1.01(Am.Law Inst.2006)(defining agent).

⑤　Rich v.Tite-Knot Pine Mill,421 P.2d 370,374(Or.1966).

同的权利。从法律的角度看,代理人就是本人。① 作为代理人,其完全有权访问该账户。其行为得到了授权,是合法的,这如同雇员出于工作之目的,访问雇主的账户。

　　不过,第三人出于自己的目的使用他人的认证信息进行访问的,这如同第三人猜出或者盗窃了所有人的密码。在上述案件中,被告人通过密码访问被害人的网站,并不是其正当客户的代理人。② 尽管被告人为了访问,也支付了一定的费用,但是,网站的所有人并没有获得,获益的是被害人客户的雇员。再加上,被告人访问该账户是为了自己牟利,而不是为了帮助该雇员或者被害人的客户。从被害人的角度看,被告人的行为无异于通过猜出或者盗窃的密码而进行访问。被告人并不是合法的客户,不管这种认证信息是从该雇员那里偷来的,还是花钱买来的,这对被害人并无不同。基于这个原因,被告人的访问是未经授权的。然而,这里存在一个问题:被害人客户不得将其认证信息出售或者告知第三人,其根据为客户在注册时被害人制定的使用条款。客户的雇员违反该条款,将其再出售给第三人,如上所述,为什么不认定为违约,而认定为犯罪呢? 其实,道理很简单,第一,被告人是第三人,而并不是被害人的客户或者其代理人,即被告人与被害人之间并没有任何的合同关系。第二,使用条款是由被害人创建的,效力仅仅局限于与其有合同关系的客户以及自己,并不会因此给被告人创设任何的权利或者义务,即这种使用条款对被告人而言,没有任何的意义。被害人的客户违反了使用条款,被害人可以通过暂停其账户、限制该账户使用范围或者要求其支付违约金的方式,处罚该客户,但其却无法追究被告人的责任。第三,网站向账户的持有人授权,不同于账户的持有人授权第三人。根据认证的规定,网站给用户建立账户,是向账户的持有人及其代理人的授权。账户

---

① State ex rel. Coffelt v. Hartford Accident & Indem. Co., 314 S. W. 2d 161, 163 (Tenn. Ct. App. 1958).

② United States v. Rich, 610 F. App' x 334, 335-336 (4th Cir. 2015).

持有人却没有再向他人授权的权利,因为这种授权违反最初的认证规定;否则,有可能侵犯网站的权利,因此,非出于代理关系的第三人访问,属于未经授权的范畴,并不是违约行为。

就侵入规范而言,其里面直接包含着被害人"权利"的要素,或者说是刑法对被告人自决权的保护。在传统的侵入规范中,由于被害人对犯罪对象(比如,住宅或者其他的财产)享有所有权或者支配权,其不同意无须通过特定的方式表达出来,即其权利本身就蕴含着"不同意"的要素。然而,对于网络背景下的计算机而言,却不是这样。由于网络相当于公共场所,需要被害人明确将其"不同意"以特定的方式表达出来,才能获得刑法意义。

综上所述,如果说前面两节是通过刑法禁止规范与民法授权规范的冲突来反映最后手段原则的适用路径,那么,这一节则是在刑法禁止规范与民法授权规范评价方向一致的层面上,解释最后手段原则的适用。

第五节 刑法禁止规范中的民法要素

其实,作为指导人们行为的民法规范与刑法规范,它们之间不仅会发生冲突,有时还会发生联系。然而,当它们发生联系时,作为专业性的民事规范是否还能保持原有的样态,即是否能维持原来的内涵与外延呢?

一、民法的概念与刑法的概念

如前所述,刑法的目的旨在通过禁止特定的行为而保护法益,与之不同,民法的任务主要是为了分配损失和平衡利益,这就是平常所说的"刑法旨在处罚,而民法旨在定价"。目的不同,其实现的手段通常就很难统一。具言之,尽管有时民法与刑法适用的是同一概念,但是,概念的内涵与外延并不一定相同,虽然从形式上看,它们的上位法都是宪法。最典型的例证是民法上的"故意"和"过失"与刑法上的"故意"和"过失"就不一样。

首先,当前民法也讨论"责任",但是,民法上的"责任"与刑法上的"责任"绝不是一回事。前者主要是指"债",比如,德国民法典规定了合同之债、无因管理之债、不当得利之债和侵权之债等。这里的"债"仅仅是指当事人之间的权利义务关系,并没有谴责或者进行道德非难的意思,即不是否定性的评价。比如,人们将自己剩余的钱存入银行,两者之间便发生债权债务关系,即存在着"债",但是,绝没有谁对谁错的问题,双方各取所需,相互得利。然而,刑法上的"责任"不同,其是指对特定行为的道德非难或者谴责,是对特定的行为(即符合犯罪该当性的行为)的否定性评价,两者在本质上是不同的。

其次,一般而言,行为符合犯罪的该当性,即推定该行为源自故意,或者说其是推定的结果,除非有其他的事由,推翻这种推定。而民法上的故意通常源于事实认定。比如,加害人声称自己的行为源于故意,在民法中就能认定故意的存在。但是,在刑法中则不同,被害人故意是一种心理态度,而被告人的承认属于言辞,两者并不具有统一性,以被告人的口供进行认定,是极不可靠的。在 20 世纪,英国尚未废除死刑前,一旦案件有可能判处死刑时,如果被告人在法庭上承认这是自己故意而为,法官通常会停止审判,让被告人冷静冷静,原因就是防止被告人借助司法制度进行自杀。

最后,如前所述,民法旨在解决损失的分配和权利平衡问题,所以,故意与过失仅仅是影响损失分配或者权利平衡的一个工具,也就是说,即使其无法被证明或者认定,也不影响案件的处理;与之不同,在刑法领域内,由于实行责任主义原则,当无法认定责任(比如故意或者过失)时,是无法追究行为人的责任的,因为刑法的目的之一就是控制国家刑罚权的适用。

正是因为民法与刑法规范中的概念不同,所以,在现实中应当对两者进行区分。然而,司法实践往往忽视这一点。比如,如前所述,侵入计算机禁止中的"未经授权",从民法的角度看,其包括"无权"和"越权"两种情况,然而,在刑法上,其通常不包括"越权"的情形,虽然这不是绝对的,但是一般认为是这样的,因为根据最后手段原则,由于刑事处罚重于行政处罚,而行政处罚又重于民事处罚,所以,民法概念的外延通常宽于刑法的概念。不过,这一命题并不具有法律约束力,或者说其不是一个法律规则,有可能出现例外。

举例言之:行为人甲驾车外出,在经过一个路口时,将一位横穿马路、未遵守信号灯的老婆婆撞倒,并导致其死亡。当时,老婆婆外出之时,有很多人陪同。甲担心停车救助,会受到在场的被害人近亲属的殴打,且有人救助,于是,就未停车继续向前行驶。离开事故现场200米左右,到了一个公共电话亭(当时手机尚未普及)打"122"报警。警察到了事故现场,认定行为人是交通肇事逃逸,且造成一人死亡,故其构成交通肇事罪,于是送交检察院提起公诉。法院经过审理认为,被告人事故发生后离开现场,不救助被害人,是因为被害人有很多近亲属在现场,他们能够实施救助,且是出于担心被打,再加上其及时报警,所以,被告人不停车救助,不是为了逃避责任,故不属于"交通肇事逃逸"。由于在这起事故中,被害人与被告人负平等责任,所以,被告人不构成犯罪。随后,双方当事人就赔偿达成协议,由被告人一次性赔偿被害人死亡赔偿金28万元。此前,被告人曾为其车辆办理了第三者责任险,保险金额为35万元。为此,其向保险公司索赔。然而,保险公司拒赔,理由是当时的保险合同有一条免责条款:"投保人交通肇事后逃逸的",保险公司对其造成的损害不负责任。那么,保险公司是否应赔偿呢?

有学者指出,保险公司有权拒赔,主要理由有:从概念的角度看,由于剥夺的法益不同,所以,民法与刑法的概念不相同,从被剥夺法益的严重程度看,民事处罚≤行政处罚≤刑事处罚,所以:民法的概念≥行政法的概念≥刑法的概念。

而在此案中,警察认定这起事故为交通肇事,属于行政法的范畴。由于行政法的概念大于刑法的概念,所以,这种认定结果有可能不适用于刑事判断,即其有可能被法院在刑事审判时给予否定,但是,其在行政法的范畴内是有效的。由于民法的概念宽于行政法的概念,因此,行政法领域内有效,民法领域内也应当有效,故保险公司有权拒赔。我们认为,这种认定是有问题的,主要理由有:

首先,交通肇事罪是法定犯,因为其是建立在交通管理法的基础之上的,比如,根据我国刑法第133条的规定,其是"违反道路交通管理法规"的行为,因此,交警根据该法作出的认定,可以适用于交通肇事罪的认定,即这里并不存在有别于刑法意义上的行政法上的"交通肇事逃逸"。

其次,对于交通事故责任认定的性质而言,学界尚未形成共识,有人认为其属于"证据",有人认为其为"确认",也有人认为其属于"行政行为"。不管其性质如何,由于法院认为被告人不构成交通肇事逃逸,其实是对这种认定的一种否定。由于法院的判决具有"终局性",故其失去应有的法律效力,至少这种认定在民法上效力存疑。

最后,就本案而言,其实是被告人的行为是否构成民法上的"交通肇事逃逸"的理解不同,这意味着投保人与保险人对保险合同上的"交通肇事逃逸"的概念解释不一致。而该保险合同是由保险公司一方事前制定的,属于格式合同的范畴。根据我国《合同法》第41条的规定:"对格式条款的理解发生争议的,应当按照通常理解予以解释。对格式条款有两种以上解释的,应当作出不利于提供格式条款一方的解释。"因此,保险公司拒赔是没有道理的。

总之,民法规范与刑法规范在性质上不同,它们通常不可能被放在一起评价,主要原因乃在于它们遵守不同的解释标准,或者说,其解释倾向不同。一方面,由于民法调整的对象是平等主体之间的关系,其很难适用"疑问时有利于被告人的原则",只能基于形式或者衡平原则进行解释。另一方面,一些刑法禁止的外延,比如在财产犯罪中,又经常离不开民法规范,甚至很多刑事规范都是建立在民事规范的基础之上的,比如,盗窃罪中的"财物"概念的界定,对物权法和债权法有严重的依赖。这就产生了一个问题,即刑法中的民法概念的含义,是借助民法进行解释还是适用其他的判断标准呢?

二、刑法规范中的民法要素

如前所述,很多刑法禁止规范中包含着民法的要素,那么,这种要素是否指其规范层面上的含义(即民法上的含义)呢? 对于这个问题,一般坚持对被告人有利的原则,即如果被告人认为自己的行为触犯相应的刑法禁止规范,但民法的规定,却得出相反的结论,此时,应当得出行为不违法的结论。然而,如果从规范的角度看,行为的确触犯了刑法禁止规范,那么,此时的规范的含义是否等同于民法上的该规范的含义呢? 为了解决这个问题,我们从认识错误的角度进行探析。

在刑法领域内,将由于对民法的误解而产生的认识错误,称为不同法错误,或者法律事实错误,其又有民法错误与行政法错误之分。由于国际社会主要采用二元化的法律结构,不承认行政法的独立地位,故通常将其称为民法错误。[①] 有学者指出,民法错误有别于传统的法律(刑法)错误和事实错误,是一种独立类型的认识错误,主要理由有:

首先,不同法错误(主要是指民法错误)往往涉及的是事实问题,而非法律(刑法)问题。这种观点主要体现在对莫莉赛特(Morissette)案的讨论中。[②] 在该案中,被告人狩猎时,发现长满杂草的广场上有一堆锈色斑斑的金属块,误认为这是他人丢弃的垃圾(即抛弃物),而装车出售。事实上,该地早归属于他人,且周围有不允许随便进入的告示,被告人因疏忽而没看到。随后,被告人受到盗窃罪的指控。盗窃罪为故意犯,要求被告人须明知或应知被盗之物在法律上归属于他人。根据民法,公共场所无人管领之财

---

① Leonard G.Rape, "Murder, and Formalism:What Happens If We Define Mistake of Law?", *Ssrn Electronic Journal*, 2000:590. 事实上,承认行政法具有独立地位的学者,为了解释行政法的独立性,只能将剥夺行政许可和罚款视为行政处罚,然而,由于这种处罚适用的是民事程序,这种观点总存在着"违反正当程序原则"的嫌疑。

② *Understanding criminal law*, 2009, Newark:LexisNexis, 2006:521.

物可视为抛弃物,但该地事实上并不是公共场所,被告人无权将其视为无主物而实行"先占"取得。由于被告人疏忽未看到告示,才发生了错误判断。法院认为,此构成事实错误,可以阻却故意的存在,否定盗窃罪的成立。然而,如果被告人知道该堆金属块并非处于公共场所,不过,这里常有不特定人出入,且该物长期一直无人管理,被告人误认为其为抛弃物而占有。依据民法(有关占有的规定),该物属于土地所有人或使用权人所有,那么,此则构成民法错误,但仍应按照事实错误处理。因为这种认识错误与上面的认识错误的对象完全相同,即,该堆金属的权利人是谁? 只不过原因不同:一个是事实错误,一个是民法错误,其实都是权利认识错误,民法错误与事实错误价值相当。① 由于民法错误在本体论上属于规范错误,而这里又被当作事实错误处理,故被称为"准事实错误"。②

其次,刑法的可预测性要求对民法错误进行不同的处理,主要理由有:其一,如果将民法错误视为法律错误,盗窃罪保护的是他人的财产权(尽管具体的权益是什么,学界存在很大的争议),而物权法的全部任务就是描述财产权(即物权)的范围,这样,盗窃禁止就会包含整个物权法的内容,或者说,物权法成了盗窃罪之法律构成的一部分;同理,其他的大量的民事、行政法规也会通过类似的方式融入刑法之中,最终会导致刑法变得极为庞杂,其可预测性或明确性将会大大降低,罪刑法定原则就成了一句空话。其二,尽管非刑事法律在表达刑法禁止方面可能很有价值,但公民社会不能容忍过于复杂的刑事法律存在,否则意味着任何人都有做"法律专家"的义务,这无疑是对公民自治权的一种变相剥夺。其三,的确,需要给人们科处了解刑法的义务,但是,通过刑罚迫使人们去猜测民法或其他非刑事法律是如何规

---

① Richard J. Bonnie et Al., *Criminal Law*, 1997:134; Glanville Williams, *Criminal Law: The General Part*, 1961:332-341.

② Richard J. Bonnie et Al., *Criminal Law*, 1997:134; Glanville Williams, *Criminal Law: The General Part*, 1961:365-366.

定的,则是有问题的。① 错综复杂的法律规定,对一般人而言,无异于是一个个犯罪陷阱。② 以刑罚之痛,迫使人们避开这些陷阱,绝对是不公平的,因为这会导致很多非常想遵纪守法的人,由于不能确定自己行为的法律性质而受到刑事追究。③ 总之,为了提高刑法的警示作用,明确人们自治权的范围,罪刑法定原则必然会把民法错误排除在传统的法律错误之外。这也就是说,即使刑法规范中出现了民法或者行政法的概念,除非是法定犯,其应当按照社会一般公众赋予其的一般定义进行解释,而不能是其他法上的概念的简单移植。

最后,立法者在制定民事法律时,根本没有考虑其被刑法化的问题。如果将其视为刑法的一部分,一方面会否定民法的独立性,另一方面,民法刑法化还存在着很多技术上的障碍无法克服。一则,在形式上,民法规范内部充斥着诸多的习惯法,其外在形式显得极为松散,刑法对此是无法容忍的;④二则,在两者的目的上,刑法着重于对违反者的惩罚,民法旨在分配损失或者权利(即定价),这导致两者有不同的证明标准,如果两者的概念混同,两种规范很难协调。基于上述考虑,民法错误是第三种不同类型的认识错误,其同时有别于传统的法律错误和事实错误。

学界也有人认为,民法错误的本质是法律要素错误,法律错误则是整个法条(适用法)错误。⑤ "适用法"(如盗窃禁止)是由若干个法律要素构成

① Fletcher G.P., "Rethinking Criminal Law", *Canadian Journal of Law & Jurisprudence*, Vol.22, No.1(2009), pp.93-111; Dutile F.N., Moore H.F., "Mistake and Impossibility: Arranging a Marriage between Two Difficult Partners", *Nw.u.l.rev*, 1979:171-181.

② United States v.Baker, 63 F.3d 1478, 1491-1492(9th Cir.1982).

③ United States v.Baker, 63 F.3d 1478, 1491-1492(9th Cir.1982).

④ Coffee J. C., "Jr.Symposium: Punishment ‖ Paradigms Lost: The Blurring of the Criminal and Civil Law Models. And What Can Be Done about It", *The Yale Law Journal*, Vol.101, No.8 (1992), p.1875.

⑤ Simons K. W., "Mistake and Impossibility, Law and Fact, and Culpability: A Speculative Essay", *The Journal of Criminal Law and Criminology*(1973-), 1990, 81(3):447-517.

的,在技术层面上,适用法与其法律要素的语意往往具有不同的道德价值,而后者的含义有时则需要参考不同法予以确定。如果不同法(或民法)极为复杂,被告人由于对其产生认识错误从而实施了违法行为,此时,用刑法处罚被告人则是不公平的。如果民法错误独立存在,一则,有利于将刑罚只适用于具有道德可非难性的行为;二则,有利于调和阻却责任的法律错误与"不知法不免责原则"的紧张关系。① 然而,承认不同法错误的独立性,却存在着以下的问题无法解决:

第一,如果说不同法错误的本质是权利认识错误,那么,为什么其不能适用于重婚罪与伤害罪? 同样,对大麻属于毒品的规定、胎儿在一定范围内应视为人的规定等产生的认识错误,为什么也不按照准事实错误处理?② 民法错误独立说无法回答。在实践中,否定民法错误独立说的典型判例是瑞士亚当斯案。③ 在该案中,被告人是公司的一个部门经理,他在工作中发现,公司利用在维生素市场上的优势地位,限制零售商向其他生产商进货(以产品价格折扣为条件),目的是加强公司的市场垄断,违反了《罗马公约》第86条。欧共体的执法机构当时没有发现这种情况。于是,亚当斯向欧共体举报。根据瑞士刑法典第273条,亚当斯构成经济间谍罪。被告人主张,在举报时,他认为劳动法上的义务不同于刑法上的义务,这应当属于构成要件错误(事实错误),阻却犯罪的故意。法院认为,被告人与公司存在着保密合同,即被告人在行为时知道自己有劳动法上的保密义务,这等于知道自己的揭发会不法侵害他人的权利,此种错误不影响故意或者责任,因为故意只要求被告人对行为的实质违法性(侵犯他人的隐私)具有明知,而不要求对行为可罚性具有明知,所以,被告人存在着犯罪故意。这就是说,

---

① Simons K. W., "Mistake and Impossibility, Law and Fact, and Culpability: A Speculative Essay", *The Journal of Criminal Law and Criminology* (1973-), 1990, 81(3):447-517.

② Glanville Williams, *Criminal Law: The General Part*, 1961:367.

③ Bundesgericht, Switz., 104 BG IV 175, 104 ATF IV, 175(1978).

对于该案而言,对民法的明知实际等于对刑法的明知,刑法规范与民法规范等同。本案被告人的错误完全可以解释为权利认识错误,即对自己是否享有举报权存在着认识错误,根据民法错误独立说,其应当作为事实错误处理,阻却犯罪故意,而事实上并非如此。

再比如,根据德国民法典,继子女与继父母的关系会保持一生。如果继父与继女之母离婚后,由于对民法不知而与继女发生性行为,其仍然构成乱伦罪。德国法院认为,被告人对继父女关系之规定缺乏明知,不足以否定乱伦罪中所蕴含的对具体违法的明知。① 因此,要坚持民法错误独立说,就必须对属于法律错误的民法错误和属于事实错误的民法错误进行区分;否则,民法错误很难作为一种独立的错误类型而存在。对此,有人曾提出了"便宜原则",他们认为,根据误解的对象所涉及的是犯罪问题,还是与犯罪有关的一般法律背景问题(即条件问题),进行确定,前一种民法错误属于法律错误,后一种民法错误属于事实错误。② 但是,犯罪与其成立的条件是一个整体,是很难区分的,比如,强奸罪中的被害人不同意要素,很难定性是犯罪问题,还是犯罪成立的条件问题。还有学者以复杂性与否,对民法错误进行分类。③ 这一标准较第一种观点有较强的现实性,但是,"复杂性"本身具有明显的相对性或模糊性,因为对于某一民法规定而言,其复杂性程度对被告人、专家和一般人,是不一样的,到底应采用哪种标准? 复杂性说是不明确的。

第二,认为刑法比民法更通俗易懂,缺乏根据。刑法中存在着空白罪状、引证罪状,其含义的确定,可能就比一些民法条文要复杂得多。再者,这

---

① Bundesgerichtshof, W. Ger., 22 BGHSt 314(1969); Bundesgerichtshof, W. Ger., 10 BGHSt 35 (1956).

② Meade, J., "The Legal And Practical Implication Of The Stanly Adams Case", Legal Q, 1986, 37:370-395(1986).

③ Kenneth W.Simons, "Mistake and Impossibility, Law and Fact, and Culpability: A Speculative Essay", Journal of Criminal Law and Criminology.

种观点还会否定刑法错误构成事实错误的可能性。比如,在美国的布雷(Bryan)案中,被告人被指控犯有"重犯持有枪支罪",但被告人辩称,其的确在其他的州犯过罪,但对该罪构成重罪是不知情的。法院认为,被告人存在着法律错误,该错误构成事实错误,可以否定犯罪的成立。[①] 这种法律显然是不同法域的刑法,而不是民法错误,而这种错误却像民法错误那样,可以否定犯罪故意的存在。

第三,最重要的是,法院更多用善意或不可避免性,承认不同法错误的法律意义,至于错误的对象是民法、行政法还是刑法,并不重要,即不同法错误或民法错误对这种认识错误并不具有标签意义。事实上,当民法对一些权利未作具体规定时,法院则往往借助习惯或字典,确定特定要素语意的范围。如果被告人对这些权利产生认识错误,没有人会将其称为习惯错误或字典错误。从这个角度看,民法错误不应成为一种独立的错误类型。

第四,因法律要素的独立性而支持民法错误独立性的观点,最大的缺陷是割裂了适用法与其法律要素之间的联系。事实上,适用法与其构成要素之间具有统一性,一则,适用法离不开法律要素,后者是前者的表现形式,比如,奸淫幼女禁止,只有"幼女"有具体的语意时,该规范才能有意义,亦即,适用法的语意对其要素的语意具有依赖性;二则,法律要素的语意会受到其语境的限制,即同一法律要素在不同的语境下,或者说在不同的法律条文中,可能有不同的语意,其中,"故意"是最典型的例证。

一般来说,故意是作为犯罪的责任的要素而存在的,除我国外,很多国家的法律通常都不规定其含义是什么,主要原因就是在不同的语境下,其往往有不同的含义。比如,在共同犯罪中,共犯的"故意"与实行犯的"故意"在内容上可能就不相同。对于教唆犯和帮助犯而言,"教唆"和"帮助"的语意,会使处于缺省状态的"故意"的语意含有"不良目的"(即违法性意识)

---

① Bryan v.United States,524 U.S.184,193(1998).

等方面的内容。但对实行犯而言,其故意的内容通常并不包含"不良目的"。① 也就是说,在大多数情况下,共犯与实行犯的故意的内容是不同的。罗宾逊曾解释说,刑法中的禁止分为主禁止与从禁止,由于后者离法益侵害之现实性和紧迫性较远,故其要素"故意"语意中含有"违法性的认识"。② 这就是法律错误一般不会阻却实行犯的故意,而有时能否定教唆犯和帮助犯故意的语义学根据。

尽管法律要素的具体语意通常受制于其所处的语言环境,但是,法律要素自身在语义学上仍有一定的独立性,否则字词典就没有任何法律意义了,而只是说其含义有可能不能离开其语境。这样,法律错误实际存在着适用法错误(如对法条的存在不知)和法律要素错误之分,而民法错误属法律要素错误的范畴,只不过不能因其含义需要援引民法进行解释而使民法错误获得独立性而已,或言之,民法错误与因基于习惯错误或语法错误而产生的法律要素错误之间,并没有什么不同,都可以称为法律要素错误。再者,法院认为该错误能阻却故意或责任,其理由并不仅仅因为这涉及不同法的理解,而是与这种法律要素所蕴含的法律推理之复杂性程度有关,这也就是民法错误可阻却盗窃罪的故意成立而不影响重婚罪或故意伤害罪的故意成立的原因。③

在理想状态下,刑法条文中所记述的事实应当明确、具体,事实上,在刑法条文中,有很多要素(或概念)的语意所指向的对象,具有抽象性和模糊性的特征,需要求助于社会的一般常识、生活伦理甚至其他法律,才能确定该语意所指对象的范围,这就是所谓的规范的要素。对于规范的要素,比

① Wayne R.Lafave & Austin W.Scott Jr.,*Criminal Law*,1986:408.
② 刑法分则中绝大多数禁止都属于主禁止规范,其能独立适用;刑法总则中的禁止,如教唆禁止、不作为犯禁止、未遂禁止等,其不能独立适用,只能借助主禁止规范才有法律意义,故被称为从禁止规范。Robinson P.H.,"Rules of Conduct and Principles of Adjudication",*The University of Chicago Law Review*,Vol.57,No.3(1990),pp.729-771。
③ Wayne R.Lafave & Austin W.Scott Jr.,*Criminal Law*,1986:409.

如,盗窃罪中的"他人财物",当作为客观构成要件要素时,其范围须参考民法的规定才能确定,并不能根据法律条文的描述确定其所指向的对象范围;当其作为故意的内容时,则很难完全按照民法的规定确定该要素所指向的事实范围,而是应结合被告人的认识和一般人的理解能力确定其外延,这也是语义学的基本要求。而这恰恰与德国法院所主张的外行人平行评价标准完全契合。根据外行人平行评价标准,如果外行人对规范的要素(比如淫秽物品)的理解与法律对该规范的要素的规定完全平行,或者说,两者之间是可以比附的,就推定被告人对该规范的要素是明知的,被告人对此产生错误则为法律错误。相反,如果外行人对规范的要素的理解与法律对该规范的要素的规定不平行,被告人发生了错误认识,则构成要件错误或事实错误,这实际上是说,刑法禁止的范围受制于一般人的认识,这也是法治原则或者罪刑法定原则的要求。

规范的要素记述的内容包含着价值事实,因此,在司法实践中,外行人标准主要通过以下两个具体路径确定其内涵与外延:其一,采取语义学的方式,即将刑法条文中的规范的要素翻译成外行人的语言;其二,采取伦理的方式,即将刑事违法转变为道德不当,亦即,将外行人对规范的要素的理解置于道德判断之下。[①] 当然,这两种方法所得出的结论通常是不会矛盾的,所以,在实践中,这两种方法往往同时适用。比如,被告人传播不很暴露但有性诱惑的信息,其误认为是不违法的。从伦理的角度看,如果外行人认为传播这种信息同传播"淫秽"物品一样,是不道德的,而被告人自认为社会能够容忍,则构成法律错误;从外行人语言表述的角度看,这种不道德的"性诱惑"或者"性暴露"与"淫秽"之间是没有什么区别的,即外行人对"淫秽"一词的理解与法律对"淫秽"的规定完全平行。被告人传播自认为不符合"淫秽"标准(实际符合)的物品,同样也为法律错误。反之亦然。然而,

---

① Arzt G.,The Problem of Mistake of Law,*BYU Law Review*,1986(3),pp.711-732.

以外行人平行评价为标准区分规范的要素错误的性质,也受到了很多的质疑:

其一,外行人概念的含义以及与刑法条文之间的关系,充满了极大的不确定性,以此为标准划分两种错误,很容易模糊两者的边界,从而有可能造成法官打着外行人的旗号,为所欲为。① 比如,紧急避险制度中的"较小的危害"要素的认定。紧急避险的本质是两害相权取其轻,因此,紧急避险可以成为否定绝大多数刑法禁止效力的根据。正是考虑到其普适性,其核心要素"较小的危害"之规定,不能明确、具体。这样,当被告人对该要素产生认识错误时,性质应如何确定呢? 假设被告人为了缓解疾病治疗带来的痛苦而持有大麻。由于数量太多,受到非法持有毒品罪的指控,但被告人主张这构成紧急避险。如果法院不接受这种辩护,至少存在着两个方面的理由:

第一,被告人对紧急避险定义中的"较小的危害"之法律要素认识不正确,如法院认为治疗疾病不能成为合法持有大麻的有效理由。

第二,基于事实上的考虑,如法院认为其疾病本身尚未严重到需要使用大麻进行治疗的程度。前者为法律错误,后者为事实错误。

反对外行人标准的学者指出,法官可以自由地在这两个理由中进行选择,从而不受客观限制地确定这种错误的性质,而外行人标准并不能对法官形成有效的限制。事实上,从语义学的角度看,毒品持有禁止是刑法分则的一个独立的条文,而紧急避险是刑法总则的一个条文,其是对刑法诸禁止的一个否定,由于没有像酷刑禁止那样特殊的法定理由,毒品持有禁止是受紧急避险规定限制的,因此,第一种观点是不成立的。紧急避险之规定否定毒品持有禁止效力的条件是,对于被告人而言,其持有毒品的价值可以抵消持有毒品的危害,这样,对持有毒品的后果(即"较小的危害")的态度,需要参照持有毒品的收益进行评价,即需要价值判断,因此,该要素为规范的要素。

---

① J.Baumann&U.Weber,Strafrecht;Allgemeiner Teil,1985:425.

根据外行人标准,被告人为了治疗疾病而持有毒品,即使其疾病之治疗还不足以让其合法地持有该毒品,但外行人认为持有该毒品并不违反道德,这种错误也应为评价事实错误;相反,如果持有毒品的数量和治疗疾病所需要的量之间相差太大,超过外行人所承受的范围,就会被评价为法律错误。因此,法官在这方面的自由裁量权并不是无限制的,用外行人标准确定规范的要素错误的性质,并不会造成刑法威权主义的泛滥。

其二,外行人标准实际上是伦理标准,而非法律标准,其会在一定程度上否定刑法与道德、民法的区分。批评者认为,根据外行人标准,对行为违反伦理的明知和对行为违反民法的明知,都会被视为对行为之违法性的明知。[1] 于是,刑事可罚性就不再是明知的内容了,即从明知的角度看,刑事违法行为应当无条件地等同于不道德的行为和民事违法行为,这显然忽视了刑法与民法或者道德之间在量上的不同。[2] 因此,不附加任何条件地将道德、民法等同于刑法的做法是不妥的。[3]

事实上,刑法本身具有谦抑性,也要求刑法与民法、道德等区别开来。比如,被告人误将用于实验的"天价葡萄"当作普通的葡萄进行盗窃,是不能按照其本来的价格而追究其刑事责任的。[4] 这种批评是有一定道理的,据此我们认为,外行人平行评价标准不仅有质的要求(即反伦理),至少对某些犯罪而言,该标准还须有量的要求(严重反伦理性)。其实,在我国刑法中,很多犯罪都存在着"情节"性的要素,比如"情节严重的"或"数额较大的"等,这些要素的语意显然包含着"量"的要求,而至于"量"的大小,必然

---

① 佐伯千偲:"四訂痢法講義(総論)",1981:252。

② 石井徹哉:"故意の内容と「違法性」の意識—行政取締法規違反における問題を中心",早稲田法学会誌,1989(39):1—52.

③ F.-C.Schroeder, Strafgesetzbuch:Leipziger Kommentar 1980:7; G. ARZT, STRAFECHTSKLA-USUR,1984:95.

④ 参见国内的天价葡萄案(http://baike.sogou.com/v54096832. htm,2015 年 1 月 20 日访问)与天价兰花案(http://www.shm.com.cn/ytwb/html/2007-07/29/content_913474. htm,2015年 1 月 20 日访问)的处理。

会受制于外行人的理解。

正当化事由错误、教唆错误、帮助错误或不作为犯错误也可以被视为是规范的要素错误，理由有：一则，可以将这些错误的对象视为法律要素；二则，这些法律要素之认定需要借助价值判断才能完成。就拿假想的防卫来说，正当防卫权之法律规定本身很复杂，里面包含着很多的价值判断，故可以视为规范的要素。① 对于特定的事实是否符合正当防卫的法律规定，当外行人无法做出判断时，假想的防卫就会被评价为事实错误。当然，也不排除其构成法律错误的可能，比如，没有任何理由将过路的游客误认成劫匪而实施的"正当防卫"。对于教唆人而言，教唆的对象要素，即"（教唆他人）犯罪的"，显然包含着价值判断，故为规范的要素，对其产生认识错误，当然应适用外行人标准进行定性，其既可能被评价为事实错误，也有可能被评价为法律错误。但对于被教唆人而言，由于不知法而实施被教唆的行为（如进入当地市场购买赃物），则属于适用法错误，是一种典型的法律错误，因此，教唆人与被教唆人对实行行为之违法性产生认识错误，评价有可能不同。②

外行人标准在国际社会的影响越来越大，如在解读《罗马规约》第 31 条时，很多普通法学者都主张以此为标准。规范的要素错误适用外行人标准，记述的要素错误适用的其实也是这个标准。尽管规范的要素与记述的要素之间并非泾渭分明，但是，这仍不允许对两种要素错误采用不同的处理标准，即就要素错误的性质而言，其主要依赖于多数人的想法。③ 这样，如果客观的构成要件要素之内容须援引民法、行政法，抑或是其他法域的刑法才能确定，当其作为责任或者故意的内容时，则应按照法律条文的一般语意或者外行人标准确定其内容，这也是德国法在因果关系与认识错误两个范

①　Berman M.N., "Justification and Excuse, Law and Morality", *Duke Law Journal*, Vol.53, No.1 (2004), pp.1-77.

②　Heller K.J., "Mistake of Legal Element, the Common Law, and Article 32 of the Rome Statute", *Social Science Electronic Publishing*, Vol.6, No.3(2007), pp.419-445.

③　Fletcher G.P., *Rethinking Criminal Law*:740-741.

畴中,否定刑法与民法划分的原因之一。①

  通过民法认识错误的定性可以看出,当民法规范进入刑法规范后,其通常被当作规范的要素看待,即按照一般人的理解,确定其含义,而不是按照民法的法规范确定其含义。需要指出的是,一旦刑法禁止的语义背离了一般人的理解,根据"疑问时有利于被告人的原则",超出一般理性认知之外的内容,除非对被告人有利的外,通常是无效的。但是,如果其他的规范的确对其有特殊的规定,而刑法禁止又是建立在该规范的基础之上的,行为人有义务(非刑法上的义务)认知而未予认知的,应当评价为事实错误,即使行为构成不法,也应当阻却责任。

---

① Fletcher G.P., *Rethinking Criminal Law*:740~741.

第四章　形式诉求篇

第一节　主观要素

一、法律与事实

如前所述,根据比例原则,刑法是保护法益的最后的手段。法益是客观的,保护法益的手段原则上也应当是客观的,因此,刑法禁止(通过对加害行为科处刑罚以保护特定种类的法益)所表述的内容也应当是客观的。也就是说,根据最后手段原则,刑法规则的主要任务乃在于记述客观事实,而且,这种事实还须具有具体性、非规范性以及非价值性的特点。① 因为只有这样的事实,才能在最大限度上统一立法者、法官、政府官员和一般公民的认识,不仅确保刑法禁止的稳定性和内容的可预测性,实现"行为控",而且还能制约公权力的滥用,实现"权力控"。否则,如果法律规范建立在规范性或者评价性的事实(也就是所谓的价值事实)基础之上,很容易产生司法认知上的偏差,陷入刑法威权主义的沼泽,这就是最早的法教义学的观点。②

然而,法律要想绝对排斥价值或者道德要素,是很难做到的,毕竟法律

---

① Greenberg M., "How Facts Make Law", *Legal Theory*, Vol.10, No.3(2004), pp.225-265.

② Raz J., "Ethics in the Public Domain", *Int J Clin Pract Suppl*, 1994, 61(Supplement s157), pp. 31-37.

旨在记述甚至是表达人们理想的规范,于是,学界出现了相对法教义学的立场,即传统的法教义学绝对否定法律中的价值事实,后者有所妥协,主张在一定的程度上承认一些价值事实可以构成法律的内容,但是,其主要内容仍然是社会客观事实,价值事实仅仅具有补充作用,即,其一方面与社会的客观事实有关联;另一方面,其也有解释客观事实的作用。①

与相对的法教义学不同,德沃金走得更远,即坚持所谓反法教义学的立场,其认为,为了确保法律的统一实施,存在着一系列的、仅仅体现价值的法律原则完全是有必要的。而经过这种法律原则的限制、修饰或者"证成"的法律规则,其记述的实为价值事实,并不是单纯的客观事实。② 不过,需要注意的是,德沃金反法教义学的立场是建立在法律内容与法律内容判断两者相联系的基础之上的,他认为,法律的内容取决于法律内容的判断,或者说,法条记述的事实,是人们通过阅读法条而在大脑中形成的事实,更准确地讲,其属于认知中的事实,或者经过主观上的价值提炼而得出的判断。③这种反法教义学的立场与法教义学的分歧主要在于,客观事实与认知事实何者优先的问题。德沃金认为认知事实优先,而法教义学则认为客观事实优先。

不管法教义学还是反法教义学,它们都承认法律记述的是人们过去的言行,其构成判断法律内容的基础事实,法教义学只是强调法律所记述对象的客观性,而反法教义学认为,这种客观事实是法律主体经过价值选择而留存下的事实,并非客观事实本身。比如,平等原则,其本身是指人与人法律地位的平等,然而,反法教义学认为,其并非指所有人的平等,而是一种理念。易言之,强者欺负弱者,通常违反该原则;相反,弱者欺负强者,一般不

① Coleman J.L.," Negative and Positive Positivism", *Journal of Legal Studies*, Vol.11, No.1 (1982), pp.139-164.

② R.Dworkin, *Taking Rights Seriously*, Harvard University Press, 1986, pp.46-65.

③ Greenberg M.," How Facts Make Law", *Legal Theory*, Vol.10, No.3(2004), pp.225-265.

能适用该原则。比如,在美国,当白人到了黑人居住区,经常因为肤色会受到黑人的攻击,白人很难以种族歧视追究攻击者的责任;相反,如前所述,如果白人因为肤色而攻击黑人,则会受到非常严厉的处罚。再如,百姓污蔑特朗普总统,总统是没有办法的;相反,总统污蔑百姓,性质则不同了。

这样,至少对于法律规则而言,其记述的对象只能是客观事实或者社会事实。当然,法律记述的对象并不是单纯的事实,就像前面提到的计算机侵入规范那样,其有时也包含着很多价值判断的成分,即存在着所谓的价值事实,然而,这种价值事实具有从属性,其依附于法律概念所蕴含的社会事实。有人把法律规则记述的对象比喻成一幅风景画,其是由各种颜色、线条有机地配合在一起而形成的,看起来如此美丽动人,让人浮想联翩。作为其组成的颜色或者线条,为什么看起来有此效果,如果离开了观赏者的生活经验和阅历,是无法解释的。① 这样,至少就具体的刑法禁止规范而言,虽然其记述的是犯罪的基本成分,但是,唯有若干个法条有机地组合在一起,才能准确地反映社会对各种侵犯相应法益的行为的态度。比如,就盗窃罪而言,我国刑法第 264 条仅仅记述了其所要禁止的行为类型,并未详细说明其构成,但是,根据整个法律体系和人们的生活经验,我们可以判断其构成要件为:

主观要件:以永久剥夺为目的(根据为刑法第五章的名称以及盗窃的含义)

行为要件:以和平的方式占有他人的财物(刑法第 263 条与第 267 条)

环境条件:被害人不同意(刑法第 3 条、第 13 条与第 266 条)

这样,价值事实具有借助法律条文充足某一犯罪构成的功能,或者说,可以具体地呈现其所表达的行为规范,而且还有弥补法律漏洞的作用。也就是说,对一些在形式上看,法律未予明确的加害行为,也能基于人们的生活经验,借助当前的立法语义,确定所禁止的行为类型或者范围。相反,如

---

① Greenberg M., "How Facts Make Law", *Legal Theory*, Vol.10, No.3(2004), pp.225-265.

果某种行为虽有客观上的危害性,但也具有不可避免性时,法律也总能找到为其出罪的路径,即法律不会出现"强人所难"的现象。① 主要原因是,法律在记述特定的事实时,是以概念的方式进行的,概念固有的模糊性在表面上会导致法律边界的不清晰性,但是,从法律本质的角度看,其毕竟是人们的行为规范,所以,社会长期形成的生活习惯或者经验,构成法律规则适用必不可少的基础或者前提,其能完整地诠释或者展现法律规则所记述的行为规范的内容。② 这就产生了一个问题,即作为行为的主观要素(比如故意与明知)和作为纯粹价值的"不法"、"违法"或者"非法"等,能否成为法律规则所记述的事实呢?

二、法律规则中的主观要素

刑法具有惩罚性,作为惩罚的法定形式的刑罚,虽然应与行为的社会危害性相适应,但是,行为的社会危害性却无法切实地控制刑罚的种类及其大小。一方面,就(故意)杀人罪而言,如前所述,现代社会已经不允许再实行所谓的"杀人偿命"了;另一方面,也不允许通过赔偿的方式处罚盗窃。尽管处罚的上限充满了主观性,但是,处罚的下限却是客观的,即需要遵守比例原则或者最后手段原则来制止犯罪或者保护法益。这种必要性主要体现在处罚的条件上,或者说,体现在犯罪的构成要件要素上。这里存在着一个问题,即,如前所述,刑法规则记述的对象应当是客观事实,那么,这种客观事实是否能包含着行为人的心理态度呢?

(一)心理主义

根据我国刑法第 14 条和第 15 条的规定,故意与过失其实为某种客观现实(即心理态度)的符号或者简称。在这里,心理态度与物质一样,或者

---

① Greenberg M., "How Facts Make Law", *Legal Theory*, Vol.10, No.3(2004), pp.225–265.
② Kerr O., "Criminal Law in Virtual Worlds", *Social Science Electronic Publishing*, 2015: 415–429.

说两者具有同等的价值,这样,心理就成了一种客观实在,这就是所谓的心理主义。从哲学史的角度看,心理主义历史非常悠久,最早可以追溯到 17 世纪笛卡尔的古典二元论。笛卡尔认为,世界是由两个截然不同的领域组成的,即物质和心理。人的行为由于可以被他人所直接感知,故属于物质的范畴,受法律的规制,但心理却是无形的,别人无法看到,其仅仅受制于自由意志,不受法律的约束。① 在德国,费尔巴哈继承了这种思想,最终导致心理主义的产生。其实,在哲学界,笛卡尔的二元论早已式微,一元论占据主导地位,但令人感到非常奇怪的是,在法学界,这种二元论却一直受到青睐。其实,与故意不同,过失早就脱离了心理的范畴,已经走向客观,因为人们通常以注意义务作为判断过失的标准。具言之,行为人未履行注意义务创设了不被允许的危险,或者行为人对自己行为创设的危险,未履行注意义务而导致该危险造成现实的危害,此时,才能将行为人相应的行为评价为过失。显然,这里的"过失",已经完全舍弃了"主观要素"的标签,变成了一种客观判断。于是,在目前,只有"故意"在坚守"主观要素"的岗位,然而,近年来,法学界对用心理解读故意的做法,批评也越来越多。② 因为从法律的角度看,心理主义存在以下缺陷。

1. 有悖于刑法的目的

如前所述,心理主义源自二元论,即身体与心理的解构,或者说是物质与意识的分离。二元论认为,他人的心理具有可知性,认识的根据是他人的行为(即身体的举动),因为心理是行为的原因。但是,"心理"与"行为"却是两个独立的存在。由于"心理"仅受自由意志支配,不受法律约束,所以,法律记述的仅仅是行为,故立法者在立法时只能用陈述的方式,客观地记述

---

① Shapira R., "Structural Flaws of The 'Willed Bodily Movement' Theory of Action", *Buffalo Criminal Law Review*, Vol.1, No.2(1998), pp.349–402.

② Hinzen W., "Dualism and the Atoms of Thought", *Journal of Consciousness Studies*, Vol.13, No.9 (2006), p.25.

行为事实。① 按照这种观点,法律所记述的"行为"与"心理"是没有任何联系的,即法律仅仅记述"身体"的动静。

然而,如前所述,学界一般认为,刑法旨在保护法益,或者刑法禁止主要是为了记述侵犯他人法益的行为,而不是记述行为人的心理或者动机。因此,如果采用二元论的立场记述这种行为,很容易让人产生误解。比如,国家为故意杀人和过失杀人的行为设置了刑罚,如果将故意或者过失与"杀人行为"分离,那么,就意味着非出于故意和过失的致人死亡,法律是容忍的,法律仅仅禁止故意或者过失致人死亡的行为,这显然有悖于法益保护原则或者伤害原则,是荒唐的。

事实上,法益的侵犯与行为人的心理是没有必然联系的,如果以主观心理限制刑法对特定法益的保护,实际上否定了刑法具有为人们的行为设置标准的功能,或者说,否定了其所表达的、对他人法益的尊重。当然,这也违反唯物主义,因为马克思主义一元论认为,世界是物质的,物质决定意识,意识只是对客观物质的反映或者说是作为物质的属性而存在。

2. 有悖于证据法

即使根据心理主义进行立法,证据法也是无法容忍其存在的,因为坚持二元论,则意味着心理与身体的举动是分离的,或者否定后者具有反映、证明前者存在的功能。

心理主义主张,故意与过失记述的是一种客观的外在真实,即行为人行为时的想法或者心理态度。由于其有一个准科学的外观,所以,具有简单易懂的优点。然而,由于离开了行为人的身体以及外在的环境等客观要素,从认识论的角度看,这种立场的最大缺陷是缺乏可操作性,因为他人心理事实与外部的事实不同,前者本身不具有可直接感知性(inaccessibility),除了行

---

① Ernst Beling, *Die Lehre vom Verbrechen*, Tubingen: Mohr Siebeck, 1906, pp.5-47.

为人自身能感受外,其他人是无法观察到的。① 特别是在法律领域内,如果将行为人的心理作为一种客观实在,就意味着要认定特定的心理事实存在,须用证据"证明"。但是,证据法无法容忍其存在,原因很简单,根据二元论的逻辑,"心理"与"物质"是两种不同的东西,或者说两者具有"质"的不同,因此,作为"物质"的证据,在科学的层面上,无论如何都不可能证明作为"意识"的心理的存在,原因是作为身体的动静只能近似地或者说粗浅地反映人的心理,其并不是心理的代名词。比如,同样是掉泪的行为,可能被翻译成为痛苦,也有可能被翻译成为高兴,正所谓"喜极而泣",即是其意。

正是因为物质性的证据无法证明这种心理的存在,人们便常常依赖所谓的"经验法则"对故意或者明知进行判断。于是就出现了如下问题:一方面,每个人的经历是不同的,因此每个人的"经验"也会不一样,因此,所得出的结论就会不同。即使根据"经验法则",其得出的结论也应当是在这种情形下判断者本人的心理,并不是行为人在此时产生的心理,以判断者的心理为据惩罚行为人,这显然是"张冠李戴"。另一方面,判断者并没有犯罪的经历(比如,当前的法律都要求法官或者陪审团的成员不能有犯罪的记录),在特定的情况下,是否存在相应的犯罪心理,裁判者根本无"经验"可谈。这样,行为人实施某个行为,是否出于"故意"或者"明知",完全依赖于裁判者。于是,行为是否构成犯罪并不单纯地取决于行为人,在很大程度上还取决于裁判者,或者,裁判者的个人情况直接会影响其对案件事实的判断,因此,刑事审判充满了"运气"的成分,这显然是有问题的。

3. 有悖于"不得强迫自证其罪"原则

坚持心理主义有可能违背"不得强迫自证其罪"原则。行为人行为时的心理态度,只有行为人自己了解,因为其可以通过反省的方式进行认识。

---

① Kevin L.Keeler, "Comment, Direct Evidence of State of Mind: A Philosophical Analysis of How Facts in Evidence Support Conclusions Regarding Mental State", 1985:435.

那么,他人要想获得这种心理态度,则只剩下一个路径,即行为人的"供述"。但是,这种做法存在的问题是:行为人出于自己利益最大化的考量,通常不会如实承认故意的存在,那么,要想使其"如实交代",只能借助外在压力,而这又必然违背"不得强迫自证其罪"原则。

当然,还会出现以下的问题,比如行为人故意违法,如果其比较诚实,如实供述自己的故意,则要面临严厉的处罚。即使按照相关规定减免处罚,处罚也会远远高于不承认故意所受到的处罚,即,不承认自己故意,对行为人更为有利,这样,心理主义有鼓励行为人进行撒谎的嫌疑,所以,其属于"恶"法的范畴。

4. 有悖于明确性原则

除我国外,很多国家的法律并不规定故意与过失的定义,原因有很多,其中之一就是在不同的语境下,故意往往有不同的含义。

在法学界,一般将故意、恶意或者明知视为犯罪的责任要素,甚至将其直接视为责任的代名词,比如,公诉人指控被告人说:你这是故意而为! 其本意乃指"因此,你应当受到谴责或者非难!"在这里,责任强调的是,行为人可以从事合法行为,也可以从事不法行为,但其却选择后者。或言之,谴责的根据是行为人是自由的、理性的以及具有道德自治权的,其在明知孰是孰非且能够依法行事的情况下,却从事了法律禁止的行为,即这里的故意其实就是"责任"的意思。

不仅如此,故意在不同的法律条文中,其内涵也并不统一。比如,在共同犯罪中,共犯的"故意"与实行犯的"故意"在内容上就可能存在差异。对于教唆犯和帮助犯而言,"教唆"和"帮助"的语意会使处于缺省状态的"故意"的语意含有"不良目的"(即违法性意识)等方面的内容。但对实行犯而言,其故意的内容通常并不包含"不良目的"。[1] 也就是说,在大多数情况

---

[1] Wayne r.Lafave & Austin w.Scott Jr., *Criminal Law*,1986:408.

下,共犯与实行犯的故意的内容是不同的。对此,罗宾逊曾解释说,刑法中的禁止分为主禁止与从禁止,由于后者离法益侵害之现实性和紧迫性较远,故其要素"故意"的语意中含有"违法性的认识"。①

　　行为的定义离不开故意等主观元素。如果坚持二元论,将故意作为与行为对立的事实看待,存在着一个明显的问题,即,会使行为失去心理的支撑,于是,行为就变成了一种"无色无味的"肢体机械性活动。单纯的机械运动没有任何的社会意义,因此,立法者无法记述其存在。比如,一个人"殴打"另一个人,如果不借助心理而单纯地通过肢体机械性活动或者身体动作进行描述,则成了"行为人举起手来,触到另一个人的身体",这种表述是没有任何价值的,因为其既可以解释为"殴打",也可以解释为"爱抚"。换言之,外在的举动与内在的原因(即所谓的心理)结合在一起,才能将殴打与爱抚区别开来。所以,赤裸裸的记述身体动作是没有意义的。② 因此,根据心理主义,立法者很难通过语言记述所禁止的行为。这也是心理主义者反驳古典三阶层犯罪论体系的一个理由。然而,如果借助德沃金的反法教义学的立场,很明显这种反驳是有问题的,因为法律记述的对象是人们对客观事实的判断,而不是纯粹的客观事实。也就是说,法律在记述客观事实时,本身已经给所记述的对象进行了"赋值",使其具有了社会意义,即并不是从纯物理的角度,记述人们的行为,而是将其作为社会事实进行记述。因此,这种记述包含着社会的评价,而不是行为人的"评价"。也就是说,社会认为某种行为属于"杀人",而不是行为人赋予其举动以"杀人"的意义。比如,前面提及的置他人生命于不顾而变更车道的,如果发生导致他人死亡的交通事故,则会被评价为故意杀人罪,而不是交通肇事罪,即相对于社会对

---

① 刑法分则中绝大多数禁止都属于主禁止规范,能独立适用;刑法总论中的禁止,如教唆禁止、不作为犯禁止、未遂禁止等,不能独立适用,只能借助主禁止规范才有法律意义,故被称为从禁止规范。Robinson P.H.,"Rules of Conduct and Principles of Adjudication",*University of Chicago Law Review*,Vol.57,No.3(1990),pp.729-771。

② W.T.Stace,*The Theory of Knowledge and Existence*,Greenwood Press,1970,pp.185-198.

其举动的"赋值",行为人真实的心理态度其实是没有法律意义的。这样,法律层面上的"故意"在一定程度上与行为人的心理是没有多少联系的。

由此可见,"故意"的含义极为复杂。这样,如果将其作为一个实质要素(也就是有固定内涵的要素)看待,则会出现这样一个问题,即犯罪构成要件要素中存在的"故意",到底是指什么。无法事前进行确定,这势必会否定刑法禁止的明确性,从而有悖于罪刑法定原则。

总之,故意与过失都有走出主观要素范围的强烈诉求,不过,只是故意不如过失那样,有"注意义务"这一路径。

(二)司法类推

正是心理主义存在着上述问题,对于规范性文件中出现的"故意"用语的含义,学界逐渐放弃了心理主义,改采其他的学说,其中具有代表性的是法律修辞说与司法类推说。[①]

法律修辞说认为,法条中出现的故意与过失仅具有修辞意义,没有实质性的价值。[②] 这种观点认为,在表面上看,行为与故意等心理要素是可以区分的,比如,前者是可以被人所感知的,而后者却不具备这种特征。最简单的例子是被告人向被害人开枪(以伤害的故意),被告人的行为与故意构成追究被告人刑事责任的前提。在这里,"开枪"能为他人所感知,而"故意"却不具备这一特征。但实则不然,其实后者是依附于前者而存在的,而且,如果将两者分开,还会产生以下问题:一则,使主观要素的认定失去了存在的客观基础,即不能再根据被告人的行为认定其存在了,也就是说,不能再

---

① Keren Shapira-Ettinger, "The Conundrum of Mental States: Substantive Rules and Evidence Combined", *Cardozo Law Review*, Vol.28(2007), pp.2577-2596.

② 罗宾逊和胡萨克指出,即使法律条文中出现"故意""明知""恶意""过失"等表述,也仅仅是一种法律修辞,本身并没有什么意义。Douglas N.Husak, *Philosophy Of Criminal Law*, Oxford Univiversity Press, 1987, p.126. 此外,这里需要说明的是,条文中出现的"故意"是指法律条文在记述所禁止的行为时,存在着"故意"的表述,比如,"故意杀人的"或者"明知假币而运输的",在这里,即使不出现"故意"或者"明知"的概念,人们也知道该行为的主观内容是"故意"的,就像"盗窃"一样,其本身包含着这项内容。

根据开枪行为诠释或者类推作为行为人心理态度（即"故意"）的存在；二则，这还会压缩法律所规制的行为的范围，因为如果将两者分离，则意味着法律仅仅禁止故意或者过失的伤害（或者杀人）行为，这样，非出于以上两种罪过的伤害或者杀人行为就被排除在该禁止之外了，显然这是有问题的。从概念的角度看，行为的概念实际上包含着主观的要素，即行为与主观方面之间，是整体与部分的关系，或者说，主观罪过是指行为人在实施符合犯罪构成要件的行为时的心理态度，这种态度一般是借助外在的行为本身体现出来的。①

根据这种观点，在法律条文中，再出现故意、明知之类的主观要素，仅仅具有修辞作用，本身是没有什么意义的，比如，故意杀人罪中的"杀人"本身就包含着"故意"的内容，因此，"故意"二字就没有实际的意义。

与之不同，司法类推说认为故意或者过失是有实在意义的，是指特定的行为事实和周围的环境结合在一起的产物，也就是说，社会赋予这种结合的意义。因此，故意或者过失实际上是指一些客观事实，或者说其是客观事实的一种类推，除非出现一些特殊的情况，才能将这种推定推翻。

司法类推制度在法律中经常可以看到，其存在的主要目的，是为了解决举证负担分配或者举证难的问题。② 然而，刑法中的故意（包括过失，由于在刑法中，过失是一种例外情况，犯罪的主观方面或者罪过主要是指故意）的认定，显然属于"有罪类推"的范畴，不过，这是否违反"无罪推定原则"呢？ 我们认为，答案是否定的，主要理由有：

首先，故意和过失属于刑法中的典型裁判规范的范畴。道理很简单，如果将故意或者过失，解读为行为规范，很容易得出极为荒唐的结论。比如，

---

① Paul H.Robinson, "Should the Criminal Law Abandon the ActusReus—Mens Rea Distinction?", in *Action and Value In Criminal Law*, Oxford University Press, 1993, pp.187–211.

② Davies C., "The 'Comfortable Satisfaction' Standard of Proof：Applied by the Court of Arbitration for Sport in Drug-Related Cases", *University of Notre Dame Australia Law Review*, No.14 （2012）, pp.5–46.

将故意或者过失视为行为规范的内容,当我国刑法第 232 条所规定的故意杀人禁止、第 233 条所规定的过失致人死亡禁止和第 16 条的规定等结合在一起时,则意味着法律不容忍故意或者过失杀人,但却容忍意外杀人,这显然是有问题的。

基于故意或者过失属于裁判规范的内容,说明立法者制定这样的规定旨在告诉法官如何裁判,而不是告诉被告人如何行为。而"无罪推定原则"与"疑问时得自由"、"疑问时有利于被告人原则"相对应,其指导的对象都是指行为,不同之处乃在于,"疑问时得自由"是指在刑事立法阶段应当遵守的原则,"疑问时有利于被告人原则"是刑法适用阶段所遵守的原则,而"无罪推定原则"则是在刑事诉讼阶段应遵守的原则,即它们的精神实质完全相同,其约束的对象为行为。既然故意或者过失属于裁判规范的内容,其当然不适用于约束行为规范的无罪推定原则。

其次,不影响公民的自治权。如前所述,刑法禁止的任务旨在保护法益,或者说要求尊重他人或社会的法益,构成公民行为的外在限制。也就是说,行为人绝没有侵犯他人法益的权利。而故意与过失的认定,是在侵犯法益或者使刑法所保护的法益面临急迫的、具体危险后所做的评价,也就是说,行为人的行为本身就具有违法性,被告人本身没有权利实施这样的行为。然而,行为人无视法律,仍然实施侵犯他人法益或者实施危及他人法益的行为,由此产生的有关故意或者过失错误判断风险,当然应当由行为人自己承担,毕竟裁判规范大多表达的是国家的豁免权。① 也就是说,不管这样的规范本身多么的模糊不清,都不涉及公民的自治权的问题,因此,对其进行"有罪推定"并不会妨碍公民的人身自由和行为的可预测性,因为这种行为本身就不该发生。

---

① 比如,我国刑法第 16 条规定的意外事件,其实国家本来是有权处罚行为人的,但是,出于责任主义原则而原谅了"无过错"的行为。

最后,从故意的内容看,其由两部分构成。目前"故意"的双重地位理论是学界的通说。犯罪该当性中的"故意",仅仅是指其记述的要素,或者说,是指行为人外在举动的社会意义或者社会危害性,其本身是社会在给行为人的行为定性,而并不是行为人现实的"心理态度",所以,其无须受到无罪推定原则的约束。刑法禁止中的故意还包含着规范的要素,是指被告人能选择正当的行为而选择不法行为的道德可责性,即社会伦理对其作出的否定性评价。显然,这与被告人的真实心理无关,是法官考察全部行为的背景后,所形成的规范判断,因此,无须遵守无罪推定原则。

(三)规范主义

英国的女王诉杜德利与斯蒂芬案的判决传入德国后,引起了广泛的争议。随后德国学界以此为据提出规范主义,即两被告人虽然具有"杀人的故意",但是,这并不是法律意义上的故意,而仅仅是被告人的现实心理态度,并没有道德可责性,故其不同于刑法上的故意,即刑法上的故意是被告人选择特定行为的社会意义,是行为与其背景结合在一起后,法官基于人们的伦理信念而进行的社会评价,所以,故意与被告人的心理态度无关。

其实,传统上认为故意是司法类推的结果,这也是司法实践中的通说,即通过证据证明被告人的违法行为出于故意或者过失。这种学说往往是打着类比推理的旗号进行的,即法官根据他人或者自己在相似情况下实施某种行为的心理,推导出行为人实施该行为背后的心理原因。然而,这种判断实质上并不是类比推理,或者说并非真正的、形式逻辑学上的类比推理,主要理由有:

其一,根据形式逻辑,类比推理其实就是归纳推理。归纳推理的结论要想可靠,必须建立在大量的肯定性的例证基础之上,且没有反例存在。然而,在现实中,法官面对的往往是某一具体的案件,并没有大量的类似案件进行参考,即缺乏归纳推理适用的前提。

其二,故意与过失的认定,其实是从观察到的行为或者其他事实,推断出无法观察到的心理态度。由于心理本身具有不可观察性(从而也缺乏可验证性),因此,对于推论的前提而言,其是否正确,永远无法得到有效的证实,换言之,作为推理的前提,心理本身就有可疑性。① 比如,甲交通肇事逃逸导致被害人死亡,法院认定甲构成故意杀人罪,乙交通肇事逃逸致人死亡,法院也认定其构成故意杀人罪,现在丙交通肇事逃逸致人死亡,法院根据以往的判例,认定丙也有杀人的故意。现在的问题是,甲与乙交通肇事逃逸是否具有"杀人的故意",前面的判例的认定,其实也是假设或者类推的结果,并不是证明的结果,于是,据此认定丙的行为也存在着杀人的故意,就不可靠了,因为这一点在这一系列的案件中,均未给予证明。

其三,即使以行为人坦白或者承认其有某种心理态度作为判断的前提,也是不成立的,因为坦白的表现形式为言辞,而言辞并不能构成获得他人心理态度的路径。也就是说,被告人有可能出于其他的原因,比如自杀,而将原本非出于故意的行为,说成是故意而为,而这一点,永远是无法证明的。当然,接受坦白而认定某种事实,同样具有上述"类比推理"的特征。②

其四,法官(或者陪审员)与行为人的经历、背景往往不同,他们与行为人本身缺乏相似性,因为根据法官法及其他相关法律,其不能有犯罪历史,这样,其进行所谓的"类比推理",缺乏前提条件。总之,法官根据行为,推导其心理,仅具有类比推理的外观,但并不完全等同于类比推理,其结论的可靠性远远低于类比推理。

其五,最重要的是,对故意和过失的认定,其实是法官根据环境,赋予特定行为以某种社会意义的过程。这种过程完全不同于科学实验,而更像是

---

① Ho H.L., "The Judicial Duty to Give Reasons", *Legal Studies*, Vol.20, No.1(2010), pp.42-65.
② Sir Alfred Denning, *The Road To Justice*, Stevens&Sons Limited, 1955, p.29.

在评价一本书或者一件艺术作品。① 由此得出的结论往往蕴含着"常识"，或是"文明社会的需要"等要素，②即其通常包含着丰富的价值判断内容，而非纯粹的事实判断。因此，法律上的故意或者过失并不完全等同于行为人的主观心理，而是特定行为在特定的结果和环境中所拥有的社会意义。所以，故意与过失的认定，不是"证明"的结果，而是规范判断的结论，其核心旨在表达行为的过错，或者是社会意义。③

这种做法与霍姆斯和波斯纳所提出的用外在行为或者事实取代故意或者过失的观点，是完全相同的，即故意与过失并非对心理态度所进行的语言描述，而是特定行为或者事实的代名词。④ 在这里，故意或者过失与行为之间，是"烟"与"火"的关系，它们所指的其实都是一种客观存在。然而，从法律适用的角度看，它们都包含着立法者或者司法者的价值判断，并非单纯的事实分析，所以，其属于规范判断的范畴，这就是所谓的规范主义。

三、"明知"或者"故意"进入刑法禁止的后果

我国学界根据刑法第 14 条的规定，一般认为故意或者明知为犯罪的构成要件要素。不仅如此，在我国刑法以及十个修正案中，大量使用"故意"或者"明知"之类的概念记述犯罪行为。在修正案中，仅仅"明知"就出现了19 次之多，"故意"也出现了 18 次。比如，《刑法修正案（九）》第 120（6）条：明知是宣扬恐怖主义、极端主义的图书、音频视频资料或者其他物品而非法持有，情节严重的，处三年以下有期徒刑、拘役或者管制，并处或者单处

---

① Fletcher, George P., *The Grammar of Criminal Law: American, Comparative, and International*, Oxford University Press, 2007, pp.226-227.

② H.L.A.Hart, "Negligence, Mens Rea and Criminal Responsibility, in Punishment And Responsibility", *The University of Toronto Law Journal*, Vol.19(1969), pp.642-653.

③ Keren Shapira-Ettinger, "The Conundrum Of Mental States: Substantive Rules And Evidence Combined", *Cardozo Law Review*, Vol.28(2007), pp.2577-2596.

④ Posner, *The Problems of Jurisprudence*, Harvard University Press 1990:168.

罚金。再比如,刑法第 312 条规定:明知是犯罪所得及其产生的收益而予以窝藏、转移、收购、代为销售或者以其他方法掩饰、隐瞒的,处三年以下有期徒刑、拘役或者管制,并处或者单处罚金。从语义学的角度看,根据这种立法模式,犯罪的故意就像犯罪结果、犯罪行为一样,具有犯罪构成要件要素的地位。但是,这种立法模式能否被现代法律体系所容忍,直至目前,还没有引起我国学界的重视。

其一,这种立法模式会排斥"法律修辞说"的存在,赋予"故意"或者"明知"以法律要素的地位。就目前的刑事立法而言,国外的立法通常对"故意"或者"明知"不作法律规定,而我国却不然,刑法第 14 条明确规定了犯罪故意的定义,且使用了"明知"的概念,这样一旦刑法禁止出现了"故意"或者"明知"之类的概念,必然会指向行为人现实的心理态度,因此无法将其"修辞化"处理。

其二,由于这种立法模式无法将"故意"等概念修辞化处理,必然导致这些主观要素的实体化。故意要素的实体化,必然会导致在刑事诉讼过程中,要求控方证明其存在。根据我国刑事诉讼法第 53 条的规定,故意的证明还要达到排除合理怀疑的程度,才能认定故意或者明知的存在。而这是无论如何都做不到的。为了迎合这种现实的需要,只能通过"降低其证明标准"的方式来处理,这又有可能导致整个刑事案件证明标准的降低,从而造成错案发生率的提高。需要注意的是,我国刑事诉讼法学界尚未完全认识到阶层性犯罪论体系的证据法价值,仍然沿袭传统的一元化的证明标准体系,忽视证明标准的层次性。这样,由于很难高标准地"证明"故意的存在,很容易连累其他犯罪构成要件要素的证明程度。

其三,破坏了刑法禁止的推定机能。一般来说,如果行为人实施刑法所禁止的行为,就推定行为人对该行为是明知的,或者出自其故意,除非行为人能提供相反证据推翻这种假设。如果在刑法禁止中明确存在着"故意"或者"明知"之类的规定,至少从形式上看,行为人实施该行为与"故意"或者"过失"之间为并列关系。比如我国刑法第 171 条规定"明知是伪造的货币而运输",由于条文中包含了"明知"一词,此则意味着"运输"不包含"故意"或者"明知"方面的内容,或者"运输"行为无法推导出"明知"和"故意"的要素存在,这显然破坏了刑法禁止的"类推机能"。

其四,有悖于法益保护原则。如前所述,刑法的目的是保护法益,我国刑法第 13 条也明确了这一点。如果在刑法禁止中设置了"故意"或者"明知"之类的概念,则意味着"保护法益"的目的必然被惩治"恶"的行为所湮没。比如第 198 条第 1 款规定,"投保人故意虚构保险标的,骗取保险金的"。这无疑意味着行为人非故意虚构保险标的,骗取保险金的,则是允许的,这显然是荒唐的。换言之,如果刑法禁止中加入了"故意"或者"明知"之类的表述,必然影响刑法禁止的正当性。

其五,这必然会导致重视被告人口供的现象发生,诱发刑讯逼供。理由很简单,因为了解被告人心理的人只有被告人本人,这样,口供就成了获得被告人心理态度的唯一路径,这是诱发刑讯逼供的主要原因之一。

特别是,一旦将故意作为"事实"进行证明,或者说,如果用证据法表述其存在,其适用的结果往往会评价为"过失",即适用结果与适用前提会发生矛盾。具言之,要证明行为人对实施的行为是故意的,则需要证明其对有关的事实持明知的心理态度。但是,如果行为人否定这一点,证明的结果只能是:行为人应当知道其行为存在着危害社会的结果,而行为人"不知"该结果的存在,显然,这属于"过失"的含义,而不是"故意"的含义。

当然,如前所述,这还存在着一个问题,即将"故意"或者"明知"排除在刑法禁止之外,依靠行为人的符合犯罪该当的行为类推其存在,并不违反"无罪推定原则",因为根据罪刑法定原则,刑法禁止具有"行为控"和"权力控"两个诉求。从"行为控"的角度看,刑法禁止是以"法益保护"为中心展开的,强调被禁止行为的法益侵害性,如不得盗窃、抢劫、杀人等,而"故意"或"明知"不在考察范围之内。从"权力控"的角度看,一方面,刑事立法旨在向社会传递规范信息,明确国家警察权的范围,而只有客观要素才能完成此项任务;另一方面,只有将其限于客观要素,排除行为人的主观认知,才能保证刑法规制对象具有可证明性,即确保刑法规范具有证据法上的可知性。主观要素不具有可证明性,因而也不具有证据法上的可知性,因为行为人的心理只有行为人自己清楚,他人无从真实地探知。

四、法律类推制度

法律类推不同于司法类推,前者是法律规定的类推,而后者是司法惯例的内容,法律并没有对其进行明示,其源自生活经验。现实中,司法类推有两种,其一,除非相反的事实被证明,否则,就得出一个正面的结论,比如刑法中的无罪推定原则:如果没有足够的证据证明被告人有罪,就推定其是无罪的。其二,特定的事实被证明之后,即推定其他的事实存在。换言之,如果事实 A 被证明后,就推定事实 B 存在。所以,这种类推如果应用于司法实践,很容易出现有"罪"推定的现象,故对于第二种类推,刑法原则上对其持排斥的态度,其通常只能适用于民事案件,当然,立法者也应当遵守这种规则。①

一般来说,从法律发展的角度看,规范由抽象向具体发展的趋势,在形式上通常表现为法律条文的细化,在实质上则是将规范变成事实。比如正当防卫,我国 1979 年刑法规定,面对不法侵害,被告人只能使用"适当"的方法(不能防卫过当)进行防卫,才能使行为获得正当性。此处的"适当"标准就极为模糊、抽象,需要法官根据案件的具体情况进行判定,结果导致正当防卫的认定标准极高,甚至造成了正当防卫制度的虚置,理由很简单,法官往往从事后的角度审查防卫的正当性,忽视事前的必要性。而从事后的

---

① 比如,在继承法中,不能证明几个被继承人何时死亡的,通常推定没有继承人的人先死;都有继承人的,推定长辈先死。Axon v Axon 59 Clr 395(1937)。

角度看,"成功的正当防卫"总是面对行为所避免的"可能的伤害"与行为已经造成的"确定的现实伤害"的比较,于是,极易得出防卫过当的结论。我国1997年刑法对正当防卫进行了细化,将其区分为特殊防卫和一般防卫。这样,被告人对正当防卫的判断标准产生认识错误,新规定有可能使原来的事实错误变成法律错误,比如,被告人向正在实施盗窃的人开枪,其误认为这构成"正当防卫"。根据原来较为模糊的标准,其有可能被认定为事实错误而阻却故意,因为这无法排除外行人认为这种防卫具有"适当性"的可能性。1997年刑法对特殊防卫(即具有生命危险的暴力防卫)确立了一种更为具体、更为严格的法律标准。根据这种新规定,被告人的这种认识只能被评价为法律错误。这种发展的最大优点有助于限制公权力,提高刑法条文的可预测性。

当然,刑法规范更加明确化、具体化,有时也会产生一些麻烦,比如,被告人故意将一个骑摩托车从事抢夺的犯罪嫌疑人杀死。如果被告人主张其当时误认为被害人欲抢劫自己,有可能构成事实错误,阻却犯罪的故意,或者构成意外事件,或者构成过失致人死亡罪;相反,如果被告人主张,其当时误认为可以合法地剥夺抢夺犯的生命(法律错误),这种错误则很难对被告人的责任产生影响。[①] 根据原来较为抽象的标准,对于这两种情况,法院可以根据外行人标准决定其是法律错误,还是事实错误,现在,法院的这项自由裁量权没有了。这样,有法律知识或得到更好的法律服务的被告人,有可能从该制度中获得较大的收益,这对没有获得良好法律服务的被告人而言,可能是不公平的。在过去,法官则可以通过改变错误的性质,解决这种不公平问题。现在,法官的该项自由裁量权不存在了。

然而,随着刑法禁止规范的发展,立法者有时也借助这种制度,表达对

① Leonard G.,"Rape, Murder, and Formalism: What Happens If We Define Mistake of Law?", *Ssrn Electronic Journal*, 2000, p.590.

特定行为的禁止,因为刑法禁止规范的发展,通常表现为判断行为出入罪标准的变化,而法律类推制度有时就会隐身其中。现在以强奸罪的构成要件要素"被害人不同意"的判断标准的变化为例,揭示法律类推制度的内容以及存在的问题。

其实,就刑法禁止规范而言,除了行为人的主观责任形式(即故意与过失)外,通常还存在着另外一个要素即被害人不同意。比如,就强奸罪而言,其有一个重要的构成要件要素,即"被害人不同意",从形式上看,这种要素既是主观要素,也是消极要素,故很难迎合证据规则的诉求,为此,在立法时,大多数国家都通过一定的立法技术将该要素客观化和积极化。按照时间顺序,其主要有三种不同的立法形式:

其一,以"被害人反抗"表述"被害人不同意",即在性行为发生过程中,被害人反抗是"不同意"的物理表征。

其二,以"被告人的暴力或暴力相威胁"作为"被害人不同意"的典型物理表征。

前一种立法形式立足于被害人的行为,后一种立法形式立足于被告人的行为,但其本质是相同的,即采纳的是"不同意即是不同意"标准。根据该标准,被害人只要有口头上的"反抗",就能认定"被害人不同意"的存在;相反,如果被害人对性行为保持沉默,则视为同意。

其三,随着女权主义的兴起,有的国家开始放弃"不同意即是不同意"标准,改采"同意才是同意"标准,即被害人的沉默应视为"被害人不同意",目的在于加强对妇女性自决权和免予胁迫、强制及暴力权的保护。最典型的例证是英国的 MTS 案。在该案中,法院认为,只有被害人明确表达了其愿意或允许与被告人发生性行为时,才能认定存在着法律意义上的"被害人同意",这就是所谓的"明示"标准。根据原来的标准,强奸罪保护的法益应是妇女免遭暴力或暴力相威胁的自由;而根据新标准,除了上述法益外,强奸罪之规定还保护妇女选择性行为的自由。

　　从"不同意即是不同意"标准变成"同意才是同意"标准,从表面上看,产生变化的仅是该罪的客观要素,即在形式上降低了该罪的客观要求,被告人即使未使用暴力或暴力相威胁,也有可能构成强奸罪。其实,这还降低了犯罪对被告人的主观要求,因为如果被告人将被害人的"沉默"或"模棱两可"看成法律上有效的"同意",根据前两个标准,被告人主观上是无可责性的,而根据最后一个标准,被告人主观上则具有可责性。有人对此提出质疑,认为新标准对被告人对被害人"不同意"要素的主观可责性要求太低了。① 因为在性行为发生过程中,如果被害人消极被动,一言不发,至少有时被告人可以合理地认为其是同意的,但根据新标准,被告人主观上却具有可责性。事实上,有很多妇女对性行为希望以暧昧、含蓄的方式表达主观上的"同意"。第三个标准实际上是将对"不同意"产生的过失性的事实错误,甚至是合理的错误,变成了法律错误,亦即其对强奸罪中的"不同意"要素,实际采用的是过失责任,甚至是严格责任,显然有违责任主义原则的诉求。

　　支持者解释说,新标准仅仅规定了一种新的"同意"形式而已,即,只有妇女明确表达了允许的情况下,性行为才具有合法性。也就是说,其只涉及犯罪的客观构成要件要素,并不涉及主观要素问题。如果妇女主观上愿意,但其并未将这种愿意明确表达出来,这种"同意"在法律上是不适格的。法律提出这样的要求并不新鲜,这在医学界早已司空见惯。比如,当病人没有明确表示其愿意做手术时,即使其私下早已或多次表示愿意接受手术治疗,也不能构成病人法律上有效的"同意"。② 批评者指出,根据这种观点,妇女(作为非主动方)只能采用明示的方式表达"同意",这无疑否定了个人选择表达"同意"方式的自由,尤其在现实中,有很多人不愿意明确表达对性行

---

① Leonard G., "Rape, Murder, and Formalism: What Happens If We Define Mistake of Law?", *Ssrn Electronic Journal*, 2000, pp.567-587.

② Schulhofer S.J., "Taking Sexual Autonomy Seriously: Rape Law and Beyond", *Law & Philosophy*, Vol.11, No.1-2(1992), pp.74-75.

为的态度,尽管其内心可能是同意的。但支持者认为,这样做并不过分,考虑一下那些内心的确不愿意,但基于各种原因只得保持沉默,或者不能明确拒绝的被害人由此受到的伤害,这是完全值得的。[1]

现在假设被告人与既没有用口头或身体进行反抗,也没有明确表示"同意"的人发生性行为,被告人误认为存在着"被害人同意",其实,被害人是不同意的。这种错误究竟是事实错误,还是法律错误呢?根据原来的两个标准,可能被认定为事实错误,阻却故意,但根据新标准,却只能被认定为法律错误,即使这种错误具有合理性,法官也会认为其一般不会影响责任,理由是被告人的行为已经侵犯了被害人的性的自决权,且其也应意识到这一点,即被告人主观具有可责性。这就是说,刑法的变化有可能使先前会影响责任的事实错误,变成了没有法律意义的法律错误。当然,这有利于防止被告人以事实错误为由逃避法律的惩罚。

总之,新禁止规范的出现,会引起事实和法律边界的变动,使原来的事实判断变成了法律判断。再比如,被告人向未成年人提供烈酒,未成年人喝酒后犯罪,比如醉驾。如果法律未明确禁止成年人向未成年人提供烈酒,被告人可以主张事实错误,否定自己有加功于未成年人犯罪的故意,从而否定自己构成共犯。然而,如果刑法对此已作了明确的禁止,这种认识错误就变成了法律错误。具言之,被告人没有意识到提供烈酒行为之危害性,在新禁止生效之前,可能被评价为事实错误,阻却被告人的共犯责任;在这种新的刑法禁止生效后,则会被评价为法律错误,通常不会影响被告人的共犯责任。

此外,新禁止的出现还会影响其他禁止规范的适用范围,比如,在我国《刑法修正案(八)》生效前,被告人没有意识到酒后开车会伤害他人而醉酒

---

[1] Schulhofer S.J., *Unwanted Sex: The Culture of Intimidation and the Failure of Law*, Harvard University Press, 1998, p.270.

驾驶,结果发生交通事故,致人死亡。被告人如对此危害结果无认识,可能会被评价为事实错误,阻却犯罪故意,构成交通肇事罪。但该规定生效后,被告人对醉驾的后果无认识,则构成法律错误,其将不会再影响故意的成立。这样,如果醉驾致人死亡,被告人有可能构成故意杀人罪或其他严重犯罪,而非交通肇事罪了。

刑法规范的变化,在一定程度上会对刑法所保护的法益的种类及其保护程度产生巨大影响,其中的重要路径之一就是通过事实判断向法律判断的转换实现的。不过,两种判断之间的转换并不会模糊两者的边界,恰恰相反,更突出了两种错误的不同。法律发展的总趋势是法律条文越来越具体、完善,这必然导致个人自治权的范围变得越来越明确,被告人一旦突破该自治权的边界,以认识错误为由主张免责的可能性也将随之变得越来越小,其根据就是比例原则。

五、故意的双重地位

作为心素的故意和过失构成刑罚的伦理基础。刑法以处罚故意犯为原则、以处罚过失犯为例外,故意一直受到学界的重视。德日关于犯罪论体系的争论,大都涉及故意的体系位置,故意的体系位置构成了检测犯罪论体系是否妥当的一个非常重要的标准。

(一)违法与责任的分立:故意的体系位置

在德国刑法中,故意是一个惯用的、意义不确定的法律概念,其所指向的是客观构成要件的所有要素,是对法定构成要件的客观要素的知道和意欲。① 关于故意在犯罪论体系中的位置,学界主要有三种不同的观点:

第一,有责性说。19 世纪末 20 世纪初,德国古典学派认为犯罪构成要

---

① [德]汉斯·海因里希·耶赛克、托马斯·魏根特:《德国刑法教科书》,徐久生译,中国法制出版社 2001 年版,第 352 页。

件符合性属于客观的判断,应当排除主观性的内容;犯罪的所有客观要素都应当放在不法中评价,而所有的主观内容都应当放到责任中评价;①行为只要符合犯罪的定义(即犯罪构成要件),就存在着主观上的非难可能性。②既然构成要件的符合性属于客观的判断,以故意和过失为内容的罪过,自然在犯罪构成要件中找不到相应的位置。有责任能力的人只要有故意、过失的心理事实,就具有道义上的责任,即在责任问题上,坚持心理责任论。在他们看来,所谓的责任,实质上是行为人与行为的心理关系,就是故意、过失的心理事实。有故意就有责任,没有故意就没有责任。③因此,意外地造成他人死亡,仍应认定为违法,只是因为不符合有责性的要求,才被排除在犯罪之外。④这种观点的实质是,故意系责任的要素,而非违法的要素。这样做的好处是,有利于提高刑法的安定性,使犯罪构成要件的符合性完全成为客观的判断,最大限度地保障公民的自由。

第二,违法性说,也可以称为符合说。刑法经过长期的发展,人们发现对于有些犯罪来说,其指向的行为还存在着一个内在的、主观性的要素,比如盗窃罪中,行为人必须有一个永久剥夺他人财产所有权的故意,即在盗窃行为的定义中,包含着一种主观性的要素。⑤如果脱离这种主观要素,则无法正确理解刑法的禁止。这就意味着,在犯罪构成要件中,不仅应当包含着行为、结果和因果关系等客观要素,而且还应当包括故意等主观要素。这种观点认

---

① [德]克劳斯·罗克辛:《德国刑法学总论》(第 1 卷),王世洲译,法律出版社 2005 年版,第 121 页;[日]小野清一郎:《犯罪构成要件理论》,王泰译,中国人民公安大学出版社 2004 年版,第 49 页。

② F. Von Liszt, "Lehrbuch Des Deuthchen Strafrechts", 1905: 116, in Wolfgang Naucke, An Insider's Perspective on the Significance of the German Criminal Theory's General System for Analyzing Criminal Acts, 1984: 305, 312.

③ [日]大谷实:《刑法总论》,黎宏译,中国人民大学出版社 2008 年版,第 285 页。

④ George P. Fletcher, "Criminal Theory in the Twentieth Century", *Theoretical Inquiries*, No. 2 (2001), pp.265, 272-273.

⑤ [德]克劳斯·罗克辛:《德国刑法学总论》(第 1 卷),王世洲译,法律出版社 2005 年版,第 122 页。

为,行为是刑事责任的起点和核心,其不仅是外部世界的一种自然的因果关系,而且还受制于行为人的主观意识,一般又被该意识所滋生的目的所决定。① "意志是行为的脊梁",缺少了意志的支撑,行为便失去了评价的意义。②

人的行为"主观化"的结果是,犯罪的构成要件中不能缺失与意志相对应的故意,否则,无法理解这里的行为,从而也就无法理解犯罪的构成要件。将故意要素放在第三个阶段进行评价,会使犯罪的符合性失去"眼睛",使得很多中性的行为甚至是合法的行为被违法化。③ 杜伯·马库斯认为,第一个阶段的入罪要素,应当包括制定法所规定的某一犯罪的所有要素,故意当然也不能例外。④ 德国著名学者阿瑟指出,故意、过失以及目的、动机等主观要素,都应当处在第一个阶段之中。⑤

第三,违法与责任说,又称双重故意说。这种观点认为,故意既是违法的要素,也是责任的要素,即故意要素既是犯罪构成要件要素,也是责任的要素。⑥ 根据是,其一,如果在犯罪构成符合性中没有故意要素,绝大多数的故意犯罪会得不到正确的理解,比如故意杀人、盗窃、背信等犯罪;其二,无法处理未遂犯的问题;其三,与故意犯相对应的过失犯罪,无法进行有效的处理。⑦ 如果把故意、过失全部放到第一个阶段去评价,又会架空有责性

---

① Hans Welzel,Das Deutsche Strafrecht,1969:4.

② Hans Welzel,Das Deutsche Strafrecht,1969:33.

③ Wolfgang Naucke,*An Insiders Perspective on the Significance of the German Criminal Theorys General System for Analyzing Criminal Acts*,1984:305,312.

④ Dubber M.D.,"Theories of Crime and Punishment in German Criminal Law",*American Journal of Comparative Law*,Vol.53,No.3(2005),pp.679-707.

⑤ Albin Eser,"Justification and Excuse:A Key Issue in the Concept of Crime",in Albin Eser & George P.Fletcher eds.,*Justification and Excuse:Comparative Perspective*,1987:17,20.

⑥ 山口厚、付立庆:《犯罪论体系的意义与机能》,《中外法学》2010 年第 1 期;C.R.Snyman,"The Definition of the Proscription and the Structure of Criminal Liability",*The South African Law Journal*,Vol.111(1994),pp.65-79。

⑦ C.R.Snyman,"The Definition of the Proscription and the Structure of Criminal Liability",*The South African Law Journal*,Vol.111(1994),pp.65-79;许玉秀:《当代刑法思潮》,中国民主法制出版社 2005 年版,第 67 页。

判断的内容,使责任的其他要素失去了归宿和支撑。即故意既应是违法的要素,也应是责任的要素。

可以说,这三种观点都有一定的根据,至于哪种观点更为合理,至少要看两个方面:其一,能否提高刑法自身解决实际问题的能力,并使其解决结果符合人们的道德意识;其二,是否与相邻的制度协调,即与其他制度兼容,至少不能发生矛盾。

(二)正当防卫权:故意体系位置面对的第一个考验

为了检验上述三种观点的妥当性,假定一未成年人(5 周岁)和一完全刑事责任能力人,分别用枪射击近在咫尺的两个无辜的受害人(他们持枪行为的合法性不做评价)。后者是行为人误认为受害人正在攻击自己而实施的反击,这种认识错误是合理且不可避免的,所以阻却犯罪故意,也不构成过失犯罪。[1] 在此将该攻击人简称为"错误攻击人"。面对他人的攻击,两个无辜的受害人(知道对方的真实情况)是否有权进行正当防卫呢? 根据我国刑法第 20 条的规定及德国刑法典第 32 条的规定,正当防卫的对象只能是"不法伤害"行为,即违法行为。[2] 现在看符合说、责任说、双重故意说会有怎样的结论。

1. 符合说

对于符合说来说,未成年人用枪射击受害人的行为,显然符合故意杀人罪的构成要件,即未成年人的行为符合故意杀人罪的该当性。由于没有正

---

[1]　参见张明楷:《刑法学》,法律出版社 2007 年版,第 229 页。

[2]　国内大部分学者认为这两个概念是相同的。参见彭卫东:《正当防卫论》,武汉大学出版社 2001 年版,第 39 页;张明楷:《刑法学》,法律出版社 2007 年版,第 231 页;陈兴良:《刑法适用总论》,中国人民大学出版社 2006 年版,第 295 页;马克昌主编:《刑法学》,高等教育出版社 2003 年版,第 125 页。在德国,"违法"与"不法"是不同的,前者是犯罪构成要件该当性判断的结果,后者是违法性判断的结果。中德的观点不同,是由两个犯罪论体系的不同造成的。参见[德]克劳斯·罗克辛:《德国刑法学总论》(第 1 卷),王世洲译,法律出版社 2005 年版,第 389 页;参见[德]汉斯·海因里希·耶赛克、托马斯·魏根特:《德国刑法教科书》,徐久生译,中国法制出版社 2001 年版,第 408 页。

当化的事由,第二个阶段评价的结论是该行为具有违法性。这就意味着,受害人可以实施正当防卫。对于错误攻击人来说,由于错误阻却犯罪故意的成立,即在犯罪该当性的判断中,出现了否定性的要素,因此,错误攻击人的行为不具有故意杀人罪的该当性。也就是说,错误加害人的行为不具有违法性,即使不进入第二个阶段,也能在第一个阶段得出这样的结论,所以,错误攻击行为的受害人无权进行正当防卫。

上述两个案件很相似,两个受害人都没有过错(这里借用民法中的过错来表述当事人的主观状态,以区别于刑法中的罪过),未成年人的受害人有权实施正当防卫,而错误攻击行为的受害人却无权实施正当防卫。产生这种区别的根本原因并不是两个案件在事实上有什么本质的不同,而是故意要素放在第一阶段进行评价造成的。这样,实质上没有什么区别的攻击行为,一个具有违法性,而另一个不具有违法性,进而导致一个无辜的受害人有正当防卫权,而另一个无辜的受害人却没有正当防卫权。

把上述两个案件联系起来,从现实结果的角度看,很容易得出如下一个结论:未成年人的生命权<遭受未成年人攻击的受害人的生命权=错误攻击行为的受害人的生命权<错误攻击人的生命权。换句话说,未成年人的生命权<错误攻击人的生命权,即错误的攻击人更应该活在人间,而未成年人与那个被错误攻击的受害人则应当死去。未成年人与认识有错误的人相比,不管是从攻击行为的外观上还是从攻击行为的力度上看,社会道德情感都更应站在未成年人的一边,即未成年人更应受到社会的宽容,而符合说却对未成年人提出了更高的要求,这与一般性的道德意识显然是不一致的。这种因法律适用技术上的原因而造成受害人实体权利不同的做法,很难为人所接受,而且,"相似案件要相似处理"的司法理念对此也是难以容忍的。

既然错误攻击行为的受害人无权对加害人实施正当防卫,这意味着如果其实施了"正当"防卫,那么,受害人的行为则会符合故意伤害罪或者故意杀人罪的构成要件。由于该受害人主观上不存在认识错误,这样,受害人的行为就具有了形式上的违法性,再加上受害人无权实施正当防卫,因此,在第二个阶段违法性的评价中,第一个阶段推定的违法性会被进一步证实。这样,错误的攻击人自然可以对受害人的防卫实施正当防卫。由此得出的结论是:无辜的受害人无权对错误的攻击人实施正当防卫,而危险的制造者(错误攻击人)则有权对无辜的受害人的防卫实施正当防卫。符合说很明显在价值趋向上,更侧重于保护错误攻击人的利益。面对这种情况,很有必要使法律给该错误攻击的受害人提供法律救济。根据现有的法律来说,受害人的求生之路大体上有以下几种可能:

其一,紧急避险。从表面上看,紧急避险似乎可以解决这个问题,实际上这是一个假命题。虽然从表面上看,紧急避险与正当防卫不同,其不要求造成危险的行为具有违法性,但要求保护的利益"明显"地高于被威胁的利益。我国刑法第 21 条没有要求紧急避险保护的利益必须高于被损的利益,但国内学界通说认为,损害的利益应当小于保护的利益。① 德国刑法典第 34 条、美国模范刑法典均有此要求。即便有学者称,紧急避险所保护的利益可以等于所损害的利益,不过,这些学者仍然不承认为了保护自己的生命而剥夺他人生命权的行为的正当性。② 这就意味着,错误攻击行为的受害人无权对攻击人实施紧急避险,而攻击人则可以对受害人实施正当防卫。如果结合未成年人的攻击行为来看,未成年人的受害人可以实施正当防卫,错误攻击行为的受害人连紧急避险都不能实施。

支持把故意放在第一个阶段进行评价的学者也发现了这个问题,比如弗莱彻解释说,精神病加害人(相当于上文中的未成年人)生命价值低于错误攻击人的生命价值,的确是有问题的。不过他认为,产生这个问题的原因

---

① 参见高铭暄、马克昌主编:《刑法学》,北京大学出版社、高等教育出版社 2000 年版,第 149 页。
② 张明楷:《以违法与责任为支柱构建犯罪论体系》,《现代法学》2009 年第 6 期。此外,日本刑法典第 37 条规定,保护的利益可以等于所损害的利益。

是,正当防卫指向的攻击行为只需要有违法性,不需要具备有责性。即,这种结果是由行为的性质造成的,并不是精神病人(未成年人)的生命价值低于其受害人。① 同理,错误攻击行为的受害人的生命价值也不低于错误攻击人的生命价值,因为两个加害人的行为都无过错,而两个受害人也是无辜的。其实,弗莱彻的解释并不能让人满意,毕竟两个案件在很大程度上是一致的,而错误攻击行为的受害人既不能实施正当防卫,也不能实施紧急避险。即使假定错误攻击行为的受害人可以对加害人实施紧急避险,这种救济也是非常有限的。第一,紧急避险的条件显然要比正当防卫严格得多;第二,紧急避险大多是免责事由(虽然德国存在着阻却违法的紧急避险和阻却责任的紧急避险之分),而正当防卫却是地地道道的阻却违法性事由,这两者对行为的否定层次明显存在着差异;第三,这仍然难以协调两个案件在处理上的差异,即有违"相似的案件要相似处理"的原则。

其二,推定错误的攻击行为违法。如果从结果上进行逆推的话,似乎还有一个途径,即以某种方式将错误攻击行为推定为违法,那么,受害人自然可以对其实施正当防卫,这不仅给该受害人提供了法律上的救济途径,保护了受害人,而且也不违背相似案件要相似处理的原则。

这种处理仍然存在问题。该案的前提是,攻击人的攻击行为虽有错误,但该错误合理且不可避免,于是,在犯罪的符合性阶段,就排除了违法性。如果基于保护受害人的需要而赋予其正当防卫权,那么,就必须认定攻击行为具有违法性。攻击人的行为在符合性阶段被认定为违法,必然会转入第二个阶段和第三个阶段的评价,由于攻击人缺乏正当化事由和免责事由,自然就会得出攻击人需要为其行为承担刑事责任的结论,这显然有客观归罪之嫌。

也许会有人认为可以使用"相对化"的处理方式,即当确定攻击人的责

---

① George P.Fletcher,*Basic Concepts of Criminal Law*,Oxford University Press,1998,pp.143-144.

任时,在符合性阶段判断中,否定其行为的违法性,原因是该行为缺乏违法的主观要素。但在评价受害人防卫的正当性时,推定攻击行为具有违法性。理由是:该攻击行为具有违法的外观,攻击人的心理状态与受害人的法益受到的威胁在客观上没有任何关系。即,此时攻击人的行为违法与否,对受害人来说是等值的,这样受害人可以对错误的攻击行为实施正当防卫。从表面上看,这似乎是一个两全其美的方案。其实不然,这种处理方案又会产生其他的问题:第一,某一行为能否因其关系到的利益主体不同,同时作出两个矛盾的法律评价? 第二,违法性评价(在符合性阶段)的结果是主观的,还是客观的? 第三,三阶层理论是否能容忍这种做法? 德国学者称,三阶层理论体现了事物的特性,揭示了刑事责任的内在结构,不仅有利于人们去思考刑事责任,而且更是一种方法论和价值观,真实地反映了物理世界的规律。① 果真如此的话,面对同一个行为,一方面是合法的,另一方面又是非法的,即既是 A 又是非 A,概念精致、结构巧妙的德国三阶层理论,不可能容忍这种现象的存在。

2. 双重故意说与有责性说

根据双重故意说,对于故意这种要素,既在犯罪该当性中进行评价,也在有责性中进行评价。对于以上提到的两个案件来说,未成年人的攻击行为,在第一个阶段没有要素否定构成要件的符合性,因此,第一个阶段的评价结果是该攻击行为具有形式上的违法性。于是转入第二个阶段的评价,由于没有正当化的事由,所以,未成年人的行为被证实为具有违法性,其受害人可以实施正当防卫。但对于错误攻击行为来说,受害人的命运与符合说是一样的,即其既不能实施正当防卫,也不能实施紧急避险。因此,这种学说的缺陷与符合说是一样的,不能成为理想的选择。

---

① Wolfgang Naucke, *An Insiders Perspective on the Significance of the German Criminal Theorys General System for Analyzing Criminal Acts*, 1984:305,312.

如果把故意放在第三个阶段评价,这样,未成年人的攻击行为和错误的攻击行为都符合故意杀人罪的定义,具备犯罪的该当性,第一个阶段就会推定为其具有形式上的违法性。在违法性评价阶段,由于没有正当化的事由,则这种推定的违法性将演变成实质上的违法性,因此,两个受害人都有权进行正当防卫。从这里可以看出,有责性说不仅解决了受害人的正当防卫权问题,符合一般的道德观念,而且还避免了与相似案件相似处理原则的冲突,使两个案件得到较为完美的处理。

(三)犯罪未遂制度:故意体系位置面对的第二个考验

有责性说避免了以上两个观点所遇到的问题,至少在这个方面,与前两种观点相比,有责性说似乎更为合理。遗憾的是,刑法并非只有正当防卫制度,还有其他的制度,比如犯罪未遂。这也就意味着,有责性说要想取得认可,还必须经受得住其他制度,至少是犯罪未遂制度的考验。

1. 有责性说

根据有责性说,故意要素全部从该当性中转移到有责性中,因此,相对于其他两种不同的观点,该说会使得犯罪构成要件缺少故意这一要素,此时,犯罪构成要件要素最为简单。换句话说,犯罪(刑法典分论规定的各种具体的犯罪)的定义内涵最小,外延最大。根据这种观点,犯罪构成要件的要素主要有行为、危害结果和因果关系等。当然,对于一些特殊的犯罪,其组成要素可能还有行为的时间、地点、受害人的年龄等要素。

故意要素被移走后,留下的一个最为简单的犯罪定义,担负着描述具有刑事处罚可能性的行为,此时,很容易产生一个其能否胜任的疑问。对于大量的犯罪来说,这种担心好像是多余的。比如行为人杀了人,只要能证明:(1)行为人实施了剥夺他人生命的行为;(2)有人死亡;(3)死亡与杀人行为之间有因果关系,即可认定行为人的行为符合故意杀人罪的犯罪构成要件。但是,对于未完成犯罪,比如犯罪未遂来说,由于其定义本身就很简约,如果采用有责性说,会使原本构成要件就简约的犯罪未遂,变得更为简约。

原因很简单,因为犯罪未遂本身并不要求有犯罪结果及因果关系。如果有责性说与犯罪未遂说相结合,犯罪未遂的定义就只剩下了行为一个要素,而且该行为还没有主观方面的内容支撑,系一种"裸"的行为。这种结果很容易使人担心,此时的行为要素能否担当得起"筛选"犯罪的重任。比如有人想打一个人,当挥手打向他人时,胳膊出现了抽筋,只能停止攻击。如果抛开主观心理,如何从外观的角度解读这种行为呢?其可以被理解成为打人(即伤害未遂),也可以理解成为要拥抱某人,或者向对方打招呼,或者无意识的肢体动作等。再比如,向他人茶杯里放置白糖的行为是不大可能被认为是违法的。但出于杀人之目的,误将白糖作为砒霜放到他人茶杯里,国内有学者认为是杀人未遂,①也有人认为是不能犯,不构成犯罪。② 如果按照三阶层理论中的有责性说,将故意放置在有责性中进行评价,排除主观罪过之后,很难认为向他人茶杯放置白糖的行为符合故意杀人罪的犯罪定义。即由于缺乏犯罪的该当性,自然就不会进入违法性的评价,更不用说是进行有责性的评价了。从表面上看,有责性说似乎很好地处理了这种不能犯的问题,其实不然,照此推理,必然会否定未遂犯的存在。比如,想放火烧死自己的仇人,点着了打火机,结果风大被吹灭,于是想再寻找其他的机会报复仇人。打着打火机的行为本身是没有危害的,不考虑其目的,很难定罪。如果要承认未遂犯的存在,只能把打着打火机的行为推定为违法。如果作出这样的推定,在违法性评价过程中,并不存在着正当化的事由,所以可以确认该行为具有违法性。在第三个阶段,又没有免责事由,所以,行为人的行为构成放火罪(未遂),这样似乎解决了问题。但是,如果允许这样做的话,又会产生其他的问题:点燃打火机的行为推定为违法,所有的日常行为,比如亲人间的拥抱行为、讨好恋人给其咖啡加糖等行为,都会被推定为具有违

---

① 参见陈明华主编:《刑法学》,中国政法大学出版社 1999 年版,第 146 页。
② 参见张明楷:《刑法学》,法律出版社 2007 年版,第 298—299 页。

法性,这势必会导致违法行为的泛化。

撇开行为人的故意,孤立地解释行为的违法性是无法让人接受的。从以上分析可以看出,在犯罪构成要件中,必须融入故意要素,否则会产生两种无法让人接受的结果:要么否定犯罪未遂制度,要么造成违法行为的泛化。

对于未遂犯来说,其构成要件中必须融入故意要素,既遂犯的构成要件中是否也需要融入故意要素呢? 答案是肯定的。未遂犯与既遂犯适用的是同一个犯罪定义或者犯罪构成要件,在未遂犯中,故意是犯罪构成要件的一部分,那么,既遂犯也必须使用相同的规则。比如美国著名学者弗莱彻认为,某一犯罪该当性(体现为犯罪的定义)的最低要求是,其必须要反映特定时间、特定社会背景下的统一的道德规范。比如对鲁莽驾驶罪来说,从逻辑上看,似乎可以认为这种规定是反对所有驾驶车辆的行为。然而,如果鲁莽是该罪定义的一个要素的话,非鲁莽的或者安全驾驶行为并不违反这一规范——在当前社会里,一般情况下,禁止驾驶与人们的道德规范是矛盾的,只有禁止鲁莽驾驶行为才与道德规范相一致——"鲁莽"是该犯罪定义的一个必然的要素。[1] 因此,认为故意只是构成未遂禁止的一部分,而不是既遂犯罪的禁止的一部分,是不符合逻辑的。

2. 符合说与双重故意说

由弗莱彻的分析可以看出,如果没有故意这一要素,犯罪的定义所反映的刑法禁止很容易与道德发生冲突。为了避免这种冲突,必须将故意融入犯罪定义之中。与此相似,如果没有故意,未遂犯的定义也会与道德规则发生冲突,至少在很多情况下都会如此。由此可以得出一个结论,即如果只是将故意放在有责性中进行评价,会使犯罪的定义(具体某罪)不符合弗莱彻所说的犯罪定义的最低标准要求,无法反映犯罪所具有的反伦理性。

---

[1]　George P. Fletcher, "Criminal Theory in the Twentieth Century", *Theoretical Inquiries*, No. 2 (2001), pp.265,272-273.

　　既然犯罪的构成要件中必须有故意的要素,这就存在着是将故意的所有要素都放在犯罪的构成要件当中,还是只放置一部分的问题。符合说认为,应当将故意要素全部放在犯罪构成要件中,以此来反映犯罪的反伦理性,解决未遂犯所遇到的尴尬。双重故意说的观点与此类似,不同的是,双重故意说在将整个故意放进构成要件中的同时,有责性中仍然保留着一个完整的故意要素,即在认定一个犯罪中,故意要反复评价两次,这种做法在直观上似乎存在着重复评价的嫌疑,不过,这种观点可以避免有责性说造成的犯罪定义太小、未遂犯的构成要件不能反映所评价的对象是否违反伦理等问题。但是,按照这两种观点处理以上两个外观上极为相似的案件时,除了会违背"相似的案件要相似处理"原则之外,还会造成错误攻击行为的受害人在法律上无生路可走。

　　符合说和双重故意说不仅无法通过正当防卫权的考验,而且更为重要的是,其还会在逻辑上给整个三阶层犯罪论体系带来麻烦,因为故意包括记述的要素和规范的要素两个方面。对于后者来说,其本身就蕴含着可罚性此一终局性的评价,即有罪责。如果把故意放在第一个阶段中,不管其评价结果如何,都必然会造成第二个评价阶段和第三个评价阶段是多余的,从而导致正当防卫、紧急避险、被胁迫或者精神病等正当化的事由或者免责事由均失去了被评价的意义。具体来说,如果故意在第一个阶段的评价结论是无责的,行为人就不会承担任何的刑事责任,再进行第二个和第三个阶段的评价,就没有多大的意义了;如果评价结论是有责的,那么,该行为人的行为就不可能被认为是正当的或者说是可以免责的,这样,同样没有必要再进行第二个和第三个阶段的判断,即第一个阶段是无法容忍故意的存在的。①

---

① George P. Fletcher, "Criminal Theory in the Twentieth Century", *Theoretical Inquiries*, No. 2 (2001), pp.265,272-273. 小野显然没有考虑到犯罪构成要件中如果包含了主观的、规范的要素,有可能吞噬掉第二个阶段和第三个阶段存在的价值。[日]小野清一郎:《犯罪构成要件理论》,王泰译,中国人民公安大学出版社2004年版,第64—65页。

因此,符合说和双重故意说不仅在实践上存在着与其他制度的不兼容,而且还在体系上存在着逻辑问题,其理论价值显然会大打折扣。

（四）故意要素的解构:三阶层模式的完善

除了古典主义之外,其他德日犯罪论体系似乎都存在着解构故意与过失的想法。① 责任说的缺陷表明,第一个阶段亟须故意要素,而符合说和双重故意说又表明故意要素不能,至少是故意要素中的规范要素不能放在第一个阶段中进行评价。为了化解这种矛盾,有必要将故意分解成记述的要素和规范的要素两种,前者放在第一个阶段评价,后者放在第三个个阶段评价。从形式上看,这样不仅解决了责任说的缺陷,而且还避免了符合说和双重故意说出现的问题。②

从历史的角度看,故意的记述的要素与规范的要素的分立,并不是基于犯罪论体系上的考虑,而是与承认过失犯罪有密切的关系。甚至有人认为,记述的故意转移到构成要件符合性中,使原来的心理责任变成了纯粹的规范责任,完全是承认过失犯的结果。③ 随着心理责任变成规范责任,作为罪

---

① 许玉秀:《当代刑法思潮》,中国民主法制出版社 2005 年版,第 156—161 页。
② Ambos K.,"Toward a Universal System of Crime:Comments on George Fletcher's Grammar of Criminal Law",*Política Criminal*,Vol.3,No,5(2004),pp.5-42;Kadish S.H.,"The Decline of Innocence",*Cambridge Law Journal*,Vol.26,No.2(1968),pp.273-274.
③ 因为作为罪过形式之一的过失的判断,至少要考虑三个因素:第一,注意义务的客观标准（或者称为理性人的标准）。它是认定过失必不可少的根据,因为,在判断行为人是否存在着过失时,必须考虑其他人在相同的情况下是否也会违反注意义务的问题,而达此结果的最好的手段则是将心理、规范联系起来。第二,行为人履行注意义务的情况、行为人履行注意义务的能力。它也是判断过失行为是否需要进行刑法上的非难的重要根据。行为人的能力本来达不到规范的注意义务标准,而仍然选择了相应的行为,结果给社会造成了损害,这就是刑法谴责其行为的根据所在。第三,行为人没有履行注意义务致使行为背离规范的理性标准的程度。这种判断离不开政治的、社会的、价值的、伦理的标准,所以,过失概念的本身主要是规范的要素,其自然应当属于责任的内容。George P. Fletcher,"Criminal Theory in the Twentieth Century",*Theoretical Inquiries*,No.2(2001),pp. 265,471-477;Gunnar Duttge,Zur Bestimmtheit Des Hand-lungsunwerts Von Fahrlässigkei-tsdelikten 2001:361;Roger Whiting,"Negligence,Fault and Criminal Liability",*The South African Law Journal*,1991:431-440。

过典型形式的故意,由于本身包含着记述的要素和规范的要素两种,其很难为有责性所包容,不得不将其解构,将记述的内容放到犯罪构成要件中,有责性只保留其规范性的那一部分内容。这样,相对于古典主义,这些后目的论者所建构的犯罪论体系主要发生了两个变化:①其一,责任的心理要素,即记述的故意要素,比如目的、具体的故意,从(心理上)责任中转移到构成要件中;其二,强化了新古典主义提出的要将责任独立化、规范化的观点。②在这里,责任就不再是心理的结果,已变成了纯粹规范意义上的责任。这样,区分说既解决了构成要件符合性的"眼睛"问题,又避免了将故意全部移到第一个阶段给整个体系带来的逻辑上的麻烦。

将故意进行拆分,故意的记述的要素放在第一个阶段进行评价,规范的要素放在第三个阶段进行评价。对于未成年人的攻击行为,区分说的结论与其他学说是一样的:该攻击行为具有违法性,受害人可以对未成年人实施正当防卫。对于错误的攻击行为而言,这种认识错误属于记述的要素,还是属于规范的要素,学界存在不同的看法。有人认为是记述的要素,但并没有说明理由。③ 记述的要素是指以简明的方式描写符合犯罪构成要件的,无须政治的、价值的、伦理的、社会的评价做补充的事实;规范的要素则是需要

---

① 需要注意的是,古典的三阶层犯罪论体系,违法是客观的判断,后目的论建构违法性判断中包括了客观的正当化事由和主观的正当化事由。Ambos K., "Toward a Universal System of Crime:Comments on George Fletcher's Grammar of Criminal Law", *Política Criminal*, Vol.5, No.3(2004), pp.5-42。

② Christoph Karl Stübel, Ueber Den Thatbestand Der Verbrechen, Die Urheber Derselben Und Die Zu Einem Verdammenden Endurtheile Erforderliche Gewissheit Des Erstern, Besonders, In Rücksicht Der Tödtung, Nach Gemeinen In Deutschland Geltenden Und Chursächsischen Rechten, 1805:4, 18; Ambos K., "Toward a Universal System of Crime: Comments on George Fletcher's Grammar of Criminal Law", *Política Criminal*, Vol.3, No.5(2004), pp.5-42; Kadish S.H., "The Decline of Innocence", *Cambridge Law Journal*, Vol.26, No.2(1968), pp.273-274.

③ Russell L.Christopher, "Tripartite Structures of Criminal Law in Germany and Other Civil Law Jurisdictions", *Cardozo Law Review*, Vol.28, No.6(2007), pp.2675-2695.

"充填价值的"事实。① 行为人对事实的性质存在着错误的认识,并且这种错误是合理的且不能避免的,这当然是价值判断的结果。② 这与过失犯罪中的注意义务的标准(理性人的标准)是完全一致的,将其视为记述的要素,显然是不妥当的。

如果将攻击人的认识错误作为规范的要素放在有责性中进行评价,那么,错误攻击行为是符合故意杀人罪的构成要件的,即犯罪的该当性成立。由于在违法性评价阶段没有正当化的事由,所以,会得出该行为具有违法性的结论。受害人对这种错误的攻击,当然有权实施正当防卫。对于错误攻击行为,其得出的结论完全与有责性说相同。这不仅避免了与"相似的案件要相似处理"原则的冲突,而且还解决了错误攻击行为受害人的正当防卫权问题。

根据区分说,故意的记述的要素放在第一个阶段评价,于是,犯罪构成要件中既有客观的评价要素,也有主观的评价要素(即故意和过失的记述的要素,后目的论还认为有目的和动机,这一点是有争议的)。③ 这就意味着未遂犯的构成要件中,不仅存在着行为,而且还存在着主观方面的要素。这样,挥手打人和向别人打招呼的行为,就会很容易地被区别开,前者符合犯罪的构成要件,后者由于缺乏打人的故意,所以,不符合犯罪构成要件。因此,前者具有形式上的违法性,后者没有任何违法性。总之,在处理未遂犯时,区分说不会产生因犯罪的定义太小、外延太大而引起的违法行为泛化的问题。区分说解决了以上三种不同的观点所遇到的麻烦,从而使得三阶层理论在形式上变得更加完美。

---

① 张明楷:《规范的构成要件要素》,《法学研究》2007 年第 6 期。
② 克劳斯·罗克辛、蔡桂生:《构建刑法体系的思考》,《中外法学》2010 年第 1 期。
③ Ambos K., "Toward a Universal System of Crime:Comments on George Fletcher 's Grammar of Criminal Law", *Política Criminal*, Vol.3, No.5(2004)pp.5-42; Kadish S.H., "The Decline of Innocence", *Cambridge Law Journal*, Vol.26, No.2(1968), pp.273-274.

然而,根据区分说,对于那些没有杀人故意、基于合理的事实认识错误而实施的攻击行为,受害人仍然缺乏正当的途径进行自我救助。在这种情况下,德国有学者声称,受害人也可以进行防卫,虽然没有制定法上的根据,但可以认为是超法规的免责事由,不追究受害人的责任。① 不过,从这种观点可以推导出,受害人的防卫行为是具有违法性的,只是在归责时,应当受到宽恕。这就意味着错误的攻击人可以对受害人的防卫实施正当防卫。② 因此,从结果的角度看,三阶层模式还是重视对错误攻击人的保护。从伦理学的角度看,应当赋予错误攻击行为的受害人以正当防卫权,毕竟攻击人是风险的制造者。不过,如果结合德国刑法典第 212 条第 2 款、第 11 条第 1款第 5 项、第 32 条第 2 款的规定,抛开所谓的犯罪论体系,从表面上看,该受害人似乎是可以实施正当防卫的。然而,这些法条经过三阶层模式整理,受害人却失去了防卫的权利。即这不是立法问题,而是由于犯罪论体系对思维素材进行组合造成的。就这一点上看,三阶层模式是有缺陷的,且目前还没有找到适当的解决途径。当然,由此认为我国犯罪论体系不应选择三阶层模式,还为时太早,最起码应当看看四要件模式处理上述问题的能力,然后才能就这个问题作出选择。

(五)违法性判断:四要件模式下的刑法自足性的缺失

从理论上讲,四要件犯罪论体系,不存在违法与责任的分立,每个要件要素直接指向责任,各要素没有位置功能,先分析谁后分析谁,应当是没有太多的关系的,一般不会影响案件的处理结果。所以,四要件说对未成年人的攻击行为与错误攻击行为的处理结果是一致的,符合"相似的案件要相似处理"的原则。但仅仅满足这一点是不够的。对于前面提到的认识存在

---

① 克劳斯·罗克辛、蔡桂生:《构建刑法体系的思考》,《中外法学》2010 年第 1 期。
② 正当性的事由与超法规的免责事由是不同的,后者是违法可罚的也是不道德的,但是可饶恕的。Dressler J., "New Thoughts about the Concept of Justification in the Criminal Law:A Critique of Fletcher's Thinking and Rethinking", *Ucla*, 1984:61-99。

着错误的攻击行为和未成年人的攻击行为,受害人是否有权实施正当防卫,在当前的学界,根据四要件理论,主要有以下不同的观点。①

其一,否定说。正当防卫的对象只能是不法侵害。该说认为,不法(违法)是危害行为的主客观的统一。② 错误的攻击行为,由于缺乏故意,因而不能被评价为违法。③ 既然不违法,受害人就无权实施正当防卫。如前所述,受害人又不能使用紧急避险。从刑法规范的层面上看,受害人只能坐以待毙,成就攻击人的错误。风险是由攻击人引起的,从法经济学上讲,他们是该风险行为的受益人,而风险的成本却让受害人去承担,显然是说不通的。另外,在这种情况下,要求受害人以自己的生命为代价去遵守法律,也是不现实的。

其二,肯定说。该学说认为违法的本质乃是客观的,不应当包括主观的要素,违法是法规范的违反,实质上是对合法利益的侵害。④ 这种观点的最大好处是解决了未成年人攻击行为的受害人和错误攻击行为的受害人的正当防卫权问题:上述攻击行为,都是对受害人合法权益的侵害,所以,受害人都有正当防卫权,而且,这也不违背相似的案件要相似处理的原则。但是,这种观点的缺陷也是非常明显的:第一,根据这种实质的违法论推导,受害人也可以对紧急避险者实施正当防卫,毕竟紧急避险在大多数情况下都是对他人合法权益的侵害。⑤ 第二,这里的实质违法性与德国刑法学界所说的实质违法性是不同的。德国刑法学界所称的实质违法其实就是"不法",它是第二个阶段判断后的一种结果,是以刑罚法规为根据进行的,

---

① 这是以往学者根据四要件体系对未成年人攻击行为所做的解释,目前,这些学者有可能不再支持四要件体系。参见张明楷:《以违法与责任为支柱构建犯罪论体系》,《现代法学》2009 年第 6 期。
② 参见高铭暄主编:《刑法专论》(上编),高等教育出版社 2002 年版,第 142—343 页。
③ 参见齐文远主编:《刑法学》,法律出版社 1999 年版,第 146 页;参见张明楷:《以违法与责任为支柱构建犯罪论体系》,《现代法学》2009 年第 6 期。
④ 参见马克昌主编:《刑法学》,高等教育出版社 2003 年版,第 125 页;陈兴良:《刑法适用总论》(上卷),法律出版社 1999 年版,第 331—332 页。
⑤ 参见张明楷:《刑法学》,法律出版社 2007 年版,第 176 页。

并未脱离刑法典。① 而我国学界的实质违法论,则是撇开了制定法,从规范之外寻找制定法适用的规范根据,显然有违法律实证主义的精神。第三,根据这种观点,对于侵犯民事权益的行为,甚至行政违法行为,也可以实施刑法意义上的正当防卫,这势必会扩大防卫的范围,从而造成不必要的危害。

还有人认为(此处为第三种观点)如果行为人知道侵害人没有罪过或者是无责任能力人,在有条件用逃跑等方法逃避侵害的情况下,不能实施正当防卫;否则,可以实施正当防卫。② 受害人"逃跑"等可能性,成为决定攻击行为是否具有违法性的根据,很容易使正当防卫成为一个"极具随意性的主观概念",更是不可取。③

首先,在四要件模式中,主客观统一说是通说。根据该学说,错误攻击行为的受害人和未成年人攻击行为的受害人都没有正当防卫权,由于不能实施紧急避险,所以,四要件的结论只能是两个无辜的受害人自认倒霉,这有违社会道德感。其次,这三种不同观点的存在,本身就说明了四要件在此问题上是有缺陷的,即用一个理论处理一个问题,却不能达成共识。最后,造成上述分歧的原因乃在于如何判断行为"不法"。刑法典未就"不法"即违法做出解释,而四要件犯罪论体系中又没有违法性判断的内容,这就造成了"不法"的判断游弋于刑法(制定法)之外,极易造成正当防卫制度的松弛,或者将违法等同于犯罪,缩小正当防卫的适用范围,或者脱离刑法规范将社会危害性或者法益侵害性视为正当防卫的适用前提,扩大正当防卫的适用范围。④ 解

---

① Christopher R. , "Tripartite Structures of Criminal Law in Germany and other Civil Law Jurisdictions", 2007;2675-2695.

② 参见赵秉志主编:《英美刑法学》,中国人民大学出版社 2004 年版,第 189 页。

③ 黎宏:《论正当防卫与紧急避险的界限》,《人民检察》2006 年第 11 期。

④ 在德国,对于刑罚权来说,法益的概念只是一个"无牙之犬",仅具"狂吠"之功效,其实很难有所作为。Schünemann B. , "The System of Criminal Wrongs: The Concept of Legal Goods and Victim-based Jurisprudence as a Bridge between the General and Special Parts of the Criminal Code", *Buffalo Criminal Law Review*, Vol.7, No.2(2004) , pp.551-582。

决的途径有:其一,在我国刑法中添加一条类似于德国刑法典第 11 条第 1 款第 5 项的规定;其二,选择三阶层犯罪论模式。现在的问题是,如果不选择三阶层犯罪论模式,是否可以通过直接添加一个条款来解决该问题。答案是否定的,理由很简单,在违法与责任一体化的四要件模式中,即使有类似的规定,也没有适用的空间。

(六)余论

刑罚法规可以用以下的公式表示:"任何人只要实施了行为 X 就处以 S 的处罚,但正当防卫、紧急避险、执行命令或者——的除外(J)。"[①]这里的 X 就是符合犯罪构成要件该当性的行为,它通常是以"看得见"的形式被刑法法规描述出来,即刑法的禁止。实质的违法要素(或者称为正当化事由)放在但书之中。[②] 行为与刑法的禁止发生冲突,就推定该行为具有形式上的违法性,如果这种违法性不被第二个阶段的正当化事由所否定,就可以确认该行为具有实质的违法性。换句话说,X-J=不法(实质违法)。所以,立法者要创制一个罪时,除了一些行政犯外,其一般是不会把"违法"之类的词放进犯罪的定义之中的。这样,在判断攻击行为是否属于正当防卫的对象时,就可以根据刑法的禁止和但书,在刑法规范之内探寻违法的根据了。四要件模式框架下,由于违法与责任没有解构,即使我国刑法有上述的规定,也是无法适用的。

刑法既然是制定法,其理论自然不能脱离具体的规范而独立存在。三阶层理论之所以优于四要件及英美的二元结构,乃在于其是以刑罚法规为中心展开的,且随时可以与刑法法规进行转换。同时,其还将法规范背后的抽象的价值判断在技术上进行了巧妙的处理。在处理基于阻却故意成立的事实认识错误(且不构成过失)而实施的攻击行为时,对于那些抽象的认识

---

① Hans-Heinrich Jescheck, Lehrbuch des Strafrechts: Allgemeiner Teil, Gebundenes, Buch, 1996: 200; Lehrbuch Drs Strafrechts, Allgemeiner, 220.

② C.R.Snyman, "The Definition of the Proscription and the Structure of Criminal Liability", *The South African Law Journal*, 1988, 111: 245.

错误,比如误认人为树而使用武力的情况,就受害人的防卫"无责性"上,三阶层模式短暂地出现了脱法现象(承认超法规的免责事由),除此之外,其一直在制定法的框架内较为妥当地处理问题,这显然要比四要件在处理所有的正当防卫问题上都处于脱法的情况,要好得多。

六、故意的记述的要素与规范的要素

就故意的记述的要素而言,其实质是指社会赋予行为人特定的动静以具体的社会意义,其主要任务有:

首先,解决这种举动的发动者是否是行为人以及行为人是否应当对这种举动产生社会危害及其危险负责。比如,行为人甲抱起乙投向丙,此时,丙面对的乙的伤害(身体的冲击),其只能向甲进行防卫,而不能向乙防卫,即乙的动静应当由甲负责,而乙实际上处于"工具"或者"手段"的地位。

其次,决定该动静的社会意义,或者说特定举动的社会价值。从实质上讲,故意的记述的要素虽然源自行为人的心理,但并非等同于其心理,而社会一般人出于自己的经验,而给行为人的特定行为进行赋值,如前所述,就像阅读一幅雕塑那样,社会给特定举动的赋值有可能背离行为人本人(即不同于创作者的想法)。不过,尽管出现了差异,但是,当代社会认为,这并不重要,毕竟刑法的目的乃在于保护法益,刑法在实现这个任务时,肯定会存在着错误成本的问题。比如,交通较为拥挤的情况下,违法变更车道导致他人死亡,行为人并没有杀人的故意,但是,出于交通道路法的规定以及面对的是实线车道,可以认为行为人有杀人的故意,尽管行为人可能完全没有这个意思。

最后,决定法条的选择。由于故意的记述的要素决定行为的社会意义,故在寻找法条时,这种要素非常重要,甚至是决定选择何种法条的关键要素。比如,行为人进行投毒,被评价为想杀一个人还是多个人,决定该行为是用刑法第232条评价,还是用第114条抑或第115条评价。

当然,除此之外,这还决定警察权的范围,比如,就犯罪未遂而言,行为

人的行为是否存在刑法上的故意,直接决定着国家对其是否具有干预权。故意规范的要素与之不同,其强调的是行为人的意志自由,也就是说,行为人在能选择适法行为之时,却选择了违法行为,其反映的是行为人实施违法行为的道德可非难性或者可责性。比如,在杜德利和斯蒂芬案中,被告人虽然符合故意记述的要素的要求,即剥夺了他人的生命,但是,这并不是其自由意志的结果,而是在特殊情况下,被迫做出的选择,也就是说,这种行为并不符合故意规范的要素要求,因此,认定其构成故意杀人罪是有问题的。这样,故意的理论也就与期待可能性的理论结合在一起了,事实上,期待可能性恰恰构成人们选择特定行为的社会背景。

然而,故意的规范的要素的内容并不能被期待可能性所取代,毕竟其体现的是行为人的意志自由更为集中,而前者显然较为分散,这与杜德利和斯蒂芬案明显不同。①

---

① 被告人是马车夫,从 1895 年起受雇于经营马车出租业的雇主。在受雇期间,被告人驾驭双辔马车,而其中一匹马为绕缰之马,时时用尾巴绕缰绳,并用力压低缰绳。被告人与雇主对该马的缺点都清楚。1896 年 7 月 19 日,被告人正驾驭之际,该马在某街头,突然用尾巴绕缰绳并用力下压,被告人虽然想拉缰绳制御该马,但不奏效,马向前飞奔,致行人受伤。检察官以过失伤害罪提起公诉,但原判法院宣告无罪,检察官不服,提出上诉,案件移至德国帝国法院。该法院驳回上诉,理由是,要肯定基于违反义务的过失责任,不能仅凭被告人曾认识到"驾取恶癖之马可能伤害行人",还要以被告人当时是否能基于该认识而向雇主提出拒绝使用此马。但我们不能期待被告人不顾自己的职业损失违反雇主的命令而拒绝使用此马,因此,被告人不负过失责任。简言之,由于不能期待被告人实施其他合法行为,所以,其行为不构成过失责任。此后,Frank,Goldschmidt,Freuden thal,E. Schmidt 等人以此为契机,使期待可能性的理论得以确立和发展。

1933 年 11 月 21 日,日本大审院对"第五柏岛丸事件"所作的判决,被认为是肯定期待可能性的先例。被告人是领有乙种二等驾驶员执照的海员,从 1932 年 6 月起受雇于广岛县音户町的航运业主木村,担任一机帆船(船名系第五柏岛丸,载重九吨)的船长,从事运送旅客的业务。该船的乘客定额为 24 名,如超载则有颠覆危险,被告人对此也清楚。1932 年 9 月 13 日晨 6 时左右,该船却载乘客 128 名从某港口出发,上午 10 时许行驶在某海面时,另一机帆船(船名系第二新荣丸)从后边驶来,从右边超越,相距约 16 米宽。第五柏岛丸的一部分乘客为了避免浪水溅身,便从右边移向左边,致使船向左边倾斜。又由于载客过多,船尾吃水较深,海水从船尾浸入,使船颠覆,导致 28 人死亡,8 人受伤。原判认定被告犯有业务上致死伤罪,判处 6 个月的禁锢。大审院则认为量刑不当,改判处以

第二节　法律要素

如前所述,刑法是法律体系中最为严厉的社会管控手段,其不仅能剥夺人们的财产,而且还会剥夺人们的自由,甚至是生命,故其为保护法益的最后的手段。刑法主要是通过科处刑罚,表达其威慑力,从而对人们的行为产

---

300 日元罚金。其理由有两点:第一,由于当时上班乘客异常多,而交通工具极为缺乏,乘客不顾船员阻止争先恐后上船。第二,该船的航行费用,需要超过乘客定额数倍的船票费,才能弥补其收支平衡。被告就超载乘客的危险曾再三向船主提出忠告,但船主不予采纳,仍令其超定额运载乘客。这两点理由实际都说明被告人是不得已超定额运载乘客的,因而所处的刑罚相当轻。——张明楷:《外国刑法纲要》,清华大学出版社 1999 年版,第 244—245 页。

在杜德利和斯蒂芬案中,澳大利亚游船"木犀草号"从英国埃塞克斯前往悉尼,途中沉没,四个幸存者被困在一艘十三英尺长的救生艇上,全部食物只有两个芜菁罐头。四人中,杜德利是船长,斯蒂芬是助手,布鲁克斯是一个能干的船员,帕克是见习船员。帕克只有十七岁,很快就成为四个人中状况最差、最虚弱的人。四个船员以一个芜菁罐头维持了两天,在随后的两天只能靠雨水度日,直到他们抓住一只海龟。那天他们吃了第二个罐头,也许想着他们还可以再抓一只海龟。

一周后,他们吃光了海龟身上所有能吃的东西,但仍然看不到获救的希望,也没能找到其他食物。船员们的嘴唇和舌头因为脱水而发黑,腿脚肿胀,浑身布满溃烂的伤口,并且开始喝自己的尿。帕克喝了海水,这在水手看来无异于饮鸩止渴。在第十九天,杜德利提以抽签的方式选出谁该被杀掉作为其他人的食物。布鲁克斯反对,斯蒂芬在犹豫,计划暂时被搁在一边。后来,杜德利自信地对斯蒂芬说,无论如何帕克会先死,因为他的身体状况已经很差而且没有家人。那还等什么呢? 斯蒂芬被说服了。杜德利随后杀了帕克,三个人靠帕克的尸体度日。一艘法国帆船"蒙堤祖麻号"在从智利的篷图阿雷纳斯去德国汉堡的途中把他们救起时,他们已经连续四天以尸体为食并吃掉了大半。在返航途中,"蒙堤祖麻号"进英国法尔茅各斯港短暂停留,杜德利、斯蒂芬和布鲁克斯以谋杀罪被逮捕收监。英国的内政大臣哈考特爵士咨询了总检察长、副检察长和王室官员之后,批准起诉三名船员谋杀,但是法尔茅各斯的公众全部支持被告。因为担心出现宣告无罪的结果,法官要求陪审团进行特殊裁决。这意味着陪审团只是认定事实,不用对该事实是否构成谋杀罪做最后的裁决(这一安排使法庭即使在陪审团同情被告的情况下也可能判被告有罪)。根据陪审团认定的事实,法官宣告被告犯有谋杀罪,驳回他们的紧急避难抗辩。被告被判处绞刑,随后被维多利亚女王赦免了,提出赦免建议的正是支持起诉的哈考特爵士。——[美]彼得·萨伯:《洞穴奇案》,陈福勇、张世泰译,生活·读书·新知三联书店 2012 年版,第 8—9 页。

生影响。① 行使刑罚权是一种权力,而再现或者重述已经发生的事实,也是一种权力,这是因为刑罚的实施有两个前提:其一,对过去发生的行为之事实,进行判断或者确证;其二,对这种事实是否符合当前的法律禁止,进行判断。

刑法禁止条文是立法者事前发布的,但是,其适用却依赖对事后发生的行为的判断,即该行为是否是特定的刑法禁止条文所表达内容的重现,进而确定其是否能支撑起相应的刑事指控。不过,由于刑法会危及人们的生命、自由和财产,所以,国家的刑罚权通常会受到严格的限制,而法治的本质就在于降低官方的自由裁量权,使刑法的实施结果达到事前可预测的程度,即其效果不受司法人员的影响。② 因此,一个国家的法律要符合法治原则,必须使其创制的规则严格限制刑罚权的范围,因为权力在本质上具有专横的倾向。不受客观控制的警察权、主观任意的指控权以及恣意性的审判权,都会导致司法擅断,使法治原则形同虚设。③

其实,为了防止司法专断,目前的法律中已经存在着一些限制国家刑罚权的原则或者规则,比如,刑法禁止溯及既往原则、明确性原则、特殊程序规则、证明负担的分配规则、无罪推定原则、禁止双重危险原则等。④ 然而,长期以来,就法律的实施而言,一直存在着一个前提,即事前制定的法律具有可知性,其根据有两个:

其一,刑法所禁止的事项具有反伦理性,所以,推定所有的人都知道刑法禁止的存在,故意杀人罪、盗窃罪和伤害罪就是适例;

其二,法律所规制的对象有机会也有动力了解法律的内容,因为其表达

---

① Robert M.,"Violence and the Word", *The Yale Law Journal*, Vol. 95, No. 8 (1986), pp. 1601-1629.

② Friedrich A. Hayek, The Road To Serfdom, Chicago University Press, 1944:80-92; Michael Oakeshott,"The Rule of Law", in History and Other Essays 1983:119.

③ The Federalist No.83(Alexander Hamilton).

④ U.S.CONST.,amends.V & VI.

的是社会共同体存在和发展的必要条件。①

　　然而,作为最后手段的刑法,当其支撑行政法的实施时,有可能会造成刑法与法治原则的冲突,混淆了刑法与行政法的边界,造成最后手段原则无用武之地,从而导致政府的权力日益扩张,给个人自由带来很大的威胁,原因就是行政法条文具有误导性。②

一、行政法与刑法的区别

　　在现代政治话语中,常用《圣经》中的"山巅之城"比喻公法在社会生活中的位置,其意是指,刑法和行政法应当处在一个能见度极高的地方,其所有的缺陷都一一展现在人们的面前,无法隐藏。由于这两个部门法展现的是政府的权力,所以,其应当受到社会全面的监督,其中就包括民众对政府行使权力最高理想的监督。然而,支撑这两个"城(市)"的法律实体,并不相同,它们的关注点不同、性质不同,其实施存在的问题也有区别,这造成它们有时很难合并。

(一)刑法的谓项

　　刑法的谓项是指刑法的内容和任务。由于刑法可以合法地剥夺人们的财产、自由甚至生命,所以,现代刑事制度的主要特征或者主要任务,就是限制刑法的恣意性,这主要分为两个方面。

1. 实体法限制

　　实体法限制是立法者对刑法禁止的限制,③比如,刑法需要遵守不得溯及既往的原则、不得使用或者实施残虐和异常的处罚、明确性原则、禁止处

---

① Lambert v.California,355 U.S.225(1957).,Cass R. A.Ignorance of the Law:A Maxim Reexamined,Wm.& Mary 1976,17:671.

② Kadish S.H.,Crisis of Overcriminalization,The Am.Crim.L.Q,1968.

③ U.S.CONST.,art.I, § § 9-10.

罚过于抽象行为的原则。① 刑法之所以受到这些限制,一般认为原因有两个,即公平警示原则和一般化原则。②

首先,公平警示原则。根据该原则,刑法应当具有明确性,使其规制的对象能事前预测自己的行为是否被法律所禁止,或者说事前警示人们不得实施法律所禁止的行为。如果法律缺乏了可预测性,实际上是剥夺了行为人主动遵守法律的机会,或者说,无法实现刑法所追求的"行为控"。禁止事后法、模糊的法和过于抽象的法的原因,就是面对这种法,公民很难事前弄清楚其实施的行为是被法律允许的,还是被法律禁止的。

其实这种原则起源于古罗马。在古罗马时代,卡拉古拉国王曾宣布,新制定的法律需要进行公示,否则无效,这就开创了当前的法律公示制度。一般认为,这种制度的主要作用之一便是防止司法擅断,控制法官的权力,即实现法律的"权力控"的功能。当时法律的公示形式是布告,由于这种布告张贴的位置太高,字却很小,于是,有些民众以看不清为由主张对自己的行为进行免责。③ 这也是现代法律中的豁免规则的起源,即,有关刑法禁止的规定,应当进行严格解释,任何模糊之处均应当采取有利于被告人的原则进行处理。④

其次,一般化原则。为了保护公民的人权和自由,当前宪法通常都严格限制刑法的适用条件,这些条件主要包括:其一,要求将对特定人的具体处罚条件明确出来,将其变成具有普适性的法律;其二,这种处罚须具有社会可接受性,防止将被处罚的人视为"敌人",从而对其科处残虐不人道的处罚,即刑罚不仅不能过于严厉,而且,还不能过于异常;⑤其三,将规则一般

---

① Coates v.Cincinnati,402 U.S.611(1971).

② Jeffries J.C.,Jr,"Legality,Vagueness,and the Construction of Penal Statutes",*Virginia Law Review*,Vol.71,No.2(1985),p.189.

③ William Blackstone,Commentaries ∗46.

④ Burrage v.United States,---U.S.---(2014).

⑤ Harmelin v.Michigan,501 U.S.957(1991).

化,不能针对具体的人或者组织,即将法律规则视为一条河流,不能针对河流中的具体某个鱼立法,这样不仅具有防止司法专断的功能,而且还有利于贯彻人道主义和平等原则。

这两种实体法的限制,不仅能在实体上证明刑罚权的正当性,而且,更为重要的是,构成对司法裁判权的重要限制,是人民民主和法治的一般观念在刑法领域内的具体化。

2. 程序法限制

除了法律自身的性质外,刑法的适用还会受到程序规则的限制,以避免错误定罪或者滥用自由裁量权的情况发生。众所周知,法律适用通常会发生两种错误:

其一,没有犯罪的人,被认定为有罪,即错误定罪或者入罪错误;

其二,对实施犯罪的人,认定其无罪,即错误宣告有罪人无罪或者出罪错误。

对于这两种错误,社会的看法是不均衡的。在刑法的视野里,社会更重视防止错误追究无辜之人的刑事责任,即避免入罪错误,而不是出罪错误。这种不均衡的看法,正是很多刑事程序规定建立的根据或者原因,这种刑事程序的规定主要包括:对被告人实行无罪推定原则,控方承担举证责任和说服责任,禁止强迫自证其罪原则。其实,米兰达规则(或者沉默权的规定)、禁止双重危险原则,以及及时审判和公开审判原则等,也是基于上述原因而制定的。① 当然,这也是最后手段原则的主要根据。而我国刑法第 3 条第一句话的规定却意味着所有的犯罪都应当得到调查、所有的犯罪嫌疑人都应当被追究,所有可能触犯刑律的人都应当受到指控,即否定最后手段原则。这种规定的缺陷有:

其一,有悖于自由最大化原则,或者说,这与现代社会更重视避免入罪

――――――――――

① U.S.CONST.,amend.Ⅵ.

错误的倾向相悖。传统刑法制度的核心特征是,赋予法律执行机关以一定的自由裁量权。而自由裁量权的存在,则意味着刑法的适用具有恣意性的可能。罪刑法定原则明确性的诉求和最后手段原则,就是为了最大限度地减少入罪错误,限制司法人员的这种自由裁量权,从而将这种自由裁量权导向另外的一端。而我国刑法第 3 条第一句话恰恰与此精神相悖。

其二,有违于实用主义的理念。在任何社会里,法律资源总是有限的,这种资源只能适用于对少数犯罪的处理,所以,必须根据这种资源做出选择,而不是对所有的刑事违法行为都追究其责任。①

其三,有违于效率原则。现代制度将负责侦查和指控的机关,与评价被告人是否有罪的机关,进行解构,这样,对于前两者而言,哪个案件提起指控或者进行调查,一方面会受到其监管人和公众的监督;另一方面,如果其选择不慎,要对选择结果负责。这就意味着,如果其选择了一个拙劣的案件,一旦调查或者指控失败,其工作很难获得其"老板"(比如议会)或者公众的支持,因为其浪费了公共资源。

总之,法律执行自由裁量权的保持,对于制度的正常运行是至关重要的,因为这里存在着复杂的判断。但是,其推动力却是对刑事自由裁量权的限制、沟通和审查,防止出现错误入罪问题,使得个人的财产、自由甚至是生命面临危险。② 事实上,通过调查发现,如果行为人可能没有实施犯罪,或者其在实施符合犯罪该当性的行为时,主观上缺乏可责性,又或者周围的环境导致其主观可责性较低时(如年近百岁的老人到商店盗窃),根据最后手段原则,法律没有必要对其进行追究或者指控。

(二)行政法的谓项

对于行政法而言,其基本谓项在表面上看,与刑法存在着很大的不同:

① Sarah Cox, *Prosecutorial Discretion: An Overview*, 1976, 13:383; Misner R. L., "Recasting Prosecutorial Discretion", *The Journal of Criminal Law and Criminology*, 1996, 86(3):717.
② Herbert L. Packer, *The Limits of the Criminal Sanction*, Stanford University Press, 1968, pp. 150–260.

对于刑法而言,其"核心问题"是预防政府权力的滥用,而行政法更强调在行政职权范围内,按照最佳方式进行执法。如果说刑法倾向于限制处罚的扩张或者滥用的可能,那么,行政法则更强调赋予行政机关较大的自由裁量权,即其并不担心对个人科处义务的异常性。相反,在这个领域内,其由一系列的程序构成,以便于政府机关发挥自己的作用,实施具有公益性的行为,比如,通过专利鼓励创新或者推进公共健康的发展,或者将资源更直接地指向理想的地方(支持劳动培训方案、基础设施建设、社会安全、医疗卫生甚至是退伍军人转业等),或者对与公共利益存在着冲突的行为进行监管。

这两个领域的区别是,它们的关注点不同:一个旨在限制,一个主要是鼓励。但是,这并不是说行政主体可以按照自己的喜好而随意行事,与刑法相似,行政法也给行政主体的行为科处了各种限制,既包括实体法上的限制,也包括程序法上的限制。行政机关的行为必须有具体的立法根据。除了具体能动的立法外,法律还包含着大量的一般化的规定,以使得行政行为合理实施,其中包括强制性的职能分离、制定行政规则的程序要求和行政机关内部处理争议的规定、信息公开的规定(通过公开的会议或者事后的披露)等。一些重大的行政行为,其程序非常类似于立法或者司法审判程序。绝大多数行政行为会受到机关内部的监督,除此之外,还会受到政府的统一监督和管理,当然,对其正当性通常可以进行司法审查。

对于行政权力而言,程序规定和监督审查构成强有力的限制。但是,这些限制仅仅是为了防止行政自由裁量权的滥用,即仅仅出于"减速",而不是一堵墙,并不是为了禁止特定的行为。

上面探讨了两种法律体系的区别,人们对其功能的预期是不一样的。刑法关注的是特定的行为是否属于法律所禁止的范围,而行政法主要关注公众或者具体的公民权益,比如,专利申请处理或者纳税申报、管道许可或者电视台许可、食品医药监管等。也就是说,人们对刑法和行政法有不同的预期,而且其明确性也明显不同,这使得规则的效力、确保人们遵守其规定的机制,也会出现很大的差异。如后所述,用刑法强化行政法的适用,会产生很多的不良后果。

二、刑法与行政法的融合

(一)行政法刑法化的障碍

行政法想借用刑法之力强化自己的实施效果,必须满足刑法的品性,至少不能与刑法的基本原则相矛盾,然而,如前所述,由于行政法是为了"减速",即实行有条件的允许,而刑法就是"一堵墙",这导致行政法刑法化存在着天然的障碍,具言之,行政法的下列特点,会导致其在想借助刑法之力时,遇到很大的难题。

1. 行政立法过程的灵活性与正当程序规则的矛盾

从产生的角度看,刑法是立法的产物,与之不同,行政法的规定很可能并非来自立法,而是行政机关行使职权的结果,其制定程序远没有法律这样烦琐。也就是说,行政规则的制定相对便宜、快捷。正是这种原因,才造成政府的行为相对更公平和更有效,即行政法并不坚持保守主义,而是有一种积极干预社会的特点。①

在制定相关的规则时,行政机关通常也对有关的"立法建议"进行听证,征询相关人员或者部门的意见,但是,其并不需要对"立法建议"进行充分的举证。而且,规则自身不需要就其实施得到全面的解释,只要对规则的基础和目的,做出简明而抽象的声明即可。当然,就行政规则而言,其本身也需要正当化事由证明其存在的必要性和正当性,但是,其存在并不一定有充足的理由。

---

① U.S.Department of Justice, Attorney General's Manual on Theadministrative Procedure Act (1947).

根据康德的默示契约理论,刑法之所以能够剥夺人们的权益,尤其是自由甚至是生命,条件之一便是人们愿意接受这样的处罚,至于人们"同意"的方式,则是借助正当的立法程序实现的。[1] 显然,行政法未经过这样严格的程序,故其要获得刑罚的支持,会与正当程序原则发生冲突。

2. 行政法的专业性与责任主义原则的矛盾

刑法与行政法的内容不同,刑法的内容乃在于禁止,即不允许人们做什么,除非是不作为犯,很少要求人们做什么。而行政法与此不同,其内容极为复杂,其通常规定特定机关的职权范围,比如,应当做什么、不应当做什么,如何开展业务、特定问题的具体解决方案、疑难问题按照何种程序处理、强制性的命令如何解释、如何在执法过程中贯彻执行政策,等等。

正是内容的专业性,导致行政规则在形式上的多种多样;行政法内容的复杂性,造成行政规则数量庞大,条文极多,涉及社会生活的方方面面。比如,在美国,有人统计,仅仅联邦机构发布的规则每年基本上都在3000条甚至5000条,至少是20000页,最高到40000页。与之形成鲜明对比的是,国会每年制定的法条通常为200条到400条。[2] 这样,行政法不仅具有传统上的程序性、专业性,而且,还有复杂性方面的特点,这导致其普适性大大降低,即很难适用于一般的公民。事实上,很多公民甚至一般的法律专家,通常对其也不是很了解,这方面最典型的例证是河南非法采摘蕙兰案。

2016年4月22日,被告人秦某在卢氏县徐家湾乡松木村八里坪组柿树沟林坡上采挖兰草一丛三株,经当地司法鉴定中心鉴定,被告人非法采挖

---

[1] Derek Parfit, *On What Matters*, Oxford University Press, 2011, p.15.

[2] Susan Davis, This Congress Could be Least Productive Since 1947, USATODAY, http://usatoday30. usatoday. com/news/washington/story/2012－08－14/unproductive－congress－not－passing－bills/57060096/1; Matt Viser, This Congress GoingDown as Least Productive, BOSTON GLOBE, http://www. bostonglobe. com/news/politics/2013/12/04/congress－course-make-history-least-productive/kGAVEBskUeqCB0htOUG9GI/story.html.

的兰草系兰属中的蕙兰。于是,检察院以非法采伐国家重点保护植物罪向法院提起公诉。法院认为被告人构成非法采伐国家重点保护植物罪,判处被告人有期徒刑三年,宣告缓刑三年,并处罚金人民币 3000 元。此前,在另外一个案件中,三名被告人也曾因类似的事实、同样的罪名被该法院判处了刑罚。被告人不服提起上诉。上诉法院查明,《国家重点保护野生植物名录(第一批)》未将蕙兰列入其中,即蕙兰不属于国家重点保护植物,故原判错误,并作出无罪判决。也就是说,即使是森林警察、检察官和法官也尚不清楚有些植物是否受到法律的保护,故将森林法刑法化,存在着认知上的障碍。

3. 法人入罪与罪责刑统一原则的矛盾

学界一般认为,用刑罚惩罚法人的行为,其实是将行政思维移植到刑法之中的典型例证。[①] 现代刑法的一个典型特点是,坚持个人责任,反对集体责任,也就是说,个人责任构成国家行使刑罚权的前提条件。就法人而言,如果用刑罚惩罚法人,则意味着这种刑罚权建立在"集体责任"的基础之上。[②] 这显然与现代法律所倡导的个人责任原则相矛盾。

其实,关于法人(公司)刑事责任,在 19 世纪就曾进行过讨论。著名的刑法学家萨维尼指出,刑法关注的是自然人,因为只有其才能有思想和情感,通过行为将其自由意志现实化和具体化。法人不同于自然人,其仅仅是一种拥有财产的组织的代名词。法人实施违法行为的决意来自一些个人,将这种个人意志拟制化为法人的意志,民法是能够接受的,但是,刑法却不允许。任何被认为是法人的犯罪,其实都是作为其成员的自然人的行为,即,其本质为自然人犯罪,如果将其视为法人犯罪,则违反罪责刑

---

① Dr.Iwona Seredyńska,Principles-Based Application of the Criminal Law,Insider Dealing and Criminal Law,Springer Berlin Heidelberg,2012:150−151.

② Dr.Iwona Seredyńska,Principles-Based Application of the Criminal Law,Insider Dealing and Criminal Law,Springer Berlin Heidelberg,2012:150−151.

相统一原则。①

学界主张法人承担刑事责任的主要根据有两个:其一,对其进行处罚是很容易执行的,特别是对于资产较多的集团公司而言,尤其如此;其二,认定公司内部员工的责任,过于困难。这两个原因很明显是超法规的事由。② 这样,现实战胜了刑法的原理,于是,在刑法中出现了所谓的法人犯罪。然而,我们认为,当前的市场管理法规既可以适用于自然人,也可以适用于法人,即对两者并没有进行区分,所以,自然人与法人其实都是市场管理法所关注的对象。这样,如果将市场管理法规入罪,比如我国刑法第 180 条的内幕交易罪,当单位实施这种行为时,则意味着单位与个人都各自构成犯罪,都应当独立地受到刑法的处罚,也就是说,有的个人有可能因一个行为而受到两次处罚,即一次因为单位的违法行为而受到刑罚处罚,另外一次因为自己的违法行为而受到处罚,即使所谓的系统论,也很难对其进行解释。③ 因为这有悖于禁止双重危险原则。

目前,就我国而言,刑法的条文在数量上已经远远超过以往,随着刑法修正案的不断增多,刑法条文也在增加。然而,行政法的条文增加得更快,尽管其增加的数量还没有统计,但是,这种结论却是成立的。这就产生了一个问题,即我国实行了"罪刑法定原则"之后,行政机关制定的行政法规如何获得刑法的支撑呢?

(二)刑法支撑行政法的方式

目前,我国行政法借助刑法提高自己位置的路径主要有以下的表现形式:

首先,借助现有的刑法条文表达的模糊性,使自己新的规定获得刑法的

---

① Friedrich Carl von Savigny, *System of Roman Law*, 1840 cited, in MO HRENSCHLAGER, Manfred, Development on an International Level, p. 1. Paper presented at the International Colloquium on Criminal Responsibility of Legal and Collective Entities, 4–6 May 1998, Berlin.

② Beale S.S., "A Response to the Critics of Corporate Criminal Liability", *Social Science Electronic Publishing*, 2010, 46(4):1481–1505.

③ 何秉松主编:《刑法教科书》,中国法制出版社 1997 年版,第七章第四节。

认可。比如,我国刑法将第 133 条规定的交通肇事罪表述为"违反交通运输管理法规"的行为,这意味着,如果交通运输管理法规发生了变化或者进行了扩张,扩张后的行政法规也必然会获得刑法的支持。刑法分则第六章第四节规定的妨碍文物管理罪、第五节危害公共卫生罪、第六节破坏环境资源保护罪等,都有使相应的行政法获得刑法支持的可能,因为其规定的犯罪都有"违反×××法"的抽象记述。比如,就刑法第 341 条规定的非法猎捕、杀害濒危野生动物罪而言,其适用受到国家保护的野生动物清单的限制,而有些动物是否应当得到保护,国务院又将其授权给各个地方。这就意味着国务院及各地方行政机关一旦将某种动物列入重点保护动物的清单,即刻就会获得刑法的认可。

其次,通过将刑事处罚打上"行政处罚"的标签,变相地适用"刑罚"。在德国的行政法中,比如《联邦德国土壤保护法》《水体保护法》《大气保护法》等,仅仅设置了民事处罚,而将其刑事责任放在德国刑法典中,因此,并没有类似于我国行政处罚这样的处罚。与之不同的是,我国有所谓的行政处罚,这种处罚不仅可以剥夺违法行为人的财产,而且,有时还会剥夺其自由,而这种处罚在德国则会被评价为刑罚,甚至是重罪的处罚。也就是说,这其实是以另外的一种方式赋予行政机关一定的刑罚权。

最后,我国刑法中的一些口袋罪,也可以将一些严重的行政违法行为犯罪化。我国虽然在总则中承认了"罪刑法定原则",但是,并没有将此原则贯彻到刑法分则之中,最典型的例证是存在着所谓的"口袋罪",比如,刑法第 293 条规定的寻衅滋事罪、第 290 条规定的聚众扰乱社会秩序罪等,这种犯罪的内涵缺乏明确性,导致其外延极为模糊,这就为借助其提高行政法规的效力提供了可能。

一般认为,刑法不断扩张的主要原因来自政治的需要。[1] 基于传统刑

---

[1]　Stuntz W.J., "The Pathological Politics Of Criminal Law", *Michigan Law Review*, Vol.100, No.3（2001）, p.505.

法的品格,随着刑法的扩张,特别行政法的刑法化,严重地破坏了刑法自足性,导致其实施对其他法有严重的依赖,加剧了现有立法与罪刑法定原则或者法治原则之间的冲突。

(三)处罚行政犯的路径

在现实中,借助上述三种方式,导致包含着刑法内容的法律规范或者行政法规的数量是非常大的,这种行政规范必然会对刑法的实施产生巨大的影响。事实上,这种行政规范闯入刑法禁止之中,就像一个枯瘦的小孩混入了成人的队伍,一般会产生两个问题:处罚合理的不知情和执法机关自由裁量权的扩张,这两个方面都构成对法治的威胁。

1. 合理警示原则

根据传统的法律(即古典犯罪论),之所以用刑罚惩罚犯罪人,原因是其在能选择适法行为的前提下,而选择了违法行为,因此,在给行为人定罪量刑时,有一个前提,即其知道其行为具有违法性,或者说,其知道或者应当知道特定的法律禁止的存在。比如,杀人、盗窃、强奸、抢劫、伤害或者放火,都要求行为与故意联系在一起,即行为人很明显违反了刑法的警示,也就是说,在其明知何种行为构成犯罪的前提下,仍然实施法律禁止的行为。然而,行政犯却与此不同,当行为人因为违反行政法而被当作法定犯进行处理时,人们很容易发现法律对这种违法行为的模型,并未进行详细的描述,而只是给出了一个似是而非的通知,即其自身充满很多的不确定性。因此,根据这种立法定罪,存在着违反正当程序原则或者罪刑法定原则的嫌疑,毕竟这种立法缺乏对行为人进行的合理警示。[①] 比如,美国联邦行政法规规定,公司向工人支付的工资不能低于法定的标准,否则,构成犯罪。但是,在司法实践中,当美国联邦最高法院认为这种行为(工资低于法定的标准)在当

---

① Cline v.Frink Dairy Co.,274 U.S.445,458(1927);United States v.L.CohenGrocery Co.,255 U.S.81,89(1921);Todd v.United States,158 U.S.278,282(1895).

地非常普遍时，就会认为这种行为不构成犯罪，理由是，创制新罪的刑法条文的规定，必须有足够的明确性，能告诉其所管制的人何种行为将受到刑罚处罚，这也是公平理念和传统的法治原则的基本要求。这样，禁止或者要求行为人从事特定行为的规定，如果非常模糊，就意味着一般人须借助猜测才能理解其含义，所以，即使行为人没有正确地猜出其准确的含义，也不能处罚；否则，则违反正当程序原则。① 有法官告诫说，刑法要有明确性，不能要求一般智力之人去猜测刑法的含义；否则，其起不到应有的警示作用。② 只有法律条文非常清晰，才能达到"合理警示"标准，因为法律要求被告人"自愿"或者"故意"从事这种行为。③ 在这里，心理态度（故意或者过失）作为刑法禁止适用的条件，其主要功能就是反映"合理警示原则"的诉求。

如果法律未明确规定其要禁止的行为，即不符合"合理警示原则"的规定，则意味着行为人在选择或者实施该行为时，并没有得到相应的警示。④也就是说，其虽然知道自己实施的行为内容，但并不知道法律是不允许这么做的，更不知道其构成犯罪。在这种情况下，是否应当用刑罚处罚行为人，主要依赖于这样一个前提是否存在，即，社会是否有理由期待行为人知道这种法律的存在？ 具言之，对于被告人而言，是否有理由认为其对所违反的法律是清楚的。比如，在雅特斯案中，⑤被告人经营一个渔船，在海警进行例行检查时，为了不让他们发现其海员曾经捕获了一些小鱼，于是将其船上短

---

① Connally v.General Constr.Co.,269 U.S.385,391(1926)(citations omitted).

② Winters v.New York,333 U.S.507,515(1948);International Harvester Co.v.Kentucky,234 U.S.216,223-24(1914).

③ Screws v.United States,325 U.S.91,102(1945).

④ Screws v.United States,325 U.S.138,149-157(1945)(Robets,Frankfurter& Jackson,JJ.,dissenting);Cass R.A.,"Ignorance of the Law:A Maxim Reexamined",Wm.& Mary L.rev,1976,17:680-83;Packer H. L.,"Mens Rea and the Supreme Court",*Supreme Court Review*,1962,pp.122-123.

⑤ United States v.Yates,733 F.3d 1059(11 th Cir.2013),cert. granted, Apr.2014,Docket No.13-7451.

于 20 英寸的鲇科鱼，从甲板上放入水中。警方认为这是逃避调查，触犯了美国萨班斯法中有关"妨碍调查和破产程序中毁坏、改变和伪造记录"的规定，而根据美国法典第 1519 条的规定，为了妨碍或者影响调查，或者行政机构的管理，而改变、损毁、破坏、隐藏、伪造记录、文件或者有形物体的，构成犯罪。① 于是，对被告人提起刑事指控，一审法院判被告人有罪。被告人不服，提起上诉，其理由有：一则，将这种法律适用于将鱼投入水中的行为，是不合理的，因为这不同于销毁或者破坏文件的行为；二则，期望渔船的船长知道萨班斯法的详细规定，也是不合理的，因为该法长达 66 页，引言将其定位为"2002 年公司、审计责任、义务及其透明法"。上诉法院认为，首先，"不知法不免责原则"不足以否定上诉人的主张，因为在法律极为繁杂的今天，这个原则较以往已经失去了意义，因为在过去，法律在整体上与伦理是等同的，社会上的每个成员对此都是知晓的，或者说，行为人处于该规则具体适用的行业，则可以认为其应当知道该法律。② 当刑罚支撑成千上万个规则时，认定执行对象都知道法律，则是不现实的。对于一般公民而言，他们对很多刑法禁止和刑罚要求肯定是不知道的；对于一些企业而言，即使其每年支付高额的法律服务费，也很难与所有的规则和要求保持一致。其次，条文中的"有形物体"是指被用来记录信息或者保存信息的物，而本案所涉及的鲇科鱼，不属于这种物。基于以上两点，上诉法院判决被告人无罪。

其实，用刑法支撑野生动物或者珍贵植物保护法的做法，就一直受到学界的质疑，原因是这种刑法禁止缺乏可预测性，即一般公民很难清楚这种犯罪的边界，或者说一般公民未得到合理的警示。比如国家禁止为了销售而偷猎短嘴鳄或者买卖象牙，这种立法的正当性就有问题。③ 为缓解其与责

① 18 U.S.C. § 1519.

② Cass R.A.，"Ignorance of the Law：A Maxim Reexamined"，Wm.& Mary L.Rev.，1976，17：680–683.

③ C.Jarrett Dieterle，The Lacey Act：A Case Study in the Mechanics of Overcriminalization，2014，102：1279.

任主义原则之间的矛盾,很多学者通过否定传统的"不知法不免责"的格言,避免刑法的这种扩张致使那些根本不了解行政法的人入罪。① 然而,在现实中,法官并不把被立法规定的抽象事实与具体的事实等价处理,即前者总是会给人们科处更大的注意义务。比如,就非法狩猎罪而言,如果当地规定开始狩猎的时间为每年的 4 月 1 日,行为人误认为 3 月 30 日为 4 月 1日,与误认为法律规定的狩猎开始日为每年的 3 月 30 日,两者的处理就不相同,前者会认为是事实错误,阻却犯罪的故意(有可能构成过失犯罪),而后者通常被视为法律错误,不会影响行为的责任,除非其具有不可避免性。②

2. 一定程度上的选择性执法权

然而,就行政犯而言,其仅仅是传统刑法向有关专业领域延伸后的结果,很可能会导致刑法的扩张。解决这种过度犯罪化问题的最佳方案,是普及相应的法律,让行为人知道自己的行为具有违法性,而不是实施行政处罚、民事处罚,更不是追究行为人的刑事责任。不过,这种做法也存在着一些问题:

首先,违法行为人并不一定有动力接受这种普法,原因是行为人触犯这种法律的机会可能很小,接受这种普法的意义较之于其生活而言,可能并不是太大。再者,行为人可能没有能力理解这种法律的含义。如前所述,不同于刑法,行政法的内容专业性较强,其可能与行为人的生活距离较远,致使其无法全面地理解相应行政法的内容。比如,就交通肇事罪而言,获得驾驶许可的人员需要通过专门的学习,才能弄清楚相应的规则以及标志的含义,而一般的非驾驶人员就很难具体地了解相应的交通法规,即使对其进行普

---

① Cass R. A., "Ignorance of the Law: A Maxim Reexamined", Wm. & Mary L. Rev., 1976, 17: 689-695.

② Alexander L., "Inculpatory and Exculpatory Mistakes and the Fact/Law Distinction: An Essay in Memory of Myke Balyes", *Law & Philosophy*, Vol.12, No.1(1993), pp.33-70.

法,也很难解决"不知法"的问题,因此,将交通肇事罪适用于行人,在一定程度上是有问题的,或者说,要求一般的行人一旦上路,就有了解交通道路管理法的义务,可能是过分的,这也是交通事故责任认定要倾向于行人的原因之一。

其次,不管是警察、检察官还是法官,都有可能并非真正理解这种立法,即他们相对于行为人而言,并没有多大的专业优势。比如,在前面提到的非法采摘蕙兰案中,对于该案所涉及的标的物是否属于受法律保护的范围,警察、公诉人、法官在这方面的知识与被告人其实差不多。不过,需要注意的是,一旦这些执法人员或者法官不清楚特定的行为是否为法律所禁止时,则不应当追究行为人的责任。从这个角度看,蕙兰案的处理在一开始就是有问题的,或者说,如果警察或者检察官不很清楚本案所涉及的对象是否属于国家保护的重点植物,也就是说,通过专家质询或者资料查证,才知道行为人构成犯罪时,就不能奢想去追究行为人的责任。

最后,由于行政法的范围非常宽泛,导致相应的刑法禁止数量很大,而这些法律规范时常与人们的日常生活联系起来,时而又失去联系,这导致行为人"知法"的意义具有了很大的偶然性,即普法的价值不是很高。如果彻底地贯彻"责任主义原则",无疑会大大增加执法的难度,甚至会使这种立法彻底被虚置。

所以,有人主张,在这种情况下,应当扩大控方的自由裁量权,由其决定对违法行为人是否以及如何提起刑事指控。[①] 这就好比考试前的老师划重点,即60%的考题来自课本,剩余的40%来自参考书。也就是说,60%的案件是作为必答题而存在的,对其不存在选择执法的问题。然而,对于后面的40%,由于参考资料太多,允许学生在这里进行选择。这样控方会集中精力解决"课本上"的问题,仅仅花费一部分时间放在参考资料上。如前所述,

---

① United States v.Baker,63 F.3d 1478,1491-1492(9th Cir.1982).

即使形式上控方没有选择权的案件,控方实际上也可能进行选择指控,所以,这就意味着,对于行政违法行为而言,很可能只有一部分违法行为人会受到刑法的处罚,可能大部分违法行为会逍遥法外,这就是所谓的选择性执法的问题。现实中的交通电子眼抓拍违章事件并进行处罚,就是适例。其实,美国用刑罚处罚偷税行为,往往就具有选择性执法的特点,即税务部门只是选择少量违法行为人送交司法机关处罚。

选择性执法很明显背离了法治精神或者说平等原则。但是,在行政法刑法化的领域内,选择性执法问题并不像看起来这么严重,主要理由有:其一,行为人违反了行政法规,有可能面对多种指控,而并不一定是单纯的刑事指控,也就是说,行为人即使不被刑罚处罚,也有可能受到行政法的处罚。其二,对于传统犯罪而言,行为人的辩护事由相对较少,而行政犯则不同,缺乏主观可责性几乎成了所有被告人主张免责的理由。其三,由于主观可责性的模糊性较大,其适用充满了很大的不确定性,所以,面对牢狱或者经济损失两个方面的处罚风险,被告人会产生很大的心理压力,其很容易通过"辩诉交易"的方式,承认自己有罪,以换取较为确定的、较轻的处罚。

从历史的角度看,选择性执法源自法律资源的有限性。由于大量的案件并不经过司法程序,于是,控方就不再需要到法庭上证明其强制的正当性了。一旦执法机关将案件送交法院,就意味着,其不可能为完全没有根据的指控,所以,这会给被告人带来很大的压力。于是,对于一些有异议的指控,即使其根据较弱或者存在着很多争议,获得支持的概率也较低,但是,由于其处罚过于严厉,也有可能迫使被告人进行和解。正是基于这种原因,即使存在着这样的选择性执法,也能威慑相应的违法行为的发生。

3. 承认过失责任的存在

与自然犯不同,行为人很可能对行政法是不清楚的,因此,对于法定犯而言,其责任形式虽然应当包括故意与过失,但是,其主要的责任形式应当是过失,而不能是当前的故意,主要理由有:

305

首先,对于行政犯而言,行政法具有复杂性、专业性和非反伦理性,即行为人很可能是不清楚其存在的。这样,与自然犯不同,如果行为人实施了违法(行政违法)行为,不能类推其是有责任的,也就是说,不能事前假定行为人知道该行政法的存在。

其次,从犯罪构成的角度看,行政法是作为犯罪的构成要件要素而存在的,既然其处在构成要件中,当然要求行为人知道或者应当知道其存在,才能追究违法者的刑事责任,这也是责任主义原则的必然要求。

最后,如前所述,如果行为人出于自己利益的考虑,否定自己知道相应的行政法规的存在,从证据法的角度看,控方是很难推翻其主张的。但是,控方却能证明被告人应当知道相应的法律存在,因此,只有追究行为人的过失责任,才能实现以刑法推进行政法实施的目的。这也是德国基本上都是以过失责任的方式处罚行政犯的主要原因。①

总之,行政违法行为本身不具有责任类推机能,因此,行为人的责任形式需要其他的证据予以证明。在这种背景下,只有在承认过失犯的前提下,才能使行政法的刑法化变得有意义。否则,只会出现截然不同的两种后果:其一,否定责任主义原则,将行为违法等同于责任,比如,前面提到的非法采摘蕙兰的行为入罪就是典型的例证,也就是说,行为人的行为一旦触犯这种法律,即刻推定这是行为人的故意而为,忽视行为人对其缺乏责任的情况。其二,严格贯彻责任主义原则,控方很难证明被告人知道相应的行政法存在,会导致这种行政犯的规定被虚置。不过,基于最后手段原则,对法定犯应当提出以下的要求:

首先,行政法刑法化也应尽可能遵守法定原则所要求的明确性原则,这种刑法禁止应当将加害行为的模型明确勾勒出来,而不能单纯地用行政法

---

① Alexander L.,"Inculpatory and Exculpatory Mistakes and the Fact/Law Distinction:An Essay in Memory of Myke Balyes",*Law & Philosophy*,Vol.12,No.1(1993),pp.33-70.

规和危害结果记述这种刑法禁止,也就是说,不能否定"行为"的记述价值。

其次,行政犯应当出于保护法益的需要,尽可能不要为了维护特定的,尤其是抽象的秩序而将行为入罪;否则,会导致警察权的泛滥,严重压缩公民的自由空间。

最后,对于设置的社会秩序犯,应当允许公民以法定的自由和权利进行抗辩,毕竟前者存在的价值从属于后者,而不是后者从属于前者。比如,我国刑法第 225 条的非法经营罪,就应当允许被告人以自己法定的权利,否定该禁止的效力。

第五章 理论应用篇:最后手段原则规则化的检讨

现在,我们选取诈骗行为的入罪和兴奋剂违规行为的入罪,来反映最后手段原则的现实适用问题。

第一节 诈骗罪

在传统的法律体系中,对于体育领域内为提高比赛成绩而使用兴奋剂的行为,通常用诈骗禁止进行处理,这也是德国法在 2015 年前控制运动员使用兴奋剂的唯一法律手段。然而,用诈骗禁止控制兴奋剂违规,存在着很多的障碍。这种障碍来自诈骗禁止本身。

触犯诈骗禁止的行为,既有可能被评价为违约,也有可能被评价为侵权,甚至被视为犯罪。要揭示诈骗禁止控制加害行为的机制,当然应从传统民刑边界理论着手。在德国,从费尔巴哈的"权利说"、宾丁的"法益"理论,到耶塞克的"教义法说"和罗克辛的"规范说",都试图揭示最后手段原则的运行机制;在普通法中,一般认为,从穆勒的《论自由》开始,诺奇克的"一般恐惧"理论构成最后手段原则的判断根据。

一、道德说的困境

从本质上讲,诈骗行为与盗窃罪是无异的,但是,与盗窃禁止不同,诈骗

禁止在规制加害行为方面存在固有的缺陷。为了揭示这种缺陷,我们设计了四个案例:

案例1:被害人在茶馆里用价值1万元的电脑上网,行为人A趁其去卫生间时,将电脑拿走。

案例2:被害人在茶馆里用价值1万元的电脑上网时,行为人B不小心将放在桌子上的电脑碰到地上,造成其价值全失。

案例3:被害人想把价值1万元的电脑售出,就与行为人C签订了一份买卖合同。被害人将电脑交付后,按照约定在茶馆里等C付款,而C故意不支付价款。

案例4:行为人D为了获得被害人价值1万元的电脑,找到被害人,签订了一个买卖合同,约定当天交货,第二天在茶馆付款。D取得电脑后,拒不付款,因其在签约时根本就没有付款的打算。

对于这四种情况,行为人造成的损失相同,都是一台价值1万元的电脑。传统民刑边界理论认为:行为人A和D有可能受到刑罚的处罚,即国家除了让行为人承担1万元的损失外,还要追究其刑事责任;行为人B和C最多只会受到民事处罚,理由是,刑法不会处罚行为人B,因为B虽然给被害人造成了损害,但其主观上是过失,而不是故意;行为人C之所以不会被刑罚处罚,是因为双方当事人之间存在着合同关系。这种解释至少存在着以下两个方面的问题:其一,A与D受刑事处罚的原因,能否解释法律对B与C的态度? 其二,借助"合同"解释C的行为只有民法上的可罚性,但是D与被害人也存在着"合同",为什么在评价D的行为时,"合同"就失去了作用?

道德说认为,刑法与民法的边界乃在于加害行为的主观心理,所以,A构成犯罪由刑法规制,而B构成侵权由民法调整。但对C而言,其违约行为有可能源于过失,也有可能出于故意,至少不能排除故意,这就产生了一个问题,即C为什么不会因此而受到刑罚处罚呢? 道德说很难解释。A和C都是故意而为,且危害后果相同(即一台电脑)。行为人既不存在认识错误,也不存在过失(即与 B 不同)。从道德说的角度看,C 如果存在着故意,也应受到道德的谴责,构成犯罪。事实上,C 的行为被评价为违约,不仅不被认为是犯罪,甚至对其处罚低于侵权。也就是说,对于 C 来说,其违反合同究竟是出于故意还是过失,甚至是完全没有过错,并不重要。道德说对此的解释是,法律只关注行为人 C 没有付款的事实,至于行为人对这种事实有何居心,则并不重要,因为违约责任对此不关心。

这种解释存在的问题有:一则,道德说的存在是为了解释而不是回避当前法律制度。上述解释显然只对现实的做法进行解释,并没讨论法律这样做的原因。二则,在划分侵权与犯罪时,故意具有重要的意义。比如 B,由于其没有损坏他人电脑的故意,这种行为被评价为侵权,而不是犯罪,这就是法律不用刑罚处罚 B 的原因。然而,当行为人 C 不支付价款也是出于故意时,甚至其完全有履约能力,从道德的角度看,A 与 C 的可责性似乎是完全相同的,在理论上也应受到刑罚处罚。为什么道德说所主张的入罪标准或者理论不能适用于对 C 的处理? 三则,根据道德说,C 的行为由民法调整,D 的行为却构成犯罪。C 与 D 的主要区别乃在于不履行合同的想法产生的时间不同,C 是在合同签订之后,而 D 则是在合同签订时或者签订之前。为什么不履行合同的想法产生的时间对规制行为的法律之选择如此重要? 四则,既然犯罪是有道德可非难性的行为,如 D 和 A 事后都将电脑的价款交给被害人,则 D 根本不存在犯罪的问题,A 却不是这样,即使其事后将电脑返还给被害人,也不能否定其盗窃行为的可责性,其仍然有可能受到刑罚的处罚。对此,道德说很难解释。其实,根据康德的"绝对命令",行为人做出的允诺是有道德约束力的。① 即,合同条款具有道德价值。这样,履行合同的规定就变成了一种道德义务。于是,违约就是具有道德可责性的行为,即违约也应当入罪。但在现实中,违约本身并没有什么不妥,甚至行

---

① Immanuelkant, *Foundations of The Metaphysics of Morals*, Lewis Beck trans, 1959, pp.39-40.

为人不承担违约责任,公法也不予干预。① 这就是说,对于违约行为,道德说的结论与实际做法不符。

二、经济说的困境

经济说认为,合同的签订和履行,通常有助于提高社会的整体效益。② 刑法之所以不处罚 C 的行为,理由有:其一,合同是双方当事人基于自愿所达成的协议,该协议具有优化资源配置而不损害任何一方当事人利益的功能,即有经济价值。所以,应当允许和鼓励合同行为。那么,合同签订后,如果行为人没有履行能力或者不愿意履行合同,存在着牢狱之灾,很可能造成人们不敢或者不愿再与他人签订合同,从而使得以合同为表现形式的商事行为大大减少,市场在资源配置方面的决定性作用将会因此受到极大的限制。所以,违约行为不应受到刑罚的处罚。其二,在特殊情况下,违约本身也是有经济效益的,或者说是有价值的。③ 如果合同的一方当事人发现不履行合同而进行赔偿是合算的,法律则应允许当事人不履行原来签订的合同。④ 故在原则上,侵权行为与违约行为应当给予相同的处理,即使违约是有意而为,也不应当追究行为人的刑事责任。其三,违约的经济效益远远高于侵权行为,于是,其所需要的威慑力应低于侵权行为,至少不能高于侵权行为,如果让违约方承担刑事责任,必然会打击这种经济价值较高的行为。⑤ 因此,经

---

① Shiffrin S. V.,"The Divergence of Contract and Promise",*Harvard Law Review*,Vol.120,No.3 (2007),pp.737-739.

② Schwartz P.M.,"Internet Privacy and the State",*Connecticut Law Review*,Vol.32(1999),p. 556;Robert L.Birmingham,*Reach of Contract*,*Damage Measures*,*and Economic Efficiency*, 1970,24:291.

③ [美]波斯纳:《法律的经济分析》,蒋兆康译,中国大百科全书出版社 1997 年版,第 152 页。

④ Menetrez F.,"Consequentialism,Promissory Obligation,and the Theory of Efficient Breach", 2000.

⑤ Menetrez F.,"Consequentialism,Promissory Obligation,and the Theory of Efficient Breach", 2000:55.

济说能够解释违约行为不得入罪的问题。

对于 D 的行为,经济说也认为其构成犯罪。那么,如何区分 C 与 D 的行为呢? C 与 D 的行为外观大致相同,他们都与电脑的所有人存在着合同关系,区别只在于产生不履行合同的想法的时间不同,经济说由此却做出了两个截然相反的判断。作为结果主义一个流派的经济说,本来只是关注行为的外在表现,现在却开始以行为人的心理作为判断的基点,这显然背离了其基本立场。特别是,当行为人 D 签订合同后改变了原来的想法,实际上履行了合同的义务,或者,被害人原谅了行为人的行为,经济说又当如何处理呢? 难道还认为 D 构成犯罪吗? 也就是说,行为人或者交易相对人心理的易变性,将导致经济说无所适从。既然经济说无法自洽地解释欺诈,其对违约解释的价值,就会大大降低,因为其无法区分欺诈与违约的不同。

对于上述问题,"选择塑造理论"更无法回答。或许正是出于这样的原因,学界在探讨刑法与民法的边界时,通常将违约和欺诈两个问题排除在外,仅有一小部分学者简单地提及这个问题。比如,罗宾逊在探讨责任的概念时指出,违约也是法律禁止的行为;否则,被害人(非违约方)向行为人主张违约赔偿则失去了根据。① 不过,这种行为并不具有刑法层面上的道德可非难性。至于原因是什么,他并没有给予解释。这就产生了一个问题,经济说和道德说很难解释欺诈或者违约,究竟是这两个理论的缺陷所致,还是欺诈或者违约制度的缺陷造成的呢? 作为只会受到民法处罚的违约与构成侵权(甚至犯罪)的欺诈,从规范的角度看,应当如何区分呢?

三、刑法不干预违约的原因:违约权

法律责任通常以对义务的违反为前提,而违反的义务性质不同,法律责

---

① Robinson,Paul H.,"The Criminal-Civil Distinction and the Utility of Desert",*Social Science Electronic Publishing*,Vol.76,No.1(1996),p.206.

任也会有所不同。一般来说,基于义务产生的根据不同,义务可以分成法定的义务和约定的义务两种。约定的义务是当事人意思自治的结果,其体现的是当事人对自己事务的处理权,不管是出于过失还是故意,违反这种义务都应当是当事人之间的私事,国家不应干涉。即相对于国家,违约体现的其实是个人自由,应当属于权利的范畴。①

首先,从内容上看,合同或者合同法通常有违约责任和合同争议解决方式等方面的规定,这些规定表明当事人不履行合同与履行合同一样,都是合同的内容,理由是,他们已在合同中对不履行的情况做了事前安排或者合同法允许他们对此做出安排。换言之,合同或者合同法规定的违约责任已经蕴含着行为人可以不履行合同。② 但是,这种"违约的权利"的行使是有条件的,即权利人须承担相应的不利后果,如赔偿损失、支付违约金等。

其次,违约权是人们的签约自由(意思自治)之一。根据美国《侵权行为法重述》第二版的规定,行为人在订约时可以同时存在着履行合同和不履行合同两种想法,只有那些根本没有打算履行合同的订约行为,才为欺诈禁止所不能容忍。③ 在德国法中,行为人不履行合同,并不会产生"责任",而仅仅构成"债",即行为人不履行合同并不具有道德可责性,当事人之间仅仅发生"债"的关系。一方当事人违约,对方当事人有时甚至没有解除合同的权利。④ 这尤其能反映行为人可以违反合同,并不受强制法禁止。

---

① Pratt M.G.,"Promises,Contracts and Voluntary Obligations",*Law and Philosophy*,Vol.26,No.6(2007),pp.531-574.

② Holmes O.W.,"The Path of the Law",*Harvard Law Review*,Vol.110,No.5(1997),p.995.

③ Restatement(Second)of Torts § 530,cmt.c(1977),"if it is reasonable to do so,the promi may properly interpret a promise as an assertion that the promisor intends to perform the promise",Restatement(Second)of Contracts § 171(2)(1981).法院的解释说"if reasonable to do so"是指存在着这样一种情形:"the promisor has disclosed his intention not to perform or [where] performance is known not to be within his control",Holland v.Lentz,397 P.2d 787,796(Or.1964)。

④ 《德国债法现代化法典》第323条第5款。

最后,合同法注重双方当事人的意思表示和对价(而非等价),即有对价的意思表示一旦成立,即受合同法的保护。对于合同的内容,即当事人自行设定具体的义务是什么,合同法通常不关心。因此,合同规定的货物价格是否合理、具体的履行方式如何,均由合同的当事人自行决定。这就是说,社会对自愿性义务之履行并不关心,只对这种义务的产生方式及违反后的救济方式感兴趣。[①] 而违约仅仅是引起法律给对方提供救济的原因之一,法律并不禁止违约行为自身的发生。既然不禁止,当然是允许的,故违约是一种权利。

这样,从表面上看,违约行为是故意而为,好像是有道德可责性的,其实不然,这属于公民自治权的范畴,由此得不出行为人有蔑视法秩序或者置社会成员的共同利益于不顾的结论。既然合同已赋予当事人违约的权利,违约就不属于加害行为的范畴。因此,刑法不处罚故意违约行为的原因,主要是其不符合伤害原则的要求。道德说的不当之处乃在于其将违约视为违反义务的行为。固然,对合同的当事人而言,这种看法或许有道理,但对于第三人或者国家而言,合同的存在并不代表合同的当事人对其负有什么义务,而是相反,合同的存在恰恰表明当事人已将国家对合同所涉事项的管理权进行了限制甚至是排斥,即相对于国家而言,违约实际上成了一种权利。

四、欺诈:对强制义务的违反

与违约不同,欺诈属于法律禁止的行为,或者说,“不得欺诈”是所有公民的一项义务,这种义务是法律事前规定的,其体现的是国家或者社会对个人的要求。从理论上讲,违反这种义务,过失的会被评价为侵权,故意的会被评价为犯罪。这样,就出现了一个问题:行为人以欺诈的方式违约,应当如何处理? 对此,学界有不同的认识。

---

① Restatement(Second) of Contracts §178, §266.

首先,否定说,又被称为瑕疵产品以外的损失说。这种观点最初源自产品责任法,后被扩展适用于一切合同行为。该说认为,合同是当事人就个人的利益及其风险预先做出安排而处分权利的意思表示,当事人不履行合同义务,法律不应强行干预。因此,即使有证据证明行为人存在着虚假陈述,由于这与合同本身有关,只要不产生合同外的损失,就不得认定为欺诈。① 也就是说,行为人不履行自己的允诺,没有造成瑕疵产品之外的其他损害,只能视为违约。与之不同的是,当一些与合同无关的法律义务被触犯时,则构成例外,因为这种义务既不与合同相关,也不构成合同的内容。②

其次,肯定说,又被称为恶意违约说。其认为,这种行为应当认定为欺诈。这种观点最初源自保险法,后来被一般化。该说认为,行为人不履行自己的允诺或者合同义务,能否构成欺诈,关键要看行为人不履行合同的原因,具言之,凡是有正当理由不履行合同的,构成违约;没有正当理由的,构成欺诈。③

最后,折中说,又被称为多种因素综合权衡说。其认为,欺诈的本质是对公共政策(即不得欺诈)的违反。④ 行为人不履行自己的允诺,是否构成欺诈,需要结合多种因素进行综合判断,比如,不履行合同义务给被害人造成无法救济损害的可能性、行为是否出于故意、行为人与被害人之间是否有可信赖的关系、发现错误陈述并令行为人承担责任的可能性。⑤

根据否定说,违约行为只要不造成瑕疵产品之外的损失,一律不得认定

---

① Ayres I., Klass G., "Promissory Fraud Without Breach", *Social Science Electronic Publishing*, 2004(2):507-553.

② Turnball v.Kling, 1999WL672561(S.D.N.Y.), August 26,1999.

③ Diamond T.A., "The Tort of Bad Faith Breach of Contract: When, If At All, Should It Be Extended Beyond Insurance Transactions?", *Marq.l.Rev*, 1981, pp.425-454.

④ Cbristopher W.Arledge, "When Does a Contract Breach Also Give Rise To a Tort Claim? A Primer For Practitions", *Orange County Lawer*, 2006,6:42-46.

⑤ Christopher W.Arledge, "When does Contract breach also give rise to a tort claim? A primer for practitioners", *Orange County Lawyer*, 2006,7:42-49.

为欺诈。尽管这种做法在产品责任领域里非常流行。但是,这种观点实际上否定了"不得欺诈"义务的独立性,使该义务从属于行为造成的损害范围。这种观点显然与实证法的规定不符,因为根据刑法第 224 条和第 140 条的规定,即使行为人的行为未给他人或者社会造成具体的人身或者财产损害,也仍然会追究行为人的刑事责任,即行为的违法性与行为造成的损失并没有关联性。再比如,刑法第 196 条第 4 款规定的信用卡诈骗罪,行为的违法性也不以行为给相对人(即金融机构)造成合同外的损失为要件。其实,在理论上,这种做法早已遭到很多学者的质疑。① 因此这种观点是有问题的。

肯定说实质上是将违约视为一种附条件的权利,行为人想行使违约权,必须证明自己有理由不履行合同义务,否则构成侵权(即欺诈)。这种观点对于保险、借款等行为,或许是有一定的合理性,但对于一般的合同而言,何种理由才使行为人获得违约权,其并没有给予明确,这就意味着具体的理由能否支撑违约权,完全靠法官来掌握,因此,这也是不妥的。

折中说较为合理。从合同相对方的角度看,行为人是否履行合同义务,其通常并不关心,有时甚至希望对方违约。但是,行为人不履行合同义务,且实施一定的不当行为或者借助一些客观情势,逃避违约产生的不利后果,降低被害人获得救济的可能性,与秘密窃取他人财物就没有多大的区别了。从行为人的角度看,对于故意逃避违约不利后果的行为,如果只是追究违约责任,这种责任有可能鼓励其继续实施这种行为,即违约责任对这种行为没有控制力。理由是,违约责任的大小受制于行为造成的损害的上限,而这种行为并不一定都被发现或者受到追究,即对行为人而言,行为的收益很可能远远大于因承担责任而产生的损失。然而,侵权法存在着惩罚性赔偿制度,

---

① Ayres I., Klass G., "Promissory Fraud Without Breach", *Social Science Electronic Publishing*, No.2(2004), pp.507-553.

其可以提高惩罚的上限，即可以通过加重处罚吞噬掉行为人因此而获得的收益，进而控制这种行为的发生。所以，这种行为应当由侵权法进行规制。相反，则构成违约，由合同法调整。

五、推定的欺诈：间接证据对欺诈的意图的支撑

从定义上看，要区分欺诈与违约，关键要看行为人是否有"欺诈的意图"。从证据法的角度看，对于"欺诈的意图"，只有被告人自己的承认，才能构成这种主观要素的直接证据，但是，这种证据的取得是非常困难的。在民法的范畴内，要证明"欺诈的意图"，除了行为人不履行合同义务外，学界认为，主要应参考以下三种情况进行判断：[①]

其一，订立合同时或者之前的情况。主要包括三个方面的内容：一则，在订约时，是否存在行为人所应知的、很可能影响合同履行的事件。比如，行为人正濒临破产或者有很多到期债务无法清偿，此时赊销他人的产品，其应当知道届时很可能无力支付价款。如果行为人在签约时却不将此情况披露给对方，很可能构成欺诈。二则，是否存在行为人打算欺骗被害人的预备行为，比如，制订欺诈计划，与他人进行预谋，制造能够误导被害人的虚假行为等。三则，行为人实施的与合同内容有矛盾的行为，比如，建筑商在签订建筑合同前出售建筑设备、解雇技术人员等。

其二，订立合同后发生的事实。这也包括三个方面的内容：一则，合同签订后是否发生会影响合同履行的事件，如果没有发生，行为人不履行自己的允诺，有可能被认定为欺诈；否则，构成违约。比如，标的物市场价格发生了明显变化、履约成本大大提高，则反映交易的外在条件发生了变化，行为人不履行自己承诺的，一般不构成欺诈。二则，合同订立与不履行合同义务之间的时间间隔长短。间隔越长，行为人改变原来的主意的可能性就越大，

---

① Ayres I., Klass G., *Insincere Promises: The Law of Misrepresented Intent*, 2005, pp.46-58.

越难认定为欺诈;相反,两者的间隔越短,越容易认定为欺诈。三则,行为人是否对履行合同进行了投资。如果行为人已经部分地履行了合同义务,一般排斥欺诈的可能。比如,建筑商取得工程款后,立即租赁相关的建筑设备或者整理相关的场地。相反,如果其即刻跑到另外一个城市,对他人实施相似的"违约"行为,则一般认定为欺诈。

其三,特殊的机遇。行为人不履约有可能源自特殊的机遇,比如,他人出价更高或所提出的交易条件更为有利,行为人经过权衡而决定放弃先前的允诺,不构成欺诈。然而,如果行为人不断实施类似的行为,即重复违约,又不赔偿相对人的经济损失的,则可以推导出行为人有欺诈的意图。特别是,行为人在决定不履行合同时,是否与被害人进行沟通,对欺诈的认定非常重要。

上述情况反映的都是一种客观事实,属于物质的范畴;证明的对象(即欺诈的意图)属于意识的范畴。也就是说,证据与证明对象具有质的不同,因此,证明欺诈意图的证据具有间接性,法院根据这种证据认定的欺诈,显然属于推定的欺诈。对于以"欺诈的意图"划分违约与欺诈的做法,很多人提出质疑。① 其一,心理要素具有不可知性,其不能成为划分制度的标准。就欺诈而言,用间接证据证明"欺诈的意图"的存在,最多只能在应然的层面上得出行为人在签约时有"欺诈的意图"的结论;在实然的层面上,行为人是否有欺诈的意图,作为第三人的法官是很难知道的。人们能够了解自己的心理,因为可以进行自我反省,但要了解他人的心理,却只能借助推理和行为解释的方式间接实现。探知他人心理的直接路径的缺失,表明第三人不可能真实地了解他人的心理,即法官不可能知道行为人签约时的内心想法。或者说,在实然的层面上,行为人的心理具有不可知性,这也是笛卡

---

① Ayres I., Klass G., "Promissory Fraud Without Breach", *Social Science Electronic Publishing*, No.2(2004), pp.26-41.

尔(身心)二元论在哲学上早已式微的原因所在。① 既然"欺诈的意图"在绝大多数情况下,具有不可知性,当然不能以其作为划分违约与欺诈的标准。其二,依赖心理要素建构的制度,有可能否定该制度本身。一方面,证明"欺诈的意图"的证据只能反映行为人在签约时应当存在着"欺诈的意图";另一方面,行为人却通常主张自己没有"欺诈的意图"。由此认定行为构成欺诈,则意味着欺诈是由过失构成的,即司法人员在适用该制度时,实际上将立法者对欺诈所设置的主观性限制要素(即故意)进行了彻底修正,甚至完全推翻。② 其三,很容易发生法律适用错误。比如,行为人故意进行虚假允诺,但周围的事实却无法证明这一点,行为人的行为很可能被评价为违约;相反,行为人没有欺诈的故意,但周围没有证据证明其有反悔的理由时,这种行为则很可能被评价为欺诈。③ 这会严重破坏法律的安定性。

然而,民法侧重于损失或者权利的分配④,上述问题并不影响在民法的范畴内基于"欺诈的意图"划分欺诈与违约。一则,民法不像刑法那样坚持法律主义,人们的生活习惯可以构成民法的渊源,这就意味着可以基于大多数人的认识来认定欺诈的成立与否,并不需要基于证据法、按照科学法则,验证"欺诈的意图"是否真的存在,即完全可以对其进行规范的判断,而不是作为事实进行判断。二则,违约与侵权制度之间具有相互补充性,这可以在一定程度上缓解法律适用错误出现的问题。一方面,周围的环境显示行为人进行了虚假陈述,行为人因疏忽而没有注意到,从而给

---

① K.Shapira Ettinger, "The Conundrum of Mental States: Substantive Rules and Evidence Combined", *Cardozo Law Review*, Vol.28(2007), pp.2577-2596.

② Heller K. J., "Mistake of Legal Element, the Common Law, and Article 32 of the Rome Statute a Critical Analysis", *Social Science Electronic Publishing*, Vol.6, No.3(2007), pp.419-445.

③ Buell S.W., "Novel Criminal Fraud", *Social Science Electronic Publishing*, Vol.81, No.6(2006), pp.1991-2043.

④ Cooter R., "Prices and Sanctions", *Columbia Law Review*, Vol.84, No.6(1984), pp.1523-1560.

被害人造成损失的,即使行为人缺乏欺诈的故意,追究行为人的欺诈(即侵权)责任,也没有什么问题,毕竟行为人没有尽到应有的注意义务。另一方面,行为人的行为本来属于欺诈,周围的环境并不能反映有"欺诈的意图",但是,可以追究行为人的违约责任。三则,最为重要的是,民法对法律适用错误具有很高的容忍度,民法接受"优势证据标准"就是典型的例证。正是由于违约与欺诈的划分建构在主观心理要素之上,才导致两者的边界具有模糊性,作为构成要件更为简单的违约,对作为侵权的欺诈的外延进行侵蚀,就显得非常正常了。其实,这也是刑法对欺诈保持极为谨慎的态度的原因之一。

六、欺诈行为入罪的限制:违法性意识

在语义学的层面上,欺诈与诈骗是作为同义词而存在的,但在实证法的层面上,两个概念的外延并不相同。一方面,民法上的欺诈包含了很多已被刑法类型化了的欺骗行为,比如,信用卡诈骗行为、集资诈骗行为等,而诈骗罪显然已将这些行为排除在外,即在外延上,欺诈宽于诈骗;另一方面,民法有时存在着不承认履行欺诈的现象①,而诈骗罪包含着履行诈骗,这又意味着欺诈的外延窄于诈骗。之所以如此,与诈骗禁止本身的缺陷有关。

在民法的范畴内,可以基于"欺诈的意图"此一主观要素划分欺诈与违约,但是,这种做法在刑法中却是不能容忍的。不同于其他侵权行为,欺诈在犯罪化的过程中(即将欺诈通过法定的程序类型化为兜底性的诈骗禁止),存在着很多的法律障碍。

首先,刑法上的障碍。在刑法的范畴内,立法者通常不定义何谓诈骗或者欺诈(以后统称为诈骗),这项工作实际上推给了学界或者司法人员。不

---

① 履行合同中存在的欺诈,如果不造成合同外的损失,通常认定为违约而不是欺诈。Ayres I., Klass G., "Promissory Fraud Without Breach", *Social Science Electronic Publishing*, No.2 (2004), pp.507-533。

管如何给其下定义,诈骗的概念总有以下的特点:①其一,诈骗是一种双方行为,并非单方行为,因为诈骗是指行为人故意对重大事实做出错误陈述,被害人有理由信赖该陈述是真实的,且根据这种信赖做出处分自己财产的情况;如果没有被害人的行为相配合,行为人的行为是很难被认定为法律意义上的诈骗的。其二,在认定为诈骗时,双方当事人的交易信息非常重要。当掌握更多信息的一方当事人知道某一信息对于另一方当事人是否进行特定的交易非常重要时,如果其不披露这种信息,有可能被认定为诈骗。相反,当双方当事人对交易的信息或者知识掌握差不多时,其不作为,则很难被认定为诈骗。比如,卖方出售一辆发动机有问题的汽车给买方,声称该汽车运行良好。如果卖方是汽车技工出身,则很可能被认定为诈骗。相反,如果其是刚刚进入该行业的人员,就很难被认定为诈骗。其三,诈骗的构成要件要素充满了浓厚的主观色彩,即其不仅依赖于行为人的心理态度,还依赖于被害人的心理态度。因此,诈骗其实是一个建立在心理要素之上的关系概念,即对其之判断并非单纯依赖于行为人的心理和行为,还受被害人的心理和行为影响,这也是诈骗与盗窃最大的不同之处。② 诈骗概念的这些特点造成诈骗禁止通常会有以下的特征:一则,禁止的边界比较宽松,具有易变的特性,公民个人很难基于这种法律规定对自己行为的法律性质进行预测;二则,其之适用对法官、检察官或警察个人对该禁止的理解,存在着严重的依赖,由于没有客观的限制,很难避免司法的任意性和执法的选择性;三则,该法条内容具有抽象性和原则性,其之适用需要道德义务进行补充,这实际上意味着刑法具有溯及力,其很难事前指导人们的行为。总之,诈骗禁止具有

---

① 《最高人民法院关于贯彻〈中华人民共和国民法通则〉若干问题的意见》第 68 条;参见张明楷:《诈骗罪与金融诈骗罪研究》,清华大学出版社 2006 年版,第 5、7 页;王钢:《德国刑法诈骗罪的客观构成要件——以德国司法判例为中心》,《政治与法律》2014 年第 10 期。

② Buell S.W., "Novel Criminal Fraud", *Social Science Electronic Publishing*, Vol.81, No.6(2006), pp.1991-2043.

开放性的特征。

其实,从历史上看,诈骗禁止的开放性早已被学界注意。在 16 世纪,库科就指出,诈骗技术日新月异,现有法律形式不应也无法对法官的判断构成限制。① 到了 18 世纪,哈德维克说,诈骗技术永无止境,法律一旦制定即已过时,因为人们总会想方设法地规避禁止规范,人类的创新精神注定诈骗禁止不可能有一条明确的边界线。② 到了 19 世纪,为了控制由于技术革新而引发的一轮轮的欺诈浪潮,绝大多数国家都将诈骗禁止定义为一种原则,否定诈骗禁止的形式价值,因为如果采用法律规则的方式记述这种禁止,无异于告诉人们如何规避这种犯罪。③ 甚至有学者断言,不论在何时,人类都不会给诈骗罪下一个定义,因为国家必须防止有人以准职业的方式,触犯法律禁止而故意加害于人。所以,绝大多数国家刑法中的诈骗禁止都仅仅是一种声明,即"不得诈骗",并没有将诈骗行为定型化。④ 然而,罪刑法定原则对公民有"行为控"的功能,对国家有"权力控"的功能,这两项功能要求刑法禁止须具有明确性。显然,诈骗禁止的开放性与罪刑法定原则的这项诉求存在着矛盾。也就是说,刑法中的罪刑法定原则构成了欺诈行为入罪的法律障碍。

其次,民法上的障碍。诈骗行为入罪的原因,往往是通过类推盗窃而进行解释的。⑤ 这种类推是有问题的,理由是,刑法通过盗窃禁止给财产法益提供保护,符合绝大多数权利人的愿望,于是,法律就推定所有权利人都要求刑法提供这种保护,至于个别人例外,甚至反对国家这么做,刑法学认为

---

① J.H.Baker, *An Introduction to English Legal History*, London:Butterworths, 1990, pp.136-137.

② Joseph Parkes, *A History of the Court of Chancery*, 1828, p.508.

③ McAleer v.Horsey, 35 Md.at 452(1872).

④ James Fitzjames Stephen, *A History of the Criminal Law of England*, England:Macmillan and Company, 1883, pp.121-122.

⑤ James Fitzjames Stephen, *A History of the Criminal Law of England*, England:Macmillan and Company 1883, pp.121-122.

这并不重要,关键要看一般人的态度,即,刑法"法益"的效力不是法益的权利主体自己选择的结果,而是立法者赋予的。[1] 比如,行为人窃取他人财物,即使被害人事后对行为人的境况产生怜悯之心,不想追究其责任,刑法也不会尊重其态度,因为绝大多数人不会这样做。诈骗罪却与此不同,被害人的态度通常对定罪具有决定性的作用。前文所举的四个案例中,行为人A与D都非法侵占了被害人的一台电脑,事后,被害人放弃追究行为人的法律责任。对于A而言,被害人事后的态度并不会使盗窃行为获得正当性或者合法性。对于D而言,情形就不同了。如果被害人知道自己被骗后,放弃行使撤销权或者变更权,根据民法和合同法的规定,除非损害了国家利益,行为人的欺诈行为就会变成正常的民事法律行为,属于合法行为的范畴,对双方当事人都有约束力。[2] 也就是说,诈骗罪所保护的法益无法脱离被害人的态度而独立存在。如果刑法不尊重被害人事后的态度,基于诈骗罪(或者合同诈骗罪)处罚行为人,这就意味着,该欺诈在民法的范畴内属于合法行为,而在刑法的范畴内属于违法行为,这显然违反"法秩序统一性原则",而且,也有悖于最后手段原则。也就是说,民法或者合同法将欺诈规定为可撤销、可变更的民事行为,使得诈骗禁止所保护的法益很难脱离被害人的态度而独立存在,这构成欺诈行为犯罪化的第二个法律障碍。

最后,证据法上的障碍。这种障碍主要体现在三个方面:其一,"欺诈的意图"缺乏直接证据的支撑。在民法的范畴内,欺诈与违约的划分标准是"欺诈的意图",行为人的承认可以构成"欺诈的意图"的直接证据,但这种规则却无法适用于刑法,因为如果刑法采用这种规则,则意味着刑法在鼓励人们撒谎。理由是,根据这种规则,承认有此意图的行为人,则构成犯罪;不承认的,不构成犯罪(即违约),即刑法实际上惩罚的是那些"老实的犯罪

---

[1] Ulfried Neumann, Moralische Grenzen des Strafrechts, 1986, 73: 124–125; Ulfried Neumann, Joel Feinberg, The Moral Limits of the Criminal Law, Bd.2, 3, 75 ARSP, 1989: 550.

[2] 因为合同法第54条已经把欺诈(或者诈骗)在民事上定性为可撤销、可变更的民事行为。

人",狡猾的犯罪人是不会受到刑罚处罚的,这显然是荒唐的。其二,用行为人的承认或者口供证明欺诈,还会导致刑讯逼供现象的泛滥,更为"不得自证其罪原则"所不容忍。其三,既然"欺诈的意图"构成欺诈与违约的划分标准,如果将欺诈行为入罪,"欺诈的意图"当然会被视为该罪的构成要件要素之一。如前所述,在刑法的范畴内,由于没有直接证据的支撑,对"欺诈的意图"的证明,只能由间接证据完成,这就意味着其证明程度很难达到"排除合理怀疑"的程度。民法能够接受这种证明程度,因为民法旨在"定价"(pricing),但是,坚持法律主义、排斥习惯法的刑法,通常剥夺的是被告人的重大法益,其无法容忍过高的(定罪)错误成本,所以,在刑法的范畴内,制度的区分不能建构在主观要素之上。①

正是由于将欺诈入罪存在着上述的法律障碍,因此,学界普遍认为诈骗罪是刑法领域内理论不成熟、立法技术程度较低的犯罪。② 这也是刑法中的诈骗禁止在很大的程度上被"虚置"或者不断受到其他禁止规范(如盗窃禁止)挤压的主要原因。所以,经济说不能对欺诈行为的各种处理作出自洽的解释,并非这种理论的缺陷所致,而是与诈骗制度本身有关。恰恰相反,诈骗禁止的这些特点却使道德说的缺陷变得更加明显。

七、诈骗禁止适用的规则限制:违法性意识

欺诈存在着入罪的必要性,但其入罪又存在着法律障碍,这就意味着诈骗禁止与罪刑法定原则、民法和证据法实际存在着冲突。这种冲突很难彻底解决,一般只能通过对诈骗禁止的限制,尽可能地缓解这种紧张关系。限制的方法通常有两种:其一,立法限制,即通过立法的方式限制开放性的诈

---

① K.Shapira Ettinger,"The Conundrum of Mental States:Substantive Rules and Evidence Combined",*Cardozo Law Review*,Vol.28(2007),pp.2577-2596.
② Buell S.W.,"Novel Criminal Fraud",*Social Science Electronic Publishing*,Vol.81,No.6(2006),pp.1971-2043.

骗禁止的适用范围。比如,对一些理论上比较成熟的诈骗行为,立法者通过详细的文字记述,将其设置成具体的诈骗罪(如我国刑法中的信用卡诈骗罪、贷款诈骗罪等),以缩小一般的诈骗禁止的适用范围。这样,兜底性的诈骗禁止(如我国刑法第 224 条第 5 款和第 266 条)与罪刑法定原则的对立在一定程度上就会得以降低。其二,司法限制,即通过对兜底性的诈骗禁止之适用附加更多的限制条件,协调其与罪刑法定原则、民法和证据法的冲突。司法限制的方法主要有三个,除了人们常见的通过对诈骗造成的损害数额进行限制外,还有另外两种,一是原则的方法,即以最后手段原则限制诈骗禁止的适用。也就是说,对于民法不能给被害人提供有效救济的"欺诈行为",或者说,当行为人不履行自己的允诺会给被害人造成无法救济的损失时,才能用刑法追究行为人的诈骗罪的刑事责任。在适用这一限制时,必然会考虑被害人的态度,进而缓解诈骗禁止与民法的冲突,这也是民事欺诈与诈骗罪的划分标准之一。① 二是规则的方法,即对于法律事前未予明确的诈骗行为,当行为人所选择的行为很明显具有违法性意识时,才能追究其诈骗罪的刑事责任。② 本书主要探讨这种限制方法。

诈骗禁止很难遵守罪刑法定原则,主要原因其实乃在于立法者没有能力事前确定市场交易规则,这导致欺诈行为之存在形式只能采用开放的态度。为了迎合法律主义和责任主义的诉求,大陆法系和普通法系都主张以违法性意识取代"欺诈的意图",作为诈骗禁止适用的限制。这就产生了这样一个问题,即违法性意识应作为诈骗罪的构成要件要素(即行为规范的内容),还是责任的要素(即裁判规范的内容)呢? 对此,学界存在着不同的

---

① Coffee J.,"From Tort to Crime:Some Reflections on the Criminalisation of Fiduciary Breaches and the Problematic Line Between Law and Ethics",*Am. Crim. L. Rev*,Vol.19,No.2(1981),pp. 117-172;Jr.J.C.,"Does Unlawful Mean Criminal:Reflections on the Disappearing Tort/Crime Distinction in American Law",*B. U. L. Rev*,Vol.71,No.2(1991),p.225.

② Jr.J.C.,"Does Unlawful Mean Criminal:Reflections on the Disappearing Tort/Crime Distinction in American Law",*B. U. L. Rev*,Vol.71,No.2(1991),p.228.

看法,主张其作为行为规范的内容的人认为,这样做有两个理由:其一,可以有效地限制检察官和法官的自由裁量权;其二,可以更好地告诉社会诈骗禁止所适用的行为范围是什么。不过,当前有很多人对此提出异议,主张这种模式应予改变,理由有:首先,这种观点存在着证明难的问题。如果将违法性意识融入诈骗禁止条文之中,很容易将其理解为犯罪的构成要件要素,这意味着,要追究行为人诈骗罪的刑事责任,检察机关需要证明被告人存在着违法性意识,且证明的程度须达到排除合理怀疑的程度。这种证明负担将会压垮检察机关,进而导致诈骗禁止被虚置。其次,如将违法性意识置于行为规范之中,行为人很容易采用一定的措施规避法津,从而使诈骗禁止虚置。相反,将违法性意识置于裁判规范之中,从事后的角度进行判断,更有利于市场诚信的维护。因为当行为人意识到其所实施的行为有可能事后被法院认定为违法时,就应当放弃实施。最后,从审判分工的角度看,犯罪构成要件要素事实通常由非专业性的陪审团或陪审员参与判断。如果将违法性意识视为诈骗罪的构成要件要素,则由非专业性的陪审团或陪审员决定。这些人参与审判缺乏连续性,致使这种判断很难保持一致,势必破坏诈骗禁止适用的安定性,故其作为责任的要素,由职业法官进行判断效果更好。[1]

我们认为,违法性意识应作为行为规范的内容,理由除了出于保护无辜之人的考虑之外,还存在以下三个方面的原因:其一,诈骗禁止自身的要求。其实,一个行为是诈骗还是一种经济创新,主要看行为是否符合市场交易规则。但是,由于社会极为复杂,人的创新性极强,立法者没有能力将市场交易规则详细记述出来,即现实中没有现成的市场交易规则作为诈骗的判断标准,因此,要想适用诈骗禁止,必须有发现该规则的方法或者路径。从主体上看,作为市场主体的行为人(即被告人)比专业法官更熟悉市场交易规

---

[1] Buell S.W., "Novel Criminal Fraud", *Social Science Electronic Publishing*, Vol.81, No.6(2006), pp.1971-2043.

则,这样,发现市场交易规则的任务应由行为人承担。将违法性意识作为诈骗罪的构成要件要素,实际上就是将发现市场交易规则的负担推给了行为人。[1] 相反,如果将违法性意识作为责任的要素,则意味着法官承担发现市场交易规则的任务,显然是不妥的。从内容上看,既然行为人的违法性意识是作为发现市场交易规则的路径而存在的,其所表达的内容当然与市场交易规则有关,而市场交易规则又是诈骗禁止的规范内容,所以,违法性意识应是该罪的构成要件要素。其二,这也是责任主义的要求。对于那些已经意识到自己的行为具有违法性的人来说,仍决意实施这种行为,对其进行处罚并不违反可预测性原则,符合责任主义的要求。[2] 其三,市场监管的需要。市场的监管者与法官相似,他们对市场交易规则也是不很熟悉的,如果将违法性意识作为诈骗禁止的行为规范的内容,监管者就可以根据市场主体(即行为人)的违法性意识,确定市场交易规则的内容,从而对特定的行为是违约、侵权还是犯罪作出判断。[3] 总之,将违法性意识作为诈骗罪的构成要件要素,不仅有助于提高市场的透明度,降低交易成本,而且还有利于市场监管。

或许有人会担心,如果根据行为人的行为判断违法性意识,再由此确定诈骗禁止的适用范围,很容易出现诈骗禁止的外延过宽和过窄的问题。首先,有些人对社会规范比较敏感,有可能将并不违反市场交易规则的行为,误认为违法行为,从而实施掩盖行为。但是,根据违法性意识说,行为人则会受到诈骗禁止的处罚。这就意味着,根据行为人的主观认识确定诈骗禁止的边界,一些被社会所容忍的行为,也有可能受到刑罚的处罚,即会产生

---

① H.L.A.Hart,"Punishment and Responsibility",Oxford University Press,1968,p.171.

② Michael W.J.,"A Rationale of the Law of Homicide:I",*Columbia Law Review*,Vol.37,No.5(1937),p.1287.

③ Cooter R.,"Prices and Sanctions",*Columbia Law Review*,Vol.84,No.6(1984),p.1533.

诈骗禁止范围过宽的问题,出现刑法威慑力的过剩。① 其次,有些人法律意识比较淡薄,或者对法律完全持漠视的态度,在实施欺诈行为时,并没有显示违法性意识,这样,以违法性意识为标准判断诈骗罪,又存在着放纵犯罪的嫌疑。其实,这两种担心是没有必要的,一则,任何概念与其所描述的事实都不可能完全一致;二则,诈骗罪中的违法性意识要素实质是市场交易规则,如果行为不违反市场交易规则(即一般人的认识),即使是行为人产生了认识错误,也不能改变行为的性质,因为犯罪是"法"定的,而不是行为人定的,即这并不会产生诈骗禁止处罚过宽的问题;三则,诈骗行为一般须有掩盖事实真相的行为,相反,如果行为人对自己的加害行为不加掩盖,被害人因为未予注意而受损的,根据情况,要么认定为盗窃罪(即诈骗性的盗窃),要么认定为重大误解的行为,或者被害人自愿承担风险的行为,这些处理并没有什么不妥,因为如前所述,诈骗禁止是一个立法技术水平较低的规范,其范围本身就有不确定性,故上述担心是没有必要的。

八、违法性意识的客观表征:掩盖行为

在我国学界,传统的观点认为,诈骗罪成立的关键是看行为人是否以非法占有为目的。② 这种观点的主要缺陷有:其一,有违刑法目的之嫌,即刑法的目的是为了保护法益,而不是惩罚收益。在司法实践中,一般以被害人受到的损害数额作为对被告人定罪量刑的根据,并不是以被告人的违法所得数额为根据,这也说明这种观点是不成立的。其二,在刑法中,只有对一些危及重大法益的严重犯罪,才设置目的犯,对于财产犯罪是没有必要的;否则,有些人并非出于以非法占有为目的的诈骗,则排除在诈骗罪之外,显

---

① Robinson,Paul H.,"The Criminal-Civil Distinction and the Utility of Desert",*Social Science Electronic Publishing*,Vol.76,No.1(1996),pp.207-208.
② 冯世联、郭伟伟:《诈骗罪中以非法占有为目的的时间点》,《人民司法》2014年第2期。

然是不公平的,因为在社会危害相同的背景下,后者的可责性并不低于前者,甚至高于前者,即损人不利己比损人利己更可恶。其三,合同的存在往往是为了营利,在区分违约与欺诈时,再谈"非法占有为目的",没有任何的意义。其四,最为重要的是,这种主观要素缺乏相应的客观表征体现或证明其存在,故很难被规范化处理。

那么,如何判断行为人是否有违法性意识? 这主要看行为人是否实施了掩盖行为,主要理由有:其一,掩盖行为能反映行为人对其实施的其他行为的否定性评价。[①] 比如,行为人为了转嫁投资风险,在使用账户资金时故意不签署自己的名字,或者与他人合谋故意销毁账户记录,这反映行为人认为其实施的其他行为具有不正当性或者无法向社会公开。其二,对行为的真相进行积极的掩盖(即作为),比不履行披露事实的义务(即不作为),更能反映违法性意识的存在。但这并不是说,不披露事实真相一定都不能构成犯罪,因为有披露或忠实义务的人就能构成该规则的例外。[②] 披露或忠实义务的存在与否,通常由周围的环境、双方当事人的预期以及习惯等决定,由于这种义务渊源缺乏明确性,当事人不履行披露义务的可责性较之积极的掩盖行为,明显较低。在一般情况下,不披露事实真相通常并不违反当事人的合理预期,所以,行为人不披露其所知的有关事实,不构成犯罪。其三,相对于其他犯罪,诈骗罪的适用对象主要是那些对规范信息比较敏感的人。[③] 这些人一般比较熟悉法律,希望借助法律知识,通过规避法律来获得较大的个人收益,因此,对于这种人应适用"一有怀疑便不得实施"的原则。行为人不仅实施自己已经产生"怀疑"的行为,且对这种行为进行掩盖,故用刑法非难行为人是没有什么问题的。

---

① United states v.Dial,757 f.2d,at 169(7th cir.1985).

② United states v.Larrabee,240 F.3d,at 23-24(1st cir.2001).

③ Kadish S.H.,"Some Observations on the Use of Criminal Sanctions in Enforcing Economic Regulations",*The University of Chicago Law Review*,Vol.30,No.2(1963),p.437.

当然,就像其他概念一样,用掩盖行为作为诈骗禁止中的违法性意识的概念表征,有时也会产生问题,因为行为人对自己的行为进行遮掩,防止他人知道,其原因可能非常复杂:其一,行为人知其违法,为防止他人知道而进行掩盖;其二,行为人意识到其行为存在着违法的可能,为逃避事前监管或事后的公法责任而进行的掩盖;其三,行为人出于无法律意义上的原因,比如,为了自己的面子、隐私或保护自己的专有技术等,对自己的行为进行遮掩,防止别人知道。不难看出,只有在第一种情况下,掩盖才能反映违法性意识。第二种和第三种情况的存在,则意味着将掩盖视为违法性意识的表征,会产生诈骗禁止外延过宽的缺陷。① 但是,对于后两种情况,被告人可以通过辩护来排除自己的违法性意识,进而否定构成犯罪。也就是说,后两种情况的存在,并不妨碍将掩盖视为违法性意识的表征。

诈骗罪旨在提高人们之间的相互信任,维持市场经济正常运行的前提条件。② 同时,其还向社会传递这样一个信息,即遵守法律或者忠诚于法律决不能成为受损害的理由。③ 但是,当不存在掩盖行为时,决不能以违约为由而追究行为人的刑事责任,即掩盖行为是诈骗罪不可或缺的构成要件要素之一。这样,就行为人 D 而言,如果没有证据证明其有掩盖该交易发生的前提要件的行为,是很难追究其刑事责任的。由此可以看出,违约、民事欺诈和诈骗罪的证明负担是明显不同的,或言之,当行为人不履行自己的允诺时,要以诈骗罪指控行为人,必须证明行为人所进行的虚假陈述不仅是故意而为,而且还须有违法性意识,即存在积极的掩盖行为。当然,此时言辞证据较之违约之诉更为重要。

---

① Julie r.O' Sullivan, *Federal White Collar Crime*, 2003:751-788.

② Kahan D.M., "The Logic of Reciprocity:Trust, Collective Action, and Law", *Michigan Law Review*, Vol.102, No.1(2003), p.99;H.L.A.Hart, *Punishment and Responsibility*, Oxford University Press, 1968, p.50.

③ Paul H.Robinson & Michael T.Cahill, *Law Without Justice*, Oxford University Press, 2006, pp. 21-23.

对于使用兴奋剂的行为,用诈骗禁止进行规制,存在很大的问题,详见下文。

第二节 兴奋剂违规行为

一、使用兴奋剂的行为规制模式

继法国、意大利、西班牙、澳大利亚等国之后,德国在 2015 年底也将兴奋剂违规行为入罪。英国体育部副部长曾声言,他们也将提出动议,准备在 2017 年的伦敦田径锦标赛前,将使用兴奋剂的行为入罪。然而,世界反兴奋剂机构对此却持保留的态度。目前欧洲大多数国家已经或者准备用刑法打击体育领域内使用兴奋剂的行为,不过,世界上绝大多数国家尚未将其犯罪化。此外,即使一些国家,比如德国,虽然已将兴奋剂违规入罪,但是,该立法却受到了刑法学界的批评。其实,兴奋剂违规行为是否应当入罪,涉及很多复杂的法律问题。

从 WADC 第 2 条的规定看,兴奋剂违规行为主要分为四种:运动员使用兴奋剂的行为(第 2 款)、妨碍兴奋剂检查的行为(第 3 款到第 5 款)、使用兴奋剂的辅助行为(第 6 款和第 7 款)和帮助、教唆他人使用兴奋剂的行为(第 8 款到第 10 款)。在这四种行为中,运动员为了提高比赛成绩而使用兴奋剂的行为是兴奋剂违规的中心,这种行为是否入罪,会对其他三种行为的犯罪化具有一定程度的影响。如何对运动员使用兴奋剂的行为进行法律规制? 学界存在着截然不同的认识。

首先,民法模式。除了欧洲外,世界上绝大多数国家都是用民法控制使用兴奋剂的行为,其典型的代表是美国和日本。他们认为,体育领域内的兴奋剂问题属于私法的范畴,并不存在是否犯罪化的问题,主要根据有三点:其一,包括国际奥委会在内的体育组织,在法律上为民间组织,并非公法机关,体育工作属于这些组织自治的范畴,反兴奋剂工作当然也不例外。其二,体育部门所拥有的兴奋剂处罚权,源于其与运动员签订的协议。运动员违反合同的约定而使用兴奋剂,属于违约行为,国家无权管辖。其三,"体育例外原则"的存在,表明国家无权干预体育管理的活动。① 比如,在钱伯斯诉英国奥委会案中,法院认为,奥运会具有业余性,其规则不受法律约束,国家没有干预的权力。② 既然国家无权干预,当然也就无权将其犯罪化。

其次,刑法模式。以西班牙、意大利、比利时、法国、奥地利、德国和卡塔尔为代表的国家,主张用刑法打击兴奋剂违规行为。不过,上述各国虽然都主张将兴奋剂违规入罪,但是,对于运动员为了获得比赛优势而使用兴奋剂的行为,是否应当入罪? 他们的态度并不相同:第一,绝对犯罪化的模式。采用这种模式的国家规定,运动员为了提高成绩而使用兴奋剂的,都应当受到刑罚处罚,即构成所谓的使用兴奋剂罪。比如《意大利体育领域反兴奋剂法》第 9 条规定,运动员使用禁用物质的,可以科处 3 个月以上 3 年以下,并处以 2500 到 5000 欧元的罚金。2001 年,意大利警方在 Girod' Italia 比赛期间,突袭了自行车运动员居住的酒店,查获了很多激素、胰岛素和可的松等禁用物质,还有很多药品注射器。于是,警方将涉嫌违禁的运动员(还有队医和教练员)全部逮捕。最后,有 5 名运动员因此受到刑罚处罚。③ 再比如,奥地利刑法典第 147 条规定,运动员通过使用《欧洲反兴奋剂公约》所禁止的物质或者方法进行欺诈的,处以最高 3 年的监禁。第二,非犯罪化模式。这种立法模式以法国为代表,其认为,体育领域内使用兴奋剂的行为虽

---

① 该原则源于 1974 年的荷兰自行车选手沃雷伟和科克诉自行车联盟案的判决,法院认为,体育是一种业余活动,不是经济活动,所以,体育规则不受法律或者国家的约束。Walrave and Koch v. Association Union Cycliste Internationale, C-36/74, R-36/74,［1974］EUECJ R-36/74, ECR 1405［1974］。

② Edwards v. British Athletic Federation, 94(30) LSG 29(1997).

③ Mckenzie C., "The Use of Criminal Justice Mechanisms to Combat Doping in Sport", *Sports Law Ejournal*, 2007:1-9.

然应当犯罪化，但是，不应忽视反兴奋剂组织或者体育部门等行政机构的权力。为此，法国于 2006 年 4 月制定的反兴奋剂法规定，使用禁用物质或者通过人为的方法改变运动员能力的，构成犯罪；向运动员开出禁用物质、帮助或者鼓励运动员使用违法药品的行为，也构成犯罪；运动员拒绝兴奋剂检查或者不遵守法国反兴奋剂组织科处的其他义务的，可以判处最高 6 个月的监禁并处 7500 欧元的罚金（第 232 条第 9 款、第 10 款和第 25 款）。但在现实中，运动员自己使用兴奋剂的，只会受到国家体育组织的行政处罚，不会受到刑事处罚，即运动员自己使用兴奋剂的，不构成犯罪。第三，区别对待模式。德国 2014 年制定的、2015 年 12 月 18 日生效的《反兴奋剂法》采用区别对待的立场。该法将运动员分成一般运动员、精英运动员和高水平运动员三种。前者为了提高比赛成绩而使用兴奋剂的，构成刑事违法，但不给予刑事处罚，仅仅由行政部门进行纪律处罚，后两者使用兴奋剂的，处以最高 3 年的监禁并判处罚金。面对以上分歧，就产生了一个问题，即为什么很多国家不采用绝对犯罪化的模式，而将运动员使用兴奋剂的行为一律入罪呢？

二、使用兴奋剂的行为入罪的实体法障碍：法益保护原则

刑法学界一般认为，对于特定的加害行为而言，是否应当用刑法规制，首先要看将其入罪是否有利于保护某种法益；否则，即使行为多么令人厌恶，也不得被犯罪化。那么，将使用兴奋剂的行为入罪，究竟保护的是何种法益呢？对此，理论上主要有三种不同的观点。

（一）财产权说

德国在制定反兴奋剂法之前，学界采用的就是这种学说，目前澳大利亚反兴奋剂法采用的也是这种立场。这种观点认为，为了提高比赛成绩而使用兴奋剂，运动员主要是想通过使用药品的方式，获得不公平的竞争优势，赢得体育比赛的胜利，从而从其他干净的运动员手里拿走本来不属于自己

的奖金、奖牌或者荣誉,因此,构成诈骗,用刑法打击这种行为,主要是出于保护干净运动员财产权(即奖金、赞助费等)的需要。所以,将使用兴奋剂的行为入罪,是为了保护他人的财产权。① 然而,这种观点却存在以下难以解决的问题:其一,如果将使用兴奋剂的行为定义为侵犯他人的财产权,那么,运动员使用兴奋剂与其取得的比赛成绩之间,是否有因果关系,在追究运动员使用兴奋剂的刑事责任时,则是需要证明的。然而,运动员最终获胜,有很多的因素,比如,运动员自己的天赋、竞争对手的状态甚至比赛的地理位置、天气和裁判等,那么,使用兴奋剂的行为有没有作用? 有多大的作用? 则是很难证明的。其二,即使能证明运动员由于使用了药品才取得了当前的成绩,那么,接下来的问题是,被害人到底是谁呢? 是排名第二位的运动员吗? 还是所有参加比赛的运动员? 这一点是很难确定的。诈骗是有被害人的犯罪,且被害人的态度对认定犯罪具有不可或缺性。比如,德国警方发现自行车手乌里希在 2006 年到 2008 年间,从一个西班牙体育医生那里获了兴奋剂,并使用到比赛之中。乌里希因此受到了诈骗罪的指控,根据是,与其前雇主签订的合同中明确承诺不会使用兴奋剂,即德国认为,兴奋剂诈骗罪的被害人,是与被告人存在着合同关系的雇主。但是,控方并不能证明在签订合同时该雇主不知被告人会使用兴奋剂,再加上,双方当事人已经在民事程序中达成了协议,说明被害人已经接受了这种欺诈的事实,于是,控方根据德国刑事诉讼法典第 153a 条的规定撤诉。② 这表明通过诈骗罪处理体育领域内的兴奋剂问题,存在着很多的法律和事实障碍。正是这个原因,才促使德国制定了单行的刑事法规,即《反兴奋剂法》。其三,对于没有取得名次的运动员而言,他们虽然使用了兴奋剂,但并没有因此获得任

---

① Jacob Kornbeck,"The EU,the Revision of the World Anti-Doping Code and the Presumption of Innocence",*Int Sports Law J.*,Vol.15(2016),pp.172–196.

② Jacob Kornbeck,"The EU,the Revision of the World Anti-Doping Code and the Presumption of Innocence",*Int Sports Law J.*,Vol.15(2016),pp.172–196.

何收益。如果按照财产权说，他们又"诈骗"了谁？剥夺了谁的法益呢？总不能说是比赛的组织方或者管理人员吧！毕竟他们不可能因使用兴奋剂的行为而受到任何的财产损害。由此可以看出，"财产权"说在司法上存在着很多问题无法解决。

（二）健康、平等比赛的机会和诚信说

这是德国《反兴奋剂法》所采取的立场。该法第 1 条规定，打击体育领域内使用兴奋剂的行为，旨在于保护运动员的健康、比赛中的平等机会和诚信。[①] 因此，德国的使用兴奋剂罪所保护的法益为：运动员的健康、平等比赛的机会和诚信。不过，这种观点存在着以下三个问题：其一，刑法总是作为保护法益的最后手段而存在的，但是，不管是体育诚信，还是平等比赛的机会都是一种理念，其无法构成刑法所保护的法益，因为从本质上看，两者所表达的是一种社会兴趣，并不涉及人类的基本生存条件（即命财）问题。其二，这两种观念非常抽象，且边界极为模糊，如果其可以成为刑法所保护的对象，人们不禁要问，为什么艺术或者音乐方面的诚信或者机会平等不能获得刑法的保护呢？其三，反兴奋剂法关注的是与比赛有关的使用兴奋剂的行为，那么，网络上的比赛是否也包含在内呢？对这些问题，该学说都无法回答。

将运动员的健康作为刑法保护的法益，同样是有问题的：其一，这种观点似乎与德国宪法第 2 条第 1 款规定的个人发展权存在着冲突，因为该条规定，个人有权决定是否实施有害于个人健康的行为。这就是说，运动员使用兴奋剂危害自己的健康，是有宪法根据的，国家无权干预。其二，还有悖于世界反兴奋剂机构禁止清单中所列举的禁用物质的性质。世界反兴奋剂机构所列举的禁用物质，通常具有提高比赛成绩的功能，而不是有害于健

---

① German Anti-Doping Act, 10 December 2015, https://www.bmjv.de/SharedDocs/Gesetzge-bungsverfahren/Dokumente/BGBl_Anti-Doping.pdf? __blob = publicationFile&v = 2.

康。比如,可卡因属于禁用物质,但很难说会危及人的健康,因为诸如可口可乐等饮料中就含有这种物质。事实上,离开了量,是无法评定特定物质的有害性的,比如,运动员经常使用的诸如克伦特罗、类固醇等禁用物质,如果少量地使用,通常对人体是没有多大危害的,只有达到一定的量,才会危及人身健康。这样,如果出于保护人体健康而将使用兴奋剂的行为入罪,世界反兴奋剂禁止清单中列举的物质,不仅应当根据是否有害于健康而再进行分类,而且,还要规定一定的剂量,而这一点显然是很难做到的。其三,运动员自愿使用兴奋剂,危害的是自身的健康,运动员自杀、自残都不构成犯罪,为什么危害自己的健康,刑法要进行制止呢? 这也是说不通的。如果这种观点成立,那么,抽烟、吸毒、饮酒甚至是风险系数较高的体育项目(比如攀岩和跳伞)也应禁止。事实上,世界上绝大多数国家对这种自害行为,都是放任不管的。如果的确需要用刑法进行控制,根据只能是家长主义。

学界将家长主义分成"软"的家长主义与"硬"的家长主义两种,"软"的家长主义可以成为入罪的根据,但"硬"的家长主义却没有这项功能。①因为对于前者而言,从表面上看,国家通过刑法禁止人们实施一些自害行为,似乎侵犯了权利人的自治权,但实质上,并没有违背其真实的意志。比如,很多国家将开车不系安全带的行为入罪,从表面上看侵犯了权利人的自治权,但是,权利人不系安全带,并不是想自杀或者自残,而是疏忽或者不合理的生活方式造成的。作为理性人,面对法律的这种强制,并不反感或者排斥,故其在本质上并未妨碍权利人的自由。而故意使用兴奋剂的行为却与之不同,运动员知道使用兴奋剂会危及人身健康,但是,为了能赢得比赛而甘愿冒险,换言之,这是权衡利弊后的选择,属于理性行为。因此,如果出于对运动员健康的考虑而将使用兴奋剂的行为入罪,显然属于"硬"的家长主

---

① Paul Roberts, "Philosophy, Feinberg, Codification and Consent: A Progress Report on English Experience of Criminal Law Reform", *Buffalo Criminal Law Review*, No.5(2001), pp.173-253.

义范畴。① 这是对个人自治权的不当干涉,所以,家长主义无法证成使用兴奋剂入罪的正当性。在这里,如果用家长主义解释使用兴奋剂罪,让人极易产生"滥用"的嫌疑,即在表面上是为了运动员,其实际上是为了使运动员服从于社会的需要,而不是自己的需要,这也是家长主义最让人诟病的地方。②

(三)体育精神说

意大利和希腊等国的反兴奋剂法认为,将使用兴奋剂的行为入罪,是为了保护体育精神或者"体育纯洁性"。③ 所谓的体育精神,就是指奥林匹克精神,也就是《世界反兴奋剂条例》序言中所宣称的体育价值,包括道德、公平竞赛与诚实、健康、优秀的竞技能力、人格与教育、趣味与快乐等。这种观点认为,使用兴奋剂的行为破坏了体育精神,为了恢复体育精神,需要刑法打击使用兴奋剂的行为。理由有:其一,保护"体育精神"有助于人们充分展示个人的自然潜能,体现人类的卓越,所以,"体育精神"在现代生活中,具有不可或缺性,构成了人类的生存条件。其二,传统的兴奋剂处罚属于私法的范畴,具有不透明性和秘密性的特点,而兴奋剂丑闻具有公开性,因为现代的媒体特别发达,而运动员的违规往往是媒体报道的焦点之一,所以,兴奋剂处罚不足以压制兴奋剂事件的社会影响,使体育比赛产生公信力。从干净运动员的角度看,当一些曾经使用兴奋剂的运动员重返赛场时,不得不与他们一起比赛,而这些运动员的"前科"很容易污染体育比赛成绩的真实性,导致这些干净运动员的真实表现,也引起人们的质疑;从受过兴奋剂

---

① 费因伯格将前者称之为"软"的家长主义,而后者属于"硬"的家长主义,前者可以成为将行为犯罪化的根据,而后者却没有这种能力。参见 Feinberg, *Harm to Self*(*Moral Limits of the Criminal Law*),Oxford University Press,1989,pp.12–14。

② Jason Lowther, *Criminal Law Regulation of Performance Enhancing Drugs*: *Welcome Formalisation or Knee Jerk Response*, in Drugs and Doping in Sport: Socio-Legal Perspectives, Cavendish,2000,pp.225–242.

③ Claire Sumner, "The Spirit of Sport: The Case for Criminalisation of Doping in the UK", *Int Sports Law J.*, No.16(2017),pp.217–227.

处罚的运动员的角度看,他们在赛场上的任何新的、非同寻常的成绩,公众都有可能将其看作是作弊的结果。然而,如果用刑罚处罚使用兴奋剂的运动员,就会给社会传递这样一种观念,即该运动员已经得到了报应,于是,人们也就恢复了对受到处罚的运动员成绩的信任,同时,干净运动员的声誉也得到了保护,即只有刑法才有助于保护体育的纯洁性。① 其三,在现代社会,体育的作用越来越重要,在促进国家与社会的健康发展,以及实现公平、正义和平等的理念等方面,具有不可或缺性。而体育领域内使用兴奋剂的行为,则会破坏这些理念,给社会带来一定的不确定性、混乱甚至是危害。其四,通过使用兴奋剂获得不公平的竞争优势,具有严重的不道德性,如果刑法不保护体育精神,当不受法律控制的作弊达到一定程度时,体育则面临着崩溃的危险。② 总之,只有将使用兴奋剂的行为入罪,才能改变公众对体育成绩的看法,重塑体育精神。③

这种观点的缺陷有:首先,从体育精神的内容看,它由道德、公平竞赛与诚实、健康、优秀的竞技能力、人格与教育、趣味与快乐等组成,"体育精神"显然属于道德范畴,所以,基于保护体育精神而将使用兴奋剂的行为入罪,无疑是在制造道德犯。对此,民法法系的"法益保护原则"和普通法系的"伤害原则"都是不允许的。因为这两个原则都认为,刑法不能仅仅出于保护道德的考虑而将行为入罪。在 20 世纪中期,德国根据"法益"的理论,成功地使很多道德犯罪被驱逐出刑法,比如通奸罪、介绍卖淫罪、鸡奸罪、兽奸罪和亵渎罪

---

① Tackling Doping in Sport Conference, London, April 2016.
② The Council of Europe Resolution(67)12 强调,使用兴奋剂具有欺骗性,这是不道德的。Resolution(76)41 of 1975 说,使用兴奋剂是一种滥用和降低价值的行为。而且,Explanatory Report to the Antidoping Convention(ETS no.135)指出,使用兴奋剂有悖于体育的价值观和其支持的原则:公平比赛、机会平等、诚实比赛和健康运动。
③ Claire Sumner, "The Spirit of Sport: The Case for Criminalisation of Doping in the UK", *Int Sports Law J.*, Vol.16(2017), pp.217-227.

等。① 与此同时,哈特与德福林之间围绕着道德犯问题展开了激烈的争论。② 最终,普通法系的国家也基本上形成了这样一种共识,即法律不应当基于保护道德而干扰私人生活。③ 这样,以基于保护体育精神为由而限制人们的自由,显然有悖于现代法治理念。其次,目前学界对法益的概念争议很大,但也形成了一些共识,其中之一就是,刑法只能保护个人的具体法益,不能是集体或者抽象的法益,这也是醉驾罪(即我国的危险驾驶罪)备受质疑的主要原因。如果用刑法保护体育精神,那么,这种刑法禁止保护的是谁的法益呢? 这是很难回答的。最后,也是最为重要的是,如果出于保护体育精神而将使用兴奋剂的行为入罪,那么,即使对社会上一些非正规的体育比赛而言,运动员使用了兴奋剂,也应入罪,但是,世界上目前还没有这样的立法例。

在我国,有学者指出,我国宪法第 21 条第 2 款的规定,可以构成使用兴奋剂行为入罪的宪法根据。④ 这种观点显然是有问题的:一则,该条的目的非常明显,即我国发展体育事业的目的是"为了增强人民体质",即健康,并非是比赛,而运动员使用兴奋剂危及的却是其自身的健康。二则,根据我国刑法第 13 条(犯罪的定义)和第 14 条(犯罪故意的定义)的规定,我国刑法打击的对象是危害社会的行为,即侵害他人法益的行为。⑤ 由此可以看出,将使用兴奋剂行为入罪显然有悖于我国刑法。其实,综观国际社会,只有 1974 年的希腊宪法才要求国家通过法律保护体育,绝大多数国家的宪法都对此缺乏明确的规定,尽管世界上大多数国家或者政府每年都会花费大量

① Stuckenberg C. F., "The Constitutional Deficiencies of the German Rechtsgutslehre", *Oñati Socio-legal Series*, No.3(2013), pp.31−41.
② Heta Häyry, "Liberalism and Legal Moralism: The Hart-Devlin Debate and Beyond", *Ratio Juris*, No.4(1991), pp.202−218.
③ Heta Häyry, "Liberalism and Legal Moralism: The Hart-Devlin Debate and Beyond", *Ratio Juris*, No.4(1991), pp.202−218.
④ 贾健:《滥用兴奋剂行为犯罪化研究》,《武汉体育学院学报》2015 年第 7 期。
⑤ 参见张明楷:《刑法学》,法律出版社 2011 年版,第 68 页。

资源支持体育运动。如果不能从保护法益的角度,证成将使用兴奋剂的行为入罪的正当性,刑法的强制性只能源自于预防他人伤害的需要理念,则构成将这种行为入罪最大的实体法障碍。

三、程序法上的障碍:与诉讼法原则的冲突

将使用兴奋剂的行为入罪,还存在着程序法上的障碍。比如,前面提到的德国《反兴奋剂法》,学界对它的另外一个批评就是有悖于当前的程序法。或者说,当前的程序法不允许将其入罪,主要理由是,如果入罪,该刑法禁止的实施有可能违反以下法律原则。

(一)审(裁)判独立原则

使用兴奋剂的行为入罪后,就会出现纪律处罚与刑事处罚并存的现象,这有可能产生两种制度对同一行为有不同的评价,主要理由有:一则,对于兴奋剂案件而言,法院审判的素材(或者证据)与仲裁机构仲裁的素材可能完全不同,如后所述,前者是由警察依靠专业技术和国家公权力收集的,而后者缺乏这样的技术与能力,故两者裁判的基础可能不同;二则,即使他们的审判素材完全相同,由于法院与仲裁机构是两个独立的审判组织,他们按照各自的规则和经验,对兴奋剂案件进行独立判断,故他们的结论也很难完全一致;三则,从规范的角度看,违规行为和违法行为的证明主体和证明标准都是不同的。WADC 第 3 条规定,前者的证明主体主要是体育部门,适用的是"舒服满意"的证明标准;而刑事诉讼法规定,后者的证明主体是国家公诉机关,适用的是"排除合理怀疑"的证明标准。由于"舒服满意"标准低于"排除合理怀疑"标准,所以,前者允许对运动员不利的类推,而后者却坚持"无罪推定原则",这导致两者对同一事实很可能得出不同的评价。[①] 比

---

① Jacob Kornbeck,"The EU,the Revision of the World Anti-Doping Code and the Presumption of Innocence",*Int Sports Law J.*,Vol.15(2016),pp.172-196.

如,运动员体内发现有非特定物质,但无法证明该物质如何进入该运动员身体的,法院会认为这是非故意性违规,而仲裁庭会认为,这是故意使用的结果。这样,对同一事实,很可能存在着两个截然不同的有效裁判。

一般来说,对于同一事实,刑法与民法做出不同的评价是非常正常的,比如,美国的辛普森案刑事判决与民事判决就截然相反,主要原因就是民事案件与刑事案件的证明标准存在着很大的不同。[①] 但是,对于兴奋剂处罚而言,社会却很难容忍刑法与体育法对同一行为做出截然不同的评价,主要理由是,从社会的角度看,一旦运动员被体育仲裁机构宣告是无辜的,而被法院认定为有罪,其比赛的竞争对手则有可能质疑比赛结果的公平性。反之,即当运动员被体育仲裁机构认定为违规,并被禁止参加比赛,但随后法院认定为无罪,被指控的运动员则有可能认为禁止其参加比赛的裁决是错误的,从而有可能要求体育部门恢复其名誉并赔偿损失。这样,对于使用兴奋剂的行为而言,由于存在着两个不同的制度,他们一旦对同一事实做出不同的评价,这必然会影响司法或者仲裁的公信力。这是任何将使用兴奋剂行为入罪的国家都无法回避的难题。为了解决这个问题,大部分国家都要求体育部门与司法部门合作,进行信息共享。比如,德国《反兴奋剂法》第8条规定,刑事法院、国家检察机关和国家反兴奋剂组织应当对各自所调查的信息,及时进行交流,即通过信息共享,使体育部门(或者体育仲裁机构)将其裁决,建立在国家司法机关的调查基础之上,从而协调两者的评价,避免出现矛盾的裁判。但是,这种做法意味着,法院在审判案件时,要考虑仲裁庭的裁决或者可能作出的裁决,而仲裁庭在仲裁时,也要考虑法院的判决或者可能作出的判决,这显然有悖于审判独立原则或者仲裁独立原则。

(二)不得强迫自证其罪原则

不得强迫自证其罪,是现代法治赋予公民的一项重要权利,联合国《公

---

① 参见蔡彦敏:《从 O.J.辛普森刑、民事案件评析美国诉讼制度》,《中外法学》1998 年第 3 期。

民权利与政治权利国际公约》第14.3条和我国刑事诉讼法第50条对此都有明确的规定。根据上述法律规定,公权力机构不得强迫被告人或者犯罪嫌疑人做不利于自己的陈述或者提供不利于自己的证据。一般认为,"不得强迫自证其罪"原则的本质,是承认犯罪嫌疑人或者被告人面对司法机关的调查,享有"沉默权"或者不合作的权利,当然,犯罪嫌疑人或者被告人自愿放弃该权利的除外。

然而,在反兴奋剂实践中,反兴奋剂组织通常通过询问运动员或者辅助人员的方式,获得违规的证据,这是因为在体育法中,面对反兴奋剂组织的询问,运动员有回答的义务。瑞士联邦最高法院解释说,根据瑞士法,运动员这种回答的义务,源于体育部门制定的规则,即参加比赛的运动员,通常会分别与体育部门和比赛的组织方签订协议,而这种协议通常要求运动员向体育部门或者反兴奋剂组织提供证据。① 这样,面对反兴奋剂组织的指控,运动员对指控负有举证责任,很难保持沉默。但是,如前所述,由于司法机关与体育部门在信息或者证据方面,建立有共享的制度,所以,运动员向体育部门提供的信息或者材料,有可能成为司法机关指控运动员构成犯罪的证据,而运动员很难以"不得强迫自证其罪"原则,否定这些证据的效力,理由很简单,这种证据是基于体育法规而获得的,其很容易被看作是运动员"自愿"做出的,并非是"强迫"的结果,尽管在事实上可能并非如此。② 比如,在纪律处罚过程中,运动员可能出于"功利主义"的考量,而主动承认某些对自己不利的事实,从而获得体育部门的优待。如运动员提供的尿样或者血样中有非特定物质,由于该运动员根本不知道这种物质是如何进入自己身体的,当然也就无法证明自己对此是缺乏故意的。如果运动员据实提

① Judgement of the Swiss Federal Tribunal of 15 March,1993,Gundel v.FEI,consid.5a,Digest of CAS Awards I,p.545.
② Pechstein v.International Skating Union,German Federal Court,Judgment KZR 6/15 of 7 June 2016.

出自己对此不知情,反兴奋剂组织则会推定是故意使用的,则面临(初次违规)4年的禁赛。但是,如果主动承认自己是故意使用的,则可以获得最多一半的减轻处罚优待。如果反兴奋剂组织与司法机关信息共享,这显然是对"不得强迫自证其罪"原则的否定。当然,这还可能产生另外的一种结果,即考虑到刑事处罚的严厉性,运动员有可能永远拒绝"承认"体内的兴奋剂是故意使用的结果,这样,WADC 规定的"承认"减轻处罚制度(第10.11.2 条)则可能完全被虚置。总之,将自己使用兴奋剂的行为入罪,有可能违反不得强迫自证其罪原则。因此,不得强迫自证其罪原则构成使用兴奋剂行为入罪的法律障碍。

(三)禁止双重危险原则

禁止双重危险原则也是现代法治的一项原则,比如,《公民权利与政治权利国际公约》第 14.7 条、《欧洲人权公约》第 7 附件第 4 条、德国基本法第 103 条第 3 款等,对此都有明确的规定。其意是指,不得基于相同的原因或者行为而使行为人受到两次以上的审判或者处罚。如果将使用兴奋剂的行为入罪,对于在体育领域内使用兴奋剂的行为,就会存在着两种不同的处罚制度,即体育处罚与刑事处罚。这就产生了一个问题,即受到刑事处罚的运动员,再基于同一事实受到纪律处罚,是否违反禁止双重危险原则? 在学界,有人认为,这种做法不违背该原则,理由有:其一,它们建立在不同层面上的反兴奋剂法规之上,前者属于公法,后者属于私法。刑事程序需要坚持禁止双重危险原则,但是,民事程序却无须坚持该原则,所以,从理论上讲,将使用兴奋剂的行为入罪,不违反该原则。其二,两者的程序不同,前者有严格的程序限制,也具有公开性,而后者却没有这方面的限制,且具有秘密性,特别是两者的证明标准不同、目的(前者是为了惩罚,后者是为了救济权利)不同。① 这

---

① Tarasti,Lauri,*Source Doping and Anti-doping Policy in Sport:Ethical,Legal and Social Perspectives*,Routledge,2011,p.18.

导致两者处罚的行为其实是完全不同的。既然两者不是同一行为,当然不适用该原则。① 这种观点显然是有问题的,主要理由有:

首先,CAS 认为,体育部门的处罚应当坚持禁止双重危险原则,"大阪规则"的废除就是明显的例证。② 2008 年 6 月,国际奥委会执行委员会为了严厉打击使用兴奋剂的行为,在日本大阪规定,运动员因兴奋剂检查呈阳性构成兴奋剂违规的,如果其禁赛期超过 6 个月,自动丧失接下来的夏季奥运会和冬季奥运会的参赛资格。这就是"大阪规则"。美国运动员哈迪在2008 年北京奥运会上因为兴奋剂违规而受到了禁赛 6 个月的处罚,根据"大阪规则",其无法参加 2012 年的伦敦奥运会。美国国家奥委会认为该规则违法,于是,将国际奥委会诉到 CAS,理由就是该规则违反了禁止双重危险原则。最后,CAS 支持了美国国家奥委会的主张,宣告该规则无效,理由是,体育部门不得因为同一违规行为而处罚两次。CAS 解释说,兴奋剂处罚可能建立在不同层面的反兴奋剂规定之上,但是,只要这种处罚的目的相同,即使其背后的动机可能有所不同,也应当将这些处罚归因于同一行为。事实上,该案涉及的两种处罚,产生的效果完全相同,故违背禁止双重危险原则。③ 这也就是说,体育法与刑法都坚持禁止双重危险原则,因此,否定说主张体育法可以不坚持该原则的观点,是不成立的。

其次,如将使用兴奋剂的行为入罪,那么,运动员故意使用兴奋剂的行为,法院有可能判处 3 年监禁刑,而体育部门或者体育仲裁机构还会处以 4 年的禁赛,即对于同一行为或者事实,存在着两种处罚(刑事处罚与纪律处罚),两次审判。由于这两种处罚的证明标准接近,而处罚的目的又基本相

---

① Tarasti, Lauri, *Source Doping and Anti-doping Policy in Sport: Ethical, Legal and Social Perspectives*, Routledge, 2011, p.21.
② Court of Arbitration for Sport 2008/A/1583 Sport Lisboa e Benfica Futebol SAD v.UEFA & FC Porto Futebol SAD, Court of Arbitration for Sport 2008/A/1584 Vito ria Sport Clube de Guimaraes v.UEFA & FC Porto Futebol SAD.
③ CAS 2011/O/2422 USOC v.IOC.

同，所以，这明显违反禁止双重危险原则。

再次，将使用兴奋剂的行为入罪后，运动员使用兴奋剂的行为有可能被判处罚金刑，因为目前将兴奋剂入罪的国家都同时为其规定了自由刑和罚金刑。此外，体育组织或者仲裁机构还会根据 WADC 第 10.10 条或者所在国的规定，比如我国《关于严格禁止在体育运动中使用兴奋剂行为的规定》第 7.1.2 条，进行罚款。根据当前的制度，罚金归国家所有，罚款归体育组织所有，在表面上，这好像不违反禁止双重危险原则。但从运动员的角度看，刑法上的罚金与民法（或者行政法）上的罚款是没有任何区别的。[①] 事实上，从 WADC 第 10.10 条的规定看，反兴奋剂组织进行的罚款好像是为了弥补其因为违规所产生的成本，即罚款具有"赔偿"性，反兴奋剂组织并没有因此而获利，其实不然，因为如果从"赔偿"的角度解释罚款，反兴奋剂组织必须对其损失进行举证，如果未予举证而进行罚款，当然可以说其具有"惩罚性"，即其与"罚金"的性质完全相同。所以，罚款与罚金同时适用于一个兴奋剂违规行为，当然存在着违反禁止双重危险原则的嫌疑。

最后，将使用兴奋剂的行为入罪后，运动员有时还会受到"从业禁止"（比如，我国刑法第 37 条）的处罚。对于从业禁止而言，在刑法领域内通常将其视为是保安处分的一种，其本身不属于刑罚，其存在的目的是为了保护社会，或者说是，保障其他干净运动员参加"无药"比赛的权利。但是，这种处罚与体育组织或者体育仲裁机构进行的纪律处罚，在功能上是相同的，因此，受到刑罚处罚的运动员，如果被判处了一定期限的"从业禁止"，反兴奋剂组织再根据反兴奋剂政策给予其纪律处罚，这也有悖于禁止双重危险原则。因为欧洲人权法院指出，尽管刑法上的行为与体育法上的行为并不总是相同的，但是，从实质或者功能的角度出发，当违规行为与犯罪行为的含

---

① Tarasti, Lauri, *Source Doping and Anti-doping Policy in Sport: Ethical, Legal and Social Perspectives*, Routledge, 2011, p.21.

义相同时,两者的适用应当遵守禁止双重危险原则。①

四、民法控制使用兴奋剂行为的缺陷:危害还原论的根据

(一)民法无法控制使用兴奋剂的行为

当前,体育领域内使用兴奋剂的问题非常严重,传统的民法是很难有效地控制使用兴奋剂的行为的,主要理由有:

其一,运动员使用兴奋剂的愿望非常强烈,因为比赛成功后巨大的经济和社会收益,对运动员有很大的诱惑力。既然不能否定运动员比赛成功后的收益,也就无法阻止运动员使用兴奋剂。比如,高曼公司对运动员进行过一次匿名调查,结果发现,有一半以上的运动员认为,如果使用了禁药,能确保其成功的话,即使 5 年后死亡,也不后悔。② 这种结果也被为期 10 年、两年一次的调查结果所证实,而且这种心理在体育领域内非常普遍。③ 多次获得奥运会划船比赛冠军的运动员马修·平森特(Matthew Pinsent)解释说,划船运动员为什么不欺骗,理由很简单,因为其获胜后所得到的回报太低。④

其二,新的兴奋剂物质层出不穷,兴奋剂作弊技术非常容易掌握,而当前的发现使用兴奋剂的技术又比较落后,特别是运动员逃避兴奋剂检查的方法非常多,甚至有些作弊方法,几分钟即可完成,反兴奋剂组织很难依靠检查,控制兴奋剂的使用。比如,最近出现的微剂量、混合物、策划药、超强补水、血液稀释等方法,就能有效地规避当前的兴奋剂检查。面对这些技术

① Zolotukhin v. Russia, application 14939/03(2009).

② Sumner C., "The Spirit of Sport:The Case for Criminalisation of Doping in the UK", *International Sports Law Journal*, Vol.16, No.3(2017), pp.217-227.

③ Sumner C., "The Spirit of Sport:The Case for Criminalisation of Doping in the UK", *International Sports Law Journal*, Vol.16, No.3(2017), pp.217-227.

④ Pinsent MHGH, Growth Hormone and IGR Research 19, 288, http://anothersample.net/hgh-the-perspective-of-an-elite-rower-andjournalist, 2009:288.

创新,则需要改变传统的以样本检查为中心的反兴奋剂机制,但是,绝大多数侦查技术都离不开警察权。易言之,在立法的层面上,如果仅仅在民法范畴内处理使用兴奋剂的行为,是很难发现兴奋剂违规行为的。

其三,一般认为,当"违规行为"的发现率太低时,民法是无法控制这种行为的,理由很简单,因为发现率代表发现违规行为的可能性,其意味着并不是所有的违规行为都会受到处罚。① 换言之,发现率太低,即使运动员因此受到了处罚,也是有利可图的,因为运动员很容易将其视为兴奋剂违规的成本,不能发现的违规,就会给其带来巨大的收益,以弥补这种损失。所以,有很多精英运动员坦诚,当前兴奋剂违规行为发现的概率太低,是他们使用兴奋剂的主要原因,或言之,只有当抓获使用兴奋剂的行为概率非常高,或者获胜的回报非常低时,运动员才不会进行这种欺骗。② 然而,兴奋剂的发展和社会现实表明,这两个条件是很难具备的,故当前的民法或者行政法,很难控制使用兴奋剂的行为。③

当然,不可否认,有些运动员使用兴奋剂并不是恶意的。比如,在一些重大的赛事中,公众通常想看到新的世界纪录的出现,而运动员又担心媒体或者赞助商对自己的比赛成绩不满意,这种复杂的心理,有可能让他们想到兴奋剂,以此缓解心理压力。④

---

① Guido Calabresi and A. Douglas Melamed, "Property Rules, Liability Rules, and Inalienability: One View of the Cathedral", *Harvard Law Review*, Vol.85(1972), pp.1089–1128.

② Haugen K. K., "The Performance-enhancing Drug Game", *Journal of Sports Economics*, No.5 (2004), pp.67–86.

③ 需要指出的是,在国际社会,行政法是缺乏独立地位的,在反兴奋剂领域内,其实质上是以民法的方式而存在,参见 Sumner C., "The Spirit of Sport:The Case for Criminalisation of Doping in the UK", *International Sports Law Journal*, Vol.16, No.3(2017), pp.1–11。其实在其他领域内,也是如此。参见 Koziol H., Wilcox V., *Askeland B. Punitive Damages:Common Law and Civil Law Perspectives*, Springer Vienna, 2009。该书介绍了美国、英国、德国、法国、意大利、西班牙、塞尔维亚等国家的行政法问题,认为它们属于民法的范畴。

④ Anderson, "Doping, Sport and The Law:Time for Repeal of Prohibition?", *Int. J. Law Context*, No.9(2013), pp.135–159.

（二）危害还原论的提出

由于很难基于法益保护原则而将使用兴奋剂的行为犯罪化，民法或者行政法又很难控制其发生，所以，体育法学界有人放弃传统"堵"的思想，改采"疏"的主张，即他们认为，对于体育领域内使用兴奋剂的行为，不仅不应当犯罪化，而且，还应当将其合法化，其具体理由有：

首先，公平比赛的需要。目前反兴奋剂制度不仅不能确保比赛公平，而且，还是产生不公平的主要原因之一，主要理由：第一，医药技术的发展，导致一些使用兴奋剂的行为很难被发现，如果法律禁止使用兴奋剂，则会造成有些运动员能使用、有些运动员不能使用的结果，这显然有悖于公平原则。比如，美镀胺具有提高成绩的功能，其被世界反兴奋剂机构在 2016 年 1 月 1 日添加到禁止清单之前，早已被一些运动员使用。2015 年进行的一项调查发现，有 17% 的俄罗斯运动员因为美镀胺而检查呈阳性；在全球的范围内，因这种物质而检查呈阳性的为 2.2%。① 因此，该物质早已以提高比赛成绩物质的方式而存在于体育领域了，这对于干净而诚实地遵守反兴奋剂法规的运动员而言，显然是不公平的。第二，禁用药与非禁用药之间在现实中是很难划分的，比如，氮胶囊（nitrogen tents）与红细胞促成素的功效几乎是完全相同，但前者是允许使用的，而后者却处于被禁止的范围。② 因此，禁用药与非禁用药的区分缺乏正当性。第三，一些自然活动可以获得与使用兴奋剂相同的效果，比如，在高海拔地区进行训练或者生活，具有提高运动员肺活量的效果，在增加竞争优势方面，它与使用一些禁用物质在本质上是没有多大区别的。③ 如果禁止使用兴奋剂的行为具有正当性，那么，是否

---

① Revealed in a Documentary by Hajo Seppel in 2016 referred to online at http://www.theguardian.com/sport/2016/mar/08/meldoniummaria-sharapova-failed-drugs-test.

② Carolan E.，"The New WADA Code and the Search for a Policy Justification for Anti-doping Rules"，*Seton Hall J Sports Entertain Law*，Vol.16(2006)，pp.1–43.

③ Claire Sumner，"The Spirit of Sport:The Case for Criminalisation of Doping in the UK"，*Int Sports Law J.*，Vol.16(2017)，pp.217–227.

还应当禁止这些自然活动呢？答案显然是否定的。因此,当前的反兴奋剂政策是有问题的。如果将使用兴奋剂的行为合法化,一方面,运动员都可以使用兴奋剂,兴奋剂的发展就会因此受到控制;另一方面,由于运动员在医学和专业技术环境方面非常接近,他们都可以使用兴奋剂,这当然有利于降低甚至解决反兴奋剂领域内的不公平性。[1]

其次,保护运动员健康的需要。如果将使用兴奋剂的行为合法化,原来的一些禁用物质,如果没有人身危险性,运动员都可以放心使用。即使对于一些具有人身伤害风险的物质,也可以通过监管的方式进行控制,降低甚至消除危及人身健康的风险。这不仅有利于运动员避免使用不安全的药品,而且,体育部门还可以为其使用兴奋剂的行为,提供医学指导。原来从事反兴奋剂工作的体育管理部门,现在的任务就变成了对兴奋剂的研究,负责将成熟的且对人体没有多大危险的兴奋剂推荐给运动员,并对有人身伤害危险的药品及时发出"警示"信息,告诉运动员要谨慎使用,这才能解决兴奋剂危及运动员健康的问题。

最后,从立法的角度看,规则的效力来自绝大多数人(或者运动员)的自愿遵守,而不是强制或者威慑,即法律应当尊重人类自我完善的欲望,而不是对抗它、否定它;否则,这只会增加执法的成本。事实上,提高体育比赛的成绩,并不违反甚至更符合体育精神;或者说更符合人性,毕竟,对成绩的追求也是体育竞技的目的之一。当前反兴奋剂工作的巨大成本和无效性,也恰恰证明了在体育领域内坚持"自由"主义的必要性。如果放开对兴奋剂的管制,将目前反兴奋剂工作所使用的资金花在其他合适的地方,这无疑会更能促进体育事业的发展。[2]

---

[1]　Claire Sumner, "The Spirit of Sport: The Case for Criminalisation of Doping in the UK", *Int Sports Law J.*, Vol.16(2017), pp.217-227.

[2]　Claire Sumner, "The Spirit of Sport: The Case for Criminalisation of Doping in the UK", *Int Sports Law J.*, Vol.16(2017), pp.217-227.

（三）危害还原论的缺陷：对未成年人健康权的忽视

根据危害还原论，由于运动员可以公开使用药品，这的确解决了使用兴奋剂行为的诈骗性，似乎更有利于恢复体育精神，但是，这却无法解决以未成年人的健康权为代表的公共健康问题。

首先，绝大多数兴奋剂具有人身危害性。对于世界反兴奋剂机构制定的禁止清单所列举的禁用物质而言，虽然不能说其都具有人身危害性，但是，里面的确存在着一些会危及人身健康乃至于生命的物质。比如，目前运动员经常使用的而被 WADA 禁止的促红细胞生成素，具有促使肾脏自然产生荷尔蒙的功效，故有助于红细胞的大量形成。对于贫血之人，由于其会增加体内红细胞的数量，自然能减轻贫血造成的痛苦。运动员使用了这种物质后，会导致血液中的红细胞大增，致使更多的氧气通过肺到达肌肉，这当然有利于产生更好的训练效果或者比赛成绩。然而，对于正常的人而言，使用这种物质无疑会导致血液黏稠度的提高，极易引发心脏病，使运动员突然中风，甚至危及生命。对于这种风险，体育界是非常清楚的。然而，为了获得较好的成绩，运动员对此风险往往不予理睬。据报道，有些服用这种药品的自行车手，为了防止夜晚睡觉期间出现脑溢血，甚至设上闹钟，以提醒自己及时稀释血液。① 血药护照产生后，曾导致运动员不再使用这种药品，但不久，市场开始出现微剂量促红细胞生成素，这是专门为了应付检查而研发的一种新药品。

其实，兴奋剂对人身具有危害性是有历史根据的。比如，20 世纪 60 年代和 70 年代，为了提高比赛成绩，民主德国有一个秘密的使用兴奋剂计划，即给运动员使用合成性的类固醇。几年后，这些运动员普遍出现了荷尔蒙失调症：男性运动员由于该药品的刺激导致乳房变大；女性运动员的身体毛发激增、肌肉呈男性化的倾向，声音变得沙哑、性欲减退、月经紊乱甚至肝脏

---

① Matt Rendell, *The Death of Marco Pantani*, Weidenfeld & Nicolson, 2006, pp.158-179.

和肾出现病变。服用这种药品的女运动员基本上都因此而终生不育,甚至很多年轻的运动员,没多久身体就开始发生病变,终生不得不与轮椅为伴。① 这起丑闻曝光后,有9人被判了刑。这就是说,兴奋剂具有人身危害性的结论,并非是没有根据的。

其次,对于成年运动员而言,即使兴奋剂存在着危及健康的危险,由于其自愿使用属于"自害行为"的范畴,国家当然无权干预。但是,体育比赛还涉及未成年运动员的问题,毕竟体育规则不能禁止未成年运动员参加比赛。不同于成年人,未成年运动员是没有"自害权"的,即使其父母同意,也是不允许的。根据危害还原论,既然使用兴奋剂的行为是合法的,参加体育比赛的未成年运动员,为了能获得一个公平比赛的机会,也必然会使用兴奋剂。这些未成年运动员的健康权如何获得法律的保护? 谁才有权允许他们使用兴奋剂呢? 危害还原论是无法回答的。

最后,体育比赛与学校体育教育有密切的联系。如果允许在体育赛事上使用兴奋剂,这必然会殃及学校的体育教学,致使学校的体育活动也会受到兴奋剂的污染,而学校里的体育活动涉及所有未成年人的健康问题,所以,这表明使用兴奋剂的行为,并非是单纯的自害行为,而是一种社会问题,所以,危害还原论是不成立的。

五、最后手段原则对使用兴奋剂行为入罪的支持

如前所述,民法或者行政法很难有效地控制使用兴奋剂的行为,而危害还原论又无法解决未成年人的健康问题,这样,刑法就成了规制使用兴奋剂行为的唯一手段,但是,其能够突破上述实体法和程序法上的障碍吗?

---

① Edward Grayson, *Gregory Ioannidis*, *Drugs*, *Health and Sporting Values*, *in Drugs and Doping in Sports*: *Socio-legal Perspectives*, ed. John O' Leary, London: Cavendish Publishing, 2001, pp. 255-268.

（一）使用兴奋剂行为入罪的实体法根据：未成年运动员的健康权

其实，未成年人的健康权早已成为刑法保护的法益之一，比如，国际社会通常禁止向未成年人出售或者提供烟、酒、毒品等物质，否则，构成犯罪，其目的就在于保护未成年人的健康权。再比如，德国刑法典第184条第1段第7项规定，在公开放映的电影中展示淫秽文书的，构成犯罪。德国联邦宪法法院对该条的解释是，该禁止存在的目的就是为了保护未成年人的健康权，防止其在电影院接触到淫秽视频或者图片。但是，如果电影放映时，行为人采取了必要的管理措施，将未成年人屏蔽在外，则不构成犯罪。① 然而，对于体育比赛而言，是不能禁止未成年运动员参加的。事实上，未成年运动员参加比赛，是体育维系下去并获得发展的原因。既然不能不让未成年人参加比赛，所以，只能禁止使用兴奋剂。这样，刑法禁止使用兴奋剂的行为，并不是为了保护人们的体育权，或者说保护体育精神，而是保护未成年人的健康权。

不过，对于烟、酒和毒品而言，法律却不禁止成年人消费这些物品的行为，尽管其也有可能招致未成年人的模仿，那么，为什么要禁止成年运动员自己使用兴奋剂呢？主要原因是，未成年人模仿成年人吸烟、饮酒或者吸食毒品，是未成年人自愿的选择，成年人对此并没有什么过错，因为人们没有避免他人"学习"自己不良嗜好的义务。而使用兴奋剂的行为却与此不同，成年运动员与未成年运动员同场竞技，如果允许前者为了赢得比赛而使用兴奋剂，则意味着允许借助药品剥夺未成年人运动员可能获得的收益，使其付出（比如艰苦的训练和投资）没有任何回报，这必然会迫使后者使用兴奋剂。因此，成年运动员使用兴奋剂的行为与吸烟、喝酒甚至是吸毒行为是不同的，是有他害性的，所以，法律应当禁止。但是，该禁止一旦设立，就具有了独立性，因为运动员不遵守该禁止，还有可能侵犯遵守该禁止的运动员的

---

① BVerfGE 47,109(119).

财产权,构成所谓的诈骗。这样,即使使用兴奋剂的行为不会危及成年人的健康,也有可能犯罪。比如,在北京奥运会上,铜牌得主挪威赛马选手托尼·汉森,赛后反兴奋剂机构对其所骑乘的马进行尿检,发现尿液里含有辣椒碱,于是,国际马术联合会宣布其比赛成绩作废,同时对其禁赛4年半。如果有证据证明该运动员故意使用了该禁用物质,这种行为同样应当受到刑罚处罚。当然,这并不是为了保护动物的"健康权"。

然而,使用兴奋剂的行为具有私密性,除了有关的利益共同体(通常由运动员、医生、教练或者管理人员组成)外,社会是很难知情的,这也是民法不能有效地控制这种行为的主要原因。但是,刑法不同,其能够有效控制兴奋剂的滥用,主要理由有:其一,刑罚的威慑力较大。对于一般公民而言,刑罚具有很大的冲击力,特别对于高水平运动员而言,由于他们的社会地位较高,所以,自由刑的威慑力非常大。其二,刑法能够产生污名,换言之,刑法会给受过刑罚处罚的人打上一个"犯罪人"的标签,而这种标签会给运动员今后的生活带来很大的麻烦。比如,在英国,监禁刑超过6个月的,有犯罪记录的运动员在服刑期满后的7年内,有向雇主披露的义务;即使判处的是非监禁刑,比如罚金,在5年内,也有向用人单位披露的义务。[1] 绝大多数国家都有这样的规定,当然,我国也不例外(参见刑法第100条)。这种污名不仅有可能使运动员彻底失去赞助商的支持,而且,这还会限制其退役后的职业选择。比如,我国大部分职业性的法律,如公务员法、教师法、法官法、警察法等,都要求从业者无犯罪记录。这样,一旦运动员因使用兴奋剂而受到刑罚处罚,其很可能被主流社会边缘化,这是精英运动员无论如何都无法接受的。其三,更为重要的是,将使用兴奋剂的行为入罪,会使得反兴奋剂工作获得警察权的协助,从而大大增加发现使用兴奋剂行为的概率,因

---

[1] Fraud, Bribery and Money Laundering Offences Definitive Guideline, Sentencing Council, October 2014, https://www.sentencingcouncil.org.uk/wp-content/uploads/Fraud_bribery_and _money_laundering_offences_-_Definitive_guideline.pdf.

为警察侦破案件的一些技术和权力则可以应用于反兴奋剂工作。

第一,搜查。根据当前的法律制度,搜查权一般由警察(或者其他执法机关)垄断。如果不将使用兴奋剂的行为入罪,即使反兴奋剂组织怀疑某些运动员存在着使用兴奋剂的重大嫌疑,通常也无权搜查运动员的住所,获得相应的证据,这无疑会造成反兴奋剂工作上的困难,甚至会造成反兴奋剂规则的虚置。为了解决这一难题,国际体育仲裁院通过仲裁裁决指出,从事兴奋剂检查的官员,如果在运动员家中发现了可疑性的设备或者物质,他们有权告诉反兴奋剂组织。该组织则可以基于此而认定该运动员持有禁用物质或者方法,处罚该运动员。然而,目前兴奋剂作弊,通常是教练员、医生和运动员相互合作的结果,运动员一般不会将兴奋剂或者相应的设备放在自己家中,但是,对于运动员之外的其他人,比如教练、医生或者其他的辅助人员而言,反兴奋剂组织却无法合法地进入其住宅进行检查。如果将使用兴奋剂的行为入罪,反兴奋剂组织则可以借助警方的权力,对这些辅助人员的住宅进行搜查,获得相应的证据。[①] 比如,马克·弗兰奇是澳大利亚的一名自行车选手,反兴奋剂组织的工作人员在其住宅旁边的垃圾桶里发现了药品注射器和类似于生长激素、皮质类固醇等物质,因此,就怀疑该运动员使用了兴奋剂,对其进行了禁赛处罚。该运动员不服,提起国际体育仲裁。CAS 认为,弗兰奇并不存在兴奋剂违规行为,理由是,上述证据并不能证明其曾经使用了兴奋剂。但是,假设当时澳大利亚已经将使用兴奋剂的行为入罪,当发现上述物质时,反兴奋剂组织完全可以通过报警,借助警察的力量,搜查该运动员、教练员或者医生的住所,情况或许不同。

第二,监视运动员及其有关人员的电话和邮件。当前,使用大数据监控相关人员的行为,已经成为控制兴奋剂的一个重要方法,但是,通过这种方法解决兴奋剂问题存在着一个重大的法律障碍,即反兴奋剂组织没有相应

[①]　Grano and Abramson,2004:9.

的权力。理由很简单,运动员或者其辅助人员的电话和邮件,虽然可以作为指控运动员存在着兴奋剂违规的证据,但是,运动员或者其辅助人员的电话记录和邮件信息通常掌握在第三方那里,不借助警察的权力,反兴奋剂组织是很难获得的。要获得这方面的证据,只能请求警方协助。警方接受这种请求而收集运动员或者其辅助人员的电话记录或者邮件信息不是无条件的,只有当运动员或者其辅助人员必须涉嫌触犯刑法禁止时,警察才有权收集。① 这就要求将使用兴奋剂行为入罪。不过,警察收集了相关的证据后,并不一定对运动员或者其辅助人员进行刑事指控,毕竟犯罪除了触犯兴奋禁止之外,还必须满足其他的条件,比如,需要达到法定的年龄,并对此存在着故意。不过,即使警方未将案件移转给检察机关进行刑事指控,反兴奋剂组织也可以拷贝警方或者检方获得的证据,以此作为指控运动员或者其辅助人员违规的根据。美国网球反腐败法规定,反兴奋剂组织有权对运动员的邮件,直接进行审查,并可以将审查的信息作为指控的证据。这样,美国虽然尚未将使用兴奋剂的行为入罪,但是,反兴奋剂组织对于运动员的电话或者邮件都享有监控权,其有权要求第三人提供运动员或者其他利益有关方的通话记录、发送和接收的短信记录、银行结算清单、网络服务记录、计算机和硬盘以及储存的其他电子信息。但是,这种做法在我国以及多数国家明显是行不通的,理由很简单,反兴奋剂组织不通过警方想从第三方获得上述信息,是非常困难的,因为通信部门有给用户保密的义务,这会阻止体育部门获得上述信息。

第三,强制证人作证。体育部门或者体育仲裁机构同样没有限制或者剥夺他人自由的权力,因此,即使发现有人可能了解运动员使用兴奋剂的情况,也无法通过强制的方式,要求其对使用兴奋剂的行为进行证明。但是,将使用兴奋剂的行为入罪后,情况就不同了,警察完全可以借助公权力向有

---

① 刑法禁止通常代表的是警察权的范围。

关的证人收集证据。总之,由于公权力机构在侦破犯罪方面拥有更多的技术和方法,这无疑会大大提高侦破兴奋剂案件的概率。

总之,上述理由的存在,足以说明刑法可以有效地解决兴奋剂的问题,这也是危害还原论被当前学界所抛弃的主要原因。

(二)使用兴奋剂行为入罪的规范模式:定罪身份与量刑身份的解构

既然基于保护未成年运动员健康权和干净运动员财产权的考虑,才将体育领域内使用兴奋剂的行为入罪,然而,从最后手段原则项下适当性原则的角度看,精英运动员或者高水平运动员与普通运动员使用兴奋剂的行为,与未成年运动员健康权和财产权的联系是不同的。

首先,对一般运动员而言,其为了提高比赛成绩而使用兴奋剂的行为,通常不会危及上述两个法益,主要理由是,由于这些运动员以失败的例证的方式而存在着,其不会迫使未成年运动员效仿他们而使用兴奋剂,危及公共健康,当然也不会不法地剥夺原本属于他人的奖金或者其他权益。不过,这种行为具有危害社会的风险,类似于诈骗罪的未遂犯。根据当前的刑法理论,只有重犯的未遂,刑法才给予处罚,而对于轻罪,特别是诈骗罪,对未遂犯是不予处罚的,所以,一般运动员使用兴奋剂的行为不应受到刑罚的处罚。

其次,精英运动员或者高水平运动员使用兴奋剂的,则应当受到刑罚处罚。所谓精英运动员,是指在反兴奋剂系统设置的赛外检查登记库中注册的运动员。他们使用兴奋剂的行为之所以应当受到刑罚处罚,理由有:一则,这些精英运动员对从事本项目的其他运动员具有"模范"作用,他们的行为往往构成其他运动员,尤其是未成年运动员学习的对象。易言之,精英运动员使用兴奋剂的行为,很容易使未成年运动员(也包括成年运动员)将使用禁用物质或者方法,视为获得成功不可或缺的辅助手段。二则,如前所述,精英运动员使用兴奋剂的行为,会迫使未成年运动员使用兴奋剂,即使精英运动员没有在比赛中获得比较好的成绩,也是如此。三则,精英运动员的日常训练通常会获得国家或者赞助商的支持,如果其使用兴奋剂维持其在体育领域内的地位,显然,也构成对国家或者赞助商的欺骗,所以,他们使用兴奋剂的行为应当受到刑罚处罚。所谓高水平运动员,是指虽然未在兴奋剂注册库登记,但取得较好的比赛成绩或者因比赛获得收益的运动员。其因为使用兴奋剂而获得了"成功",这不仅剥夺了其他干净运动员的正当权利,而且,这还会"迫使"未成年运动员效仿他们。也就是说,这两种运动员使用兴奋剂的行为都会造成现实的社会危害,因此,其故意使用兴奋剂的行为,应当受到刑罚的处罚。

德国反兴奋剂法其实采用的就是这种立法模式,尽管形式上好像不是这样的。德国《反兴奋剂法》第 4 条第 5 款规定:"为参加比赛而使用兴奋剂的,最高处以 3 年监禁和罚金",但是,接着第 4 条第 7 款第 1 项又规定:这种处罚仅仅局限于精英运动员和高水平运动员,这意味着普通运动员使用兴奋剂的,虽然构成违法,但刑罚通常不予处罚。然而,我国不宜采用这种表述模式,否则,根据我国刑法第 3 条的第 1 句话,普通运动员使用兴奋剂的行为,也将会受到刑罚处罚。基于此,建议将其规定为:"在体育比赛中,为了提高比赛成绩而使用禁用物质或者方法的,对精英运动员或者高水平运动员处以 3 年以下的有期徒刑或者拘役,并处罚金。"这种条文表述模式的特点有:其一,警方有权干预体育领域内所有使用兴奋剂的行为。由于刑法禁止记述的是警察权的范围,所以,当有运动员涉嫌使用兴奋剂时,警察就可以参与调查。当然,基于共犯理论,对于医生、教练、管理人员以及其他人员的帮助或者教唆行为,警察也有调查权。其二,迎合了平等原则的要求。根据这种立法模式,精英运动员或者高水平运动员与普通运动员在违法的层面上完全是平等的,即不管精英运动员、高水平运动员还是普通运动员,都有不使用兴奋剂的义务,除非基于治疗伤病的需要。其三,反映了刑法谦抑原则。这种立法模式仅仅处罚精英运动员或者高水平运动员,对普通运动员使用兴奋剂的行为不予处罚。在表面上看,这似乎有悖于平等原则,其实不然,主要理由有:一则,基于保护未成年人的健康权才设置了使用兴奋剂禁止,而为了获得不公平的竞争优势而使用兴奋剂的行为,就具有了诈骗的特点,而传统的诈骗罪是不处罚未遂犯的;二则,这种立法现象在我国非常普遍,比如,我国刑法分则第5章(除了第263条)和第6章规定的犯罪,基本上都是这么记述的。比如,我国刑法第266条规定,"诈骗公私财物,数额较大的,处……"这种立法表明,我国刑法禁止所有的诈骗行为,但是,只有诈骗数额"较大的",刑罚才给予处罚。这里"精英运动员或者高水平运动员"实际上相当于"数额较大的",其仅仅是处罚的条件,而不是违法的构成要素。最后,这使得该规范更有可操作性。如果将"精英运动员或者高水平运动员"视为违法的要素,这就会意味着,刑法是允许普通运动员使用兴奋剂的,但条件是不得取得好成绩,这显然是荒唐的。而且,其还会产生一个问题,即当运动员涉嫌使用兴奋剂时,如果不是精英运动员,那么,警察对此是否有干预的权力呢? 则会产生疑问,因为在比赛之前,运动员是否能取得较好的成绩或者收益从而变成高水平运动员,是一个未知数。这种立法必然会造成该禁止规范在一定程度上被虚置。

(三)使用兴奋剂罪在程序法上的正当性:比例原则

将使用兴奋剂的行为入罪所存在的程序法上的障碍,主要反映在运动员的一些程序权利有可能因此得不到应有的尊重,所以,如果将使用兴奋剂的行为入罪,必须采取一定的措施,缓解其与程序法的冲突。

首先,为了解决纪律处罚与刑事处罚出现的矛盾裁判而主张司法机关与反兴奋剂组织的合作,应当仅仅局限于审判的素材或者证据方面,而不是规范判断上,所以,这种合作制度很难确保两种制度运行的结果,在方向上是一致的。但是,一方面,体育部门的处罚以及体育仲裁有及时性的诉求,因为体育比赛的时效性,不允许对兴奋剂案件拖延处理,而刑事程序非常重视对被告人的程序保护,因此,其很难在短时间内完成;另一方面,学界一般认为,刑法是保护法益最后的手段,即面对体育法,刑法具有补充性,这样,基于相同的事实和证据，如果体育部门认为被指控运动员的行为是不违规的，法院应当否定被告人的行为具有刑事违法性。① 而法院基于仲裁结果认定被告人无罪，源自刑法上的最后手段原则，所以，在这种情况下，很难说法院的独立审判权受到了影响。然而，如果体育部门认为被指控的行为违规，但是，刑法认定行为不构成犯罪，这种情况应当是允许的。不过，当法院与仲裁机构裁判的事实不同时，即使仲裁机构认定运动员的行为不违规，但只要公诉机关有充分的证据证明被告人有罪的，也可以追究被告人的刑事责任，因为体育部门不可能像司法机关那样收集证据，深入调查案件的事实。不过，该案的利害关系人可以因此重新提出指控，追究运动员体育法上的责任。比如，仲裁机构认定被指控的运动员不违规，但是，警方事后收集到的证据证明被告人违规的，特别是认定为有罪的，利益受到影响的其他运动员有可能重新提起仲裁或者告诉，追究违规运动员的纪律责任。在这种情况下，仲裁裁决效力的稳定性则会受到很大的影响，很明显这有悖于仲裁独立原则，使运动员面临双重危险。

其次，体育部门与国家的公权力机关相互合作，打击使用兴奋剂的行为，的确有时存在着违反不得强迫自证其罪原则的嫌疑。澳大利亚在一开始对兴奋剂进行刑事立法时，曾经打算放弃"不得强迫自证其罪"原则，后来经过讨论，最终决定仍然坚持该原则，因为这涉及被告人的基本权利问题，即如果不存在沉默权，警察有可能使用暴力，迫使犯罪嫌疑人提供口供。为了解决这个问题，澳大利亚规定，反兴奋剂组织通过调查获得的证据或者文件，不能直接适用于刑事诉讼，除非向反兴奋剂组织提供的是虚假的或者有误导的信息。易言之，反兴奋剂组织收集或者确认的证据，在用于刑事指控时，还要受到刑事诉讼法的检讨。而警方进行的兴奋剂调查所获得的证

---

① Stuckenberg, C. F., "The Constitutional Deficiencies of the German Rechtsgutslehre", *Oñati Socio-legal Series*, No.3(2013), pp.31-41.

据,可以成为反兴奋剂组织对运动员进行纪律处罚的根据。也就是说,尽管警方与反兴奋剂组织之间就反兴奋剂工作所获得的信息,可以共享,但是,体育部门认定运动员使用兴奋剂的证据,不一定能成为指控犯罪的有效证据,被指控的运动员可以基于非法证据排除规则,否定其提供的一些证据的效力。这就给不得强迫自证其罪原则留下了适用的空间。不过,在这种法律框架下,由于该原则失去了客观的限制,所以,运动员"不得强迫自证其罪的特权"变得非常脆弱。

再次,使用兴奋剂罪与禁止双重危险原则的确存在着矛盾,但是,当前的禁赛与刑罚执行制度,在一定程度上缓解了两者的冲突。具言之,根据当前的刑事诉讼法,如果被告人被判处有期徒刑,时间一般从采取强制措施之日起开始计算;根据 WADC 的规定,作为纪律处罚的禁赛期,通常"从最终听证会裁决禁赛之日起计算",也就是说,这两种处罚往往同时进行,即服刑期间一般处在禁赛期内,这显然降低了纪律处罚的严厉性。比如,运动员因为使用兴奋剂而被判处 3 年的监禁(目前对使用兴奋剂规定的最高刑都没有超过 3 年,且该罪为故意犯),而根据 WADC 的规定,故意使用兴奋剂的,其基准罚为 4 年的禁赛,即禁赛的时间超过刑罚,所以,运动员服刑期间往往在禁赛期之内,只不过受指控的运动员待遇(监狱服刑)低于未受刑事指控的运动员而已。由于刑罚吞噬了与其重叠的纪律处罚,所以,这种刑罚执行制度,有助于缓解使用兴奋剂罪与禁止双重危险原则的冲突。然而,对于其他有可能违背该原则的情况,我们建议如下:其一,法院在刑事审判中,应当仅仅适用刑罚或者"惩罚性"的处罚,而不应当再对被告人进行民事处罚,即只能进行罚金,而不能要求被告人进行赔偿;与之相对应,体育部门或者仲裁机构应当进行"救济性"或者"赔偿性"的处罚,即只能赔偿损失,不能进行罚款。理由很简单,前者适用的是刑事诉讼程序,对被告人的权利存在着严格的程序保障,如果适用"赔偿性"的处罚,对于利害关系人(比如,比赛名次低于被告人的运动员)是不公平的;后者适用的是民事程序,如果惩罚被告人,则违反"正当程序原则"。不过,对于法院判处的罚金刑而言,其之归属应当考虑反兴奋剂机构的执法成本问题,即其不能像其他犯罪的罚金刑那样,一律归国家所有。其二,在刑事审判中,法院不能再判处"从业禁止",毕竟从性质上看,这不是刑罚,而是非刑罚措施。

上述措施虽然在一定程度上缓解了使用兴奋剂罪与程序法的冲突,但并没有彻底解决。然而,考虑到反兴奋剂工作的艰巨性和使用刑法打击兴奋剂违规行为的必要性,即使在程序上牺牲了运动员的一些权利,基于比例原则,也是正当的。具体理由有:其一,如前所述,用刑法打击使用兴奋剂的行为,不仅有利于保护未成年人的健康,而且,还有利于维护体育比赛的公平性,故其符合适当性原则。其二,如果不用刑法打击使用兴奋剂的行为,由于当前的民法或者体育法无法控制兴奋剂的滥用,体育比赛很可能演变成药品比赛。运动员参不参加这样的比赛,都就失去了意义,即将使用兴奋剂的行为入罪,对于保持当前的体育价值,具有不可或缺性,故符合必要性原则。其三,刑罚处罚的仅仅是精英运动员和高水平运动员,普通运动员使用兴奋剂的行为虽然构成违法,但刑罚却不给予处罚,即受到这种立法影响的运动员范围很窄。再者,一旦体育比赛受到了兴奋剂的污染而失去了存在的价值,受到损害的是精英运动员和高水平运动员,而不是普通运动员,换言之,用刑法打击使用兴奋剂的行为,真正的受益者是精英运动员和高水平运动员,即出于维护他们利益的必要才剥夺他们的一些程序权利,故这又符合权衡性原则的要求。其实,行踪规则实行"有罪推定"的制度,构成对精英运动员的侵权,正是基于比例原则,其才获得正当性,故使用兴奋剂罪基于比例原则而超越上述原则的限制,也是完全可以理解的。

由以上可以看出,从最后手段原则的角度看,使用兴奋剂的行为是应当入罪的,但是,从法益保护原则的角度看,这种入罪存在着很大的问题。而且,从法秩序统一性原则的角度看,这种入罪还有很大的规范障碍。因此,符合最后手段原则并非是入罪的唯一根据,即将特定的行为入罪,还必须符合其他的原则,其中法益保护原则尤为重要。

我国人权入宪后,刑法是最后的手段应当构成一项宪法原则。不过,法院不能利用这种原则通过否定刑法禁止的效力而否定某些行为的犯罪该当性,即对于具体的案件而言,最后手段原则不应当适用于犯罪该当性的判断。但是,在进行违法性判断时,其他法律所规定的权利却构成正当化事由,其具有阻却符合该当性行为违法性的功能,这实际上表达了最后手段原则的外部诉求。从最后手段原则的角度看,相对于两阶层犯罪论体系,三阶层犯罪论体系的优点有:其一,有利于确保立法权的完整性,维护我国人大立法的权威。虽然在违法性判断阶段,否定了符合犯罪该当性行为的违法性,但是,否定的根据也是人大制定的其他法律。其二,法院借助其他法律制度,控制刑法禁止的适用范围,这自然会减轻法院的压力,也维护了司法的保守性和程序性。其三,有利于控制刑法不正当的扩张,避免破坏刑法与其他部门法间的协调性。其实,从最后手段原则的角度看,犯罪该当性和违法性是不应合并的,即应当坚持传统的三阶层犯罪论体系。至于犯罪构成要件要素与正当化事由的区分标准,根据当前的分权体制,自然应当坚持形式主义,即应当以刑法禁止的语义为准,脱离了刑法禁止条文而进行的所谓的实质解释,有悖于当前的民主制度或者宪法规定。

本书提到的包皮环切手术案的二审判决作出后,德国进行了法律修改,但是,修改的对象是德国民法典中的第 1631 条,而不是刑法第 223 条或者第 224 条,也就是说,德国并没有修改伤害罪的法定构成,而是通过民法赋权的方式,限制刑法上伤害禁止的适用范围。这种做法至少对我们有以下的启示:其一,保持刑法禁止条文的完整性和稳定性非常重要,这不仅有利于宣誓人身完整性和健康的价值,符合积极的一般预防理论的要求,而且,这还符合伤害禁止的内在逻辑,因为被害人自己都对自己的健康和身体完整权没有自由处分权,其监护人当然也不应当享有。因此,两阶层犯罪论体系将刑法禁止条文打破的做法是不可取的。其二,民法对刑法的边界具有修正功能,而刑法对民法却没有这样的功能。其三,对于刑法适用过程中出现的各种所谓"合法不合理"的判决,不能随意指责刑法有缺陷而放任不公平的判决存在,而应当是积极寻找其他的法律资源,纠正刑事判决存在的不合理现象,切忌将刑法与其他的法律截然分开,忽视其他部门法对刑法禁止的限制作用。

主要参考文献

一、中文参考文献

1. ［美］哈伯特·L.帕克:《刑事制裁的界限》,梁根林等译,法律出版社 2008 年版。

2. 王钢:《德国刑法诈骗罪的客观构成要件——以德国司法判例为中心》,《政治与法律》2014 年第 10 期。

3. 张明楷:《刑法学》,法律出版社 2011 年版。

4. ［日］山口厚:《刑法总论》,付立庆译,中国人民大学出版社 2011 年版。

5. 蔡彦敏:《从 O.J.辛普森刑、民事案件评析美国诉讼制度》,《中外法学》1998 年第 3 期。

6. 冯世联、郭伟伟:《诈骗罪中以非法占有为目的的时间点》,《人民司法》2014 年第 2 期。

7. 林山田:《刑法通论》(上册),北京大学出版 2012 年版。

8. 黄文艺:《作为一种法律干预模式的家长主义》,《法学研究》2010 年第 5 期。

9. 孙笑侠、郭春镇:《法律父爱主义在中国的适用》,《中国社会科学》2006 年第 1 期。

10. 蔡桂生:《构成要件论》,中国人民大学出版社 2015 年版。

11. ［意］贝卡里亚：《论犯罪与刑罚》,黄风译,中国大百科全书出版社1993年版。

12. ［美］波斯纳：《法律的经济分析》,蒋兆康译,中国大百科全书出版社1997年版。

13. 车浩：《论被害人同意的体系性地位——一个中国语境下的"德国问题"》,《中国法学》2008年第4期。

14. ［德］汉斯·海因里希·耶赛克、托马斯·魏根特：《德国刑法教科书》,徐久生译,中国法制出版社2001年版。

15. 张明楷：《诈骗罪与金融诈骗罪研究》,清华大学出版社2006年版。

16. 高铭暄、马克昌主编：《刑法学》,北京大学出版社、高等教育出版社2000年版。

二、英文参考文献

1. Gustav Radbruch, EinfÜHrung In Die Rechtswissenschaf, Konrad Zweigert ed. ,9th ed. ,1958.

2. Jareborg N. ,Criminalization as Last Resort(Ultima Ratio) ,2005.

3. Rudolf Wendt, "Principle of ' Ultima Ratio' And/Or the Principle of Proportionality" ,*Oñati Socio-Legal Series* ,No.3(2013) .

4. Carlyle Thomas, The History of Friedrich The Second：Called Fridrich The Great,1863.

5. Kenneth F. Ledford, " Formalizing the Rule of Law in Prussia：The Supreme Administrative Law Court (1876 – 1914)" , *37 Central European History* ,203 ,222(2004) .

6. Vernon L. Lidtke, The Outlawed Party：Social Democrats In Germany, 1966：1878–1890.

7. Sweet A.S. ,Mathews J. , "Proportionality Balancing and Global Constitu-

tionalism", *Columbia Journal of Transnational Law*, Vol. 47, No. 1 (2008), pp. 72-164.

8. David Blackbourn, *The Discreet Charm of the Bourgeoisie: Reappraising German History in the Nineteenth Century in The Peculiarities of German History*, David Blackbourn & Geoff Eley eds., 1984.

9. Reimann M., "Nineteenth Century German Legal Science", *Private Law Review*, Vol. 31, No. 4 (2005).

10. M. Weber, Diskussionsrede zu dem Vortag von H. Kantorowicz Rechtswissenschaft und Soziologie, in Gesammelte AufsÄTze Zur Soziologie Und Sozialpolitik (1924).

11. Herget J. E., Wallace S., "The German Free Law Movement as the Source of American Legal Realism", *Virginia Law Review*, 1987, 73 (2): 399-455.

12. Mathias W. Reimann, Free Law School, in Encyclopedia of Law and Society (David S. Clarck, ed., 2007).

13. Simons K. W., "The Relevance of Community Values to Just Deserts: Criminal Law, Punishment Rationales, and Democracy", *Hofstra L. Rev*, 2000.

14. Alexander L., Deontology at the Threshold, *San Diego L. Rev*, 2000.

15. Claus Roxin, Strafrecht: Allgemeiner Teil I, 1997.

16. C. Roxin, "Kann staatliche Folter in Ausnahmefällen zulässig oder wenigstens straflos sein?", in J. Arnold et al. (eds), Menschengerechtes Strafrecht, Festschrift für Albin Eser, München: C. H. Beck, 2005.

17. Bowles, Roger, Michael G. Faure, and Nuno Garoupa, The scope of Criminal Law and Criminal Sanctions: An Economic View and Policy Implication Journal of Law and Society, 2008.

18. Aponte L. E. C., "Normative Gaps in the Criminal Law: A Reasons

Theory of Wrongdoing", *New Criminal Law Review: An International and Interdisciplinary Journal*, Vol.10, No.1(2007), pp.102-141.

19. Waldron J., "Torture and Positive Law: Jurisprudence for the White House", *Columbia Law Review*, Vol.105, No.6(2005), pp.1681-1750.

20. Binding K., Lehrbuch des Gemeinen Deutschen Strafrechts, Besonderer Teil, Erster Band, Aufl.Leipzig: Verlag von Wilhelm Engelmann, 1902.

21. Baumann, J. Strafrecht Allgemeiner Teil. Lehrbuch. 10. neubearbeitete Auflage(Fortgeführt von Ulrich Weber-Wolfgang Mitsch).Bielefeld: Verlag Ernst und Werner Gieseking, 1995.

22. Michel Foucault, "*Society Must Be Defended*": *Lectures at the Collège de France, 1975-1976*, Trans.David Macey, London: Penguin, 2003.

23. Ashworth, A., von Hirsch, A., *Proportionate Sentencing: Exploring the Principles*, Oxford: Oxford University Press, 2005.

24. Stuckenberg C.F., "The Constitutional Deficiencies of the German Rechtsgutslehre", *Oñati Socio-legal Series*, No.3(2013).

25. Johann Michael Franz Birnbaum, Ueber das Erfordernis einer Rechtsverletzung zum Begriffe des Verbrechens, 15 Archiv des Criminalrechts(Neue Folge), 1834.

26. Dubber M.D., "Theories of Crime and Punishment in German Criminal Law", *American Journal of Comparative Law*, Vol.53, No.3(2005), pp.679-707.

27. Peter Sina, Die Dogmengeschichte des, strafrechtlichen Begriffs" Rechtsgut", Basel, Helbing Lichtenhahn, 1962.

28. Bernd Schünemann, "The System of Criminal Wrongs: The Concept of Legal Goods and Victim-based Jurisprudence as a Bridge between the General and Special Parts of the Criminal Code", *Buffalo Criminal Law Review*, Vol.7, No.2(2004), pp.551-582.

29. John Stuart Mill, On Liberty, Norton Critical Edition, 1975.

30. Jonathan Herring, *Great Debates: Criminal Law*, Oxford: Oxford University Press, 2009.

31. A. Von Hirsch, *Extending the Harm Principle*: "Remote" Harms and Fair Imputation, in A. Simester and A. Smith(eds), Harm and Culpability, Oxford: Oxford University Press, 1996.

32. Hirsch A. V., "Extending the Harm Principle: ' Remote ' Harms and Fair Imputation", *Criminal Law & Philosophy*, 1996.

33. J. Feinerg, *Harm to Others*; *Harm to Self*, Oxford University Press, 1986.

34. Dripps D. A., "The Liberal Critique of the Harm Principle", *Criminal Justice Ethics*, 1998.

35. A. Von Hirsch, "The Offence Principle in Criminal Law: Affront to Sensibility or Wrongdoing?", *King's Law Journal*, Vol.11, No.1(2000), pp.78–89.

36. Tatjana Hörnle, "Offensive Behavior and German Penal Law", *Buffalo Criminal Law Review*, Vol.5, No.1(2001), pp.255–278.

37. Eser, Albin, " Principle of Harm in the Concept of Crime: A Comparative Analysis of the Criminally Protected Legal Interests", *Hiroshima Law Journal*, Vol.18, No.2(1966), pp.301–314.

38. R. Dworkin, *Taking Rights Seriously*, Cambridge: Harvard University Press, 1977.

39. H. L. A. Hart, *Punishment and Responsibility*, London: Oxford University Press, 1968.

40. Hall J., "Interrelations of Criminal Law and Torts: II", *Columbia Law Review*, Vol.43, No.7(1943), pp.967–1001.

41. Dau-Schmidt, Kenneth G., "An Economic Analysis of the Criminal Law as a Preference-Shaping Policy", *Duke Law Journal*, No.1(1990), pp.1–38.

42. Ashworth, Andrew, "Prisons, Proportionality and Recent Penal History", *The Modern Law Review*, Vol.80, No.3(2017), pp.473-488.

43. Hyman Gross, Proportional Punishment and Justifiable Sentences, in Hyman Gross & Andrew Von Hirsch, ed., Sentencing(1981).

44. Zimring F.E., "Principles of Criminal Sentencing, Plain and Fancy", *Nw.U.L.Rev*, 1987, 82(1):73-78.

45. Paul H.Robinson, Robinson P.H., "Punishing Dangerousness: Cloaking Preventive Detention as Criminal Justice", *Harvard Law Review*, Vol.114, No.5 (2001), pp.1429-1456.

46. Francis A. Allen, *The Decline of the Rehabilitative Ideal*, Andrew von Hirsch & Andrew Ashworth ed.in Principled Sentencing, 1992.

47. Rubin E., "Just Say No to Retribution", *Buffalo Criminal Law Review*, Vol.7, No.1(2003), pp.17-83.

48. Brink D. O., "Immaturity, Normative Competence, and Juvenile Transfer: How(Not)to Punish Minors for Major Crimes", *Texas Law Review*, Vol. 82, No.6(2004), pp.1555-1585.

49. Huigens K., "Rethinking the Penalty Phase", *Ariz.St.L.J.*, 2000.

50. Jeremy Waldron, Lex Talionis, 1992(34).

51. Waldron J., "Lex Talionis", *Ariz.L.Rev*, 2010.

52. Immanuel Kant, *The Metaphysics of Morals, In Kant, Political Writings*, trans.H.B.Nisbet, Cambridge University Press, 1991.

53. Immanuel Kant, *Grounding for The Metaphysics of Morals*, James W.Ellingtontrans., Hackett Publishing, 1981.

54. Kant I., "Groundwork for the Metaphysics of Morals", *British Journal for the History of Philosophy*, Vol.21, No.3(2002), pp.616-619.

55. Dripps D. A., "The Constitutional Status of the Reasonable Doubt

Rule", *California Law Review*, Vol.75, No.5 (1987), pp.1665–1718.

56. Dubber M. D. , "American Plea Bargains, German Lay Judges, and the Crisis of Criminal Procedure", *Stanford Law Review*, Vol.49, No.3 (1997), pp. 547–605.

57. Susan Davis, This Congress Could be Least Productive Since 1947, US-ATODAY, Aug.15, 2012.

58. Zimring F. E. , "Populism, Democratic Government, and the Decline of Expert Authority: Some Reflections on Three Strikes in California", *Pac. L. J.*, 1996, 28.

59. Lillquist E. , "Puzzling Return of Jury Sentencing: Misgivings about Apprendi", *Social Science Electronic Publishing*, 2004.

60. Sauer K.K. , "Informed Conviction: Instructing the Jury about Mandatory Sentencing Consequences", *Columbia Law Review*, Vol. 95, No. 5 (1995), pp. 1232–1272.

61. Matt Rendell, *The Death of Marco Pantani*, London: Weidenfeld & Nicolson, 2006.

62. Kornbeck J. , "The EU, the Revision of the World Anti-Doping Code and the Presumption of Innocence", *The International Sports Law Journal*, Vol. 15, No.3–4 (2016), pp.172–196.

63. Christopher W.Arledge, "When does Contract breach also Give Rise to a Tort Claim? A Primer for Practitioners", *7 Orange County Lawyer*, 2006(70).

64. Ulfried Neumann, Moralische Grenzen des Strafrechts, ARSP, 1986 (73).

65. Buell S.W. , "Novel Criminal Fraud", *Social Science Electronic Publishing*, Vol.81, No.6 (2006), pp.1971–2043.

66. Bergelson V. , "The Right to Be Hurt—Testing the Boundaries of Con-

sent", *Social Science Electronic Publishing*, Vol.75, No.2(2006), pp.165-236.

67. Gardner J., "Prohibiting immoralities", *Cardozo L. Rev.*

68. Wayne r.Lafave & Austin w.Scott Jr., Criminal Law 1986(5).

69. Shapira R., "Structural Flaws of The'Willed Bodily Movement'Theory of Action", *Buffalo Criminal Law Review*, Vol.1, No.2(1998), pp.349-402.

70. Hinzen W., "Dualism and the Atoms of Thought", *Journal of Consciousness Studies*, Vol.13, No.9(2006), pp.25-55.

71. Ernst Beling, Die Lehre vom Verbrechen, Tubingen: Mohr Siebeck, 1906.

72. W.T.Stace, *The Theory of Knowledge and Existence*, Conn: Greenwood Press, 1970.

73. Kevin L.Keeler, "Comment, Direct Evidence of State of Mind: A Philosophical Analysis of How Facts in Evidence Support Conclusions Regarding Mental State", *WIS.L.REV*, 1985.

74. Davies C., "Comfortable Satisfaction Standard of Proof: Applied by the Court of Arbitration for Sport in Drug-Related Cases", *University of Notre Dame Australia Law Review*, 2012, 14.

75. Ho H.L., "The Judicial Duty to Give Reasons", *Legal Studies*, Vol.20, No.1(2010), pp.42-65.

76. Sir Alfred Denning, *The Road to Justice*, London: Stevens & Sons Limited, 1955.

77. George P.Fletcher, *The Grammar of Criminal Law: American, Comparative, International*, Oxford: Oxford University Press, 2007.

78. Jeffries J. C., Jr. Legality, "Vagueness, and the Construction of Penal Statutes", *Virginia Law Review*, Vol.71, No.2(1985), pp.189-245.

79. Calabresi G., Melamed A.D., "Property Rules, Liability Rules and Inal-

ienability: One View of the Cathedral", *Harvard Law Review*, Vol. 85, No. 6 (1972), pp.1089-1128.

80. Matt Rendell, *The Death of Marco Pantani*, London: Weidenfeld & Nicolson, 2006.

81. Heta Häyry, "Liberalism and Legal Moralism: The Hart-Devlin Debate and Beyond", *Ratio Juris*, Vol.4, No.2(1991), pp.202-218.

82. Mckenzie C., "The Use of Criminal Justice Mechanisms to Combat Doping in Sport", *Sports Law Ejournal*, 2007.

83. Sumner, Claire, "The Spirit of Sport: The Case for Criminalisation of Doping in the UK", *The International Sports Law Journal*, Vol. 16, No. 3 – 4 (2017), pp.217-227.

84. Haugen, Kjetil K., "The Performance-Enhancing Drug Game", *Journal of Sports Economics*, Vol.5, No.1(2004), pp.67-86.

85. Paul H.Robinson, Michael T.Cahill, *Law Without Justice*, Oxford: Oxford University Press, 2006.

86. Buell S.W., "Novel Criminal Fraud", *Social Science Electronic Publishing*, Vol.81, No.6(2006), pp.1971-2043.

87. J.H.Baker, *An Introduction To English Legal History*, London: Butterworths, 3d ed., 1990.

88. Cooter R., "Prices and Sanctions", *Columbia Law Review*, Vol.84, No.6 (1984), pp.1523-1560.

责任编辑:王怡石

图书在版编目(CIP)数据

最后手段原则规则化研究/杨春然 著. —北京:人民出版社,2020.10
ISBN 978 - 7 - 01 - 021678 - 2

Ⅰ.①最…　Ⅱ.①杨…　Ⅲ.①刑法-研究-中国　Ⅳ.①D924.04

中国版本图书馆 CIP 数据核字(2020)第 003244 号

最后手段原则规则化研究

ZUIHOU SHOUDUAN YUANZE GUIZEHUA YANJIU

杨春然　著

人民出版社 出版发行

(100706　北京市东城区隆福寺街 99 号)

北京盛通印刷股份有限公司印刷　新华书店经销

2020 年 10 月第 1 版　2020 年 10 月北京第 1 次印刷
开本:710 毫米×1000 毫米 1/16　印张:23.5
字数:340 千字

ISBN 978 - 7 - 01 - 021678 - 2　定价:98.00 元

邮购地址 100706　北京市东城区隆福寺街 99 号
人民东方图书销售中心　电话 (010)65250042　65289539